하늘이란 무엇인가?

하늘이란 무엇인가?

초판 1쇄 인쇄 2025년 1월 2일
초판 1쇄 발행 2025년 1월 15일

지은이 클라스 스킬더
옮긴이 권준 구본승 성유은 이충만
펴낸이 허태영
펴낸곳 에스에프씨(SFC)출판사
등록 서초구 제 2024-000047호
주소 (06593) 서울특별시 서초구 고무래로 10-5 2층 SFC출판부
Tel (02)596-8493
Fax 02)537-9389
홈페이지 www.sfcbooks.com
이메일 sfcbooks@sfcbooks.com
기획·편집 편집부
디자인편집 이웅석
ISBN 979-11-989050-1-7 (03230)
값 45,000원

※ 이 책은 포항대흥교회/온생명교회의 후원으로 제작되었습니다.
※ 신저작권법에 의하여 한국 내에서 보호받는 저작물이므로 무단 전재와 무단 복제를 금합니다.
※ 책 값은 뒷표지에 있습니다.
※ 잘못된 책은 구입처에서 교환하여 드립니다.

하늘이란 무엇인가?

클라스 스킬더 지음
권준 구본승 성유은 이충만 옮김

SFC

목차

역자 서문 **7**

해제 - 유해무 **11**

서문 - 바런트 캄파위스(Barand Kamphuis) **25**

추천의 글 **37**

제1장 우리가 다룰 주제의 어려움 **43**

제2장 우리가 다룰 주제의 수월함 **67**

제3장 우리 주제의 경계 설정과 그 중요성 **135**

제4장 상태 혹은 장소 **161**

제5장 하늘의 역사 **193**

제6장 인간과 함께 하시는 하나님의 거처 **241**

제7장 성대盛大한 성찬 **299**

제8장 성취된 안식의 평화 **385**

색인 **452**

역자 서문

클라스 스킬더Klaas Schilder, 1890-1952의 『하늘이란 무엇인가?』를 한국 교회와 성도들에게 소개할 수 있게 되어서 너무나 감사하다. 이 책에 대한 관심은 신학교 교실에서 부터 시작되었다. 개혁주의 교회와 신학의 부요함을 수업을 통해서 배우고 익히면서, 바빙크Herman Bavinck, 1854-1921, 카이퍼Abraham Kuyper, 1837-1920를 비판적이면서도 동정적으로 계승하는 스킬더에게로 이어지는 관심은 당연한 수순이었다. 그는 20세기 초반 네덜란드 개혁교회에 있었던 논쟁의 중심에 서 있었던 인물이었고, 해방파 교회[1]의 전반적인 영역에 영향을 끼쳤다. 그는 칼 바르트Karl Barth의 변증법적 신학, 국가 사회주의, 에큐메니칼 운동에 반대하는 개혁주의적인 삶의 일관된 해석을 통해서 조국 네덜란드 교회를 세우고자 했다.[2]

『하늘이란 무엇인가?』는 이러한 스킬더의 관심과 신학체계가 고스란히 드

---

[1] De Gereformeerde Kerken in Nederland (Vrijgemaakt). 2023년 5월 1일에 'Nederlandse Gereformeerde Kerken'으로 이름이 바뀌었다.

[2] 스킬더가 해방파 교회에 끼친 영향은 다음의 책을 참고하라; George Harinck, *Huis van de vrijmaking* (Amersfoort: Vuurbaak, 2019).

러나는 책이다. 그가 태어나고 자랐으며 수학했던 역사적인 도시 캄펜의 신학교de Theologische Hogeschool in Kampen 교수가 된 그 이듬해 1935년에 이 책을 출간했다.³ 스킬더는 이 책을 통해서 그가 수 년간 집중적으로 연구했던 주제들을 아름답고도 조화로운 색채로 마치 한 폭의 그림 처럼 담아내고 있다. 『하늘이란 무엇인가?』는 '영원하신 작정과 역사 속에서 일하시는 하나님'에게로 우리를 인도한다. 이 땅의 역사와 하늘의 역사가 맞닿아 있다는 사실을 보여주고자 한 것이다. 언약 역사의 시작태초론protologie에서 부터 시작하여 그리스도께서 교회를 불러 모으시는 사역을 지나 언약의 완성종말론eschatologie에까지 이르는 영광스러운 완성에 우리를 초청하시는 하나님을 만나는 것이다.

그가 호린험Gorinchem에서 목회를 하던 시절인 1919년에 '하늘이란 무엇인가?'라는 동일한 제목의 강연을 성도들에게 한 것을 통해서도 알 수 있듯이 ⁴ 이 책은 일반 교회 성도들을 위한 책이고 학문적인 원리를 따라서 저술하지 않았다고 강조한다.⁵ 그럼에도 이 책을 이해하기란 그리 간단하지는 않다. 한 세기 이전의 네덜란드어인데다 언어적으로 탁월한 능력이 있었던 스킬더 스스로가 창의적으로 만들어내거나 조합한 용어들을 사용하고, 히브리어, 헬라어, 라틴어, 독일어 등의 단어를 거의 번역하지 않고 언급하기 때문이다.

그래서 본서를 번역하면서 주안점을 두었던 것은 첫째, '하늘'이라는 용어의 번역이다. 네덜란드어 하늘hemel은 대기과학적인 의미의 '하늘'과 하나님

---

3 『하늘이란 무엇인가?』는 1935년에 초판이 출간되었고, 2판은 그의 사후인 1954에 나왔다. 최근에는 네덜란드 기독교인들에게 영향을 주었던 기독교 작품을 소개하는 '고전의 빛 시리즈'serie Klassick licht 중의 하나로 재출간되었다. 이 책은 1935년에 출간된 초판을 기본으로 하여, 1930년 대의 용어를 현대적으로 바꾸어 출간함으로 가독성을 높이고자 했다; *Wat is de hemel?* (Barneveld: Nederlands Dagblad, 2009).

4 K. Schilder, *Verzamelde werken 1917-1919*, ed. Willem van der Schee (Barneveld: Vuurbaak, 2004), 473-475.

5 『하늘이란 무엇인가?』, 146.

나라를 의미하는 '천국^{天國}'을 다 포함할 수 있다. 성경도 이런 방식으로 하늘이라는 용어를 사용하고 있지만 다만 우리말에서는 분명하게 느껴지지 않을 수도 있다. 그래서 본 번역서에서 사용하는 '하늘'이라는 용어는 '땅'의 반대편인 높은 곳의 의미를 포함하면서 동시에 하나님의 통치가 이루어지는 하나님 나라를 포함하는 의미를 함께 담고 있다는 점을 지적하고자 한다.

둘째, 스킬더는 성경 언어인 히브리어와 헬라어 그리고 라틴어, 독일어 등을 별다른 해석이나 번역 없이 원어 그대로 사용하는 경우가 많다. 저자가 단어의 원래 의미를 그대로 전달하고자 하는 의미가 있다고 판단해서, 본 번역서에서도 그 단어들은 번역하지 않고 음역을 해서 그대로 표기하고자 한다. 다만 그 의미는 번역해서 같이 표기를 했다. 예를 들면 '엔트샤이둥 Entscheidung, 결단'과 같은 방식이다.

셋째, 네덜란드어 인명과 지명은 국립국어원이 제시한 외래어 표기법을 따라서 표기했다.[6] 다만 예외적으로 잘 알려진 것은 일반적으로 사용하는 용례를 따랐다.

2017년부터 시작된 번역 작업은 제법 오랜 시간을 보내고서야 드디어 빛을 보게 되었다. 네덜란드어를 제외하고는 완전하게 번역된 적이 없는 책을 한글로 출간하는 기쁨은 이루 말할 수 없다.[7] 그동안 여러 번의 점검과 논의를 통해서 다듬고 또 다듬으면서 정확한 의미를 전달하고자 하였다. 그럼에도 불구하고 번역의 오류가 발견되면 그 모든 책임은 역자의 몫이다.

이 책이 나오기까지 조언과 격려를 아끼지 않았던 모든 분들에게 감사를

---

6 다음을 참고하라; www.korean.go.kr
7 영어로는 축약해서 번역되었다. M.M. Scholand가 *Heaven, What is it?* (Grand Rapids: Eerdmans, 1950)이라는 제목으로 출간했다.

드린다. 먼저 서문을 싣도록 허락해 주신 바런트 캄파위스Barend Kamphuis[8] 교수님께 감사를 드린다. 사실 이 글은 '고전의 빛 시리즈serie Klassiek licht' 중의 하나로 2009년에 재출간한 책의 서문이기도 하다.[9] 그리고 개혁신학의 부요함을 교실에서부터 가르쳐주시고, 해제를 통해 스킬더와 『하늘이란 무엇인가?』를 더욱 풍성하게 이해하게 하신 유해무 교수님[10]께 감사를 드린다. 교수님의 충고와 격려는 이 책이 전하고자 하는 의미를 더욱 정확하게 깨닫게 되었다. 또한 쉽지 않은 책을 선뜻 출판하기로 결정한 SFC출판부에 고마운 마음을 전한다. 마지막으로 포항대흥교회, 암스테르담 장로교회 교우들과 가족들 모두에게 감사하며, 공을 돌리고자 한다. 특히 사랑하는 가족들의 격려와 도움 없이는 번역을 시작하지도 못했을 것이다. 더불어 이 땅에서 부터 하늘을 사모하며 함께 살아가는 모든 성도들에게 『하늘이란 무엇인가?』가 부족하게나마 힘과 도움이 되기를 소망한다.

2024년 5월 포항에서

---

[8] 캄펜신학교(Theologische Universiteit te Kampen) 은퇴교수 (조직신학)
[9] Klaas Schilder, *Wat is de hemel?* (Barneveld: Nederlands Dagblad, 2009)
[10] 고려신학대학원 은퇴교수 (교의학)

해제

유해무 (고려신학대학원 은퇴교수)

클라스 스킬더Klaas Schilder, 1890-1952는 파란만장한 삶을 산 신학자였다. 구속사적 설교를 개척한 설교자요, 교회 언론의 편집자와 필자요, 칼 바르트Karl Barth, 1886-1968 신학을 초기부터 비판한 비판자요, 교의학 교수로서 헤르만 바빙크Herman Bavinck, 1854-1921 이후를 계승한 개혁신학자이며, 아브라함 카이퍼Abraham Kuyper, 1837-1920 추종자들과 다투다가 결국 부당하게 교수 해직과 목사 면직을 당한 교회 지도자이며, 이로 인하여 불가피하게 신학교를 세우고 새 개혁교회를 세운 교회와 신학개혁자이다. 그는 교회의 신학자요, 교회를 위한 신학자였다. 비록 우리 식으로 그는 겨우 환갑을 넘기고 별세하였기 때문에 그의 사역이나 저술은 미완으로 남았다. 그 중에서도『하늘이란 무엇인가?』1934; 21954은 그의 생애의 중간기에 나온 역작이다.

『하늘이란 무엇인가?』에서 스킬더는 성경 말씀과 이를 정리한 네덜란드 교회의 삼대 신조들벨직고백서, 하이델베르크요리문답, 도르트신경을 따라 천국의 역사와 그 완성을 말함으로써 전통적인 개혁신학을 20세기에 걸맞게 전개하려고 한다. 그는 위로부터 임하는 계시에 사로잡혀 창세기 1-3장의 역사인 태초론을 수용하면서 종말론까지 하나의 역사, 곧 땅 위에서 천국의 역사를 묵상한다.

그는 천국의 피조성과 역사성과 장소성을 동시에 강조하면서 이 땅과 천국, 지금과 장래를 대비시키는 전통적인 개신교 교의학을 교정한다. 역사는 하나님의 영원한 작정을 실현하는 현장이며, 이 역사에서 인간은 하나님의 언약의 상대요 능동적인 직분자로서 하나님의 권리를 수행할 의무를 지닌다. 이것이 인간이 받은 문화적 사명이다. 그리스도는 아담이 태초에 받은 이 사명의 실패를 고난으로 회복하여 역사의 끈을 다시 잡아 능동적으로 직분을 완성하셨다. 스킬더는 태초의 창조로부터 진화하여 종말에서 완성되는 하나의 역사, 곧 역사에 임재하시는 하나님의 개입인 충격적 사건으로 하나님의 처소인 천국이 인간의 처소인 땅에 임하는 역사의 완성, 영원한 안식을 설파한다. 이로써 그는 천국의 역사를 부인하는 바르트 신학을 거부하고, 카이퍼의 일반은혜론이 아니라 타락 이전에 받은 문화적 사명에 기초한 기독교문화관을 정립하면서 동시에 천국을 정체적인 부동의 장소로 이해한 개신교 정통주의의 한계를 극복하는 방식으로 20세기에 개혁신학을 현대화하여 우리에게 새로운 개혁신학의 가능성을 제시하였다.

스킬더는 카이퍼와 바빙크가 연이어 별세하고 그들의 신학을 계승하면서도 갱신해야 하는 절박한 요구가 있던 시점에 네덜란드 교회 전면에 나선다. 바빙크의 배경인 '분리'개혁교회1834와 카이퍼가 주도한 '애통'개혁교회1886는 합동1892하였다. 카이퍼가 1880년에 세운 자유대학교가 그와 바빙크의 활동으로 개혁신학을 새롭게 정립하고 그의 정치적 스승인 흐룬 판 프린스터러르 Guillaume Groen van Prinsterer, 1801-1876의 정치사상을 따르는 반反혁명당이 연정을 구성하여 그가 수상1901-1905이 되어 기독교 정치를 실현함으로써 네덜란드 교계와 사회에서 막강한 영향력을 행사하였다.[1]

---

1 흐룬 판 프린스터러르는 네덜란드 오란여(Oranje) 왕가의 고위 관리로서 계몽사조가 불신앙을

네덜란드 교회가 도르트회의1618-1619에서 삼대 신조를 채택한 이후 신조들이 고백하는 인간의 타락, 그리스도의 대속, 예정론은 계속 위협을 당하였고, 계몽사조의 영향으로 신학은 도덕으로, 교회의 역할은 계몽 단체로 전락하였다. 더구나 나폴레옹이 몰락하고 등극한 네덜란드 왕빌럼 1세은 도르트교회법 대신에 새로운 교회법을 채택한다1816. 이전에는 당회가 주된 치리회였지만, 새 교회법은 공권력인 종교부가 임명하는 총회가 상회로서 지역회의와 지역 교회를 다스리는 정반대 치리를 시행함으로써 신학은 더욱 성경과 개혁교회 고백을 벗어나고 있었다. 이를 비판한 소수의 무리가 있었는데, 그중 헨드리크 드 콕Hendrik de Cock; 1801-1842 목사는 삼대 신조로 복귀함으로써 네덜란드 개혁교회를 진정으로 회복하고 계승하려는 '분리'를 선포한다. 1886년에는 그런 공권력과 교회로부터 자유를 주장하는 '애통' 운동이 카이퍼의 주도로 일어난다. 1878년부터는 여하한 교리적 차이가 있다 하더라도, 당회가 교인 자격에 제재를 가하거나 성찬 참여를 막을 수 없다는 규정을 광역회의가 도입하였고, 카이퍼를 위시한 암스테르담교회의 당회 대다수가 이런 규정을 거부하고 회원권을 엄격하게 규제하자, 시찰과 광역노회는 카이퍼를 포함한 당회원들의 당회원권을 일시적으로 중지시켰다. '애통'의 직접적 배경이 교인 자격과 당회의 자율권의 문제였다면, 여기에는 자유대학교 신학부 출신들이 원줄기 개혁교회 안에서 목사 시취 자격을 얻지 못한 것도 작용하였다.

일으켰고, 불신앙이 잉태한 (프랑스) 혁명을 성경과 신앙고백 위에서 비판하고, 혁명에 대한 대립 사상으로 칼빈주의에 기초한 기독교정치와 기독교교육을 부르짖었다. 그의 반反혁명 사상을 이어 카이퍼가 네덜란드 최초 정당인 반혁명당을 조직하고(1879), 기독교교육의 법적 지위를 위하여 투쟁하였다. 네덜란드 교회의 신앙고백을 중시한 흐룬은 '분리'개혁교회의 '민초'들에게 호의적이었으며, 고백에서 벗어나는 목사에 대한 강한 권징을 시행하자는 교회법적 개혁을 주장하였다. 그에 비하여 웨슬리의 영향으로 유럽 도처에서 일어났던 '부흥'(Réveil)운동 역시 분리개혁교회에 호의적이었으나, 설교의 회복을 통한 치유적 방식으로 교회 갱신을 주장하였다.

합동개혁교회[2]는 내적으로 카이퍼의 신학이 남긴 유산과 해석을 두고 정리할 필요가 있었고아래 참조, 외적으로는 종교개혁 이후부터 원줄기로서 존속하고 있던 민족교회인 네덜란드개혁교회[3]와 합동에 참여하지 않은 소수의 개혁교회[4] 사이에서 교회와 신학의 정체성을 고수해야 하는 과제를 안고 있었다. 신학에서 자유대학교를 중심으로 한 카이퍼 후예들은 개혁파 정통주의에 깊이 뿌리를 내린 그의 신학을 보수하기 위하여 애를 썼는데, '분리'의 전통에서 성장한 스킬더는 1920년대 초반부터 불기 시작한 '젊은층의 운동'에 동의하면서 신학적 쇄신을 시도하였다. 대외적으로는 특히 바르트신학을 비판하고

---

2 네덜란드어로 'De Gereformeerde Kerken in Nederland'이다. 원줄기 네덜란드 개혁교회의 이름은 Nederduitse Gereformeerde Kerk (1571-1816)이었는데, 삼대신조를 고백하고, 당회가 근간을 이루는 치리회이며, 노회와 총회를 '상회'라 하지 않고 협의의 회의인 당회와 비교하여 광의의 회의로 불렀다. 새 교회법은 상회가 지배하는 상명하복의 치리를 도입되고, 교회 이름을 Nederlandse Hervormde Kerk (1816-2004)로 바꾸었다. 네덜란드어 'Gereformeerde'와 'Hervormde'는 같은 의미를 지닌다. 합동총회는 원줄기 개혁교회로 복귀한다는 입장에서 'Gereformeerde'를 의도적으로 그 이름에 채택하였다. 2004년에 Nederlandse Hervormde Kerk (1816-2004)와 스킬더를 1944년에 면직한 De Gereformeerde Kerken in Nederland와, 루터교회가 연합하여 현재 Protestantse Kerk in Nederland가 되었다. 한국에 알려진 네덜란드 개혁신학자들은 거의 합동개혁Gereformeerde교회에 속하였는데, 이들은 전체 네덜란드 교회의 지형도에서 소수 그룹을 형성한다. 이전 Hervormde교회에 속한 대표적 신학자로 Hendrikus Berkhof (1914-1995)와 Arnold Albert van Ruler (1908-1970), Bram van de Beek (1946-) 등이 있다.
3 네덜란드개혁교회는 1550년대부터 지하 교회들의 연합체를 구성하고 스페인으로부터 정치적으로 독립하려는 귀족들과 협력하여 신앙의 자유를 쟁취하려고 투쟁하면서 1571년에 인접 독일 지역(Emden)에서 첫 총회를 열었다. 이들은 출생과 함께 교인이 되며, 기독교 다른 종파를 배제하는 국가교회가 아니라, 신앙고백과 세례로 교회 회원이 되며, 다른 종파도 인정하는 민족교회였다. 그들은 독립으로 신앙에 간섭을 받지 않는 한 공권력의 지원을 받으면서 전 국민을 그리스도께 속하게 하려는 열망을 가지고 있었으며, 그래서 가정과 교육, 그리고 사회생활 전반에 적극적으로 관여하였다.
4 분리개혁교회들은 연합하여 1854년에 캄펜에 신학교를 세우고, 1866/69년부터 기독개혁교회(Christelijke Gereformeerde Kerk)라 칭하였다. 그런데 카이퍼의 신학을 반대하고 합동에 반대한 4 교회들이 이 명칭을 사용하면서 현재 Apeldoorn에 신학교를 운영하고 있다. 이들은 스킬더가 세운 교회와 합동하지는 않았으나, 신학에서나 교회간에 긴밀하게 협력하고 있다.

경계하였다. 그럼에도 스킬더는 카이퍼처럼 피조물을 통치하시는 하나님의 주권을 강조하되, 칼빈을 앞세워 카이퍼 신학이 지닌 사변성과 바르트의 초월 일변도의 계시론을 비판하고 극복하려고 하였다. 이처럼 그의 작업은 평생 논쟁적 방식을 취하였고, 이런 특징은 후대가 특히 비네덜란드인 독자가 그의 신학을 이해하는 데에 적지 않은 장애물이 된다.

스킬더는 자신이 편집 책임자로 있던 주간지 『개혁』을 통하여 합동개혁교회 안팎에서 등장하는 신학적 주제들을 정기적으로 다루었는데, 이 때문에 그의 작품들은 개혁교회의 3대 신조에 기초한 개혁신학을 네덜란드 교회가 직면하였던 다양한 신학적이고 교회법적인 사안들을 분석하고 논쟁하고 정리한 결실이라는 특징과 함께 제한성도 지닐 수밖에 없었다. 그는 논쟁의 과정과 결과 때문에 합동개혁교회에서 면직을 받아 그의 생애 말기에 새로운 교회1944와 캄펜에 새 신학교1946를 시작하는 버거운 일에 매여 그는 자기 신학을 정리한 작품을 거의 남기지 않았다. 물론 그는 신학의 모든 주제들을 전반적으로 다루었으며, 그 중에서도 신론이나 면직에 따른 교회 이해와 교회론은 그의 신학의 독특성을 드러낸다. 신학 이외에도 문학이나 문화 전반, 특히 기독교 정치에 대해서도 많은 글들도 남겼다.

스킬더 신학의 기여는 칼빈에게서 시작하여 특히 도르트회의 이후에 네덜란드에서 터 잡은 개혁신학의 내적 갱신과 외적인 방어로 쟁취하려는 현재화라고 볼 수 있다. 19세기 네덜란드 교회 안에는 독일신학의 영향을 받아 초자연주의와 이를 반대한 인본주의, 현대주의, 윤리신학파 등 여러 조류들이 활동할 때, 카이퍼와 바빙크는 17세기에 절정을 이루었던 개혁신학을 재발굴하여 이 조류들이 합동개혁교회에 영향을 미치지 못하게 하였다.[5] 그런데 두 사람의 업

---

5 19세기 초엽에 전통적인 네덜란드 개혁신학은 거의 사라진 상태였고, 성경의 '진리가 이성과 충

적은 그들의 사후에 침체와 경직성에 빠지는데, 스킬더는 이를 털어버리고 개혁신학을 혁신하려고 시도하였다.

스킬더는 바르트나 브룬너 등 스위스 개혁신학 전통에서 나온 변증법적 신학의 계시론을 비판하면서 성경 계시의 역사성을 강조하되, 하나님과 인간의 일터인 역사를 역동적으로 이해하였다. 그가 역설파라독스을 주제로 삼아 1933년에 독일 에르랑엔Erlangen대학교에 제출한 박사학위 논문은 쇠렌 키르케고르Søren Kierkegaard; 1813-1855의 영향을 받은 바르트의 역설 이해를 비판한다.[6] 즉 계시의 가능성을 키르케고르와 바르트의 역설 이해가 아니라, 칼빈이 하나님의 계시는 인간의 이해를 존중하는 방식으로 임한다는 적용accommodatio 이해를 따라 하나님의 계시의 말씀은 항상 순수하고 참되지만, 고갈되지 않는다고 주장한다. 계시의 순수성과 진정성은 내재성을, 그리고 후자는 초월성을 말한다. 캄펜신학교 교의학 교수 취임 연설1934에서도 같은 논조로 믿음에 기

돌지지 않는 한 수용하려 한 a. 합리주의적 초자연주의가 지배적이었다. 이 조류를 대표하는 J. Clarisse(레이든대학교)에게 분리개혁교회의 초기 사역자들로서 캄펜신학교 초대 교수였던 S. van Velzen, A. Brummelkamp, 미국 기독개혁교회(Christian Reformed Church)의 설립자 중 하나인 A.C. van Raalte가 배웠다. 그리고 H. de Cock도 이 노선을 배웠다. 이 조류를 반대한 b. 흐로닝언대학교 신학부는 이성 대신에 감정을 앞세우면서 하나님이 역사 속에서 그리스도의 대속이 아니라 그의 본을 통하여 인간을 교육하여 참 인간됨, 곧 신격화에 이르게 한다는 인본주의를 표방하였다. c. 현대주의는 자연과학적 지식의 잣대로 성경을 재단하여 기적, 특별계시, 성경의 권위, 나아가 예수님의 신성도 거부하였는데, 현대주의자 J.H. Scholten에게 카이퍼와 바빙크가 박사 학위를 받았다. d. 윤리학파는 현대주의와 공통점이 많지만, 지성주의가 아니라 윤리적인 측면 또는 회중의 삶의 측면을 강조하여 때로는 성경의 권위 위에 내세웠다. 카이퍼는 이 주류를 강력하게 비판하였고, 바빙크도 비판적이지만 때로는 약간 동정적인 면을 보였는데, 이를 카이퍼가 공개적으로 지적하였다. 바빙크는 이 조류의 대표인 D. Chantepie de la Saussaye, J. H. Gunning. Jr.와도 서신을 교류하였다.

6 역설(paradox)은 일반적인 기대나 의견과 상반되어 청중이 단번에 깨닫기 어려워서 놀라운 반응을 일으키는 명제였다. 그런데 키르케고르는 하나님과 인간 사이에 있는 무한한 거리 때문에 하나님을 말할 때 수반되는 불가피한 내적 모순이라는 새로운 의미의 역설을 말하였고, 이를 바르트가 수용하였다.

초하여 성경말씀을 순종하는 신학을 부각하였다. 같은 해에 '분리' 운동 100주년을 기념하면서 스킬더는 도르트신경이 고백하는 하나님의 주권적인 은혜를 앞세우고, 하나님은 역사가 아니라 죄를 부정하신다는 방식으로 바르트 신학을 비판하고 '분리'를 계승하였다. 『하늘이란 무엇인가?』은 위기신학을 비판하는 방식으로 네덜란드 개혁신학의 갱신, 특히 카이퍼의 일반은혜론을 비판하고 교정한다. 여기에 나타난 그의 신학 작업은 단지 학문적인 교의학 시도가 아니라, 삶의 의미와 신앙, 아니 '믿음'의 의의를 드러내어 보이려고 한다. 본서에 그가 이전부터 밝힌 믿음과 삶의 문화관도 담겨있다. 『요한계시록과 사회생활』1925에서 스킬더는, 세상은 교인들이 그들의 시민권을 세상 밖에 두는 것을 용납하지 못하고 대립관계antithese를 형성하며, 궁극적으로는 사회 문제가 아니라 영적 대립이 관건임을 밝힌다. 스킬더는 성경의 가르침을 내외의 곡해나 비판에 대응하여 변증하면서 글과 강연으로 개혁신앙을 따르는 성도들에게 전달하여 그들을 활성화하였다.

『하늘이란 무엇인가?』의 중요 주제인 '역사'는 스킬더의 신학을 이해하는데 중요한 관문이다. 1926년 앗선Assen 총회는 창세기 1-3장의 역사성을 부인한 헤일케르끈J. G. Geelkerken; 1879-1960을 면직시켰다. 스킬더는 그와는 반대로 역사 초기의 선한 역사와 타락의 역사성을 고백하고 종말론에 이르기까지 성경의 역사성을 인정한다. 이로부터 하나님의 형상 이해와 구속사적 성경 해석이나 문화 이해가 나온다. 또 다른 도전은 바르트를 위시한 변증법적 신학과 현대비평신학의 역사 이해이다. 바르트는 일반적인 세속 역사Historie와 거룩한 역사원역사 또는 종말역사를 구분하고, 일반 역사에 계시가 나타나거나 현존할 가능성을 부정한다. 이렇게 그는 영원과 시간을 변증법적으로 갈라놓는다. 그는, 바르트가 하나님의 계시를 너무 쉽게 인간의 소유로 삼을 수 있다는 인간 중심적 계시 이해를 강력하게 비판하고 하나님의 초월을 강조한 기여는 인정하면서도 이런 이해로부터 기독교문화나 기독교기관들의 가능성을 배제한 것은 평생 비판하였다. 성육하신 말씀은 단지 우리 위에 빛나지 않고, 우리 가운데 거하신다! 신명기 30:14롬 10:8로부터 말씀이 우리 곁에 가까이 계심을 강조하고, 동시에 성경의 명료성을 고백하였다. 바르트는 우리의 역사에 하나님의 계시는 임할 수 없다고 말하지만, 스킬더는 하나님과 그분의 처소인 천국이 우리 곁에 임하였고 장차 완성되어 임할 것이라고 반박한다. 그렇지만 스킬더의 역사 이해는 양 전선과의 투쟁의 결과가 아니라, 전통적인 개혁신앙이 지닌 계시와 성경에 대한 고백, 그리고 평범한 역사에서 타락과 성육신의 구원사건이 일어났다는 관점에서 나온 고백의 결과이다.

이 역사 이해로부터 스킬더는 카이퍼 신학이 남긴 후유증을 청산한다. 종교개혁은 믿음으로 거듭나는 중생을 말하였는데, 이후의 개혁신학에서 구원의 서론순서 이론이 발전하면서 예정론을 따라 중생을 서정의 첫 자리에 두었다. 이를 채택한 카이퍼의 중생론과 유아세례론을 두고 1905년 위트레흐트 Utrecht 총회가 중재안을 결정하였으나 후유증은 여전히 남아있었다. 카이퍼는 예정론을 앞세우면서 언약이 중생을 통하여 맺어지며, 따라서 언약의 약속과 세례는 피택자임을 전제로 한다고 주장하였다. 그렇다면 회개하고 믿어야 하는 언약의 의무는 사라진다.[7] 즉 피택자들이 영원부터 의로워졌기 때문에 성령께서 시간계 안에서 그들의 마음에 믿음을 일으키실 때, 이 칭의를 의식할 뿐이라는 영원 칭의론을 주장한다. 이런 즉각적인 중생론에는 선포되는 말씀의 자리가 없고, 응답인 믿음의 위치도 약화된다. 유아세례의 경우, 믿는 부모

---

[7] 이 연장선에서 스킬더는 한 때 갱신의 동지였던 자유대학교를 중심으로 한 기독교철학파의 신앙 이해에서 카이퍼의 영향을 발견하고 이를 거부한다. 헤르만 도이여비어르트(Herman dooyeweerd; 1894-1977)는 신앙의 영역은 인간 본성에 있으며, '일반적 신앙의 현상'이라고 말하였다. 스킬더는 믿음은 하나님의 창조가 아니라 인간에서 말씀하는 계시를 통하여 일어난다고 지적하면서 이 철학이 말하는 신앙 기능을 거부한다.

의 자녀들은 언약의 태두리 안에서 이미 선택 받았으며, 영원에서 의롭다 인정을 받아 곧 잠재적 중생 상태에 있기 때문에 이를 근거로 시간 안에서 세례를 베풀 수 있다고 하였다. 스킬더는 이런 식의 영원과 시간의 대치를 인정할 수 없었다. 그는 중생 전제설이 아니라 역사 안에서 삼위 하나님께서 신자의 자녀를 말씀으로 언약의 자녀로 인치는 언약적 사건을 중시하였다.

스킬더는 언약을 중시하였다. 언약은 역사에서 하나님과 인간의 관계를 정하며, 그 성립에서는 하나님의 주도로 일방적이기 때문에 약속이 중요하지만 그 존속은 쌍방적이기 때문에 인간의 의무를 강조한다. 그리고 언약 중보자로서 그리스도의 삼직을 강하게 부각하였다. 그의 이런 기독론은 이미 삼부작 『그리스도의 고난』에서 잘 담겨있다. 그는 이 묵상집에서 시적 상상력과 신학을 접목하여 구약을 배경으로 삼아 우리 가운데 오시고 고난 받으신 그분의 중보직을 잘 담아낸다. 곧 주석과 교의학을 잘 조화한 이 삼부작은 구속사적·계시역사·언약역사적 성경 이해와 설교를 정립하였다.

스킬더의 기독론은 하나님께서 태초에 첫 아담에게 주신 사명과 그의 실패를 둘째 아담인 그리스도께서 실패의 죄과를 구속하시고 원래의 사명을 감당하시는 사역을 사실적으로 그려낸다. 창조주는 동시에 보존주이시다. 창조는 진화를 통하여 완성을 향하며, 마지막 날의 결정적 순간에 하나님께서 개입하시는 '충격'의 순간까지 역사는 진행될 것이다. 스킬더는 하나님의 작정이 창조의 역사를 포괄한다고 말한다. 하나님은 낙원언약과 은혜언약의 약속을 지키시며, 그리스도는 회복자로서 골고다에서 왕직을 수행하심으로 재림을 준비하셨다. 계시역사는 세계역사에서 완성을 향하며, 구속사는 역사의 의미를 제공한다. 언약의 책인 성경은 경건한 모범과 예들의 묶음이 아니라 역사의 여정에 있는 여행자인 인간에게 언약의 삼위 하나님께서 주신 안내서이다.

또 스킬더는 기독론으로부터 기독교문화론을 전개한다. 그는 『하늘이란 무엇인가?』이전부터 하이델베르크 요리문답 12주에 나오는 그리스도와 신자의 삼직의 관점에서 문화를 접근한다. 즉『그리스도와 문화』1948에서 그는 타락 직후에 하나님께서 주신 '여인의 후손'창 3:15에 관한 약속으로부터 '그리스도' 라는 직분이 맡은 문화적 사명을 삼직의 관점에서 풀어낸다. 둘째 아담 그리스도께서 첫째 아담이 실패한 그 사명을 대속사역과 함께 실행하셨다. 이로부터 스킬더는 카이퍼가 문화의 단서로 삼는 일반은혜론을 거부한다. 이 이론은 타락 후에 일반은혜가 작동하였다고 주장한다. 그러나 스킬더는 하나님께서 타락 이전에 이미 창세기 1:28절에서 문화적 사명을 주셨다고 본다. 이런 근원적인 출발점의 차이로 인하여 그가 카이퍼의 문화 이해를 비판하였고, 중생론이나 교회론 그리고 문화 이해의 차이에서 오는 논쟁은 그가 카이퍼의 진정한 계승자임에도 불구하고 결과적으로 카이퍼의 추종자들이 그를 견제하고 급기야 면직시키는 결과를 가져왔다. 그가 문화와 이를 실현하는 기독교기관이나 조직의 존재를 인정하는 것은 카이퍼의 노선에 있기 때문이다. 바르트의 영향을 받아 이런 기관들의 역사적 가능성을 아예 부인한 원줄기 네덜란드 개혁교회De Hervormde Kerk의 신학자들과 여러 차례 논쟁하였다.[8]

카이퍼의 일반은혜론과 문화론에 이어 그의 교회론도 정적이고 정체적이었다. 그는 인간의 양심의 성장과 편견에 맞물려 종교개혁 이후 나타난 교회의 다원성을 교회 발전 역사에 나타난 필연적인 결과라고 적극 변호하였다. 그러면서도 제도로서의 교회와 유기체로서의 교회를 구별하여 제도로서의 교회의 위치를 약화시켰다. 스킬더는 그리스도께서 교회를 불러 모으시는 역동적인 교회론을 제창한다. 교회는 이 소명에 순종하는 자들의 모임이다. 나아가 그는 교

---

[8] 논쟁은 원줄기 개혁교회를 대표하던 신학자들인 Oepke Noordmans(1871-1956), Kornelis Heiko Miskotte(1894-1976)등이 스킬더의 신학, 특히 문화론을 강하게 반박하였다. 스킬더는 바르트를 네덜란드 교회에 소개한 Th. L. Haitjema(1888-1972)를 강하게 비판하였다.

회의 일체성을 아주 강조한다. 곳곳마다 소명에 순종하는 자들의 모임은 하나밖에 없다는 입장을 고수하였는데, 이런 입장은 많은 비판을 불러왔다.

교회론과 맞물려서 치리와 권징의 문제가 스킬더에게 중요한 사안이었다. 그는 카이퍼의 즉각 중생론, 중생 전제론, 일반은혜론을 고백 문서의 수준으로 선포한 1942년 총회의 결정이 성경 말씀에 위배된다는 점을 분명하게 지적하고 지속적으로 거부하였다. 1944년 총회는 총회가 결정한 교리를 스킬더가 부정하였다는 이유로 면직하였다.[9] 그러나 스킬더는 교리의 문제도 비판하였으나, 도르트 교회법 31조에 의거하자면 교리를 결정하는 절차가 옳지 않다고 거듭 표방하였다. 즉 광의의 교회회의의 결정은 '단' 성경이나 교회법에 저촉되지 않는 한 확정적이며 구속력을 지닌다. 그러나 총회의 결정은 그릇된 교리를 지킨다는 명목으로 교회법 31조를 어겼음을 확신한 스킬더는 양심적으로 총회의 결정을 거부하는 자신과 성도들을 위계적인 교권으로부터 '해방'시켜 자유를 누리게 하였다. 스킬더를 목사직에서 면직한 총회는 그가 목사로서 소속한 지역교회가 행하지도 않았고 요청하지도 않은 권징을 직접 시행하였다. 이 또한 개혁교회법을 어기는 일이었다. 면직당한 스킬더가 불가피하게 새롭게 시작한 교회는 '31조파' 또는 '자유'또는 해방; Vrijgemaakt 개혁교회라는 별칭을 얻었다. 그럼에도 그는 그리스도의 몸인 교회가 모든 신자의 어머니임을 강조하면서 교회의 일체성을 고백하고 연합의 당위성을 고백하였다. 나치의 발흥을 독일에서 체험한 그는 국가사회주의의 위험을 철학적으로 간파하였고, 카이퍼의 반혁명당의 원리를 환기시키면서 네덜란드 개혁교회 안에 파고든 이 사상을 폭로하고 경계하여, 이 측면에서 교회의 분열을 경고하고 방지

---

9   1944년에 스킬더가 면직당할 때 총회장 베르카워르(G. C. Berkouwer, 1903-1996)는 자유대학교 교의학 교수(1945-1973)로 재직하였다. 1990년에 그는 이 사실에 대하여 텔레비전 방송에서 공개적으로 사과하였다.

하였다.

스킬더는 창조로부터 종말까지 역사를 성경적으로 그리고 신학적으로 정립하여 한 편으로는 각종 탈세계적인 수동적 피동성이나 다른 편에서는 인간이 주도하는 세속화의 공간을 허용하지 않았다. 하나님의 동역자인 인간은 문화의 사명을 수행함으로써 지금 여기에서 하나님의 나라를 실현하는 표를 건설할 수 있다. 이렇게 기독교학문과 문화와 교육과 정치와 사회 건설에 동참할 수 있다. 스킬더는 창조시 부여받은 사명을 앞세워 타락 후에 임한 일반은혜와 예정에 기초한 중생에서 나온 대립 사상 위에 문화를 정립한 카이퍼의 한계를 극복함으로써 그를 교정하고 계승함과 동시에 이런 문화나 기독교기관들의 가능성을 부인한 바르트와 그의 네덜란드 지지자들의 신학도 거부함으로써 경직될 수 밖에 없었던 20세기 초엽의 네덜란드 개혁교회의 삶에 생기를 불어넣었다.

역사의 역동성은 어디에서 왔는가? 스킬더는 삼위 하나님의 협의하시는 하나님의 작정에서 하나님 안에도 운동이 있다고 말한다. 하나님이 정체적이고 움직이지 않는다는 개혁파 정통주의의 기존 입장과는 격을 달리한다. 이런 신학적 발언은 바르트의 신학이 저항한 헤겔G. W. F. Hegel, 1770-1831 철학이 말하는 절대 이념의 자기 발전과 이로부터 생성되는 하나님과 그의 자기 발전과정인 역사를 말하지는 않는다. 스킬더는 개혁신학이 표방하는 평화언약pactum salutis에서 하나님의 역동성을 말한다.

결과적으로 스킬더의 신학적 작업은 미완으로 끝이 났고, 그의 시도는 면직이라는 막다른 골목에서 전체 네덜란드 개혁교회의 갱신에까지는 미치지 못하였다. 이 면직으로 인하여 그는 '분리'와 '애통'의 지류에서 또 다른 지류로 내몰리고 말았다.[10] 창의성, 도전정신, 문필력 등 그의 많은 장점과 특징에도 불구하고 그는 네덜란드 교회 전체를 아우르고 품는 쾌거를 이루지 못하였다. 더구나 『하늘이란 무엇인가?』을 위시하여 교수 사역 초기까지 그가 보였던 신학적 패기와 상상력은 논쟁과 면직의 음침한 골짜기를 지나가면서 그가 그렇게 카이퍼를 비판하면서 넘어서려고 하였던 정통주의에 점점 더 집착함으로써 그의 신학적 작업도 경직되고 말았다.[11] 통시적으로는 특히 고대교회의 전통을 더 수용하고, 동시적으로는 『하늘이란 무엇인가?』에서 다룬 바르트와 브룬너 등 현대신학에 대한 '동정적 비판'을 확대하거나 그가 투옥되고 지하로 잠적해야 하였던 나치와 국가사회주의 등의 도전을 충분하게 분석하고 새로운 개혁신학의 길을 개척하지 못한 것이 아쉬움으로 남는다.

스킬더는 하나님과 계시에 순종하면서 개혁신앙 고백의 좁은 길을 단호하고 꿋꿋하게 걸어갔다. 그는 멀리는 개혁신학의 정통주의와 가깝게는 흐룬, 카이퍼와 바빙크를 비판적으로 계승하면서 개혁신학을 현대화하여 하늘의 역사를 땅에서 순종하는 삶의 전영역의 갱신을 꾀하였다. 특히 가정교육, 학교교육, 정치, 언론, 학문, 노동운동과 여타 다양한 형태의 문화에서 기독교기관을 통하여 추구하는 문화적 사명은 그가 남긴 중요한 유산이다. 한국교회에도 이런 개혁신앙에 입각한 교회건설과 문화적 사역을 펼칠 필요가 있다. 본역서 『하늘이란 무엇인가?』는 스킬더 특유의 쉽지 않은 문체를 탁월하게 번역하여

10　De Gereformeerde Kerken in Nederland (Vrijgemaakt). 2023년 5월 1일에 'Nederlandse Gereformeerde Kerken'로 이름이 바뀌었다.
11　스킬더가 생애 마지막에 집중하여 집필한 『하이델베르크요리문답 해설』(4권; 1947-1952)은 그의 신학의 집대성이라 할 수 있으나 겨우 10번째 주일(이 요리문답은 총 129문답을 52주일로 나누어 설교하도록 배려한다)에서 멈추었고, 내용에서는 이전의 생동감을 담고 있으면서도 여전히 초기 바르트 신학의 비판에만 머물고, 16-17세기 개혁신학을 항변파와 소시니안들의 합리주의와 대치하는 방식으로 점차 개신교 정통주의로 회귀하는 인상을 준다.

가독성 면에서도 성공한 번역이다! 이 책을 많은 이들이 읽고 토론하여 개혁신학의 현대화와 개혁신앙의 구현, 곧 삶의 전영역에서 '한 치라도 주님의 소유'라는 지표를 이 땅에서도 고민하고 성찰하고 씨름하는 많은 형제자매들이 나오기를 기대한다.[12]

---

12 이 말은 1880년 10월 카이퍼의 자유대학교 개교 기념 강연인 Souvereiniteit in eigen kring, Kampen 31930, 32에 나온다. "한 치도 주님의 소유가 아닌 것이 없다"에 해당되는 네덜란드어 "Geen duimbreed"는 카이퍼를 대변하는 말이 되었다. 스킬더 역시 삶의 전영역에 신앙과 개혁신앙고백이 지닌 대립의 정당성을 주장하면서 이 제목으로 책을 출판하였다. K. Schilder, *'Geen duimbreed'! Een synodaal besluit inzake 't lidmaatschap van N.S.B. en C.D.U.*, Kampen, 1936.

서문

클라스 스킬더Klaas Schilder, 1890-1952는 20세기의 가장 탁월한 개혁주의 신학자 중의 한 명이다. 그는 아브라함 카이퍼Abraham Kuyper, 1830-1920와 헤르만 바빙크Herman Bavinck, 1854-1921의 '신칼빈주의 신학'을 훈련하였으나 독자적인 노선을 취하였다. 그는 교회론, 언약과 선택의 관계성, 그리고 일반은혜론de leer van de algemene genade과 같은 중요한 주제와 관련하여 카이퍼의 신학을 비판하였다. 동시에 스킬더는 신칼빈주의와 밀접하게 연결되어 있었다. 성경의 권위에 대한 신칼빈주의의 강조를 스킬더는 공유하였다. 카이퍼와 바빙크와 마찬가지로 스킬더도 개혁주의 신앙고백과 신학이 당대에 구현되어야 한다는 열망을 표명하였다. 이와 관련하여 1935년 출판된 『하늘이란 무엇인가?』의 중요한 기여가 있다.

스킬더의 시대의 신학적 특징은 칼 바르트Karl Barth, 1886-1968의 등장에 있다. 바르트는 자신의 로마서 주석으로 큰 이목을 끌었다. 무엇보다 1922년에 출판된 로마서 주석 2판은 마치 폭탄과 같았다. 이 책을 통해 바르트는 '하나님은 하늘에 계시고 너희인간는 땅에 있다' 라는 경구와 함께 자유주의 신학과 결정적으로 결별하였다. 자유주의 신학은 경험과 계시, 인성과 예수 그리스도, 사회와 하나님의 나라, 심지어 인간과 하나님 사이의 연속성을 강조하였다. 그러나 제1차 세계대전이라는 파국으로 바르트는 더는 자유주의 신학이 지향하는 낙관적인 연속성을 믿을 수 없었다. 그는 연속성이 아니라 자신만의 변증법을 선택하였다. 하나님의 계시는 인간의 경험에 날카롭게 맞서 계시며, 그리스도이신 예수님은 우리에게 알려진 세계를 수직으로 절단하는 전대미문의 사건이시고, 하나님의 나라는 인간사회가 만드는 모든 것에 대한 심판이며, 하나님은 전적인 타자이시다. 바르트는 다양한 역설을 사용하여 이런 대립에 천착하였다.

스킬더는 신속하게 바르트의 신학에 대응하였다. 바르트 신학에 대한 스킬더의 첫 반응은 긍정적이었다. 바르트의 신학이 하나님의 존귀하심과 초월성을 강조하고 '계시 사상의 장엄함'을 주창하였기 때문이다. 그러나 곧 스킬더는 비판적인 질문을 던졌다. 바르트의 신학에는 하나님께서 역사 안에 내재하신다는 것에 대한 여지가 있는가? 하나님은 인간의 실재를 넘어 초월적으로만 존재하지 않으신다. 오히려 하나님은 우리의 현실 안에 내재해 계시기도 하신다. 이러한 비판적인 질문을 스킬더는 후기 작품들에서 폭넓게 다루었다. 『하늘이란 무엇인가?』는 바르트 신학에 대한 스킬더의 가장 통찰력 있는 비판이다.

스킬더 신학의 정점

스킬더는 1933년 독일 에를랑겐Erlangen에서 철학을 전공하여 박사학위를 취득하였다. 그의 학위논문은 '패러독스'paradox 개념에 대한 연구였다. 이 연구를 개진한 것은 분명히 바르트 신학과 연관이 있다. 스킬더는 바르트가 덴

마크 철학자 쇠렌 키르케고르Sören Kierkegaard, 1813-1855를 따르고 있다고 보고 이 철학자를 연구하였다.

1934년에 스킬더는 그가 신학교육을 받았던 캄펜신학교de Theologische Hogeschool in Kampen의 교수가 되었다. 1935년에 출판한『하늘이란 무엇인가?』를 통해 스킬더는 바르트에 대한 신학적 논의를 이어 갔고, 역사와 하나님의 초월과 내재에 대한 자신만의 신학적 관점을 펼쳐 보였다. 이렇게 교수 사역의 시작은 독자적이고 능동적인 신학을 바탕으로 전도유망하였다.

1936년 이후 스킬더는 네덜란드 개혁교회de Gereformeerde Kerken 내부의 논쟁에 점차 관여하였다. 스킬더 자신과 또한 다른 이들도 카이퍼의 신학적 유산에 대해 비판적인 질문을 제기하기 시작했다. 그러나 개혁교회를 선도하던 다수의 신학자들은 카이퍼의 신학을 '당연한 상식'으로 옹호하면서 특별한 권위를 부여하였기에, 카이퍼 신학으로부터의 이탈은 의심스러운 것이었다. 1936년 총회de Generale Synode는 '당연한 상식'으로부터 이탈하려는 신학적 주장을 조사할 것을 결정하였다.

이러한 총회의 조치는 격렬한 논쟁으로 이어졌고, 스킬더도 이 논쟁에 적극적으로 가담하였다. 1940년에 제2차 세계대전이 발발하고 1944년에 독일이 네덜란드를 점령하는 동안도 교회 내부의 갈등은 수그러들지 않고 더욱 격화되었다. 1944년에 스킬더는 총회에 의해 해직되었고, 그를 비롯한 여러 인사들이 총회의 조치로 희생되었다. 끝내 그해 8월 스킬더가 지도적 역할을 한 해방 운동de Vrijmaking이 촉발되었고, 1945년에 독일의 점령이 끝나고 나서 스킬더는 막 태동한 해방파 개혁교회de vrijgemaakte Gereformeerde Kerken의 선도적 역할을 담당하였다. 그는 캄펜에 새로운 신학교를 설립하고 신학 교육에 전력하였고, 1952년 3월 23일에 생을 마감하였다.

이런 역사는『하늘이란 무엇인가?』이후 그의 신학 작업에 직접적으로 영향을 끼쳤다. 스킬더는 자신의 역량을 교회 내부의 논쟁에 상당히 할애하였다. 그의 신학적 작업이 인상적인 기여를 남기지 않은 것은 아니다. 무엇보다 네 권으로 구성된 '하이델베르크 요리문답' 해설서가 있다. 하지만 이 해설서도 상당히 논쟁적이다. 더욱이 그가 이른 나이에 작고하였기에 이 해설서도 완성되지 않은 채 '요리문답' 52주 중 10주일까지만을 다루고 있다.

따라서 『하늘이란 무엇인가?』가 펼치고자 했던 신학은 열매를 맺지 못했다. 스킬더 신학의 정점은 그의 교수 사역 초기이다. 그 시기에 스킬더가 창의적이고 독자적인 신학을 전개하였다는 것이 스킬더의 탁월함이다. 그 이후 그의 탁월함은 신학 작품에서도 묻어나지만, 주로 기고와 같은 여러 단편에서 드러났다. 이것이 스킬더 신학의 비극이다.

그러나 여기에 『하늘이란 무엇인가?』가 특별한 관심을 끄는 이유가 있다. 스킬더의 신학에 입문하고자 할 때, 이 책 보다 더 나은 방편은 없다.

역사의 신학

『하늘이란 무엇인가?』는 여러 가지 측면에서 독자를 당황스럽게 한다. 무엇보다 책의 제목이 약속하는 바가 거의 다루어지지 않는다는 점이 그렇다. 이 책은 '하늘'을 다루고 있는 성경 구절들을 체계적으로 연구하지 않는다. 또한 이 주제에 대한 다양한 신학적 입장을 살피고 있지도 않다. 책은 말미에 이르러서도 독자를 위해 하늘이 무엇인가에 대해 명쾌한 정의를 제공하지 않기에, 독자는 제목이 기대하게 하는 바를 얻지 못한다.

이에 대한 이유를 이 책의 출판 과정을 살펴보면 납득할 수 있다. 스킬더는 플라르딩언Vlaardingen과 호린험Gorinchem에서 목사로서 목회하던 1919년 5월과 10월에 '지옥은 무엇인가?'Wat is hel?와 '하늘이란 무엇인가?'Wat is de hemel? 라는 제목으로 강연하였다. 첫번째 주제에 대한 강연을 그는 소책자로 출판하였고 1920년에 캄펜 소재 출판사인 콕Kok을 통해 개정판을 출판하였다. 그리고 1932년 초 스킬더는 출판사로부터 이 소책자의 제3판으로 증보판을 요청받았다. 그러나 스킬더는 이 요청을 달가워하지 않았고, 오히려 그는 『지옥이란 무엇인가?』라는 제목의 책을 새로 작업하기를 원했다. 이에 콕 출판사는 1934년 9월과 1935년 10월 사이에 스킬더를 위해 속기사를 고용하였고, 이 때 스킬더는 '하늘이란 무엇인가?'라는 제목의 강연도 책으로 출판할 기회를 얻었다. 이 시기에 그는 하늘에 대한 시리즈 강연을 하였다. 1929년에서 1930년까지 스킬더가 3부작으로 구성된 『고통 중에 계신 그리스도』Christus in Zijn lijden를 작성할 때에 그를 도운 C. 리흐터르C. Richter도 수년간 스킬더가 연구에 몰두하였던 주제를 정리하여 출판하는 것을 도왔다.

이렇게 출판된 본서를 지배하는 단 하나의 주제는 '역사'였다. 하늘은 하나님의 창조물이며, 모든 창조 세계는 역사를 지낸다. 하늘 역시 역사에 참여한다. 따라서 하늘은 불변하는 관념들의 세계가 아니다. 하늘은 어떠한 움직임도 없이 정지된 장소가 아니다. 하늘은 창조의 역동성에 참여한다. 이 역동성은 선하게 창조된 세계가 죄로 인한 심각한 파손과 예수 그리스도의 사역을 통과하여 하늘이 땅에 도래하는 종국으로 향해가는 움직임이다.

역사의 의미가 이 책의 핵심이다. 특히 2장에서 스킬더는 하나님과 역사의 관계에 대한 고유한 관점을 발전시킨다. 여기에서 그는 두 그룹의 철학자들을 비판한다. 첫째는 독일 철학자 게오르크 빌헬름 프리드리히 헤겔Georg Wilhelm Friedrich Hegel, 1770-1831의 철학이다. 스킬더는 헤겔의 사상에서 하나님과 역사 사이의 경계가 허물어졌음을 발견한다. 따라서 헤겔의 철학은 범신론으로 기운다. 역사는 피조물의 역사일 뿐만 아니라 하나님 그분의 역사가 되어 버린다. 또한 스킬더는 키르케고르와 그를 따르는 철학자들을 비판한다. 이들에게서는 하나님과 역사가 대립하고 있다. 역사 안에 있는 모든 것은 하나님께 대항한다. 따라서 하나님께서 역사 안에 실제로 개입하시는 것은 불가능하다. 이 측면에서 스킬더는 자신의 비판의 과녁인 바르트와 변증법적 신학을 추구하는 신학자들을 세밀하게 검열한다.

『하늘이란 무엇인가?』에서 수행하고 있는 이와 같은 비판들을 독자들은 해당 철학자들을 해설하고 분석하는 것으로 읽지 말아야 한다. 당연히 이 책은 철학자들에 대한 스킬더의 해설과 분석을 담고 있으나, 이것 자체가 스킬더의 목표가 아니다. 그는 헤겔과 키르케고르와 같은 인물들을 자신의 관점을 분명하게 만들기 위해 이용한다. 스킬더에게 역사는 한편으로 철저하게 피조물의 역사이다. 창조주이신 하나님 그분은 결코 역사적인 현상이 아니시다. 하나님의 초월하심은 절대로 약화되어서는 안 된다. 동시에 하나님은 역사에 충분히 관여하신다. 하나님은 하나님의 내재하심을 계시하시고, 또한 우리는 이것을 경외해야 한다. '하늘'도 역사에 참여한다는 스킬더의 주장이 그의 고유한 사상을 분명하게 보여 준다. '하늘'은 피조물이며, 따라서 하나님과 다른 무엇이고 역사적인 현상이다. 동시에 '하늘'은 하나님의 거처이기에 하나님은 거기에 내재하신다. '하늘'이 하나님께서 얼마나 역사에 관여하시며 어떻게 시간 안에 개입하시는지를 보여 준다.

근본 법칙인 칼케돈

스킬더는 451년의 칼케돈 공의회 제4차 보편공의회의 기독론에 기초하여 자신의 관점을 발전시켰다. 칼케돈 공의회는 그리스도의 신성과 인성 간의 관계를 고백하였다. 그리스도는 한 인격이시면서 두 본성이 혼합되지도, 변화되지도, 나누어지지도, 그리고 단절되지도 않는다. 스킬더는 하나님께서 역사에 관여하시는 것이 이 기독론적 고백이 말하고자 하는 바와 동일하다고 본다. 혼합되지도 않고 변화되지도 않게 하나님은 하나님으로 존재하시며 피조물은 피조물로 존재한다. 범신론이 아니다. 나누어지지도 않고 단절되지도 않게 하나님은 항상 인간의 역사에 관여하신다. 이원론이 아니다. 하나님의 구원 역사는 역사 안으로 들어오며 역사를 통해 실현된다. 초월과 내재는 서로 배타적이지 않고 상호 규정한다. 하나님은 초월적이시고 높은 곳에 계시기에 내재하실 수 있다. 또한 하나님의 내재는 항상 그분의 초월을 환기시킨다. 하나님이 우리에게 가까이 계시기에 우리는 그분의 높으심을 경외한다.

    스킬더는 역사의 신학을 그의 생애를 통해 발전시켰다. 20년 후 역사에 중요한 의미를 부여하는 새로운 신학적 사유들이 바르트 신학에 저항하였다. 헨드리쿠스 베르코프Hendrikus Berkhof, 1914-1995, 위르겐 몰트만Jürgen Moltmann, 1926-현재, 볼프하르트 판넨베르크Wolfhart Pannenberg, 1928-2014, 그리고 많은 신학자들이 이런 신학적 발전에 기여하였다. 스킬더의 신학은 이들의 신학을 앞서 있다.

    동시에 역사에 대한 스킬더의 관점은 전통적인 개혁주의 신학을 수정하였다. 구속사는 개혁주의 신학에서 늘 중요한 역할을 하였다. 그럼에도 역사의 의미는 영원에 대한 강조에 의해 억제되었다. 하나님의 영원하신 작성 안에 모든 것이 이미 자리 잡고 있다. 이때 역사는 이미 결정된 것의 실현에 불과하다. 스킬더의 역사관이 가져다주는 역동성은 역사에 대한 정태적 관점을 깨뜨린다. 스킬더는 하나님의 작정을 가르치는 개혁주의의 가르침을 결코 거부하지 않았다. 그러나 그는 역사를 하나님께서 일하시는 장으로서 충분히 진지하게 고려하였다. 카이퍼 신학에 대한 스킬더의 비판은 이 지점에서 태동한다.

예를 들어 스킬더는 하나님의 선택을 강조한 나머지 언약과 하나님과 인간 사이의 역사적 관계를 희생시키는 것을 거부한다. 그러므로 『하늘이란 무엇인가?』는 언약에 상당한 주의를 기울이면서, 특히 7장에서 성대한 성찬과 언약에 대해 탁월한 설명을 제공하고 있다. 이 장에서 스킬더는 언약의 영원한 의미를 기술한다. 여기에 스킬더의 신학과 영성의 정수가 있다.

'진화'와 '충격'

스킬더의 관점은 오늘날에도 의미가 있는가? 최근 몇십 년간 신학은 또 다른 방향으로 발전하였다. 1950년대에서 70년대까지 신학은 역사에 관심을 기울였다. 하지만 그 이후 역사를 해체하였다. 거대 담론의 종국이 도래했다. 이 같은 변화와 달리 스킬더는 일종의 거대 담론을 제시한다. 그것은 에덴 동산에서부터 새 예루살렘에 이르는 거대한 이야기이다. 스킬더는 역사를 하나님의 일로 보기에 그 안에서 통일성을 본다. 스킬더는 결코 포스트모던의 신학자가 아니다.

그럼에도 그의 신학은 오늘을 위해 의미를 지닌다. 스킬더의 관점은 두 가지 측면을 지닌다. 하나님과 역사는 단절되지 않지만, 또한 혼합되지도 않는다. 역사가 중요하지만, 그렇다고 역사가 신성시되지 않는다. 역사를 관통하는 거대한 이야기는 믿음으로 알게 되는 이야기이다. 우리는 하나님의 내재를 믿는데, 왜냐하면 하나님께서 우리에게 그것을 계시하시기 때문이다. 이것이 의미하는 바는 우리가 역사 그 자체를 관찰한다 하더라도, 이것이 어떤 거대 담론을 의미하는 것이 아니라는 점이다. 거대 담론은 아래로부터 형성될 수 없다. 우리는 그 자체로는 의미 없는 역사적 실재 안에 살고 있기에 우리의 경험에 기초할 때는 오직 해체만이 가능하다. 스킬더는 이 사실을 간파하였다. 그의 신학은 바르트의 신학과 마찬가지로 제1차 세계대전 이후 나타난 문화적 혼란을 배경으로 발전하였다. 특히 『하늘이란 무엇인가?』는 1930년의 극심한 경제 위기 속에서 쓰인 작품이다. 스킬더가 오직 하나님의 약속의 관점에서부터 역사의 통일성을 강조한 것은 결코 놀랄 만한 일이 아니다. 약속을 믿는 자가 하나님께서 일하고 계심을 본다. 그러나 계시와 믿음 밖에서 역사에 의미를 부여하는 것은 불가능하다.

   이 같은 스킬더의 관점은 '진화'와 '충격'에 대한 그의 설명에서 가장 분명하게 드러나는 것으로 보인다. 스킬더에 따르면 이 두 가지 요인이 하늘과 땅의 전체 역사 안에서 작동하고 있다. 이것은 역사가 시작될 때부터, 즉 타락이 있기 전부터이다. 인간은 동산에서 하나님의 동역자였다. 인간은 땅을 경작하도록 부름을 받았다. 이를 통해 인간도 자신을 발전시켜야 했다. 이것이 스킬더가 의미하는 '진화'이다. 그러나 이 진보의 종착지는 결코 단계적인 과정을 통해서만 도래할 수 없다. 하나님은 인간이 불변하는 영광에 도달하도록 새로운 무엇인가를 행하셔야 했다. 이 같은 방식으로 하나님은 창조를 완성으로 이끄셔야 했다. 하나님의 개입을 스킬더는 '충격'이라 표현한다.

   타락 이후 '충격'은 더욱 강력하다. '진화'는 죄로 인해 끔찍할 정도로 훼손되었다. '충격'은 죄와 죄의 결과를 정화한다. 정화는 결코 단계적인 발전으로 이루어지는 것이 아니다. 정화를 위해 하나님께서 마지막 날의 심판을 통해 개입하셔야 한다.

   스킬더가 '진화'와 '충격'에 대해 논하는 것에는 사변적 요소들이 있다. 특히 그가 타락이 존재하지 않았을 경우를 추론하는 대목에서 그러하다. 스킬더의 논증에서 발견되는 사변적인 성격은 그가 적은 '하이델베르크 요리문답' 해설에서 더욱 분명하게 나타난다. 독자는 그의 요리문답 해설에서 죄가 없는 세상에 대한 스킬더의 열망을 만날 수 있지만 그것에 대한 교의적인 명백함은 찾기 힘들다. 그럼에도 불구하고 '진화'와 '충격'의 조합으로 스킬더는 역사를 충분히 진지하게 고려하면서도 그 '거대한 이야기'가 인간에 의해서 완결될 수 없음을 분명하게 보여 준다. '진화'는 이 세상이 종국을 향해 발전하고 있으며 우리가 이 발전에 참여할 수 있음을 의미한다. '충격'은 세상이 결코 스스로 발전의 종국에 도달할 수 없음을 의미한다. 따라서 발전과 그것에 대한 인간의 참여와 지식은 항상 파편적이고 온전하지 않다. 오직 하나님의 개입으로 인해 그것은 하나의 이야기가 된다. 이 점에서 스킬더는 오늘날 역사를 숙고하는 신학을 위해 충분히 의미 있는 재료를 제공하고 있다.

비판

『하늘이란 무엇인가?』는 출판되었을 때 큰 이목을 끌었다. 동시에 두 가지 상반된 입장의 날카로운 비판도 받았다. 한편으로 스킬더는 역사와 역사 안에서의 하나님의 일 사이의 연속성을 지나치게 강조하였다고 비판받았다. 이 책은 하나님이 그분 자신을 자연과 역사 안에 직접적으로 계시하심을 지나치게 강조하는 자연신학의 부활로 여겨졌다. 특히 이 같은 비판은 책이 출판된 후 얼마 지나지 않아 제기되었고, 카이퍼의 제자들과 바르트에게 영향을 받은 신학자들이 이에 참여하였다.

다른 한편 시간이 지난 후에는 스킬더가 하나님과 역사 사이의 비연속성을 지나치게 강조하여 역사에 정당한 의미를 부여하고 있지 못하다는 비판이 제기되었다. 그러면서 역사 안에서 일하시는 하나님을 스킬더가 강조한 것은 논리적인 모순으로 보였다.

스킬더에 대한 상반된 비판들이 정당한가는 따져 보아야 한다. 칼케돈의 중요한 부사, 곧 "나누어지지도 않고 단절되지도 않게" 그리고 "혼합되지도 않고 변화되지도 않게"가 스킬더에게 중요하다. '진화'와 '충격'은 따라서 상호 연결돼 있고 서로 분리되어 있지 않다. 연속성과 불연속성 모두 역사에 대한 스킬더의 신학적 관점에서 본질적인 요소이다. 이 두 가지 요소 중 하나를 개별적으로 평가하는 것은 적절하지 않다.

그러나 스킬더에게 던질 비판적 질문이 없다는 것은 아니다. 이미 우리는 사변적 위험성을 지적하였다. 그뿐만 아니라 그의 신학 전반에서 성령 하나님께서 차지하시는 위상도 비판의 대상이다. 스킬더의 역사 신학은 기독론적 관점이 강하다. 칼케돈이 근본 법칙이다. 그러나 그리스도의 인격은 유일무이하며, 신성과 인성이 한 인격 안에 결합되어 있다. 이러한 기독론적 교의를 일반적인 역사를 이해하는 틀로 사용하는 것은 곤란하다. 역사 안에서 하나님의 지속적인 일은 주로 성령론적인 용어로 진술되어야 한다. 스킬더의 저작에서 성령론적 용어가 등장하지 않는 것은 아니지만, 스킬더는 이에 깊은 관심을 기울여 체계화하지 않았다. 『하늘이란 무엇인가?』에서도 그러하다.

성령의 사역에 대한 부족한 관심은 '충격의 순간'이라는 용어와도 관련된다. 이 용어가 하나님께서 그분의 창조 세계에 개입하시는 것을 표현하는 가장 적절한 방식인가? 하나님의 개입은 충격적으로 일어난다. 그러나 하나님께서 그분의 피조물과 지속해서 관계하시는 것은 처음부터 성령의 사역과 관련하여 묘사되었다(창1:2, 시33:6, 시104:30). 신약성경에서도 우리를 새롭게 하시는 것은 그리스도의 영이시다. 하나님은 성령으로 창조 세계 밖에서부터 아니라 안에서부터 개입하신다. 이것은 분명히 급진적이지만, 항상 충격적인 것은 아니다.

스킬더가 강조하고자 하는 것은 역사를 하나님께서 일하시는 범주로서 정당하게 평가하고 동시에 하나님을 역사적인 현상으로 인식하는 것을 피하는 것이다. 그의 시대에도, 또한 오늘날에도 분명히 인상 깊은 영감을 주는 스킬더의 강조점은 성령론을 통해 더욱 강력해질 수 있다.

바런트 캄파위스(Barend Kamphuis)
캄펜신학교(Theologische Universiteit te Kampen) 은퇴교수 (조직신학)

참고문헌

J. de Bruijn e.a. (red.), *Geen duimbreed! Facetten van leven en werk van prof. dr. K. Schilder 1890-1952* (Baarn 1990)

J.J.C. Dee, *K. Schilder. Zijn leven en werk. I (1890-1934)* (Goes 1990)

J. Douma e.a. (red.), *K. Schilder. Aspecten van zijn werk* (Barneveld 1990)

O. Jager, *Het eeuwige leven, met name in verband met de verhouding van tijd en eeuwigheid* (Kampen 1962)

G. Puchinger (red.), *Ontmoetingen met Schilder. Prof. dr. K. Schilder 1890 - 19 december - 1990* (Kampen 1990)

P. Veldhuizen, *God en mens onderweg. Hoofdmomenten uit de theologische geschiedbeschouwing van Klaas Schilder* (Leiden 1995)

추천의 글

마침내 스킬더의 『하늘이란 무엇인가?』가 번역되었다. 1992년 1월 폭설이 쏟아지던 어느 밤 네덜란드 캄펜, 나는 본서를 손에 잡고 밤새 통독하면서 느꼈던 흥분과 전율을 지금도 잊을 수 없다. 그때부터 스킬더와 그의 신학은 나의 신학 공부의 여정에서 크나큰 이정표였다. 특히 역사를 하나님의 일터로 보는 그의 입장은 내가 신학을 사변에 빠지지 않도록 이끌었다. 개혁신학의 핵심에 속하는 예정론을 작정과 집행의 구도로 이해하지 않고, 하나님의 작정은 지금도 하늘에서 일어난다는 입장을 정립하도록 이끈 멋진 안내자였다.

저자는 20세기 초엽 당대의 자유주의 신학을 강타한 독일신학의 새로운 바람을 일견 환영하면서도 개혁신학자로서 날카로운 비판을 가한다. 이때 그는 성경과 성경을 요약한 신앙고백서 및 요리문답을 근거로 삼아 새로운 바람이 결코 새바람이 아님을 예리하게 비판하면서 개혁신학의 입장을 발전시킨다. 이렇게 밀고 당기는 통찰력은 본서의 독서를 아주 신나게 만든다. 독일 철학과 신학을 20세기 초엽의 저자가 비판적으로 평가하면서 개혁신학을 현대화한 본서가 21세기 한국 독자들이 읽기에 쉽지는 않겠지만, 신학이 교회와 교인을 위하여 당대의 사상적 문제를 어떻게 다루어야 하는 것을 잘 배우게 한다.

스킬더는 아브라함 카이퍼와 헤르만 바빙크의 개혁신학 노선을 계승하되 비판적이고 건설적으로 발전시킬 수 있는 능력을 본서에서 찬란하게 발휘하였다. 이후 카이퍼의 추종자들에게 신학적으로 부당하게 공격 당하고 교회법적으로 억울하게 정죄되어 스킬더는 불가피하게 캄펜신학교를 새롭게 설립하는 힘겨운 사역 중에 본서가 담고 있는 개혁신학의 혁신 가능성을 성취하지 못한 것이 못내 아쉽다. 그런 과정에서 갈라선 베르카워나 리덜보스와는 달리 스킬더는 한국교회에 번역을 통하여 제대로 소개되지 못한 아쉬움이 있었다. 차제에 역자들의 수고로 그를 직접 읽고 한국교회의 현재와 장래를 사상적으로 깊이 성찰하고 창의적으로 신학할 수 있는 계기가 되기를 바란다.

- 유해무 교수 고려신학대학원 은퇴교수

스킬더는 질문하는 학생이다. 답하기 곤란한 문제도 적당히 피해 가는 법이 없다. 스킬더는 대답하는 선생이다. 한 손에 성경을 다른 손에 신앙고백서를 들고 답변한다. 스킬더는 비판적인 사상가이다. 그 어떤 철학자나 신학자도 전적으로 수용하지 않는다. 스킬더는 창조적인 예술가이다. 단어를 만들어내며, 개념을 새롭게 규정하고, 놀라운 방식으로 전개한다. 스킬더는 시대에 저항하는 정신이다. 헤겔, 바르트, 카이퍼의 오류를 지적하고, 나치와 교권의 횡포에 물러서지 않았다. 스킬더는 교회를 위한 신학자이다. 동시대 사상가들과 비판적으로 대화하면서 자기 시대 교회를 지켰다. 스킬더는 삼위일체 하나님 앞에서 항상 순종했던 신자이다. 사람의 눈치를 보지 않고 일평생 오직 주님만을 붙들기 원했다. 그가 남긴 신학과 그 삶의 족적에 대해서는 평가가 다양할 수 있다. 하지만 그가 한 사람의 개혁신학자로서 삶 전체를 하나님께 드리고자 했다는 점만큼은 그의 비판자든 추종자든, 반대자든 옹호자든 동의할 수 있을 것이다. 그렇기에 그의 신학은 한 세기가 지난 지금에도 여전히 우리에게 진지한 고민을 던지고, 소중한 배움을 준다. '하늘'과 '역사'에 대해 치열하게 탐구한 이 책은 스킬더 사상의 핵심을 담고 있다. 사실 쉽지 않은 책이다. 근현대 여러 철학자와 신학자를 다루는 스킬더의 사유는 복잡하며, 그 사유를 표현하는 문장과 어휘도 심오하기 때문이다. 서두에 실린 캄파위스의 서문을 먼저 읽고, 5장과 8장을 읽은 다음, 처음부터 찬찬히 읽으면 보다 쉽게 이 책에 접근할 수 있을 것이다. 까다로운 문장들과 개념들을 우리말로 최대한 매끄럽게 번역하고자 수고한 역자들의 노고에 감사드린다. 이 책은 스킬더의 시대에도 그랬겠지만, 이 시대 우리에게도 여전히 하나의 커다란 숙제로 다가온다. 자신의 신앙을 근원적으로 살펴보고 싶은 독자라면, 붙잡고 씨름해 볼 가치가 충분한 책이다. 한 권의 책이 이토록 많은 문제의식과 긴 여운을 남기기란 쉽지 않을 것이다.

- **우병훈 교수** 고신대 신학과 교의학

네 명 동역자들의 수고로 스킬더 박사의 주 저작인 '하늘이란 무엇인가'가 번역된 것을 축하한다. 저의 지도교수였던 캄파위스 교수의 추천사에도 언급되었지만 스킬더는 20세기의 가장 탁월한 개혁신학자 중 한 명임에 분명하다. 스킬더의 초기저작 중 하나인 '지옥이란 무엇인가'를 함께 강독했던 경험이 있는데 1차 대전이라는 파국을 경험하면서도 일종의 문화 낙관주의에 여전히 빠져 있던 교회를 일깨우는 저작이었다. 교회가 당면하는 상황을 그가 얼마나 민감하게 통찰하고 있었던가 알 수 있었다. 그러나 그는 지옥에서도 여전히 하나님의 주권이 머물고 있다는 개혁신앙의 전통을 잊지 않았다. '하늘이란 무엇인가'는 바르트 신학이 네덜란드 개혁교회에 영향을 미치면서 그리스도의 주권이 미치는 영역에서 개혁교회가 후퇴하는 현상을 깨우기 위해서 기획되었다. 이처럼 스킬더의 심장에는 항상 교회가 있었고 교회가 직면한 질문에 대한 고백적 응답이 녹아 있다. 예배 공동체로서의 교회를 보호하고 성찰하며 세워가는 신학 본연의 추구를 명확하게 한다면 스킬더의 이 저작은 우리에게 더 큰 의미로 다가올 것이다.

- **김재윤 교수** 고려신학대학원 교의학

스킬더의 저서들은 현대신학의 광맥이고 신앙의 본질을 사유할 수 있는 자료들의 보고입니다. 신칼빈주의신학을 대변하는 카이퍼나 바빙크의 신학사상을 창조적으로 계승하면서, 헤겔이나 키르케고르만 아니라, 그들이 다루지 못했던, 바르트나 브룬너, 불트만, 틸리히, 알트하우스, 그리고 고가르텐의 신학에 그가 어떻게 대응했느냐 하는 것을 검토해 가노라면, 스킬더박사는 포스트모던시대가 오기 이전부터 이미 그 신학을 감지하고 대안을 모색하고 있다는 확신을 우리는 갖게 됩니다. 특별히, 『그리스도의 수난』 삼부작 설교집을 통해서는, 슬픔의 사람, 그리스도의 애통 속에서 이미 자기 자신의 슬픔을 치료받는 체험을 하게 된다면, 이 『하늘은 무엇인가?』라는 책은, 그리스도를 통해서 이뤄지는 하늘의 역사와 소망 속에서 맛보고 누리는 감격과 기쁨으로 우리를 안내합니다. 심지어 정통적 개혁신학 안에조차 내재되어 있는, 영원과 시간에 대한 왜곡된 관점들을 비판하면서, 하나님의 거처가 땅에 임하게 되는 이루어지는 그 '하늘'에 대해서, 철저하게 성경의 계시에 기초해서 소개하는 이 책은, 중생의 역사가 그 심령 속에 시작되어진 그리스도인이라면, 마땅히 읽어야 할 필독서입니다. 땅에 있는 자신 안에 그리스도와 성령으로 인하여 이미 이뤄진 '하늘'이 이제는 어떻게 온 우주만물 가운데에까지 충만하게 이뤄질 것인지를 더욱 간절히 소망하게 될 것이기 때문입니다. 번역하신 분들과의 화란 캄펜에서 나눴던 교제의 추억이 소환됩니다. 화란어를 아시는 분들에 의한, 더 많은 스킬더신학의 역서들을 기다려봅니다. 이젠 외롭지가 않아서 너무도 좋습니다. 감사합니다.

- **손성은 목사** 천국제자들교회

제1장
우리가 다룰 주제의 어려움

1. 단테의 당혹감: 하늘은 지옥보다 '더 어려운' 테마인가?

알려진 대로 시인 단테Dante Alighieri는[1] 지옥, 연옥, 하늘을 주제로 한 책을 썼다. 각각의 주제에 대해 한 권씩 썼는데, 그는 하늘을 '낙원'이라 명명했다. 이 삼부작 서사시의 마지막 노래를 단테는 다음과 같은 구절로 시작한다.

모든 것을 **움직이시는** 분의 영광이 온 우주를 관통하여도, 이에는 **더 빛나는** 부분과 **덜 빛나는** 부분이 있느니.

하늘, 그분의 빛을 **가장 많이 받는** 그곳에 내가 있었으며, 거기서 내려오는 사람조차 다시 말할 수도, 알 수도 없는 것들을 내가 보았노라.

우리 지성은 갈망하는 것에 다가갈수록 너무 깊이 빠지매 **기억은 그것을 쫓아가지 못하느니.**

---

[1] 단테 알리기에리(1265-1321): 이탈리아의 시인이자 작가. 그의 대표작 『신곡(La divina comedia)』은 긴 서사시인데, 세 부분, 즉 지옥(Inferno)에서 연옥(Purgatorio)을 거쳐 하늘(Paradiso)로 향하는 여행으로 구성되어 있다. 이 작품은 세계 문학의 절창(絶唱) 중 하나로 꼽힌다.

그럼에도 그 거룩한 왕국에서 내가 내 마음에 모아들인 보화는 얼마나 큰지! 저 모든 것은 이제 내 노래가 될지니!

오, 선하신 아폴론이시여, 마지막 작업에까지, 당신의 능력으로 저를 당신이 사랑하는 월계관을 받을 만한 그릇으로 빚어 주소서!

여기까지는 제게 파르나소스의 **단 한** 봉우리로 충분했지만, **이제는** 남아 있는 경주로에 **양** 봉우리와 함께 들어 가야 하오니, 제 가슴속에 들어오사 제게 영감을 불어넣으소서!"[2]

---

2. 역주) 스킬더가 참고한 네덜란드어 번역본은, 그가 단 각주에 따르면 Dr. Boeke의 것이다. 그는 이 번역본을 자유롭게 변경하여 인용했다. 따라서 이 부분의 원문은 스킬더의 의도가 반영된 번역이라 판단하여, 직접 번역했다. 다음은 해당 부분의 열린책들 출판사본(김운찬 역) 번역이다.

"모든 것을 움직이시는 분의 영광은
온 우주에 침투하지만 어떤 곳에는
많이, 또 다른 곳에는 적게 비춘다.
나는 그 빛을 가장 많이 받는 하늘에
있었고, 그 위에서 내려오는 사람이라도
말로 표현할 수 없는 것들을 보았다.
우리의 지성은 원하는 것에 가까이
다가갈수록 너무나 깊이 빠져, 기억이
그 뒤를 쫓아가지 못하기 때문이다.
하지만 내가 그 성스러운 왕국에서
마음에 보물로 간직할 수 있었던
것이 이제 내 노래의 소재가 되리라.
오, 훌륭한 아폴론이여, 이 마지막 작업에서
그대가 사랑하는 월계관에 합당하도록 나를
그대의 역량이 넘치는 그릇으로 만들어 주오.
여기까지는 파르나소스의 한 봉우리로
충분했으나 이제는 두 봉우리와 함께
나머지 싸움터에 들어 가야 합니다.
내 가슴속에 들어와, … 그대의 영감을 불어넣어 주소서."

내가 몇 단어를 강조하여 제시한 이 서두는 다음과 같은 이유로 주목할 만하다. 시인 단테는 앞의 두 작품, 즉 지옥 서사시, **연옥** 서사시(단테는 연옥을 '**정화되는 산**'이라 부른다)에서는 하늘천국 서사시에서와는 다르게, 시인인 동시에 신神인 **아폴론**을 호출하지도, 그의 도움을 구하지도 **않는다**. 앞의 두 작품에서 시인이 자기 작업을 완수하기 위해서는 **뮤즈들**Muzen의 도움만으로도 충분했다. 그러나 그가 **하늘**에 대해 말하고자 한다면, 뮤즈들은 그를 더 이상 도울 수 없게 된다. 이제 뮤즈들의 도움은 시인에게 **불충분한** 것이 되었다. 그렇다면 뮤즈들의 **수호자**인 아폴론이, '응시자ziener'인 시인의 영혼에 날개를 달아 주어야 하며 그의 상상력을 바른 길로 인도해야 하는 것이다. 시인의 산인 파르나소스의 한쪽 면에는 뮤즈들이 살고 다른 쪽 면에는 아폴론이 산다. 지옥과 연옥을 묘사하는 일에 도움을 받기 위해 단테는 하나만, 즉 파르나소스의 첫째 부분만 조사하면 충분했다. 하지만, 하늘에 대해 노래할 수 있기를 구하는 그의 기도는 뮤즈들을 넘어 파르나소스산 다른 쪽에 살고 있는, 뮤즈의 후원자인 **아폴론**에게까지 올라간다.

이제 시인의 의도는 매우 분명히 드러났다. 아폴론과 함께 뮤즈들이 시인과 환상 보는 사람의 영혼을 끌어 주고 밀어 준다는, 그리스 신화의 파르나소스산 이야기를 통해 단테가 표현하고자 한 것은 다음과 같은 것이다. 즉, 연옥과 지옥에 대해 말하는 것도 어렵지만, 하늘, 즉 낙원에 대해 시를 짓는 것은 **훨씬 더 어렵다**는 것. 시인이 처음 두 주제에 대해 다룰 때는 그는 보다 열등한 영역(뮤즈가 사는 쪽)에서 도움을 얻을 수 있다. 그러나 그가 마지막 주제, 즉 낙원에 대해 다룰 때에는 그의 시적인 정신은 **가장 높은** 영역들에서 오는 도움을 바라야 한다. 그렇게 하지 않는다면 그의 작업은 실패하게 될 것이다.

2. 단테의 당혹감 뒤에는 무엇이 있는가?

우리는 이 내용의 신화적 겉모습에서 벗어나 허심탄회한 질문, 즉, 하늘에 대해 서술하는 것이 지옥에 대해(연옥은 차치하자) 서술하는 것보다 정말로 **더 어려운가**, 시인의 저러한 입장이 과연 합당한가 하는 질문을 제기해 볼 수 있다. 그런데 이 질문은 다음의 방식으로만, 즉 먼저 몇 가지 다른 질문을 제기하는 방식으로만 답변될 수 있을 것이다.

1. 단테는 왜 하늘에 대해 말하는 것이 지옥에 대해 말하는 것보다 훨씬 더 힘들다고 생각하고 또 말하게 되었는가?

2. 그의 표상은 이러한 관점에서 볼 때 타당한가, 타당한 사상적 토대들에서 도출된 것인가?

3. 만약 그것이 아니라면, 개혁주의 신앙고백은 여기에 대해 무엇을 말하고 있는가? 이후 나오는 이 책의 내용은 개혁주의 신앙고백을 기준으로 삼아 논의된다.

3. 로마교적, 중세 사상적 토대들

위에서 제기된 질문들에 답하려면 우리는 시인인 단테를 자기가 살았던 시대의 배경을 통해 이해해야 한다. 그는 중세 교회의 아들이다. 그러나 이렇게 말하는 것만으로는 충분하지 않다. 그 교회의 자녀들은 모든 방면을 섭렵하곤 했다. 단테는 바로 이런 중세 사상가·작가들에게 속하는 사람이었다. 그들이 속한 사상계는, 특히 그들의 사고 **방법론**은, 전형성이라 할 만한 모든 것, 전형화 작업으로 인해 발생하는 모든 약점과 죄를 동시에 드러내고 있다. 이런 것들 안에 중세 스콜라 신학과 철학 전체가 가망 없이 뿌리내리고 있었다. 적어도 **기독교적·성경적** 사고의 관점에서 보면 그렇다. 특히 오늘날에도 잘 알려져 있는 두 명의 사상가가 단테에게 **영향을 미친 것**[3] 같다. 첫 번째 사람은 위대한 스콜라 신학자 **토마스 아퀴나스**이고 두 번째 사람은 그의 스승인 **알베르투스 마그누스**이다.[4]

토마스 아퀴나스는, 힘 있고 섬세하며 한 걸음 한 걸음, 결론에서 결론으로 나아가는 스콜라 논증법을 통해 로마가톨릭 신학을 오늘날까지 다양한 측면에서 매혹시키고 지배해온 사람이다. 알베르투스 마그누스는 아퀴나스와는 사상적 구조가 전적으로 다른 사람이다. 둘 중 **나이가 더 많은** 사람은 알베르투스 마그누스인데 그는 토마스 아퀴나스의 스승이다.

아퀴나스가 이미 많은 저술을 한 뒤에도 알베르투스가 여전히 자기 저작을 출판했었다는 사실로 보아 우리는, 두 사람 사이에 존재하는 차이점에도 불구하고 이 두 학자가 **다 함께** 단테의 사상에 영향을 끼쳤으리라고 짐작할 수 있다. 몇 세기나 지난 현재 우리는 토마스 아퀴나스와 알베르투스 마그누스의 차이점들을 용이하게 제시하고 적용시킬 수 있다. 그러나 학자라기보다는 시인이었던 단테는, 저 두 사람을 그들 동시대 사람들 그리고 제자들의 관계 안에서 파악했기에, 그들 사상 노선을 서로 뒤섞어 이해할 수밖에 없었을 것이다.

---

3. 여기서 더 강하게 말하는 것은 정확하지 않을 듯 싶다. 다음과 같은 사실들을 고려하라. 시인 단테가 일관되게 어느 한 사상 체계에만 헌신한 것은 아니다. 그가 배워 그에게 각인된 사상 체계가 정확히 무엇인지 크게 봤을 때는 모호하다. 그는 특별히 알베르투스 마그누스를 여러 방면으로 섭렵했지만, 알베르투스는 사상적 측면에서 어떤 통일된 체계를 이룬 사람은 아니었다. 그의 제자들, 특히 에크하르트(!)는 굉장히 놀라운 견해들을 견지했다. 또한 아라비아에서 온 영향 역시 간과되어서는 안 될 것이다.

4. 토마스 아퀴나스(Thomas Aquinas, 1225-1274): 이탈리아의 신학자. 그의 작품은 중세 신학의 절정 중 하나로 여겨진다. 알베르투스 마그누스(Albertus Magnus, 1200-1280): 독일의 신학자이자 철학자.

하늘에 대해 생각하는 **방법론**에 대해서도 마찬가지다.

토마스 아퀴나스는 그의 유명한 『신학 대전』 중 보론補論, Supplementum에서 하늘에 대해 말하고 있다. **여기**라고 해서, 하늘에 대한 사고를 전개하는 **방법론**이 교의학적이고 신학적인 다른 많은 주제를 다룰 때와 딱히 다르지는 않다. 아퀴나스가 교의학을 차근차근 전개해 나가는 것을 보면, 하나의 '문제'kwestie에서 또 다른 문제로 편안하게 진행한다. 그리고 그가 하늘과 완전히 다른 주제들에 대해 말한다 하더라도 그의 고유하고 전형적인 추론 방식은 언제나 정확히 똑같다. 그가 다음의 주제들, 즉 죽은 자들의 부활, 세상의 새로워짐, 구원받은 자들의 몸, 혹은 하늘에 있는 영혼들의 '향유' 등을 다룰 때 보면 그는 자기 '질문들'을 하나하나 제기하고 이 질문들의 답을 제시한다. 그러나 그가 자신이 마주친 다른 무수한 '문제들'보다 **이** 주제들을 더 어렵게 여겼다고 볼 여지는 전혀 없다. 그의 스콜라적 추론 방식은 그의 책 전체를 특징짓는, 통용되던 편안한 옛 길을 따라 논증하고 결론을 내린다.

사정이 이러하기에, 단테가 자기 시리즈 중 마지막 주제인 낙원을 그 이전 테마인 **연옥**과 **지옥**보다 훨씬 더 다루기 힘들다고 강조하여 말할 때, 단테에게 특별히 아퀴나스에게서 유래한 어떤 직접적인 영향이 있다고 결론 내릴 필요는 없는 것이다.

그러나 **알베르투스 마그누스**가 가르친 내용을 조사해 보면 우리는 곧바로 어떻게 단테가 그가 살던 시기에 위에서 인용한(하늘에 대해 쓴 그의 책 서두에 등장하는) 자기 나름대로의 개념 조합에 이를 수 있었는지 알게 된다. 알베르투스 마그누스는 중세 철학사 및 신학사에서 아리스토텔레스(토마스 아퀴나스도 기꺼이 추종했다)뿐 아니라 **신플라톤주의와**의 친연성親緣性을 갖고 있다고 알려진 사람이다.

이 신플라톤주의는 죽어 가고 있는 이교 사상뿐 아니라, 유감스럽게도 초기 기독교 사상에도 아주 오랫동안 **치명적인 방식으로** 영향을 끼쳤다. 얼마나 치명적인 영향이었나 하면, 정화淨化 작업이 매우 시급하게 요구되었지만 겨우 종교개혁에 이르러서야 하나님 계시의 중단 없이 역사하는 말씀의 능력으로 말미암아 그 작업이 시작될 수 있었다.

특히 지금 우리 연구에 의미가 있는 **지점들**은 **다음과 같다**.

a. **가장 우선적으로** 우리와 관련된 문제는 신플라톤주의에서는 성경적인 **창조론**이 비성경적인 **유출론**에 자리를 내준다는 것이다. 유출론에서 소위 신성은 일자 一者로 간주된다. 이 일자는 **방사**放射하며 그 다음에는 자신을 피조물 가운데 **투영**한다. 그리고 피조물은 신성에서 **흘러나온다**. 다른 말로 하면, '유출된다.' 피조물 가운데서 일어나는 이 신성의 '흘러나옴'과 반영은 심지어 계서 階序를 따라 진행된다. 어떤 한 피조물에 다른 피조물보다 하나님의 권능이 더 많이 존재한다. 피조된 어떤 한 영역에 신적인 빛의 투사, 방사, 반영과 하나님 능력의 흘러들어 감이 다른 영역보다 더 강하게 존재한다. 그러므로 신플라톤주의에는(기독교회가 초창기에 강하게 투쟁했던 일련의 오류 전체와 마찬가지로) 세상의 생겨남이 성경이 우리에게 교훈하는 것과는 완전히 다르게 제시되어 있다. 칼빈이 이를 우리에게 보여 주었다. 하나님과 세상의 경계선은 지워져 버렸다. 하나님에게서 **순차적인 방식으로** 피조물이 유출되고 있다. 또, 알베르투스 마그누스가 가르친 대로, 하나님은 '지성실재들'(처음 창조된 동시에 가장 높은 계층인 피조물들)을 자신에게서 **항상 지속적으로 흘러나오게** '놔두신다'. 그리고 이 단절되지 않는, 하나님 그분에게서 피조물이 '흘러나옴'에서 사람들은 어떤 특정한 서열을 생각해 냈다. 하나님에게서 '피조물'이 흘러나옴에는 처음에는 높음에서 낮음으로 하강이 있다. 그 이후, 의지를 사용하는 인간의 경우, 스스로를 자유롭게 하는 영혼의 내적 능력 덕분에 다시금 낮음에서 높음으로 상승이 나타날 수 있다. 또, 하나님에게 매우 가까운

가장 높은 '영역들'에서는 매우 강한 방사력의 '광명체들', 빛의 영역들, 빛의 구역이 존재한다. 그리고 그 밑에는 좀 더 약한 다른 영역들이 있고, 또 그 밑에는 또 좀 더 어두운 구역들이 있다. 그리고 우리는 최종적으로 가장 낮은 피조 영역들과 마주하게 되는데, 이들은 원초적 **빛**에 마주하여 **어둠**으로 서 있는 것들이다. 그리고 우리는, 이 가장 낮고 어두운 영역들, 이 비신성非神性의 죄 된, 약한, 악한 힘들의 '깊음'을 악이라, 죄 된 것이라, 썩어진 것이라 부를 수 있다. 그러나 우리는 결국 이들을, 통상적인 이해에 따라 하나님께 **원리적으로** 맞서 있다고는 보지 **말아야** 한다. 그들은 엄밀한 의미에서는 **하나님께 맞서 있는 것**이 아니며 죄를 지은 것도 아니다. 심지어 지옥에서조차 원초적 빛에 속한 요소들이 존재한다. 방금 서술한 유출 사상은 그야말로 가장 높은 영역들을 가장 낮은 영역에 **연결**시키는 것이지 않은가? 빛을 어둠에, 가장 높은 것들을 가장 깊은 것들에 결합시키는 것이지 않은가? 굳이 말하자면, 이 유출 사상에 '하나님'과의 친연성 안에서의 계서적·형상적 차이가 존재하긴 하지만, 거룩함과 거룩하지 않음, 하나님과 사탄, 율법에 부합하는 것과 율법에 반하는 것 사이에 존재하는 안티테제antithese가, 성경이 우리에게 보여 주는 깊게 갈라 놓는 그 안티테제가 **존재하지는 않는** 것이다. 그러므로 **은혜**로 말미암은, 속량으로 말미암은, '모든 피조물보다 더 강한 어떤 분'으로 말미암은 구속救贖 또한 필요하지 않다. **의지**는 자유롭고 언제든 스스로를 자유롭게 할 수 있다. 인간은 낮은 것에서 높은 것으로 상승할 수 있다. 인간은 자신의 **의지**로 수고하여 어둠에서 빛으로 올라가도록 일할 수 있다.

이 지점에서 신플라톤주의(알베르투스 마그누스와, 특히 그의 빛 철학 그리고 서열화된 '영역들'과 친연성을 드러낸다)가 우리에게 어떤 식으로든 이미 명확히 해명해준 것이 있다. 바로, 단테가 위에서 서술된 내용에 이르게 된 경위이다. 사실, 어떤 피조물이 하나님께 더 가까이 거하면 거할수록, 그리고 빛의 영역, 즉, 이 피조물이 상승하여 진입하는 '위엣 하늘'이 더 분명해지고 더 빛날수록, 비천한 흙에 속한 인간/땅엣 사람은, 자신의 약한 눈 때문에 저 위엣 빛에서 활동하는 것의 '본질적인 요소'를 인식하는 데 더욱 어려움을 겪게 된다. 하늘을 주시하는 것은 빛의 요소들이 거의 없는 지옥 혹은 연옥에 대해 시적 형상화를 지속하는 것보다 훨씬 더 힘들다. 고대 유출 사상과 친연성이 있는 알베르투스 마그누스의 사상은, 아라비아 철학자들과 함께 신비주의자인 에크하르트와[5] 단테의 정신에 영향을 끼치게 된다. 단테에게 전형적인, **'빛을 방사하는'** 하나님 상像은 여기서 확실히 해명된다. 우리는 이교주의 한 조각이 항상 목구멍에 걸려 있는 스승의 약함을 제자에게서 맛볼 수 있는 것이다.

b. 앞의 내용과 일치하게도 신플라톤주의는 **하나님만이** 모든 것의 **창조주는 아니라고** 가르쳤다. 하나님이 '가장 높은' 하늘들, '처음' 하늘들, 그리고 '처음' 존재들을 창조한 것은 맞지만, '더 낮은' 존재들과 '더 낮은' 영역들과 힘들은 소위 **중간 원인들**, 더 낮은 질서의 '창조자들'에게 내맡겨졌다. 특히 활동하는 권능과 힘이라 여겨진 소위 지성 실재들에게 맡겨졌다. 이 지성 실재들은 세계 영역들을 산출했는데, 이 영역들은 지성 실재 아래에 존재한다. 우리는 여기서, **사멸되지 않는 것들**(천사, 질료, 하늘들, 그리고 인간의 '지성적' 영혼)을 **사멸되는 것들** 혹은 **우유**遇有들과 구별해야 한다. 전자는 하나님이 직접 창조하신 반면, 후자는 각각 자기 '하늘'을 소유하고 있는 소위 지성 실재들의 작용, 방사, 운동에 관련시켜 해명해야 한다. 우리는 유사한 표상들을 기독교 초기 영지주의에서 만나게 된다. 이 전제들은 또한 동방오리엔트, oostersche의

---

5. 요하네스 에크하르트(Johannes Eckhart, Eckhart von Hochheim, c.1260-1328): 독일 신학자이자 신비주의자. 민족어로 설교한 사람이다. 타울러(Johannes Tauler)와 수소(Heinrich Seuse)와 더불어 라인란트 신비주의를 대표하는 사람으로 꼽힌다.

영향으로 말미암아 나타났다. 이러한 관점에서 자연스럽게 다음과 같은 견해가 도출된다. 즉, 더 낮은 창조 능력을 통해 생겨난 '**더 낮은**' 영역들을 탐색하는 것보다 하나님의 고유한 **직접적인** 창조 행위를 통해 생겨난 **가장 높은** 하늘에 진입하는 것이 사람에게는 더 어렵다는 것.

c. 여기에다 인간 **지식**의 **가능성**, 그리고 그것의 다양한 **형상**, **길**에 관한 어떤 특정한 견해가 더하여진다. 중세 스콜라 신학은 그 대표자들과는 달리, 이후 '신비주의'의 길로 나아간다. 알베르투스 마그누스가 부분적으로 그러하며, 단테와 동시대인인 마이스터 에크하르트, 그리고 단테 자신도 그러하다. 많은 사람들이 그들이 말하는 바 '철학적으로' 아는 것과 '신학적으로' 아는 것의 잘못된 구분을 추종했다. 두 지식 모두 각각 고유한 방법론이 있었고, 종종 사람들은 전자는 더 낮은 질서에, 후자는 더 높은 질서에 속한 것이라 여겼다. 여기에 많은 사상가들이 '자연'과 '은혜'의 잘못된 구분을 더했고, 소위 **실천적** 덕보다 소위 **지성적** 혹은 **이지적** 덕을 **더 높게** 평가하게 되었다. 여기 지상에서의 실천적 활동이나 이에 대해 철학적으로 반성하는 일은 **더 낮은** 질서의 일에 해당되었다. 반면, 하늘에 대해 신학적으로 반성하거나 '신비적인' 지식의 길을 따라 탐색하는 자기 영혼을 통해 하늘로 진입하려는 일은 **더 높은** 질서에 속한 것이라 여겨졌다. 이제 영혼은 하나님 안에서 자신을 '잃게' 된다. 그는 최고 존재, 하나님의 지고至高 '세계'에 닿게 된다. 거기서 이제 **모든 모순들은 '더 높은 하나 됨'**[6] **안에서 지양**止揚**된다**. 왜냐하면 사실 이것이, 즉 모순되는 부분들의 하나 됨, 모든 대립들을 넘어서기가 본래의 하늘 영광이기 때문이다. 단 하나인 원광原光, oer-licht에서 모든 것이 **흘러나오는 게** 아닌가? 단

---

6. 역주) eenheid를 위에서는 '일자(一者)'로 번역했으나 이하에서는 '하나 됨'으로 번역한다. 원어로는 같지만 이하의 문맥에서 '일자'로 번역하기에는 무리가 있다.

하나인 처음 빛에 모든 대립이 들어 있는 게 아닌가? 여기서 우리는 다시 동방 오리엔트의 영향과 마주친다. 동방 '신비주의'마니[7], 영지주의, 중세의 영지주의 분파들는 모든 모순이 항상 하나님에게서[8], 즉, 하나님의 직접적인 어우름 가운데서 지양되고 원原하나 됨oer-eenheid으로 인도된다고 여겼다. 여기 아래서는 사람들이 선과 악, 가까움과 멂, 높음과 낮음의 대립과 함께 '활동한다.' 그러나 하나님이 스스로를 향유하도록 내어주면서 신비주의자의 영혼에 스며드는 곳, 바로 그곳에서 저 대립들은 자기 활동성을 잃고 효력이 멈추게 된다. 땅엣 사람은 비록 시인이라도 저 모순들에 계속 묶여 있다. 그가 지상에 거하고 생각과 관찰을 멈추지 않는 한, 저 모순들에서 빠져나올 수 없거나 빠져나오기가 극도로 어렵다. 이는 여전히 그의 **약함**으로 남아 있다. 그리고 이제 이 **약함**은 지옥의 형벌과 연옥의 고통 속에서 드러나는, 아니, 보응하는 그 약함과 똑같은 **약함**이다. 그러나 하늘에서는 이 약함에서 **구속**救贖**된다**. 이것이 바로 하늘의 **힘**이다. 그러나 다음과 같이 생각하는 것이 훨씬 더 이해하기 쉽다. 즉, 떨며 하늘의 높음을 탐색하는 것보다 지옥과 연옥에 대해 말하는 것이 사람에게 더 수월하다고. 땅엣 사람은, 스스로는 여전히 약하고 모순들 가운데서 생각하며 관찰하기는 해도, 자기와 친연성 있는 세상인 지옥과 연옥은 쉽게 실감할 수 있을 것이다. 그러나 그는 오직 초인간적인 노력을 통해서만, 신비적인 은총을 받음으로써만 모든 대립을 넘어서는 모두 하나 됨al-eenheid을 갖추고 하늘의 높은 곳으로 진입할 수 있다. 중세 신비주의 전체는, 다시금 에크하르트를 강하게 떠올리게하는 다음의 관점을 통해 요약될 수 있다. 즉, 신비주의

---

7. 마니(Mani, 210-276): 페르시아 사람. 마니교의 창시자이다. 마니교는 영지주의 종교인데, 초기 기독교에도 영향을 끼쳤다.
8. 역주) 좀 더 정확한 명명은 '신(神)'이겠으나, 스킬더가 God이라고, 대문자로 썼기에 '하나님'으로 번역한다.

자가 신비주의적인 '지식', 즉 '관조觀照/직관直觀'에 이르면 더 이상 개념들을 가지고 활동하지 않는다는 것. 개념에 부합하는 '지식'은, 신비주의 관조직관를 따르자면, **알지 못함**에 이르는 지름길이다.

　d. 이제 마지막으로 살펴보자. 방금 말한, **'지성적'** 덕을 '실천적' 덕 위에 두어 칭송하는 것을 통해 중세 신비주의자들은 어떤 한 하늘을 생각해 냈다. 이 하늘에서 가장 높은 복은, 더 이상 일하지 않은 채 '명상'함에서 발견할 수 있었다. 또, 가장 높은 하늘 영역들은 사변에, 침묵 속에서의 경외에, 탈아적·몰아적 '향유genieting'에 자리를 내주는 상태, 행위가 정지된 상태에서 찾을 수 있었다. 이 때문에 결국 단테 역시 하늘에 대한 어떤 상像을 구상하는 것이 틀림없이 어려웠을 것이다. 왜냐하면 인간이 여전히 땅에 거하면서 하늘 아래 분주한 **행위**의 세계로 빠져들어 가는 한, 명상의 영웅들과 함께 하늘로 이동하기란 매우 어렵기 때문이다. 마음의 충동, 육신의 움직임이 함께하며 **개념**을 따라 이루어지는 생각 및 삶의 방식을 유지하는 아랫 세계로부터, 침묵 속에서 명상을 행해야 하고 실천에서 물러나 있어야 하며 모든 대립 위로 지양되어야 하는, 하늘을 향하여 나아가는 길은 확실히 매우 고단한 길이다.

4. 중세적 사고에 맞서는 성경적 사고

　위에서 우리는 토마스 아퀴나스, 알베르투스 마그누스 그리고 당대 신비주의적 사변의 영향이 단테의 낙원에 대한 책의 특징적인 서두 구절들에서 어떻게 한꺼번에 등장하고 있는지를 보여 주려 했다.

　이제 우리는 우리의 두 번째 질문에 이르렀다. 단테의 생각은 옳은가, '예'인가, '아니오'인가?

우리는 여기서 망설임 없이 단테의 생각은 계속 또 계속 병들어 갔다고 대답한다. 저러한 일련의 생각에서 우리는 어떤 철학, 즉, 옛 이교주의를 여전히 완전히 벗어나지 못하여 씨름하고 있는 철학이 말하는 것을 듣는다. 칼빈 같이 예리한 정신의 소유자라야 겨우, 원리 차원에서 그것을 깨뜨릴 수 있었다. 왜냐하면 위에서 말한 네 가지 논점들 모두에서 성경은 전혀 다른 노선을 취하기 때문이다. 우리는 이를 살펴보려 한다.

a. 위에서 언급한 **유출론**에 대해서 성경은 우리에게 완전히 다른 논조를 제시한다. 태초에 하나님이 천지를 **창조하셨다**는 것이다. 세상은 하나님에게서 '흘러나오지' 않았다. 피조된 모든 것은 하나님의 **의지**로 말미암아 존재하고 그분에게서 영원히 구별되어 있다. 하나님은 당신 안에서 스스로 '**충분하시다.**' 그분은 자신의 충만함 속에서 스스로 만족하기 위해, 이 자기만족 가운데 스스로에게로 영원히 되돌아오기 위해 창조 행위 그리고 피조물이 필요한 분이 아니시다. 하나님과 모든 **만들어진** 것, 모든 **피조물** 사이에는 생각으로써는 흐트러뜨릴 수 없는 경계선이 존재한다. 이 경계선을 흐트러뜨리는 자는 반드시 벌을 받는다. 하나님과 그분의 피조물 사이의 구별을 흐트러뜨리는 사람은 성경의 근본 사상을 희생시키는 것이다. '하나님은 하늘에 계시고 너는 땅에 있음이니라'(전5:2).

b. 그러므로 성경은, '더 낮은' 영역들의 '창조'가 맡겨졌다고 여겨지는 소위 **중간 원인들**에 대해서 아무것도 말하지 않는다. 하나님은 모든 것을 창조하셨고, 또한, 모든 것을 홀로 창조하셨다. 엄밀한 의미에서 창조는 하나님께서 어느 누구에게도 나누어 주신 적 없는 특권이다.

c. 창조를 통해 하나님은 특정한 어떤 '덕'을 다른 덕들 **위**에 두지 않으셨다. 모든 덕은 각각 '가치'가 있고 하나님 섬기는 힘이 있으며 서로 동일하다. 따라서 '생각'과 '행위' 역시 가치가 서로 다르지 않다. 생각이나 행위 중 하나님의

의지에 **일치하여** 일어나는 **모든 것**은 선하고, 또한 동시에, **똑같이** 선하다. 그리고 하나님의 뜻에 **반하여** 착수되는 모든 것은 잘못되었고, 또한 동시에, **똑같이** 잘못되었다. 인간을 나눌 수는 없다. 그에게서 하나의 기능을 다른 기능들에서 분리시키지 못한다. 그러므로 '신비주의' 역시 더 높은 지식의 길이라고 칭송될 수 없고, 철학적 지식 역시 가치에 있어서 신학적 지식과 차이가 나지 않는다. 계시를 통한 길 말고는 어떤 지식의 길도 개방되어 있지 않다. 그렇다면 이는 이제, 인간이 과연 저 길들을 올바르게 사용하고 있는가 하는 질문에 '예' 혹은 '아니오'로 대답하는 것이 된다. 하나님의 계시는 우리 모든 능력을 통해 우리에게 말씀하시며, 각각의 지식의 길을 따라 우리 삶에 개입하신다. 이 길은 계시의 각각 특정한 방법의 성격을 따라 지식에 제공된 것이다. 철학적 사고와 신학적 사고 사이의 날카로운 **가치** 구분은 형성 불가한 것이다. 모든 생각은 **가치**에서는 동등하고 **방법론**에서 차이가 난다. 우리는 철학 내지는 다른 학문에 대한 신학의 우위를 알지 못한다. 왜냐하면 모든 학문은(신학 역시도) 계시된 말씀에서 출발해야 하며, 모든 학문이 이 측면에서는 동일하다. 지식의 모든 **방식들** 역시 그러하다. 이 입장을 취하는 사람은 어떤 특정한 계시 영역에서 **거기** 주어진 모든 주제가 각각 **똑같은 난이도를 갖고 있다**는 결론에 이르게 된다. 성경이 우리에게 계시하는 모든 것은 우리 지성에 똑같은 권리를 부여한다. 모든 지식의 길을 소유하고 있는 **전인**全人은, 그가 '자연적 인간'인 한(고전1, 2장), 하나님의 말씀이 그에게 가르치는 바에 굴복당해야 한다. 하나님께서 말씀하시고 기록하신 말씀의 모든 내용은 우리에게 **똑같이** 신비다. 특별 계시는 우리에게 언제나 진리를 말하지만 그 진리를 결코 고갈시키지는 않는다. 하나님이 주신 계시가 믿음으로 '받아들여지고', 이어서 하나님 중심으로 그리고 그리스도 중심으로 '생각되지' 않는다면, 성경의 어떤 주제도 신앙적 사고를 통해 올바른 방식으로 다루어질 수 없다. 계시의 영역

내에서 논의되는 주제들은 어떤 것이라도 **전체 성경을** 고려하여 숙고해야 한다. 또, 하나뿐이시며 나뉘지 않으시는 하나님은 하나뿐이고 나뉘지 않는 그분의 말씀과 사역을 통해 그분을 알게 하신다. 여기서 우리는 어떠한 신비주의적 지식의 길도 인지할 수 없다. 다른 주제들보다 더 어렵거나 혹은 더 쉬운 성경 교육 주제들을 우리는 알지 못한다. 물론 계시의 **방편들** 간에는 난이도 차이가 존재한다. 예를 들면 비유는 성경의 다른 부분보다 분석하기가 더 어렵다. 그러나 계시의 **내용**을 **이해**하는 일에 있어서는 보다 더 곤란하거나 보다 덜 곤란한 것은 없다.

　d. 이 때문에 우리는 '**이지적**理智的' 덕을 '**실천적**' 덕보다 우위에 두고 그저 칭송할 수는 없다. 따라서 여기 해당하는 부분에서도 우리는 단테에게 결코 동의할 수 없다. 단테에 따르면, 그가 하늘에, 하늘의 '핵심', 즉 '지고천至高天'에⁹ 이르렀다고 생각했을 때, 거기 더 가까이 이르면 이를수록, 그만큼 하늘 거주자들의 '행함'은 **더 적게** '보게' 되는 반면, 그 자신은 그들에게 **더 많이** '보여' 주게 된다. 하늘 거주자들에 대한 이러한 공상, 즉 그들이 **행함**보다는 **생각함**으로 말미암아 하늘에서 별과 같이 빛나고 있다는 공상은 올바르지 않은 철학에서 출발하고, 인생을 파편화시킨다. 또한, 충만하고 실체적이며 자기 **모든 것**으로써 하나님을 섬기는 인간이 아니라, 왜곡되고 비뚤어지게 성장한 인간을 이상적인 존재로 제시한다. 개혁주의 신학과 동방오리엔트의 신비주의 및 신플라톤주의 철학 혹은 비슷한 부류 사이에는 깊은 균열이 존재한다. 두 세계는 여기서 갈라진다. 복음의 '신비주의적' 철학화는 중세 사상가들과 시인들에게서 허상을 배양했을 것이다. 그들은 다음과 같이 상상한다. 즉, 소위 '위버게겐제츨리히카이트초대립성, Übergegensätzlichkeit, 모든 대립을 지양함가, 불교도의

---

9. 역주) Empyreum: 고대 우주론에서 가장 높은 하늘, 신이 거하는 하늘.

열반처럼 우리가 '향유할' 어떤 것을 하늘에서 제공한다고. 우리는 이 사고 회로 전체를 기각한다. 또 우리는 우리가 방금 사용한 단어를 미워한다. 우리는 '위버게겐제츨리히카이트'의 정리定理를 근본적인 이단으로 여겨 미워한다. 사람들이 하나님과 피조물의 '모두 하나 됨al-eenheid' 안에서 결국 모든 모순은 사라지리라 생각할 수도 있다. 그러나 **바로** 이 '모두 하나 됨'을 우리는 인정하지 않는다. 현존하는 모순들은 영원하다. 그렇지 않다면 그 명칭에 부합하지 못하게 된다. 선과 악, 빛과 어둠, 가까움과 멂, 하나님과 사탄, 높음과 낮음의 대립은 영원히 존재할 것이다. 모든 모순을 지양한 후 진입하는 하늘을 생각하는 병적인 공상에 맞서 우리는 이와 다르지만 성경적인 하늘 상像을 제시한다. 이 상에 따르면 하늘 역시도, 아니, 하늘**이야말로** 모든 지식의 길에 실제로 존재하는 저 대립들을 완벽하게 증언하고 있다. 하늘은 우리에게, 결정적으로 정교하고 더 이상 모호하거나 흐릿한 것이 없이 **구별되는 것들**을 온전하게 응시하는 사람들이 자리하는 완성된 관람석이다. 하늘은 가장 강력한 결합들이 있는 장소인 동시에 가장 날카로운 구별들이 있는 장소다. 우주 전체에서 어떤 장소도 하늘처럼 그렇게, 분명한 선들이 그어지거나, 날카로운 경계들이 표시되거나, 생동감 있는 차이들이 마무리되고 집중되는 곳은 없다. 과연 하늘이야말로, 완벽히 **마무리된** 창조와 재창조에 대한 하나님의 생각들이 존재하는 곳 아닌가? 과연 하늘이야말로, 충만한 완결이 있는 곳, 완성이 있는 곳, 시간 가운데서 자라 가는 모든 것의 성장이 완성된 곳 아닌가? 과연 하늘이야말로, 하나님이 창조 가운데 두시고, 성장을 위해 부르시고, 재창조의 은혜로 받아들이시고, 이제 죄의 유배에서 벗어나게 하시고, 마침내 완전한 성장에 이르게 하신 일 일체一切가 존재하는(우리가 오늘이라도 어린아이다운 표상으로 표현할 수 있는) 이상한 나라Wonderland 아닌가? 그럼에도 하늘은 모든 씨가 삼십 배, 육십 배, 백 배의 결실을 맺는 그런 곳 아닌가? 각각의 **씨**

가 **제 품종**aard에 따라 발달하고 혼합된 것들이 제거되고 구원하는 **은혜**에 의해 자기 고유한 **본성적**자연적 품종에 따라 자기만의 자유 안에서 전적으로 전개된 그런 곳 아닌가? 그래서 그 씨의 **열매들**도 모두 제 고유한 품종을 드러내는 그런 곳 아닌가? 이러한 생각을 하나님이 창조한 모든 것에, 제 품종을 따라 선한 모든 것에, 우주적인 모든 것에 적용시키는 즉시 하늘은 신플라톤주의가 구성한 것과 **정확히 반대되는 것**이 된다. 이 하늘은 맨 위쪽이 잘려나간 피라미드가[10] 없는 곳이다. 심지어 베어진 그루터기라는 관념조차 모든 생명이 완성된 이곳에서, 즉, '높은' 영광과 '낮아진' 자연 됨의[11] 이곳에서 웃음거리가 된다. 하늘은 어떤 열매도 꽃봉오리로 머물러 있지 않고, 어떤 섞임과 혼종도 더 이상 가능하지 않으며, 모든 것이 제 본래 부르심에 따라, 창조하시는 하나님의 원명령原命令에 따라 제 **'고유한 종자'**를 보존하고 발전시킨 곳이다. 그곳에는 어떤 것도 더 이상 안개 속에 놓여 있지 않다. '저 개화開花를 애도함은, 봉오리 안에 무너지어, 아침도 전에 만개滿開를 떠나 사라지느니'weent men daarom bloemen, in den knop gebroken, en vóór den ochtend van haar bloei vergaan'라는 시구는[12] 여기서 결코 성립하지 못한다.

여기에는 결코 어떤 기질이나 능력도 '잠복해' 있지 않다. 졸고 있는 어떤 것도 존재하지 않으며 '흐릿한'[13] 어떤 것도 존재하지 않는다. 어떤 경계도 스

---

10. 역주) 단절각뿔.
11. 역주) 이 두 표현은 각각 'hooge' heerlijkheid와 'nederige' natuurlijkheid의 번역이다. 일단은, 문자적으로 번역을 했는데, 각각 '높은 하나님스러움(神性)', '낮아진 자연스러움(自然性)'으로 번역하는 것이 더 나을 수도 있겠다.
12. 빌럼 클로스(Willem Kloos, 1895-1938)의 시 '개화(開花)를 애도함(Ik ween om bloemen)'에서 인용한 구절. 역주) 해당 부분의 본래 싯귀는 다음과 같다. "Ik ween om bloemen, in den knop gebroken / En vóór den uchtend van haar bloei vergaan, …"
13. 역주) 이 부분에 '졸다'라는 뜻을 가진 서로 다른 단어들(sluimeren, doezelen)이 등장하는데, 비유적으로는 잠재하고 있다, 즉 '졸고 있는 것처럼 활동하지는 않지만 확실히 존재하고 있다' 정도의 뜻을 가지고 있다. 네덜란드어로는 말놀이가 가능하지만 우리말로는 그렇지 않다.

스로를 유지하기 위해 바리케이드를 필요로 하지 않는다. 경계들이 녹아 없어져 버리기 때문인가? 결코 아니다. 오히려 정반대다. 각각의 경계는 거기서 온전히 드러나 **보이고** 또 온전히 **존중받는다**. 나중에 다시 이 주제로 돌아오도록 하자.

5. 결론

이 부분에 대해 우리가 내리는 결론은, 우리는 하늘에 대해 노래한 단테의 서사시에 나타나는, 위에 언급된 처음 구절들을 완전히 거부한다는 것이다. 그렇다고 해서 우리가, 하늘에 대한 질문이 우리 이해의 범위를 훨씬 넘어섬을 부인한다고 여겨서는 안 된다. 우리는 이를 주저함 없이 인정한다. 다만, 우리는 **지옥**에 대해서도 **정확히 똑같은 내용**을 말한다. 지금은 다른 주제들에 대해서는 침묵하도록 하자.

단테는 **극도로 많은** 빛으로 스스로를 보이지 않게 하는 **태양 상**像을 사용했다. 단테가 수성에 이르렀을 때(그의 이해에 따르면 수성은 응시자ziener라면 진입할 수 있던 소위 하늘 영역 중 하나이기 때문이다) 그는 이렇게 묘사한다. "**너무 많은 빛**으로 스스로를 보이지 않게 하는 태양처럼, 두터운 증기로 이루어진 담금질을 열기熱氣가 갉아먹을 때, 거룩한 형상은 큰 기쁨으로 자기 빛의 방사 안으로 숨었다. 그리고 완전히 은밀한 중에 그녀는 말했다."

이 상像은 충분한 내용을 시사해 준다. 태양은 사람의 시력에 대해 **너무 많은** 빛을 갖고 있다. 그래서 이제 하늘의 형상들을 직관하는 일은 빛의 **과잉**으로 말미암아 시인이자 응시자인 사람에게는 불가능한 것이 되었다. 여기서 빛은, 결핍이 있어서가 아니라 오히려 너무도 격렬하게 방사되기 때문에, 관찰을 방해하고 앎을 매우 어려운 것으로 만든다. 빛은 우리에게 너무 강하고 우리를 압도하며, 우리가 여기 아래에서 오를 수 있는 높이의 지식 및 관조de kennis- en aanschouwings-hoogten의 가장 높은 봉우리들보다도 1000피트나 더 높이 있다.

이런 내용에 우리도 동의하는가? 물론이다. 우리는 심지어 성경에 등장하는 어떤 상像을 사용하여 똑같은 생각을 표현할 수 있다. 왜냐하면 우리가 땅에서 하늘을 '응시zien'하기를 원하며, **하늘을 표상表象하기voorstellen**를 원한다면 이는 우리가 계시를 통해 **알게 된 것**을 **표상**함으로써 이루어진다. 이는 바울과 동행하여 다메섹으로 가던 그 사람들에게도 똑같은 이루어진 일이다. 바울이 '위협과 살기가 등등하여' 다메섹으로 출발했을 때 거기서 그리스도께서 하늘로부터 바울을 덮치셨다. 그리고 여기서 사도행전은 특히 바울의 동행자들에게 일어난 일에 대해 매우 주목할 만한 보도를 한다. 한번은 그리스도께서 길에 나타나셨을 때 바울의 동행자들이 소리만 듣고 아무도 보지 못했다고(9:7) 말하는 반면, 다른 한번은 그들이 빛은 보면서도 말씀하시는 이의 소리는 듣지 못했다고(22:9) 말하고 있다.

사도행전의 이 두 보도는 서로 모순되는 것 같아 보이는데, 종종 실제로 그렇게 간주되기도 한다. 그러나 여기에 모순은 존재하지 않는다. 오히려 정반대로, 하나가 다른 하나를 보충하고 있다. 이미 그리스어의 미묘한 어감에서 드러나듯이, 두 보도는 서로 조화를 이루고 있다. 우리는 다음과 같이 표상해야 할 것이다. 바울의 동행자들이 들은 것은, 아주 일반적으로 말하자면, '어떤 한' 소리, 즉 머리 위에서 터져 나오는 굉장히 큰 어떤 소리였던 것이다. 그러나 그들은 말하여진 내용이 정확하게 어떤 단어들이었는지는 알지 못했다. 그들이 어떤 소리를 듣긴 했지만 이는 여전히, 굳이 말해 보자면, 그들의 귀에는 분절分節되지 않은 음성이었다. 그들은 어떤 '소리'를 들었지만 그 소리가 곧 단어들은 아니었다. 그리고 이제, 그들이 **소리를 듣고** 서 있는 그때, 그들의 **응시** 역시 중단됐다. 그들은 머리 위에서 갑자기 뻗쳐 나와서 눈을 멀게 하는 '어떤 (한) 빛'을 보았다. 그러나 그들은, 빛 가운데 서 있으며 그 빛 가운데서 분명하고 뚜렷하게 자기 모습을 드러내고 있던 그 인물의 윤곽을 응시하지는 못했다.

우리는 성경에 등장하는 이 상像을 가지고 단테에게, 하늘은 이런 방식으로만 '응시할' 수 있다고 훈수하고 싶다. 여기서는 그리고 지금은. 그 상像이 사물들을 표상하는 우리의 표상에 임할 때만 우리는 응시할 수 있다. 왜냐하면 **표상**과 **지식**은 차이가 있기 때문이다. 우리는 '어떤 소리'를 실제로 듣는다. 그런데 그 소리는 '많은 물소리와도 같고 큰 우렛소리와도 같은 어떤 실제 소리'다. 공상空想을 통해 우리는 그 소리를 거문고 소리, 노래하는 자들의 노랫소리, 기도 소리, 강한 음성으로 부르는 소리, 크게 손뼉 치며 환호하는 소리로 실제 '듣는다.' 그러나 말하거나, 노래 부르거나, 기도하거나, 탄식하는 단어들 자체를 청취하고 있는 것은 아니다. 그런데 우리는 우리가 '듣지' 않은 것으로부터는 어떤 것도 '재생시킬reproduceeren' 수 없다.[14] 또, 상상想像을 통해 우리는 어떤 빛을 실제 '응시'하기도 하며, '해나 달이 쓸데없는 어떤 도시'를[15], 어린양이 촛불인 곳의 매력적인 상像을 실제 갈망하기도 한다. 그 도시는 요한계시록에서 출현하게 되는데, 거기서 기적에 둘러싸인 이 도시는 가장 아름답고 가장 '값비싼' 단어들로, 즉 금으로 된, 광채가 나는, 반짝이는, 다이아몬드, 해같이 빛나는, 영광을 비추는 등의 단어들로 언명되고 있다. 그러나 저 빛 안에 거하는 것들, 서 있는 것들, 걸어 다니는 것들, 만개하여 있는 것들 자체, 즉, 하늘의 뚜렷한 윤곽들, 하늘에 있는 완전하게 된 사람들의 결코 흐릿하지 않은 외

---

14. 역주) 이 단어(reproduceeren)의 통상적 뜻인 '복사하다, 모사하다, 되풀이하다' 등에 문자적 뜻인 '다시 생산하다'를 포괄하여 제시하고자 하는 스킬더의 의도가 엿보인다.

15. 계 21:23

모들, 창조의 은사들, 창조의 이적들 자체는 우리의 상상想像으로는 감히 묘사할 수 없다. 이들 모두는 하나님의 가장 큰 부요함에 속한다. 하지만 이들 모두는 빛의 바다에 서 있다. 그들에게는 우리가 감당하기에 너무 많은 빛이 있다.

그렇다고 해도 이 모든 것이 곧 우리가 단테를 옳다고 평가한다는 뜻은 전혀 아니다. **표상**과 **지식**의 구별은 우리로 하여금 이미 조심스러운 태도를 취하게 했다. 저 높은 곳에서는 우리가 '응시'할 수도, '들을' 수도 없다. 그러나…… 우리가 **읽을** 수 있다면, **기록**되어 있는 것을 읽을 수 있다면, 그리고 기록된 것이 **참**되다면, 바로 이것이 모든 것을 바꿔 버리지 않겠는가? 그것이 어떠한지는 다음 장에서 다루게 될 것이다. 그것이 어떠한지에 대해 해명하는 데 있어서 우리는, 단테가 말한, 빛이 **너무 많다**는 그 상像에 경도되지는 않을 것이다. 왜냐하면 이를 반대 방향에서 적용해 보면, **그 상像**은 **가장 바깥 어둠의** 장소de plaats der buitenste duisternis라고 준용準用될 수도 있기 때문이다. '**가장 바깥**' 어둠, 이 표현만으로도 이미, **지옥**을 숙고하는 일과 하늘을 이해하는 일은 **같은** 난이도를 가지고 있다는 사실이 곧바로 드러난다. 여기서 '**가장 바깥**' 빛은 '**가장 바깥**' 어둠과 마주서 있다. 우리가 서 있는 곳은 여기 두 경우 **모두**, 경계선이다.

그러므로 우리는 하늘에 속한 것에 대한 우리의 연구가 참으로 두렵고 떨림으로 시작되기를 바란다. 그러나 이 떨림은, 성경의 어떤 테마를 숙고하기 시작할 때마다 매번 우리에게 닥치는 두려움 이상의 것일 수 없다. 우리가 여기서 가리키는 바는 사람의 자율적 생각이나 우리의 철학적 사고력이나 철학적 지식 위에 있는 우리의 신학적 지혜나, 신비주의적 관조 등이 아니다. 우리는 **성경**을 가리킬 뿐이다. 그리고 우리가 신학적 주제를 다룰 때마다 **매번** 이 성경 **전체**를 다 고려해야 한다. 우리가 이미 말했듯이, 성경 계시의 **방편** 중 어떤 것은 어렵고 또 어떤 것은 쉽다. 하지만 성경 계시의 모든 내용은 우리가 하나님의 다양한 지혜를 알게 하도록 하는 길을 개시開始하며, 성경은 이 각각의 내용을 위해 계시의 **모든** 길을 사용한다. 이 계시의 길들이 진행되는 동안에도 성경은 주제 각각을 동일하게 다룬다.

그러므로 우리는, 우리가 지옥과 하늘의 '**가장 바깥 어둠**buitenste duisternis' 그리고 '**가장 높은**면 빛uiterste licht'을 조심해서 다루어야 함은 알고 있지만, 이런 식의 표현이 그 두 장소들 중 어느 한 곳에 **있는** 사람의 관점에서 선택되었음을 잊지 않고 있다. **지옥**은 거기 '**거하는**' 사람에게는 가장 바깥 어둠의 장소일 수 있다. 그럼에도, **믿음**의 차원에서는 이 가장 바깥 어둠의 장소에 관한 **계시**는 밝고 선명하고 투명하고 명확하다. 성경이 하늘에 관하여 말하는 것만큼이나 밝고 명확하다. 그리고 반대로, **하늘**은, 하늘에 있는 사람에게만 **가장 높은**면 빛의 장소가 될 수 있다. 여기 아래에 있는 우리는 하늘에 관한 하나님의 **계시**를 주목할 뿐이다. 우리는 하늘에 대해 단지 땅 위에서 생각할 수 있을 뿐이다. 그리고 지옥에 대해 생각하는 것이 지옥스럽지 않은 것처럼, 하늘에 대해 **생각하는 것** 역시 하늘스럽지 않다. **하늘**에 대한 계시는, **지옥**에 대한 계시와 **마찬가지로** 그리고 **똑같은** 의미에서, 우리 인간의 사유하고 파악하는 능력에 맞추어 형성되었다고 할 수 있다. 이를 칼빈식으로 말하자면, 하늘에 대한 계시가, 사유하고 파악하는 우리 능력에 스스로를 적응시킨 것이라 할 수 있다. 하늘에서 우리는 하나님 덕들의 빛을 보고 그것을 찬미한다. 그런데 지옥에서 우리는 정확히 똑같은 것을 본다. 하나님은 이와 다른 어떤 지옥을 믿는 자를 바로 그 지옥의 문 앞에서 퇴위시키셨다. 그러나 지옥 자체는, 하나님이 결코 퇴위하지 않으신다는 진리에 대한 가장 최종적인 증거 중 하나다. 따라서 지옥에서든 혹은 하늘에서든 하나님의 영광과 능력과 힘이 영원토록 참되게 계시됨이 참이라면, 또한 우리가 이 두 장소를 그저, 성경이 한 분이신 하나님에 대해 우리에게 가르치는 바를 믿음으로 '받아들임'으로써만 알 수 있음이 참이라면, 개혁주의 신앙을 따라 생각하는 사람에게는 단지 하나의 가능성만 열려 있다. 즉, 낙원에 대한 단테의 서사시 중 첫 번째 구절들에 취소선을 긋는 것. 이 중한 주제를 다루며 자기 하나님께 빛과 지혜를 주십사 간구하면서 그는, 자기에게 계시된 어떤 것에 대해 말하기 위해 빛과 지혜를 구하던 다른 기도보다 특별히 더 힘차고 더 높은 목소리로 기도하지는 않는다. 결국 하늘에 대해 서술하는 것은 기독교 일력日曆달력의van den christelijken scheurkalender 일 면 첫머리에 집어넣기에 가장 좋은 주제를 서술하는 것 **정도로만 어렵다**. 그 반대도 마찬가지이다.

왜냐하면(이 장 마지막에서 지금 우리는, 우리가 들은 단테를, 그가 자기 시를 시작하며 말한 내용을 빗대어 말하고 있다) "만물을 **창조하시고** 만물을 자기 능력의 말씀으로 **붙드시는** 분의 영광이 온 우주를 관통하는데, 만약 하나님이 어느 한 **피조물**을 더 부요하게 창조하시기를 원하셨다면, 그분의 영광은 바로 이 **피조물** 안에서, 그분이 이것보다 덜 부요하게 창조하신 다른 하나 안에서보다 더 빛날 것이다."[16] 그러나 하나님은 그 모든 것에 대한 당신의 **계시**를 우리에게 **똑같이** 중하도록, **똑같이** 압도적이도록, **똑같이** 경이롭도록 하셨다. 로마서 11장은 타락과 부활, 선택과 유기가 함께 하나의 관점하에서 논의되고 한 분 하나님께 귀결된 후에야 완결되었다. 이사야서도 마찬가지 방식으로 완결된다. "깊도다, 하나님의 부요함이여", 이 말은 다른 이보다 더 충만한 한 사람이 더 나은 이해를 가지고 말하는 것이다. 그러나 이것을 말하는 사람은 모든 것을 **똑같은** 높이의 음조로 말하고 있다.[17]

---

16. 히1:2 그리고 고전12:18-23과 비교하라.
17. 사66; 롬11:33.

제2장
우리가 다룰 주제의 수월함

§1. 논란이 될 문제를 다룰 수 있는 가능성, 수월함

이제 우리는 다음과 같이 생각해볼 수 있다. 즉, 우리는 다음 차례의 주제를 다룰 때, 계속 **똑같은** 지식의 길들로 진행해 나갈 수 있다는 것. 또, 이러한 주제들을 다루는 것은 우리가 계시의 충만함으로부터 다른 테마를 조망할 때보다 더 제약되어 있는 것도 아니라는 것. 그러므로 이제까지의 내용을 바탕으로 교회의 자녀들인 우리는, 우리가 약점뿐 아니라 세대에 걸쳐 교회에 선사된 강점까지도 전부 공유하고 있음을 알게 된다. 상대적인 의미에서, 그리고 유보적인 입장에서 본다면 우리는 우리 주제의 **수월함**을 앞 장 마지막에서 이미 이야기하고 있었던 것이다.

그럼에도 우리는 여기서 수많은 목소리가 우리를 반박하는 것을 듣게 된다. 이러한 반박을 이해하거나 논박하는 것은 단테와 우리 사이에 존재하는 견해차를 없는 듯이 보이게 하는 것보다도 더 어려울 것이다. 우리가 단테에 대해 불가피하게 취할 수밖에 없는 입장 때문에 생기는 사상적 갈등은, 지금 우리가 염두에 두고 있는 논적들과 우리 사이의 결코 피할 수 없는 논쟁에 비교하면 그래도 사소한 편이다. 왜냐하면 단테는 '이 책의 주제는 다른 것보다 **더 어렵다**'고 말했기 때문이다. 그러나 우리가 이후의 논의를 통해 우리와 선을 긋게 될 사람들은 이 주제를 목적에 맞게 다루는 것은 사실상 불가능하다고 여러 방식으로 말해 왔고, 부분적으로는 지금도 여전히 그렇게 말하고 있다. 우리는 이 주제를 전체 신학적 사고 안에서 우리가 원하는 장소에 배열하고 또 우리가 원하는 방식으로 말하기 원하지만, 이 주제는 우리를 사실상 완수하기가 **불가능한** 과제와 마주하게 한다. 우리는 '보라. 여기 진리가 있다'라고 할 만한 '**결과들**'을 바랄 수야 있을 것이다. 하지만 이의 성공 여부는 최근 더욱 강화되어 전면에 등장하고 있는 **종말론**에 대한 견해 차이를 어떻게 다룰지에 달려 있다.

종말론은, 독자들이 곧 알게 되겠지만, 지금까지는 '**마지막/가장 나중 일들**'에 관한 교리라고 일반적으로 이해되어 왔다. '마지막/가장 나중 일들'이라는 단어는 통상 '마지막종말, 결말로서 임하는' 일들을 의미한다. 사람들은 이런 화법을 통해 단순히, 스스로를 인간적인 것의 '**평면**'에, 따라서 모든 **역사**의 '**평면**'에 위치시켰다. 그런 뒤 이제 우리가 매일 받아들이는 다음과 같은 관습적인 화법이 뒤따른다. 인간은 **과거**로 손을 뻗쳐 뒤돌아보면서, **미래**를 더듬어 만지며 앞을 내다보면서, 스스로는 **현재**에 '서 있었다'는 것. 그렇게 자주 이런 방식을 따라 사람들은 날들의 마지막 혹은 시간의 **종착점**에서 일어날 일들에 몰두했는데, 그들은 다음과 같이 말한다. 그 주제는 eschata, 즉, 마지막 일들, **역사상** 마지막에 일어날 일들, 역사의 **마감** 행위를 다룬다. 그래서 종말론적이다.

그러나 최근에 많은 사람들은 종말론적이라는 단어에 완전히 상이한 내용을 담았다. 이를 이해하기 위해서 우리는 그리스어 단어 'ta eschata'복수 혹은 'to eschaton'단수가 또 다른 뜻을 의미할 수도 있음을 고려해야 한다. 우리는 이 단어를 '마지막終末, het laatste'이라고 번역했다. 그런데 이를 **가장 바깥/맨 끝**het uiterste이라고 번역할 수도 있는 것이다. 수평선을 한번 생각해 보자. 내가 수평선, '시야의 끝'을[1] 응시할 때 내 눈은, 내가 서 있고 또 나에게 정위定位될 수 있는 세계의 맨 끝에 닿는다. 나는 그 이상을 응시할 수 없다. 내 시야의 **'가장 바깥'**은 동시에 '내' 세계의 **경계**, 그 세계를 **한정**限定, begrenzing**하는 것**이기도 하다. '내' 세계가 놓여 있는 범위는 그 맨 끝선까지만이다. 그 뒤에 놓여 있는 그 무엇은 다른 세계에 속하며, 어떤 의미로든 더 이상 땅지구이 아니다. 그것은 해들, 달들 그리고 별들이 움직이는, 내가 이를 수 없는 공간이다. 이렇게 수평선은 나의 **'맨 끝'**이다. 좀 더 조심스럽게 표현하자면, 수평선은 최소한, 그 맨 끝을 **가리키는 것**, 전혀 다른 질서와 법칙과 차원들로 말미암아 존재하는 어떤 다른 세계를 가리키는 것이라 할 수 있다. 이 다른 세계는 내 '세계'와 경계를 형성하고 있다. 내가 가진 종이에 원이 그려져 있고 이제 내가 이 원을 따라 접선을 긋는다면, 이 접선은 원의 외면의 '맨 끝', 그 특정한 **'점'**에, 즉, 직선인 접선이 둥근 원둘레에 정확히 접하는 그 점에 완전히 접한다. 그러나 그 접선을 결코 그 원둘레 선과 겹치게 그을 수 없다. 이 접촉은 **결코**, 분할分割할 수 없는 **순간**een ondeelbaar oogenblik보다 더 짧을 수는 없다. 그리고 원둘레 선보다 **안쪽에** 서서 이렇게 말하는 사람은 매우 어리석은 사람이지 않을까? '뭔가가 내 원 가장자리맨 끝에 **접해 있어**. 그러니 그것은 이 원과 **똑같은** 어떤 것일 게 틀림없어. 왜냐하면, 잘 봐, 둘은 맞닿는 지점들이 있고 공유하는 것이 있잖아, 안 그래?' 어리석은 사람아, 원둘레는 **곡선**이고 접선은 **직선**이라는 사실이 벌써 원둘레와 접선을 절대적 의미에서 서로 다른 것으로 만든다네.

자, 우리 시대 사람들은 대충 이런 식으로 **'가장자리/맨 끝'** 일들, **'eschata'**

---

1. 역주) gezichts-einder. '시계종결자(視界終結者)'로도 번역할 수 있겠다.

에 대해 말하는 것을 선호한다. 사람들은 이 두 번째 화법에서 다음 것들을 염두에 둔다. 더 이상 이 시대에, 이 세계에 속하지 않고 또 우리 시대와 역사의 끝에 놓여 있지는(물려 있지는) 않지만 **다른 세계에 속해 있고 다른 역사를 가진** 그런 힘, 능력, 현실. 그렇다면 이들은 내가 지금 자리 잡고 있고 나에게 정위되어 있고 내가 관찰하고 생각하고 믿고 바라는 나의 세계에서 내 **가장자리/맨 끝**이 된다.

이제까지의 우리 주제로 돌아가 보자. 매우 많은 사람들이 현재 '하늘'을 **단지 다음 조건하에서만 유보적으로** 종말론적인 주제로 여기고자 한다. 즉, '종말론적'이라는 단어를 최근 등장한 의미로 해석하는 것을 용인하는 조건. 그들은 이렇게 말하고 있다. "사람들이 하늘을 말할 때 그 단어를[2] **역사 내 마감** 행위, **마감** 드라마, 혹은, 한때 다소 거칠게 말한 것처럼, **마지막** 장관(즉, 최후의 심판)에 대해 말하는 것으로 반드시 사용해야 했고, 또 그런 식으로 사용할 수 있었다."와 같은 어리석은 생각으로 우리를 괴롭히지 말라. "그러면 사람들은 다른 차원들을 지닌 전혀 다른 세계, 영원의 세계, 즉 저편의 세계, '예네자이츠Jenseits, 피안'에서 '이후에' 반드시 일어나는 사건으로 도약할 수 있을 것이다."라는[3] 말로 우리가 깨닫도록 시도하지도 말라. 왜냐하면 (그들은 말하길) 우리는 피안에 대해서는 아는 바가 없기 때문이다. 시간의 끝을(시작도 마찬가지로) 알고자 한다면 짙은 안개 속에서 길을 잃게 된다. 이에 대해서는 아는 바가 없다. 그러나 우리는 '하늘'에 대해서, 그리고 '하늘의' 현실들에 대해서, 다른 차원의 힘들에 대해서, 그리고 어떤 다른 세계의 능력들에 대해서 이야기할 준비는 되어 있다. 이 세계와 다른 세계의 '접촉'은, 원에 접하는 순간 순

---

2. 역주) '종말론적'이라는 단어(het woord 'eschatologisch').
3. 역주) 이 문장과 앞의 문장의 큰따옴표는 원서에는 없는 것을 번역의 편의 상 첨가했다.

식간에 원둘레를 **지나가는 동시에 벗어나는 접선**이라는 상像을 통해, 우리 인간 삶의 역사의 수평면을 위에서부터 양분하면서 **거기에 멈추지 않고** 양분된 그 수평면을 곧바로 포기하고 떠나 버리는 수직선이라는 상像을 통해 표상하는 것 말고 다른 방식으로는 결코 표상할 수 없다.

여기서 우리는 사상들 간의 해결하기 어려운 갈등과 마주하고 있다. 잘 알려진 대로, 하늘에 대해 논할 때, **역사**의 **마감**, 마지막 날에 대해서도 물론 다루어야 하며 **'이후에'** 성경이 '영광스러운 일들'이라고 말한 영원한 영광영화에 속한 것에 대한 논의가 뒤따라야 한다는 견해는 성경을 믿는 사람들 사이에서 지금까지는 자명한 것으로 여겨졌다. 그렇다면 이 모든 것이 이제 부정되어야만 하는가? 우리의 주제는 다루기 불가능한 것인가?

우리는 이 물음에 대해 숙고하기 위해 이 갈등이 우리 주의를 끌게 된 과정을 짧게 그리고 궁극적으로는 단순하게 추적해보려 한다.

2. 헤겔의 도발적인 역사 찬양

이 물음을 제기하며 우리는 소위 변증법적 신학이라는 것에 대해 이야기할 필요가 있다. 그런데 이 신학을 이해하기 위해 우리는 우선, 인류의 사상사로 돌아가야 한다. 왜냐하면 변증법적 신학 역시 정신적 영역에서 분투한 역사의 배경을 전제할 때만 이해할 수 있기 때문이다.

이 신학의 출발점에서 눈에 띄는 인물은 독일 철학자 **헤겔**Georg Wilhelm Friedrich Hegel이다.[4] 이 사람은 **하나님과 역사의 관련성**에 있어서 매우 독특한

---

4. 게오르그 윌리엄 프리드리히 헤겔(1770-1831), 독일 관념철학자.

이론을 제시했다.

우리 모두가 자라면서 배워 온 가르침을 단순하게 서술해 보면 다음과 같다. 하나님은, 먼저 당신의 **의지**를 통해 세상을 창조하셨다. 하지만 하나님이 부요해지기 위해, 이 부요 가운데서 그분이 스스로를 알아가기 위해 이 세상이 **필요한 것은 아니다**. 초월적 존재이신 하나님은 또한, 자신을 통해 창조된 세상과 항상 구별된 채로 계신다. 반면 세상은 자신의 어떠함을 오직 하나님의 주권적 다스림에만 의존한다.

그러나 헤겔은 이러한 사항들을 완전히 다른 방식으로 생각한다. 그는 하나님에게서 시작하는 것이 아니라 소위 '**이념**'에서 시작한다. 그는 방금 언급한 것을 **절대 이념**이라고 이름 붙인다. 이 절대 이념은 흐릿한 추상이거나 공허하거나 정적靜的이거나 불변하는 존재가 아니라 언제나 진행되고 있는 과거에도, 현재에도, 미래에도 늘 행위(현실)이다.[5] 그것은 또한 자기 전개로, 자기 객관화로 추동推動된다. 즉, 자신으로부터 걸어나옴으로써 자신을 의식하려 하며, 자신과 다른 것'에 즉卽하여aan' 자신을 알아가기를 원하며, 소위 '**타자성**'에 맞서는 가운데, 자신과 다른 것에 맞서는 가운데 자신을 인식하려 한다. 우리가, 우리와 다른 어떤 것과 '맞부딪칠' 때 우리 자신을 더 잘 알게 되는 것처럼, 헤겔에 따르면 절대 이념은, 말하자면 자신을 자신에게서 소외시킴으로써, 따라서 자신을 타자他者 안에서 알게 됨으로써 자신을 의식한다. 그 타자는 우선 **자연**이다. 자연 안에서 '자기 위의' 정신은 자기 '앞의' 혹은 자기에 '맞서 있는' 정신이 된다. 이념에 테제these로서 맞서기에 자연은 이제 안티테제anti-these인 것이다. 이 절대 이념이 자신으로부터 안티테제인 자연에 테제로서 임하는 것이 곧 자신을 객관적으로 아는 것이며 자신을 인식하는 것이며 스스로

---

5. 역주) "doch was en is en blijft in immer voortgaande actie"를 번역한 것이다.

72 하늘이란 무엇인가?

를 객관화하는 것이고 전면적 전개ontwikkeling의 단절 없는 과정 가운데 자연과 함께 자라나는 것이다. 자신을 그 '타자성' 안에다 밀어넣으면서 이념은 그 타자 안에서 자신을, 그리고 자신을 통해 그 타자를 부요하게 만든다. 이렇게 지속적으로 상승하는 전개 추동력 안에서 테제와 안티테제로부터 다시금 그 위에 놓이는 진테제synthese가 자라난다.

여기에 세계사 여왕 폐하의 권세가 존재한다. 왜냐하면 전개 과정은 결코 멈추지 않기 때문이다. 저 자기 객관화와 자기 의식화 가운데서 절대 이념은 하나님이 되어 가며, 자연 안에/안에서 스스로를 전개하며, 이를 자기 앞의 그리고 자기의 거울상으로 삼고, 더 나아가서, 곧장 스스로를 모든 역사 안에/안에서 전개하고, 자연과 인류로부터 인간 정신의 전개 진행 안에/안에서, 학문, 예술, 종교, 철학의 전진과 상승 안에/안에서 전개한다. 상승의 단절 없는 전개이자 운동하는 진테제인 것이다.

진테제라는 저 단어의 의미는 여기서 매우 명확하다. 왜냐하면 이 당황스러운 사고 체계 안에서 **테제**와 **안티테제**가 화해조화된다는 것을 진테제가 증명하기 때문이다. 더 나아가서, **하나님**과 **피조물** 역시 서로 합쳐진다는 것, 양자 사이의 **경계선**은 한번에 제거된 것이 아니라 아예 **존재하지도** 않았다는 것을 진테제가 증명하기 때문이다. 하나님과 피조물 사이의 **경계선**을 받아들이는 것은 이 사고 체계 안에서는 최악의 이단일 뿐이다. 여기서 하나님은 이전 창조론에서처럼, 영원한 구별 가운데 있는 무한자無限者이고 초월적인 분으로, 자기 피조물 위에 그리고 마주서 있는 분으로 존재하지 않는다. 그분은 더 이상 어떤 피조물도 '필요로 하지' 않는 자족적인 분이 아니시다. 오히려 반대로, 하나님은 피조물을 '필요로 하며', '절대 이념'은 '타자성'이 없으면, 즉 자연, 인류, 역사가 없으면 스스로를 인식하지도 형성할 수도 없다. 따라서 하나님과 역사 사이의 관계는 안티테제적이지 않고 진테제적이다. 양자는 서로에게 속한다. 하나님은 역사를 벗어날 수 없고 역사 또한 하나님을 벗어날 수 없다. 헤겔의 사고 안에서 하나님은 역사와 결코 **단절**될 수 없는 분이시다. 이런 단절은 헤겔의 역사 안에서는 결코 발생하지 않는다. **범죄로 인한 타락**이라는 성경 드라마는 여기서 완전히 부인된다. 세계에는 원리적 차원의 principieele 황폐함이, 저주나 악화, 타락이 결코 임하지 않는다. 모든 것 안에서 '이념'은 점진적으로 '자신을 향해' 임하고, 또한, 테제와 안티테제의 갈라짐 안에서 점진적으로 전개가 이루어진다.

그러므로 **둘째 아담**과 맞세워 역사의 **처음**에 나오는 역사상의 인물로 **첫 아담**을 말하는 것 역시 아무 의미를 갖지 않는다. 이 둘째 아담은 역사의 **가운데**에 등장하고, 이어 역사의 노선을 이 시작(첫 아담)에서부터 가운데(베들레헴, 골고다, 유월절)를 거쳐 **마지막**(최후 심판)에까지 이어갈 것인데, 이는 이후 역사의 '결산'을 몸소 하나님의 손에 넘겨 드리기 위해서이다. 이제까지 하늘에 관한 개혁주의 교의가 서고 넘어지던 이런 모든 서술이 헤겔에게서는 전부 사라져 버린다. 헤겔이 '절대 종교'에 관하여 쓴 책 중 잘 알려진 책이 있는데 이 책에서도 이러한 사실이 분명히 드러난다. 여기서 그는 성경 처음 장들인 창세기 1장부터 3장까지를[6] 자기 나름의 방식으로 설명한다. 창조와 타락이라는 드라마 전체가 헤겔에게는 자기 철학 체계의 주제들을 입증하는 '**표상**' 외의 어떤 다른 것을 뜻하지 않는다. **첫 아담**이 자기에게 금지된 것을 향해 손을 뻗었다고? 그렇다고 해서 이게, 시초에 그어진 역사의 노선이 원리적으로 아래로, 지옥을 향하여 휘어지는 것, 즉 타락은 아니다. 결코 아니다. 그것은 인간 정신의 의식화, 즉, 자유로운 행위이자 스스로를 해방하는 행위다. 정신이 자기 테제에서 나와서 자기 안티테제로 가는 '엔트츠바이웅 Entzweiung, 분열'이

---

6. 『정신현상학(Die Phänomenologie des Geistes)』(1807).

며, 따라서 **전개** 안에서/가운데서 일어나는 **이행**移行/**진보**다. 이러하기에 잘 알려진 하나님 말씀, '보라, 이 사람이 우리 중 하나 같이 되었다.'도[7] 헤겔에게는 전혀 문제가 되지 않았다. 그는 '그 구절에 이미 들어 있다.'라고 말한다. 여기서 사람은 '타자성'을 향하여, 자기 맞은 편에 서 있는 것을 향하여 손을 뻗치면서 생명/삶의 더 높은 차원에까지 오른다. 또한 여기에 '첫 아담'에서 '둘째 아담'으로[8] **건너감**이 있다. 이들은 역사상의 인물들이 아니라 모형이다.

여기서 더없이 확실해지는 사실은, 성경의 **시작**뿐 아니라 **결말**이 이제부터 역사적 가치를 모두 결정적으로 상실하게 되었다는 것이다. 역사에 대해 예언하는 능력 역시 모두 같은 처지에 놓이게 되었다. 첫 아담과 둘째 아담이 실제 사람이 아니라 서로가 서로'에게' 형성되는 모형으로서, 서로가 서로를 규정하는 인간 전개 단계로서 나란히 서게 되어 있다면, 하나가 역사의 시초에 혈과 육을 가진 사람(첫 아담)으로 될 일도, 이어서 다른 하나가 이후에, 처음 사람이 역사 안에서 부패시킨 것을 선한 쪽(둘째 아담)으로 다시 휘어지게 하기 위해 로마서 5장의 노선을 따라 세상 **가운데** 등장하게 될 일도 없을 것이다. 또한 이 둘째 아담이, 성령께 속한 '역사적 경륜'을 통해 땅의 포도열매를 무르익게 한 뒤 택하신 무리를 하나님께 인도하기 위해, 완성된 역사의 과정들에서 균형을 형성시키기 위해, 그리고 하나님께 '여기 결산한 것을 내어놓나이다. 오, 하나님, 역사 가운데 행하신 주의 말씀과 일하심의 결과가 여기 있나이다. 이제 하늘은 그 문들을 영원토록 열어두나이다.'라고 말하기 위해 날들의 끝에 다시 임할 일도 없을 것이다.

---

7. 창3:22.
8. 롬5:12-21, 고전 15:22, 45.

§ 3. 키르케고르의 저항

이 헤겔 철학에 맞서기 위해 먼저 덴마크 사람 쇠렌 키르케고르Søren Kierkegaard가[9] 무장武裝을 갖췄다. 우리는 그가 제기한 이의들을 전부 다 언급할 수 없기에 곧바로 우리 주제를 향해 나아가겠다.

헤겔이 주장하는 바의 골자는 다음과 같다. 하나님이라 함은, 역사**와** 결코 분열 分裂, breuk되지 않음이며, 역사 **안**에도 분열이 존재하지 않는다. 역사는 하나님을 필요로 하고 하나님은 역사를 필요로 한다.

이에 맞서 키르케고르는 이제 다음과 같은 주장을 제시한다. 하나님이라 함은, 역사**와** 분열됨이며, 역사 자체는 쪼개짐gebrokenheid 외의 다른 것이 아니다. 키르케고르는 잘 알려진 다음 구절을 인용한다. '하나님은 하늘에 계시고 너는 땅에 있음이니라' 그는 다음과 같이 말하고 있다. 우리는 헤겔을 따라 우리의 사고력으로 하나님을 이해할 수 있다고 말해서는 안 된다. 헤겔이 바라듯이 하나님을 우리 사고 체계에다, 우리가 역사에 투사하는 바에다 욱여넣을 수 있는 것처럼 말해서는 안 된다. 왜냐하면 하나님과 우리 사이에는 **무한한 질적 차이**가 존재하기 때문이다. 하나님은 영원하시고 세계는 창조되었으며 유한하다. 만드신 이는 하나님이시며, 만들어진 것은 하나님이 아니다. 하나님은 다른 세계, 하나님의 세계, 그분과 함께 항상 임하는, 완전히 다른 '세계'에 속해 있는 분이다. 이 세계는 완전히 다르다. 그러므로, 접선이 원 안으로 진입할 수 없듯이, 수직선이 자신이 **양분하는** 수평면 안으로 흡수될 수 없듯이, 그 세계는 우리 세계로 밀어 넣을 수도, 우리 세계에 집어넣을 수도 없다. 하나님**은** 사람 그리고 사람의 역사, 철학, 종교, 예술, 학문과 연결되지 않

---

9. 쇠렌 키르케고르(1813-1855): 덴마크의 신학자, 철학자, 작가. 실존주의의 토대를 놓은 인물.

으신다. 하나님이라 함은 모든 피조물에 대한 **심판**이다. 이는 그분이 **전적으로 다른 존재**전적 타자기 때문이다. 헤겔은 '**또한, 또한**'이라는 논리 회로 가운데서 살았다. 그는 '하나님**도** 피조물**도**, 영원**도** 시간**도**, 테제**도** 안티테제**도**.'라고 말했다. 그러나 키르케고르는 이 '도-도'에 맞서, 이 '또한-또한'에 맞서 자신의 급진적인 '이거나-이거나', 자신의 유명한 '아니면-아니면'을[10] 세운다. 어떤 사건은 이 세계 안에서 일어나**거나** 다른 세계에서 일어나**거나** 한다. 그러나 결코 양자 모두에서는 일어나지 않는다. 우리는 하나님이거나 사람이거나이다. 영원이거나 역사이거나이다. 그러나 이 양자는 결코 서로 **묶여서** 등장하지는 않는다. 우리는, 헤겔이 했던 것과 같이, **연접**連接, conjunctie에서부터 원리를 세우지 말아야한다. 즉, 하나님이 역사와 세계와 인류를 요구한다는 것이다. 그렇게 이들은 서로에게 연접한다. 하지만, 우리는 이접離接 disjunctie에서[11] 원리를 세워야 한다. 즉, 하나님과 세계가 **서로에게서 떨어져서** 서로를 접촉하지 않으며 서로에게 대립상對立像이라는 것이다.

이렇게 헤겔과 키르케고르만큼이나 서로에게 극명하게 대조되는 두 사상가는 없었을 것이다. 개혁주의 신앙을 고백하는 사람들로서 우리는 다음과 같은 생각이 들기 마련이리라. 키르케고르는 여기서 세계사의 시작과 끝, 그리고 **결산**이 역사적 실재일 수 있다는 주장을 논박하는 헤겔을 완전히 무찔러 버리는구나.

키에크케고르가 헤겔에 맞서고 있다는 것은 정확한 사실이긴 하다. 그러나 당혹스러운 점은, 결국 그 역시 헤겔과 마찬가지로 역사의 시작, 끝 그리고 결

---

10. 키르케고르의 주저인 『이것이냐, 저것이냐(Enten-Eller)』(코펜하겐, 1843)을 참조하고 있다.
11. 역주) 논리학 용어로 conjunctie는 '연접(連接, ∧)', disjunctie는 '이접(離接, ∨)'으로 번역하면 문자적으로도 정확한 번역이 된다. 그런데 키르케고르의 맥락에서는 여기 이접은 배타적 논리합(exclusive or, ⊕)일 것이다. 이는 우리말 자연어로는 보통 '아니면'으로 번역된다.

산에 대해 기독교적으로 말할 수 있는 가능성을 논쟁에 부친다는 것이다. 키르케고르도 우리에게서, 이제까지 우리가 항상 종말론의 토대로 삼아왔던 안정된 확실성을 앗아간다. 왜냐하면 결국 키르케고르의 이해에서 역사는 하나님과 사람 사이의 실재 접촉, 즉 본질적 사귐에 여지를 주지 않기 때문이다. 그러한 '접촉'은 기껏해야 '접선'에서의 접촉, 수직선이 양분하는 교점에서의 접촉일 뿐이다. 하나님은 우리 역사에 진입할 수 없을뿐더러, 우리의 역사적 삶의 평면이 연장된 것에 결코 임하실 수도 없다. 그분도, 그분의 말씀도, 그분의 '구속사'도 마찬가지다. 헤겔에게 우리 역사는 과정過程을 밟는 진보 안에서 나타나는, 하나님 현존의 영광스러운 계시, 아니, 그것의 유일한 전개 가능성일 것이다. 그리고 헤겔은 이에서 다음처럼 결론을 내릴 것이다. 세계사 안에서 각각의 세대, 각각의 세기, 그리고 각각의 단계는 논쟁의 여지가 없는 권리를 가지고 있었고 또, 영원한 진리의 전개 안에서 점점 더 본질적인 계기가, 현존이 되어왔다. 그런데 키르케고르는 이를 강고하게 부인한다. 하나님은 사람과, 인간 세계와 질적으로 무한한 차이가 있기에 인간 세계 안에서 하나님의 객체적objectieve 나타나심은 있을 수 없다. 하나님이 말씀하신, 그리고 하나님이 행하신 '역사'에는 언제나, 인간사와는 **질적으로** 다른 어떤 것, 전적으로 다른 **특징/성격**이 있다. 이러하기에 키르케고르는 '세속' 역사와 '거룩한' 역사를 구별한다. 그리스도 안에서 하나님이 말씀하시고 일하시는 것에 굳이 어떤 '역사'가 있다면, 이는 '거룩한' 역사다. 이 역사는 '세속' 역사, 모든 '자연적인' 것들이 굴러가고 있는 보통의 역사와 전혀 관계가 없다. '거룩한' 역사와 '세속' 역사는 질적으로 다르다. 키르케고르는, 그리스도는 당신의 낮아지심과 높아지심 가운데 동일하신 분으로 머무시겠지만, 우리를 예수님의 죽음에서 떼어 놓는 1800년의 세월은 그 일들과 아무 관계가 없다고 썼다. 영원한 것은 역사 안으로 진입할 수 없고 역사 안에 담길 수도 없다. 그것은 단지 시간적인 것을

쪼개고 지나갈 수[12] 있을 뿐이다. 만약 '무한성'이 운동하게 된다면, 이것은 **칼로 절단하는** 운동이다. 이 칼은, 우리를 유한성에, 그리고 그것에 관련된 모든 것에 연결시키고 있는 띠를 자르며 지나간다. 그러므로 키르케고르가 설령 헤겔에 맞서는 자리를 차지하고 있다고 하더라도 그는, 적어도 우리가 제기한 물음에 관해서는, 헤겔과 마찬가지의 결론에 도달한다. 왜냐하면 소위 세속사, 즉 보통의, 인간의, 우리의 역사에 대해 키르케고르가 낸 견적으로는 **첫** 아담의 범죄로 인한 타락을 사실史實로 여길 어떤 여지도 역사라는 틀 안에 허용되지 않기 때문이다. 이어서 곧, 하나님과 **둘째 아담** 사이의 현실적이고 연속적인 관계가 성립할 여지가 우리 역사, 이 틀 안에 존재할 수 있다는 생각 역시 폐기된다. 이에 더해, 그리스도가 하나님 현존을 우리 역사적 삶의 연관들의 연장, 연속성 안으로 가져올 것이라는 생각 역시 폐기된다. 헤겔의 역사에 대한 견해는 **이탈**離脫에 여지를 주지 않고 키르케고르의 견해는 **전개**에 여지를 주지 않는다. 그렇지만 우리가 이탈과 전개를 성경에 나온 대로 생각한다면 다음과 같을 것이다. 의**에서** 불의**로**의 이탈, 혹은 새 창조를 통해 획득된, 불순종**에서** 순종**으로**, 저주에서 복**으로**, 지옥을 향하는 세계**에서** 이미 자기 안에서 역사하는 능력들을 아는 세계**로**의 전개. 이 능력들은 하나님의 예루살렘을 사람들 가운데 거하게 할 수 있다. 우리가 보았듯이 헤겔에게는, 표상들에 불과한 첫 아담과 둘째 아담이 서로 **나란히**, 함께 진테제로 상승하는 안티테제로서 서 있었다. 그들 양자 사이에는 구분선, 사망선이 놓여 있지 않았다. 헤겔은 하나에서 곧바로 또 다른 하나로 도약한다테제, 안티테제. 키르케고르에게 상황은 또 다르다. 그는 첫 아담과 둘째 아담을 서로**에게서** 전적으로 떼어 놓는

---

12. 역주) 여기 doorbreken에서 door는, 직접 표시나지 않지만, 비분리 전철일 것이다. 그래서 '(무엇을) 쪼개고(breken) 지나감(door)'이라는 번역을 택했다. 앞으로도 이 단어는 종종 등장하는데, 많은 경우 비분리 전철이다.

다. 그는 한쪽 세계와 다른 한쪽 세계 사이에 경계를 설정한다. 그는 이들을 근본적으로 떼어 놓는다. **아담**이라는 이름을 달고 있는 **첫** 사람이 있었다고 가정해 보자. 그런데 이 첫 사람은 인간적인, 시간에 속한, 유한한 우리 세계의 평면에 항상 머물며, 따라서 언제나 상대적이기만 한, '**세속**' 역사의 드라마 안에 들어앉아 그것을 넘어 나오지 않는다. 반면, 하나님 **충만**의 담지자라고, **한량없이** 성령을 소유하고 있다고 여겨지는 **둘째 아담**은, 키르케고르에 따르면, 소위 '**거룩한**' 역사에만 자기 자리가 있을 뿐이다. 그는 '우리' 역사, 첫 아담의 연속체continuum[13] 안으로 결코 건너가지 않는다.

  이로써, 서로를 논박하는 이 두 사상가 **모두**, 성경의 행위언약 교리의 가능성을 기각하는 게 된다. 이 두 거인은 서로 싸우지만, **두 사람 모두** 각각 자기만의 방식으로 개혁주의 교의에 대해, 이 교의가 가르치는 바 행위언약, 타락, 성육신, 십자가, 오순절 성령강림, 교회의 부흥, 세상의 숙성, 멸하는 심판에 대해 이야기했다. 헤겔은 **전개**의 **현실성**을 긍정하며, 이에 흔들림이 없다. 이와 대조적으로 키르케고르는 전개의 **가능성**을 부인한다. 적어도, 하나님 그리고 참되게 신적인 것을 담지하게 될 전개 가능성의 경우에는 말이다. 피조된 세계 자체 **내부에는** 전개가 존재할 수 있더라도, 재창조를 토대로는 창조 안에 전개가 존재하지 않는다. 사실 재창조는 '세속' 역사 중 하나가 결코 아니지 않은가? 헤겔은 하나님과 사람 사이에 단절될 수 없는 결합을 설정한다. 키르케고르는 건너갈 수 없는 틈을 설정한다. 헤겔에게 하나님은 인간'에게', 인간은 하나님'에게' 전개된다. 내재성의 희극이다. 키르케고르는 이와는 달리, 인간적인 모든 것을 쪼개며 넘어가는 하나님의 심판의, 이렇지 않았다면 직관할

---

13. 역주) 연속체(連續體): 실수 전체의 집합과 같은 기수(基數)를 가지는 집합. 예를 들면, 하나의 선분 위의 점 전체가 만드는 집합, 하나의 평면 위의 점 전체가 만드는 집합, 공간의 점 전체가 만드는 집합 따위가 있다(표준국어대사전).

수 없었을 그것의 드라마연극/비극, dramatiek만을 '본다'. 초월성의 비극이다. 우리 역사 안에서는 사탄에 온전히 **맞서서** 그리고 하나님 **앞에서** 수행되는 절대적 결정이 결코 일어날 수 없다. 행위언약은 존재하지 않는다. 그러하기에 은혜언약도 존재하지 않는다. 따라서 다음과 같은 '하늘'도 없다. 은혜언약이 역사 안에서 **완수된 이후에**nadat 그리고 **완수됨으로 말미암아**, 행위언약 안에서 본래 하나님께 바쳐진 창조 은사들이 아버지께 돌아가도록 하는 하늘. 이는 역사의 결과물들 안에서 은혜로 말미암아 하나님이 모든 것 안에서 모든 것이 되시게 하기 위해서다.

이러한 관점을 취하고 있는 사람이 하늘에 대해 여전히 무엇을 말할 수 있을까?

§ 4. 키르케고르 제자들의 저항

키르케고르를 살펴본 뒤 이제 우리의 주의를 끄는 것은 소위 변증법적 신학이다. 우리가 여기서 이 신학의 대표자 모두를 논하는 것은 불가능하다. 게다가 이 신학의 비중있는 초기 대변자들의 그룹은 이미 해체되었다. 그러나 변증법적 신학의 가장 정연井然한 선지자들 중 한 사람인 칼 바르트Karl Barth의[14] 견해에 대해서는 몇 마디 하고 넘어갈 필요가 있다.

---

14. Karl Barth (1886-1968), 스위스의 신학자. 1921년부터 괴팅엔, 뮌스터, 본에서 개혁주의 신학을 가르쳤다. 1935년부터는 바젤에서 교수로 봉직했다. 바르트는 변증법적 신학의 토대를 놓은 인물이라는 평가를 받는다. 스킬더는 이후 그가 이해한, 『로마서 강해 Der Römerbrief』(뮌헨, 1922, 제2판)부터 『기독교 교의학 개요 Die christliche Dogmatik im Entwurf』(뮌헨, 1927)를 거쳐 『교회 교의학 1/1 Kirchliche Dogmatik 1/1』(취리히, 1932)에 이르기까지의 바르트 신학의 전개를 요약한다. 다음을 참고하라. K. Schilder, *Bij dichters en schriftgeleerden*

변증법적 신학은 특히 바르트에게 있어서, 특별히 그의 초기 신학을 보면 여러 측면에서 키르케고르에게 결부되어 있다. 키르케고르의 '세속' 역사와 '거룩한' 역사의 구분은, 표현은 다르지만 바르트에게도 나타난다. '보통의' 역사를 그는 간단하게 **역사**라 부르고 다른 하나(거룩한 역사)를 **초역사**超歷史, boven-geschiedenis라 부른다. 이제 우리는 이미 잘 알게 된 표현들을 듣게 된다. 바르트에게도 시간과 영원은 따로따로 찢어진 채로 움직인다. 영원은 시간을 심판한다. 이들 사이의 관계는 근본적으로 안티테제적이다. 하나님이라 함은 역사에 대한 절대적 **'아니오'**이다. 하나님은 역사에 대한 심판이요, 역사의 위기다. 하나님은 역사에 **'예'**를 말할 수 없다. 왜냐하면 이렇게 되면 역사는 그것에 속한 것과 함께 하나님께로 받아들여지기 때문이다. 그러니 애석하게도, 역사는 하나님께 거부될 뿐이다. 하나님의 말씀은(여기서 우리는 벌써 행위언약이 흔들리고 있음을 다시금 느낀다) 다름 아닌, **하나님의 말씀으로서의 하나님 말씀**은, 역사적으로 주어진 것들의 연계 내에서, 바로 이 역사적 연계들의 이음새 안에서 과정過程을 밟아 효과를 내는 요소가 결코 될 수 없다. 자기 말씀을 말씀하시는 하나님은 또한, 우리와 단 1마일도 **함께** 갈 수 없는 분이시기도 하다. 그분은 단지, '교점'을 관통하는 자기 '수직'선을 통해 우리의 '수평'면을 가로지를 수 있을 뿐이다. 사람과 하나님 사이의 거리는 절대적인 것으로 남는다. 하나님이 어떤 식으로든 자기 말씀과 함께 역사에 등장하셔서, 말씀에 속한 것들이 그 안에서 보이게 되는 어떤 '형태形態들'을 창조하신다 하더라도, 하나님으로 말미암아 그 형태들은 모든 역사 위에 임할 수밖에 없는 위기와 심판에 곧바로 내던져지게 된다. 하나님은 역사에 단지 '아

(Amsterdam 1927), 65-147; Tusschen 'ja' en 'neen' (Kampen 1929), 235-305, 331-359; Zur Begriffsgeschichte des 'Paradoxon' (Kampen 1933); De dogmatische beteekenis der 'Afscheiding'. Ook voor onzen tijd (Kampen 1934), 27-40.

니오'만 말할 수 있을 뿐이다. '하나님의 세계'가 이 우리 '세계' 안으로 현실적으로나 '실제적으로zakelijk'[15] 밀고 **들어올** 일도, 쪼개고 **들어올** 일도, 나타날 일도 없다. 인간의 역사는, 하나님이 말씀하셨거나 우리가 들은 하나님 말씀이 우리 삶의 여러 관계 가운데 받아들여지고 관찰되고 묘사될 수 있는 '틀'을 결코 형성하지 않는다. 거기에는 또한, 무죄한 상태로 존재할 수 있는 자리도 마련되어 있지 않다. 역사 안의 모든 것은 하나님께 맞서 있으며, 따라서 죄 있다zondig. 설령 하나님이 육신이 된다 하더라도 그 '육신'은 이 세계에서 언제나 죄에게 지배된다. 역사는 단지 상대적 관계들의 무대일 뿐이다. 역사에는 계시를 위한 어떤 확고한 근거나 지지대支持臺가 없다. 또한, 계시가 현존할 가능성도, 나타날 가능성도 없다. 왜냐하면 계시라 함은, 역사의 끝이기 때문이다. 계시는 역사가 아니라 초역사超歷史, boven-geschiedenis, 원역사原歷史, oer-geschiedenis, 말역사末歷史, eind-geschiedenis다. 그것은 종말론적인데, 이는 우리가 이 단어에 이미 결부시킨 의미 중 두 번째 것에 해당한다.

죄 없는 인간에 대해서 우리는 **아무 것도** 알지 **못**한다. 하나님 아닌 것은 하나님께 맞서 있는 것이니, 낙원에 거하던 죄 없는 아담, 죄 없는 예수님, 우리 역사에서 일어나는 구체적인 거듭남에 대해 우리가 어떻게 알 수 있겠는가? 이 거듭남은 결정적이면서 영원히 지속되는, 죽음에서 생명으로 내어줌이니 말이다. 결과물들을 취하는 하늘, 이 결과물들이 없이는 생각하기 불가능한 하늘, 죄 없다는 이 하늘에 대해 우리 역사 안에서 어떻게 알 수 있겠는가? 알기가 불가능하지 않은가? 죄는 하나님에게서 강탈함roof aan God이긴 하지만, 이 '하나님에게서 강탈함'이 시작에서든, 끝에서든 결국 이 세계에서 제거될 것으로 여겨져서는 안 된다. 하나님께 자행된 이 강탈은 **비역사적**非歷史的인

---

15. 역주) '형태(gestalte)'가 아니라 '실제 일/사건(zaak)'이라는 의미다.

것이다. 시간 안에서의 **실족**失足인 죄는 **모든 시간성 배후에 놓인** 그것, 즉, 하나님과의 관계로부터의 **탈락**脫落, uitvallen을 소급·지시한다. 우리가 첫 아담을 언급하고, 곧바로 그가 세상에 이탈afval을 들인 사람이라 말하고자 해도, 그는 **직관할 수 없는**niet-aanschouwelijken 이탈을 행한 자로 남게 된다. 죽음은 시간의 어느 특정 순간에, 역사적으로 날짜를 확정할 수 있는, 첫 사람 아담의 급격한 '첫' 이탈을 통해 세상에 침입한 것이 아니다. 따라서 둘째 아담을 통해서, 시간의 또 다른 어느 한 순간에, 실제로 그리고 적합하게 죽음이 극복될 방도는 있을 수 없다. 첫 아담에 대해서 우리는 단지 둘째 아담을 투사하는 그림자라고만 말할 수 있을 뿐이다. 아담이 세상에 들였을 죄는 인류의 무시간적인 성향, 즉 **이** 우리 역사를 넘어서는 **성향** 말고 다른 것일 수 없잖은가?

현재 분명해 보이는 것은, 바르트가 시기에 따라 자기 입장(꼭 '입장'이라고 이름 붙일 수 있는지 모르겠지만)을 얼마간 바꾸고 보충하고 또, 부분적으로는 폐기했다는 것이다. 그러나 이 사고 회로의 근간은 바뀌지 않고 남아있고 그의 후기 저술들에서도 계속 반복된다. 이 사고 회로에는 행위언약을 위한 자리는 없으며, 세상의 시작과 끝과 완성, 첫 아담, 둘째 아담, 영광의 아담, 그리고 하늘 영광까지 이르는 역사의 출발과 진행 그리고 상승 등을 부분적으로나마 서로에게 연장延長할 가능성 역시 존재하지 않는다.

그밖에도 바르트와 나란히 얼마동안 활동한 브루너Heinrich Emil Brunner가 [16] 있다. 이 사람은 나중에 바르트에게서 완전히 멀어졌다. 그럼에도 그가 자기 출신을 근본적으로 부인한 적은 없다. 하지만 브루너가 율리우스 뮐러

---

16. Heinrich Emil Brunner (1889-1966). 스위스 신학자. 1927년부터 조직신학 및 실천신학 교수로 취리히에서 봉직했다. 스킬더는 이후 브루너의 *Die Mystik und das Wort. Der Gegensatz zwischen moderner Religionauffassung und chistlichem Glauben* (튀빙엔 1924), 228-247의 내용을 서술한다. 이 책은 스킬더의 서재에 있던 것이다.

Julius Müuller가 낸 길을 가는 것을 거부한 것은 사실이다. 뮐러는 셸링Friedrich Schelling의 발자취를 따르며 타락을 단지 **역사 이전의** '원타락原墮落, oerval'으로, 즉 썩어짐의 원권능原權能, oer-kracht으로 인정하게 되었다.[17] 이 원권능은 피조물이 역사 안에서 걸음을 떼기 전에도 활동하고 있던 것이다. 그러나 다른 한편으로 브루너는 창조와 죄가 서로 동일시되어야 한다는 주장 역시 거부한다. 브루너는, 사람들이 이런 주장을 통해 하나님을 죄의 창시자로 만들게 됨을 잘 인식하고 있다. 그러나 이 모든 것에도 불구하고 브루너 역시 역사상 일어난 타락에 여지를 주지는 않는다. 그저 타락이 **신화**라고만 말한다. 브루너에 따르면 이 신화는 창조가 죄보다 앞선다는 생각을 나타낼 수 있는 표현을 제공하기는 한다. 하지만, 창조는 우리를 그 이상 나아가게 하지는 않는다. 우리는 이 신화 너머로는 갈 수 없다고 브루너는 말한다. 창조가 우리 생각의 한계다.

우리는 여기서 이미, 브루너가 **신화**를 말함으로써 타락에 대한 성경 서사에서 모든 역사적 가치를 박탈하고 있음을 알 수 있다. 그의 견해에 따르면 이 성경 서사는, 역사 그 자체 안에서는, 역사의 흐름 안에서는, 역사끼리 서로 만나는 가운데서는 결코 추적할 수 없는 어떤 원관계들oerverhoudingen에 대한 일반적인 생각들을 표현한 것일 뿐이다. 그런데도 브루너는 어쨌든, 타락이 사건으로는실제로는, zakelijk 모든 역사에 **앞서온다**고 확정한다. 그에게도 역사는 계속 심판 아래에 있다. 역사 안에서는 역사상 주어진 것에서, 인간에게 속한 것에서, 그리고 예를 들면 순수하게 인간적 현상인 종교에서 비롯하는 전개ontwikkeling도 확실히 가능하며, 이것은 바르트도 인정한 바다. 그러나 이 전개에서 구성적인konstitutieve 요소는 하나님의 구속사가 되는데, 이에 대해 이야

---

17. Julius Müller (1801-1878). 독일 개신교 신학자. Friedrich Schelling (1775-1854). 독일 낭만주의 철학자.

기 못할 것도 없지만, 실제로는 결코 하지 않는다. 우리 인생의 관계들 안으로 계시가 진입하는 그런 일은, 그래서 결된 세계가 곧바로 하나님의 하늘 안으로(정화하는 불을 통과하기야 하겠지만) 옮겨 들어갈 가능성은 그저 꿈으로 남아 있다.

§5. 절충들: 알트하우스, 틸리히

변증법적 신학은 큰 반향을 불러일으켰다. 많은 사람이 이 신학의 급진적 면모를 못마땅해했다. 그래서 어떤 사람들은 절충을 추구했다. 모든 역사에 대해 이 강력한 '아니오'를 제시함으로써 도출되는 과도하게 거친 결론들을 피하기 위해 자기들이 말하여 온 변증법적 신학의 기본적인 생각들을 보존하면서도 절충을 시도했던 중도적 신학자 혹은 철학자 중 두 명을 간단하게 호출하려 한다. **파울 알트하우스**Paul Althaus 그리고 **파울 틸리히**Paul Tillich가 바로 그들이다.[18]

파울 알트하우스에 대해 말하자면, 이 사람은 모범적인 루터란으로서 루터교회의 신앙고백에 충실하게 머물려 한다. 알트하우스는 이 신앙고백이 창조 **이후 역사적으로 실존하던** 의義의 상태staat der rechtheid, 그냥[19] 역사적인

---

18. Paul Althaus (1888-1906), 독일 개신교 신학자. 에를랑엔에서 교수로 봉직했는데, 나중에 나치 지지 경력으로 인해 논쟁이 된 인물. Paul Tillich (1886-1965). 독일 그리고 미국 개신교 신학자. 베를린과 마르부르크에서 사강사 privaatdocent 로 강의. 1933년 미국 이민 이후 하바드대학교, 시카고대학교 등에서 가르쳤다. 이 단락에서 스킬더는 알트하우스의 *Die letzten Dinge. Entwurf einer christlichen Eschatologie* (귀테르슬로 1926), 제2, 4, 5장과 틸리히의 Religiöse Verwirklichung (베를린 1930, 제2판), 110-140을 사용하고 있다. 다음을 참고하라. Schilder, *Wat is de hel?* (제3판), 223. 틸리히의 책도 스킬더의 서재에 포함되어 있다.
19. 93쪽 하단, "이러한 내용은 반 정도는…" 이하를 참고하라.

gewoon-historischen 의의 상태에서는 사람이 본래 선했다는 믿음에서 출발함을 알고 있다. 따라서 이 신앙고백에서 역사는, 소위 **프라이센티아 살루티스** praesentia salutis, 구원의 현존를 위해, 즉 역사 안에 현실적으로 **임해** 있는, 삶의 역사적 관계들 **안에** 담겨 있는, 하나님과의 교제를 위해 **철저하게** 자리를 마련해두었음 역시 알고 있다. 또, 이 루터파 신앙고백이, 악과 사악함은 **태초부터** 세상과 피조물에 **속한** 것이라 가르치는 (마니의) 가르침에 길을 열어 주는 시도에 대해 처음부터 저항해왔다는 사실 역시 알트하우스는 알고 있다. 그러나 루터파 신앙고백에 충실하게 머물고자 하는 그이지만 변증법적 신학의 기본적인 생각들에 너무 경도되어 있어서 루터파 신앙고백의 개념 구도概念構圖 중 하나를 그것과 전혀 다른 변증법적 신학과 결합시키게 된다.

이러한 사정으로 말미암아, 알트하우스의 절충적 신학을 통해 변증법적 신학에 '원상태原狀態, oérstand'의(義)의 상태라는 사상思想이 부가되었다. 그러나 오늘날 우리는 이 사상을 근거로 **창조**와 **죄**를 서로에게서 분리시킬 수는 없다. 이 정도로까지 그것을 구체화具體化할 수는 없다. 원상태는 **추상적** 사고로 머문다. 우리는 이에 대해 이야기해야 하고, 옛 용어인 '의義의 상태'를 사용해야 하는 건 맞지만, 이는 우리가 이렇게 말고는 다른 식으로 말하는 방법을 알지 못하기 때문이다. 그럼에도 이 용어는, 알트하우스가 악을 세상에 들인 주체가, 악이 침입하게 한 주체가 창조주는 아니라고 계속 인정하는 한, 그에게 재앙이 될 것이다. 즉, 그 용어는 **어떤 구체적인 내용도 표현하지 않는다**는 사실만 남게 되는 것이다.

이제 알트하우스는 하나의 양보에서 또 다른 양보에 이른다. 모든 역사적인 가치들과 관계들은 **예외 없이**아우스남스로스, ausnahmslos 죽음에 **역사적으로** 할당돼 있으며, 이 죽음을 통해 규정되고bepaald 자질資質을 부여받는다

gequalificeerd.[20] 또 그들은 예외 없이 영원이라는 '위기/심판krisis' 아래에 서 있다. 역사는 계속해서 **'아니오'** 아래에 서 있다.

그러나 알트하우스는 이제 새로운 요소를 논쟁 가운데 끌어들인다. 이를 통해 그는 자기가 포착한, 변증법적 신학의 과도한 급진주의에서 벗어나고자 한다. 역사에 대해 저 '아니오'를 말하면 이제 모든 것을 말한 것이 되는가? 아니, 그렇지 않다. 역사에 대해, 적어도 역사 **안에서** 들리고 또 지각되는 어떤 '예' 역시 분명 존재한다. 영원은 시간에 단지 **변증법적**dialectisch으로만 마주서 있는 게 아니라, **실증적**긍정적, positief으로도 마주서 있으며, 영원과 시간의 관련 역시 이러하다고 봐야한다. 우리는 교회의 섬김을 통해 그리스도를 아는 게 아닌가? 그렇다면 이 교회를 전적으로 아니오의 심판 아래, 열매 없음의 심판 아래, 죄악됨의 심판 아래에만 세워야 하는가? 이는 너무 심한 처사다. **오직** 교회의 섬김을 통해서**만** 우리는 그리스도를 안다. 이러하기에 예를 들면, 교회사는 실증적긍정적 의미에서 이미 모종의 '하나님의 역사'가 된다. 역사 안에는 **원죄**만, 나빠짐만 등장하는 게 아니다. **원복**도 있으며, 역사 안에서 **새롭게 됨**도 있다. 따라서 이것이 바로 역사에 대한 모종의 **'예'**인 것이다.

이런 생각들은 이제 알트하우스를 **하나님 나라-세상 나라 이원론**을 형성하는 데까지 이끌어간다. 이 이원론에서 알트하우스는 기독교 역사철학의 요체 중 하나를 보고 있다. 알트하우스에게 이 이원론은 필수불가결한 것이다. 한편으로 그는 세계사를 이해하려 하고 '하나님의 생각'에서부터 세계사에 자질資質을 부여하고자 하는 사람들의 권리를 인정한다. 이러한 시도들은 하나님의

---

20. 역주) 한국인인 우리가 서양 존재론을 이해하는 데 있어서 '있다'의 차원과 '이다'의 차원을 잘 구분할 필요가 있다. 그러함에도 물론, 이 둘은 분리되지는 않는다. 질(質, qualificatio)은 '이다'의 계열에 속하는 것이다. 이 책의 문맥에서 qualificeren은 우리말로는 딱 들어맞는 번역을 찾을 수 없기에 '자질을 부여하다'라는 번역을 택했다.

섭리에 대한 믿음과 잘 들어맞는다. 요컨대 알트하우스는 하나님 섭리에 대한 이 믿음이 다음과 같은 의미에서 세계를 **'일원론적'**이라 여기는 것이라고 생각한다. 즉, **현실**에 속한 모든 것, 악뿐 아니라 영적인 자산까지도 동일하게 하나님께 그 근거가 있다는 것. 그러나 동시에 알트하우스는, 세계를 하나님의 생각에서부터 해명하는 이 해명에다 이 세계가 죄와 사망의 법이 거하는 세계라는 판단을 대립시켜서 세계 안에 **양극의 긴장**polaire spanning이 생기게 한다. 그가 보기에 이 세계를 죄와 사망의 법이 거하는 세계라고 판단하는 것은 불가피하다. 죄와 사망의 법은 모든 악한 것 안에서, 세계에 악을 가져오는 모든 것 안에서 나타난다. 이렇게 우리는 알트하우스가 바로 위에서 '일원론'이라는 단어를 사용한 의미를 따라 '일원론'을 말할 수는 있다. 그러나 다음과 같은 조건 하에서 유보적으로만 그러하다. 즉, **이 이원론** 없이는 이 **일원론**을 말할 수 없으며, 학문적 정식定式으로 확정할 수도 없다는 것이다. 일원론은 이 이원론에 의해 규정되고 어떤 의미로는 지양止揚된다. 알트하우스가 개진하듯이, 그 이원론은 이제 반대로 일원론에 의해, 하나님의 섭리에 대한 믿음에 의해 매번 다시 경계가 설정되고, 규정되고, '위기/심판으로 말미암아kritisch' 지양된다. 그 믿음은 오직 **하나님의 진노**라는 사상에 의해 성립된 것이긴 하지만 말이다.

상술上述한 맥락에 근거하여 이제 알트하우스는 '역사 **안에**[21] 계시는 하나님'(역사에 **맞서** 계시는 하나님이라는 모토와는 좀 다르다)을 고수한다. 여기서 그의 절충은 형태가 고정되고 자기만의 공식이 생겨나게 된다. **하나님**이 역사 안에서 존재하고 일하신다. 그러나 우리는 바로 이 문장에서 그 다음 강조되는 부분으로 이동해야 한다. 하나님은 **역사** 안에서 존재하고 일하신다. 하

---

21. 역주) 볼드체는 원문에서 대문자로 표기한 것이다.

나님이 역사 안에서 존재하고 일하시는 게 확실하니, 역사 안 하나님의 현존과 하나님의 일하심은 늘 '에트바스 간체스총체(總體)적인 무엇, etwas Ganzes'다. 이것은 늘, **하나**인 동시에 **나뉘지 않는** 어떤 것, 풀 수 없는 어떤 것, 해체解體, 분석, ont-leden²²되지 않고 자잘한 조각들로 따로따로 놓을(해명될) 수 없는²³ 어떤 것이다. 그러나 다른 측면을 생각해 보자. 하나님은 **역사** 안에서 존재하고 일하신다. 이 말을 뒤집어서 보면 다음을 의미한다. 우리는 아직 거기 있지 않다. 우리는 **와야**할 무엇을 아직도 **기다리고** 있다. 성취vervulling가 아직 거기 **있지** 않다. '하나님의 행위는, 그것이 완성되어 있기 때문에, 완성을 요청한다Gottes Tat ruft nach Vollendung, weil sie vollendet ist'.

개혁주의 신앙을 고백하는 네덜란드 그리스도인들은 다음과 같이 생각하는 경향이 있다. 그런데 우리는 여기서 다시금, 있어야할 곳에 와있는 게 아닌가. 하나님의 일하심은 완성을 요청한다는 것, 우리 역시 이를 믿는다. 더 나아가서, 하나님의 일하심은 역사 안에서 일어나기에, 하나님 당신의 능력, 힘이 역사 안에서 일하는 것이고, 이 역시 우리가 항상 믿어온 것이다. 그렇다면 알트하우스는 우리처럼, 역사의 **다음과 같은 종결**에 대한 가능성, 즉 '**마지막**' 날들과 '**마지막**' 일들 안에서 교회와 세상의 역사가 하나님 나라rijk와 사탄 '나라'(혹은 아나키anarchie)로 **익어** 결실하는 것이(요한계시록에 나오는 무르익은 포도송이들!) 가능하다는 입장 아닌가? **이 일이 지나간 뒤** 그러나 **또한 이 일을 통하여**, 그리고 **이 일의 힘으로** 심판날이 임할 수 있다. 그러나 이 날은

---

22. 역주) 스킬더는 '-'을 의도적으로 넣은 듯하다. '-'이 없는 ontleden의 뜻은 '해부하다, 분석하다' 정도인데, 영어의 analyse에 상응한다. '-'을 삽입한 ont-leden을 씀으로써 그는 이 단어의 일차적인 의미, 좀 더 문자적인 의미로 이해하라고 신호를 주는 듯하다. 즉, 비분리전철 ont와 lid(=member)의 복수형인 leden이 결합된 모양을 떠올리게 하는 장치인 듯하다.
23. 역주) uit-een-leggen의 번역이다. 풀어서 번역했다. '-'이 없는 uiteenleggen은 '펴다, 펼치다'의 뜻이 있다.

세계사 **위로** 폭력적으로 임하는 어떤 개입이 **아니다**. 또, 경계를 허물고 모든 것을 흐트러뜨리며 개벽開闢하는 심판도, 지양止揚, opheffing, 고양高揚, elevatie에 대조되는 무화無化, vernietiging하는 심판도 아니다. 이 날은 **오히려**, **무르익은** 수확물을 **곳간에 들이는 것**이며, **역사**historie 안에서 무르익은 **과정** 각각을, **역사** 안에서 자질을 이미 부여받은 삶의 **자세** 각각을 **각각**의 특정한 **결과**에 영원히 **연결시키는 것**이다.

이러한 견해를 유지하면서 개혁주의 신학과 종말론을 위한 절충의 열매를 바라며 기다리는 사람이 있다면 그는 곧 낙담하게 된다. 왜냐하면 알트하우스가 구성한 체계는 이제 다음 두 가지 결과를 야기하기 때문이다.

a. 소위 '마지막 일들'은 역사의 마지막 기간과 아무 관련이 없다.
b. 의의 상태에서의 소위 '처음 일들'은 역사의 처음 기간과 아무 관련이 없다.

왜냐하면 강조점은 언제나 잘 알려진 다음 문장의 두 번째 구(句)에 찍히기 때문이다. 하나님은 **역사 안에서** 존재하고 일하신다. 역사는, 역사적 사건은, 그것이 중간에든 처음에든, 일들이 다 진행된 뒤의 마지막에든, 언제 일어났든 별 차이 없이, 무르익을 일이 없다. 적어도 하늘과 지옥'을 위해서는' 무르익을 일이 없다. 역사는 **하나님**의 **영원한** 곳간에 **들일** 곡식을 익게 할 수 없다. 또, 이쪽의 마지막 곳간과 저쪽의 처음 곳간 사이에는 시간과 영원을 서로 분리시키는 큰 구렁, 낭떠러지가 놓여 있다. 역사의 결과물은, 알트하우스의 개념을 따르자면, 그것의 역사적인, 시간 안에 포함되는 마지막 상태에 주어진다기보다는 오히려 '예네자이츠 데르 게쉬히테Jenseits der Geschichte, 역사의 피안' 안으로, 전적으로 다른 저 세계로 지양止揚된다.

이러한 내용은 반 정도는 개혁주의적이다. 하지만 결코 완전히 그렇지는 않다. **반 정도**라 함은, 우리 믿음에서 하늘(지옥도 마찬가지로)은 **파국**(마지막 날) 없이는 영원한 안식에 들 수 없다고 이미 인정되고 있고, 또 역사의 열매는 '**그냥**'은, '**변화 없이**'는, 섞임 없이는 영원함 안으로, 하나님의 하늘 곳간 안으로 거둬지지 **않기** 때문이다. 개혁주의 신학은 이미 오랫동안 이 지점에 대해 설교해왔고, 이는 알트하우스 관점 중 우리가 받아들일 만한 것이다. 그러나 이렇게 개혁주의 신학으로 **반쯤**만 나아가는 상황 가운데서는 개혁주의 신학과 알트하우스 사이에 **본질적인 만남**이 있을 것이라 기대되지는 않는다. 왜냐하면 우리가 보기에 **역사**의 열매는 철저하게 역사 **안**에 놓여 있기 때문이다. 역사는 섞임 없이는, '**그냥**'은 하늘 곳간으로 거둬지지 않지만, 어쨌든 **거둬지긴 하는 것**이다. 이 근본적인 지점에서 알트하우스가 우리와 얼마나 멀리 떨어져 있는지는 그가 다음과 같이 말하는 것을 들으면 분명해진다. "역사에 끝einde이 있는 것은 맞다. 그러나 역사적으로 그리고 역사 안에서 발생하는 최종 목적eind-doel은 없다." H.W. 슈미트H.W. Schmidt가[24] 알트하우스의 말을 인용하여 바르게 결론을 내리며 그의 견해를 서술한 것처럼, 역사에 '의미'가 있는 것은 맞지만 '목적지'가 있지는 않다. '영원'과 '시간' 그리고 이어지는 (종종 오해되는) '하나님 나라'와 '세상 나라'라는 두 쌍의 대조로부터 다음과 같은 결론이 도출되는데, 이는 알트하우스에게서도 마찬가지다. 즉, 역사는 원역사와 말역사라는 유령fantoom을 대가로 계속 열등한 상태로 남는다는 것. 이러한 사고 체계 안에서 역사는 결국 잘 알려진 '초역사超歷史'에 여지를 줄 수밖에 없다. 역사적 사실은 우리와 별 상관이 없고, 우리와 관계를 맺는 것은 오직 초역사적 '의미'뿐이다. 여기서도 계시는 역사에 포함되지는 않은 채 역사에 맞서 하나의 '이적'으로 남아 있다. 또한 계시는 우리 삶의 자연적 규칙성을 **쪼개고 지나가는** 것일 뿐이다.

---

24. H.W. Schmidt, *Zeit und Ewigkeit. Die letzten Voraussetzungen der dialektischen Theologie* (귀테르슬로 1927), 125-135.

개혁주의 그리스도인들도 모종의 이적을 말하긴 하는데, 이는 그들이 계시가 **여기서 왔음**her-komst[25](계시의 기원/출처)에 주목할 때이다. 그렇다고 해서 개혁주의 교인들은 알트하우스가 계시를 자기들과 같은 방식으로 이적**이라고** 인정한다고는 생각하지 말아야 한다.

왜냐하면 알트하우스는 그 **이적**을 '**세계 현실성의 규칙적 연계를 쪼개고 지나가는**, 창조하는 신적 행위'로 서술하고 있기 때문이다.

개혁주의 그리스도인들은 이러한 내용에 대해 이의 없이 그냥 넘어갈 수 없다. 알트하우스는 '세상'을 '죄 된zondige' 세상으로 본다. 따라서 그에게는 하나님에게서 온 모든 것은 세계를 '쪼개고 지나가는' 것일 수밖에 없다. 그러나 개혁주의 신앙인들은 '세상'과, 세상 '안'에 있는 **죄**를 구별한다. 죄는 분명, 하나님이 '쪼개고 지나가셔야' 한다. 더 나은 표현을 쓰자면, **이기셔야** 한다. 그러나 하나님이 이 일을 하신**다면**, 그분은 **재창조**를 통해 창조를 그 썩음에서, 이 썩음의 결과로 벌어질 일들에서 구원하시는 것이다. 이렇게 하나님은 역사를 쪼개고 지나가시는 것이 아니라 회복시키신다. 그러하기에 은혜는, 죄의 불법성과 **죄**로 인한 무법 상태는 쪼개고 **저리 지나가버리지만**, 세상의 규칙성 **안**으로는 쪼개고 **들어오며**, 이후 그 규칙성 안에서 세상을 회복시키며 세상과 계속 동행한다. 또, 은혜는 역사 **안에서** 하나님의 생각들을 다시금 실현한다. 이는 예전에 하나님이 의義의 상태에서 하신 일이다. 다시금 하나님은 옛 낙원을 새 낙원으로 되돌리시는 바로 그 일을 하신다.

그러면 위에서 언급한 '파국', 마지막 날의 그 파국은 어떻게 되는 것인가?

---

25. 역주) 여기서도 스킬더는 일부러 '-'을 삽입한 듯하다. '-'이 없는 herkomst는 '기원, 출처'라는 뜻이 있다. 그러나 스킬더가 '-'을 삽입한 뜻을 최대한 존중하여 위와 같이 번역했다. 그렇다면 '여기서 왔음' 혹은 '여기로 왔음'이라고 번역해 볼 수 있다. 전자의 '여기'는 하나님이 계신 '하늘'일 것이다. 후자의 '여기'는 '역사 안'일 것이다.

누군가 이렇게 물을 수 있을 것이다.

개혁주의 신앙인들은 이렇게 대답한다. 그것은 여전히 필요하다. a) 왜냐하면 재창조가 지금 역사 안에서 **이미** 실현되고 있는 것과 마찬가지로, 죄(옛 사람) 역시 재창조가 역사役事하는 와중에도 계속 작용하고 있기 때문이다. 그러나 이것이 곧, 은혜(새 사람) **역시** 이미 역사하고 있다는 현실을 부인하는 것은 아니다. 새 사람은, 논쟁의 여지는 있지만, 어쨌든 **존재**하고 있다. 그렇지 않다면 논쟁에 붙여질 수도 없었을 것이다. 저 마지막 파국이 필요한 또 다른 이유는 b) 새 사람은, 은혜는 여전히 **불완전**하기 때문이다. 악인(들)이 '여전히 우리 면전에 서 있는' 한, 여전히 수많은 산발랏과 도비야가 스룹바벨들을 괴롭혀 성전을 건축하지 못하게 하는 한, 하나님이 창조하신 삶의 평면에서 은혜가, **방해받지 않은 채** 자기가 건축한 것들을 수평으로 땅을 넘어 이동시키는 것은 결코 가능하지 않기 때문이다.[26] 그렇다고 해서 다음의 일들이 없어지지는 않는다. 즉, 성전이 **지어지는** 것, 그리고 머지 않아, 이제 대적들이 사라진 평면 위에서 (**다른** 어떤 땅이 아니라) 새(롭게 된) 땅이, 역사historie 안에서 성숙한 하나님의 일꾼들이 지은 것들을 받아들이게 되는 것. 여기서 시작된 것은, 아직 불완전하긴 하지만, 영원의 관점에서 보자면 이미 실재이기도 한 것이다. **열매**는, 지속되는 진화의 과정 속에서 느린 속도로 익는 것보다는 **오직 파국**(이것은 달리 보자면, 성장 과정의 속도를 급격하고 기적적으로 높이는 것이다)을 거쳐서**만** 삼십 배, 육십 배, 백 배의 결실을 맺게 될 것이다. 그렇다고 해서 결실의 배아가 여기 **아래**에 안 뿌려지는 것은 아니다. 이 배아가 열매(아직까지 저 완전한 결실에는 이르지 못했다)가 되는 **숙성의 시작**은 **이** 역사 안에서 일어난다. 이 때문에 알력이 생긴다. 어떤 사람은, **여기의** 씨로는 역사

---

26. 느 2-7장을 참조하라.

너머에서 어떤 **열매**도 결실할 수 없다고 말한다. 또 다른 사람은 그 일이 가능하다는 입장을 견지한다. 왜냐하면 마지막 날의 '파국'이 파괴가 아니라 성취(완성)이자 정화이기 때문이다. 불은 매우 많은 것을 보존하기도 한다.[27]

우리는 앞에서 언급한 내용을 통해 우리만의 어떤 실증적인 생각들을 발전시키고자 한 목적이 아니었다. 그러나 이것이 비록 내용을 좀 과하게 도식적으로 나누는 것이라 하더라도, 우리는 개혁주의 견해와 알트하우스의 견해를 나란히 제시함으로써 신학적인 훈련을 받지 않은 이 책의 독자들에게 이 토론에서 진행되고 있는 것이 도대체 무엇인지를 좀 더 명확히 밝히고자 했다. 또, 왜 알트하우스의 절충도 이 책에서 곧 이야기할 내용은 **진리**와 **현실**에 대한 진술이 될 수 없다고 **계속** 주장하는지를 좀 더 명확히 밝히고자 했다. 또한, 그의 입장에서**도** 이 책은 왜 '많아도 너무 많이' '알게' 되는 것인지, 그리고 왜 이 책에서 다룰 주제가, 적어도 이후 등장할 방법론에 입각한다면, 너무 어려운지, 더 나아가서는, 불가능하고 허용되지 않은 과제에 집중하는지를 좀 더 명확히 밝히고자 했다.

알트하우스는 다음의 입장들을 확고히 유지한다. 계시는, 방금 인용한 구절들에 비추어보면, '기적wonder'이므로 하나님의 말씀은 역사를 **경계 짓고 쪼개고 지나가는** 것이다. 그러므로 그 말씀은 역사의 **처음** 기간뿐 아니라 **마지막** 기간에서도 역사적 연속성 안으로 진입할 수 없고 진입하지도 않는다. 우리는 의義의 상태, 타락, 저주, 구원, 숙성, 영화榮化 등을 일반 역사 안에 '**나란히**' 놓일 수 있는 구속사의 구성 요소들이라 여기지 않아도 된다(이 '안'이라는 단어는 사실 그렇게 정확한 것은 아니다. 그러나 이에 대해서 지금 말하지는 않겠다. 확실히 문제의 소지가 있다고 생각하는 사람이 있다 하더라도 말이다). '의

---

27. 막 4:8, 벧후 3:1-12을 참조하라.

의 상태', '타락', '저주', '구원' 등은 하나님과의 관계 안에서 계시와 조우한 인간(더 나아가서 인류)의 숱한 **근원적 관계들**grondbetrekkingen'에 대한 딱 그만큼의 해명들일 뿐이다.

근원적 관계들에 대한 이 이론을 통해 첫째 아담-둘째 아담이라는 구도는 우리에게서 다시금 제거되기 때문에 우리가 주장하는 바의 토대 역시 없어져 버린다. **만일 알트하우스가 옳다면 말이다.**

여기까지 알트하우스의 절충에 대해 개관했으니, 이제 우리는 약속대로 다른 한 사람, 즉 **폴 틸리히**에 대한 논의를 시작해 보자. 폴 틸리히가 처음 등장할 때 바르트는 그에게 호의적이었다. 바르트 생각에는 틸리히가 근본 사상에서는 자신과 일치하는 부분이 있다고 생각했다. 그러나 금방 그는 자신과 틸리히 사이에 굉장히 큰 견해차가 존재함을 알아챘다. 본래부터 **'종교적 사회주의자'** 였고 사상적으로는 **니체**를[28] 추종했기에 이미 틸리히는 역사의 가치와 문화의 가치를 인정하게 되었는데, 이 때문에 역사와 '문화'를 통해 일군 것들에 대한 바르트의 급진적인 '선지자적' 비판과 틸리히의 사상은 화해할 수 없는 모순을 형성하게 된다. 시민 사회는 '종교적 **사회주의자**'인 틸리히의 축복을 결코 그냥은 받을 수 없었다. '기존' 낙관론을, 그것을 '비판함' 없이 견지한다는 것은 그에게 불가능한 일이다. 그러나 변증법적 신학에 맞서 **'종교적** 사회주의자'인 틸리히는 역사 안에 **은혜**가 현존함을 믿는다. 짧게 말해 보자면, 역사가 심판 아래 있는 것이 아니라 '은혜'가 역사 안에, '현재' 존재하는 것이다.

여기에 알트하우스와의 접촉점이 존재한다. 그는 역사 안에는 회복력/회춘력回春力, verjongings-kracht이 반복해서 효력을 내고 있음을 계속 지적한다. 이것이 바로 역사에 대한 상대적 '예'다. 그러나 알트하우스에게는 그를 계속 '예'

---

28. Friedrich Nietzsche (1844-1900). 큰 영향력을 가진 독일 철학자, 문헌학자.

와 '아니오' 사이에서 왔다 갔다 하게하는, 변증법적 신학과의 접촉점도 존재하는데, 틸리히 역시 그러하다. 비록 틸리히가 변증법적 신학에서 벗어나게 되었기는 하지만 말이다. 틸리히의 입장이 결국 **원리상**principieel 변증법적 신학과 상이하게 되었기 때문이다. 그럼에도 그의 이 과거는 그 여파가 매우 강하다.

다음과 같은 몇 가지가 우리가 주목을 끈다.

a. 제일 먼저 우리가 마주치는 사실은 (이미 서술했듯이) '은혜'가 틸리히 관점에서는 역사 안에 '**현재**' 존재하고 있지만 결코 '객체object'가 되지는 못한다는 것이다. 은혜는 결코, 잡고 고정하고 묶어 두고 관찰하고 서술할 수 있는 '객체적' 힘일 수 없다. 예를 들면, **교회** 안에서도 그러하다. 'Die Gnade ist Gegenwart, aber nicht Gegenstand', 즉, 은혜는 현재지만 객체는 아니다. 은혜는 어떤 특정한 객체들 **안**에 실존하지만, 객체**로서는 아니다**. 은혜는 '현재' 자신이 그 **안**에 있는 객체들에 자질資質과 의미를 부여한다qualificeert, beteekent. '의미를 부여한다'라는 말은 여기서, 의미를 준다, 어떤 특정한 의미를 선사한다는 뜻이다. 이 뜻 안에서 '현재의' 은혜는 그것이 현재 그 **안**에 있는 객체들에 초월적 의미를 부여한다. 이렇게 은혜는 '형태'를 취하는 것이지만, 그럼에도 은혜가 취하는 것은 자질資質을 부여하는 형태, 의미를 부여하는 형태가 된다. 그러면 '거룩한 것'은 '직관할 수 있게' 될 가능성에서 아예 배제되지는 않는다. 거룩한 것이 객체적인 것이 되지는 않았다고 곧바로 덧붙이기만 한다면 말이다. '직관할 수 있는' 것이라고? 그렇더라도 그것은 어떤 '객체성' 안에 존재하는 것은 **아니다**.

b. 이러하기에 틸리히는 이미, 변증법적 신학이 할 수 있었던 것보다 더 멀리 나가서 역사 안에 현존하는 것의 '가치를 긍정할' 수 있다. 이는 변증법적 신학이 말하는 핵심이, 영원과 시간(각각의 역사) 사이에 존재하는 대립은 결

코 제거될 수 없다는 것이기 때문이다. 그렇다면 이 대립에서 시간에 속한 것은 **기껏해야 저쪽** 영원을 **가리키는 것** 정도라는 결론이 도출된다. 비유하자면, 길 안내 표지판은, 저쪽 목적지를 가리키긴 하지만, 그 목적지 자체가 지금 우리와 함께 길을 가고 있지는 않다는 것이다. 여기서 틸리히는 다음의 지점에서 바르트와 같은 편에 서게 된다. '은혜'가 시간 내지는 역사 안에 주어질 수 있는 객체들 중 어느 한 '객체'는 아니라는 것. 여기서 둘 사이에 차이점은 존재하지 않는다. 그러나 **저쪽을 가리키는 것** 그 이상일 수는 없다고 주장하는 바르트의 언명은 틸리히에게는 너무 빈약한 것이었다. 그가 보기에(위에서 논한 내용을 참고하라), 은혜는, 그것이 세계 안에 현존하는 경우, 우리가 역사안에서 마주치는 객체들에 자질을 부여하고 그것들을 '의미한다'. 이들 안에서 은혜는 '형태'를 취하게 된다. 이로써 주사위는 던져졌다. 바르트는 역사적 관계들 **안에** 은혜가 현존한다고praesentia salutis, 구원의 현존 믿지 않았다. 그러나 틸리히는 이를 믿었다. 비록 '현존하는' 은혜의 형상이 '객체적' 형상이 될 수는 없다 하더라도 그 형상은 **'영광스러움'**으로 인해 **볼 수 있게 되었다**. 이는 의미심장하다. 왜냐하면 **'저쪽'** 다른 것만을 **'가리키는'** 것은(바르트) 그것이 가리키고 있는 **저쪽** 그것과는 어떤 관계도 맺지 않은 채 존재할 수 있는 반면, 어떤 사물에 **'자질을 부여'**하고 그것에 자신의 특정한 **의미**를, '베도이퉁 Bedeutung, 의미'을 부여하는 그 무엇은, 자신에게 자질과 의미를 부여받는 바로 그 무엇과의 살아있는 **실제 접촉**을 통해 형성되기 때문이다.

  c. 이런 식으로 역사는 긍정적인 가치를 얻게 된다. 교회, 신비, 그리고 이상 異像은 은혜의 형태에 참여할 수 있고, 모든 것을 비추는 '영광'의 형태에 지금 이를 수 있게 되었다. 물론, 그렇다고 해서 우리는 그들(교회 등)이 그 형태를 **소유**하고 있다고 말해서는 안 된다. 이렇게 되면 우리는 다시금, 객체 안에서 역사하는 은혜가 다른 여타의 '객체들'과 다를 바 없는 하나의 '객체'이며, 따

라서 잡거나 접촉하거나 고정하거나 팔아버릴 수 있는 어떤 것이라는 식의 잘 못된 망상에 빠지기 때문이다.

d. 그러므로 틸리히는, 영원은 시간을 '쪼개며 **지나가고**', **그것을** 가로질러 **통과하며** 쪼개고 **저리 가버린다고** 말하는 바르트의 어법을 그대로 받아들이지는 않는다. 틸리히는 다르게 말한다. 영원은 시간을 쪼개고 통과하여 저리 가버리지 않고 시간을 '쪼개고' 그 '**안으로**' 들어온다, 시간 안으로 '**쪼개고 들어옴**'을 한다. 이것은 '**쪼개고 들어옴**'으로 변함없이 남아있는데, 이는 (이 지점에서는 변증법적 신학이 옳다고 틸리히는 인정한다) 영원이 시간과 그냥 연결되어 있지는 않기 때문이다. 시간은 분명 영원과는 모순 상태에 있다. 그러나, 비록 영원이 시간 안으로 진입하는 것이 '**쪼개고 들어옴**'이라 하더라도, 그것은 여전히, '쪼개고 **들어옴**'이기도 한 것이다. 영원은 정말로 시간 안으로 들어오는 것이다. 영원은 시간을 멸절하지도, 심판하지도, 부인하지도 않으며, 시간에 단지 '아니오'만 말하지도 않는다. 왜냐하면 역사는 은혜의 현존을 통해 긍정적인 어조를 획득하고 보존하기 때문이다. 영원이 시간 안으로 '쪼개고 **들어오는**' 것이라면 이 시간은, 역사는, 인류는 충격받고 흔들리며 찢어지게 되고, 시간 위로 급작스러운 '에르쉬터룽Erschütterung 진동'이 임하게 될 것이다. **그러나 이는 또한 유익이기도 하다.** 여기서 역사는 다시금 **긍정적인(실증)** 가치를 획득하기 때문이다. 이러한 '쪼개고 들어옴'은, 이런 '에르쉬터룽'은, 어느 누구도 지금 다시 정확하게 '객체'로서 분석하고 제어할 수는 없지만, 그것은 예컨대 '선지자적 영'이 어느 특정한 기간에 어느 특정한 족속 위에 갑자기 역사하는 때 존재한다. 이 '선지자적 영'은 이제 두 가지 일을 행한다. 우선, 이 영은 '**책망/심판**kritiseert'한다. 하지만 동시에 '**세운다.**' 기존 세워진 것은 이 영에 의해 '책망/심판을 받고', 부분적으로는 철거되고 뒤집힌다. 그러나 동시에 긍정적인 의미에서 **세우는 일** 역시 일어난다. 이렇게 세운 것, 새롭

게 지어 올린 것은 영원에 **대립**하여 서 있는 어떤 것이 될 수 없다. 동시에, 영원과 동일시는커녕, (역시 다루어져야할 주제인데) 영원과 전적으로 화해하는 어떤 것이 될 수도 없다. 그러함에도 그것은 시간 안으로 '쪼개고 들어오는' 영원의 힘을 **통해** 가능하게 되었다. 바르트의 '심판주의kriticisme'에 맞서 틸리히는 여기서 '**신앙적 사실주의**geloovig realisme'를 제시한다. 역사적으로 주어진 것이, 영원을 향해 '**개방된**' 것이 시간 안에 존재한다.

틸리히가 말하는 바를 들어보면, 지금 상황이 알트하우스를 논의할 때 나온 내용들이 다시금 반복되는 것 같아 보인다. 개혁주의 신앙을 고백하는 사람이라면 이렇게 말하고 싶을 것이다. 우리는 지금, 원리적으로는 우리와 일치하는 한 사람을 보고 있다. 적어도, 하늘이 땅과 시간에 대한 '접촉점'을 가지는 것을 허용하는 ('파국'이라는 유보 조건 하에서, 위 논의를 보라) '하늘'에 대한 교리를 구상 가능하다는 점에서는 그렇다.

그러나 **여기서도** 절충은 우리를 만족시키지는 못한다. 여기서도 대립이 틸리히와 개혁주의 신학자 사이에 실제 존재한다.

이를 이해하기 위해서 우리는 틸리히의 입장이 후속적으로 노정하게 될 다음의 결과들을 유의해서 볼 필요가 있다.

a. 틸리히의 이해로는 '역사'는 구체적인 '엔트샤이둥Entscheidung, 결단'이 일어나는 곳에 존재한다. 즉, 구체적인(따라서 역사 안의, 현실적인, 현행하는) 선회旋回, wending가 발생하는 곳에, 소요가 생기고 진로가 원리 차원에서 바뀌며 다른 한 원리에 맞세워 어느 한 원리를 결정하여 선택하는 곳에, 이 선택에 실천적 결과가 연결되는 곳에 역사가 존재한다. 그런데 영원은 시간을 '**판결**richten'하기도 해야 하지 않는가? 영원이 시간 '**안으로**' '쪼개고 들어오는' 것은 우선적으로는 '책망/심판하고', 판단하고 정죄하는 것이어야 하지 않는가? 이 때문에 '엔트샤이둥'이 위에서 밝힌 의미로서 일어나지 않는다면, 우리는

방금 논한 것과 같은 '쪼개고 들어옴'을 말할 수 없다. 그러나 (여기서 틸리히는 다시 변증법적 신학을 반박하는데) 이 '엔트샤이둥'은 **구체적일 수** 있으며, 또, **구체적이어야** 한다. 이 결단이 '엔트샤이둥'으로 불리기 위해서는 상대적이지 않은 것, 즉 '절대적인 것의 영역' 안에, '운베딩테Unbedingte, 한정되지 않은 것'의 영역 안에 닻을 내리고 뿌리 박혀 있어야 한다. 그렇지만 이 결단이, '역사'에 속하고 역사적으로 주어진 '이 세계'의 영역, 즉 '상대적인 것의 영역' **안에서** 일어나야 한다는 사실 역시 참이다(그렇지 않으면 그 결단은 '구체적'인 것이 아니게 될 것이다). 이는 변증법적 신학을 거부하는 것인데, 틸리히는 이를 '급진적 개신교radikale protestantisme'라고 규명하는 것을 선호한다.

  b. 틸리히는, 이 '양분된 세계' 안에서 '**아인도이티헤**eindeutige, 일의적인 것'의 가능성이, 즉, 원리적으로 단 하나의 원리에 의해 지배되고 이 단 하나의 원리에 의해 지속되는, 하나님**을 향한** 결정적 선회의 가능성이 소위 '급진적 개신교'에서는 존재하지 **않음**을 인정한다. 하나님을 **목표로 하는**vóór '아인도이티헤' '엔트샤이둥'은 존재하지 않는다. 하나님**께 맞서**, 하나님에게서 **떨어져 나오는** 그런 '아인도이티헤' '엔트샤이둥' 역시 존재하지 않는다. 각각의 '엔트샤이둥'은 **이** 세계 안에서 '**츠바이도이티히**zweideutig 이의적(二義的)'이며, 두 원리들, **두** 힘들을 통해 규정되고 지속된다. 그러므로 하나의 원리에서 작용하는, 하나님을 **목표로 하는** 어떠한 원리적인 결정과 선택도 양분된 세계 안에서는 존재할 수 없다는 이 추상적인 언명은, **각각의** 결정, **각각의** 선택이 **두** 원리들에 의해 지속되고 있다는 판단 안에서만, 그것이 '**츠바이도이티히**'하다는 판단 안에서만 **구체적**인 것이 된다. 바로 이 '츠바이도이티히'함이 구체적 인간 실존의, 우리 구체적 개인 삶의 실존의 고유한 특징이다. 따라서 우리의 자유와 우리의 얽매임(우리 '쉭잘Schicksal, 운명')은 '**츠바이도이티히**zweideutig'한 만큼만, 즉 상충하는 **두** 원리들을 자기 안에 갖고 있는 만큼만 하나님**께 맞서** 있

는 것이다. 그러나 이들은 하나님께 맞서 원리적으로 '아인도이티히'하지는 않다. 만일 여기 해당된다면, 우리 실존은 **사탄적**인 것이 된다. 그러나 **사탄적** 인 것은 **이** 세계 안에서 구체적·역사적인 것이 되지 못한다고 틸리히는 말한다. 따라서 확실한 것은, 우리 실존이 심판 아래 있지만, 원리적 차원에서 황폐하게 된 것은 아니라는 것이다.

c. 우리는 방금 '**사탄적인 것**'에 대한 틸리히의 견해를 단지 한 단어로 언급했다. 말하자면 그는 역사 안에 존재하는 '**사탄적인 것**het satanische'과 '**마귀적인 것**het daemonische'을 굉장히 강조해서 구분한다. 사탄적이라 함은 원리적으로, 부가된 것이 섞이지 않은 채로 하나님께 **맞서** 있는 것이다. 그러나 바로 **이 사실 때문에** 사탄적인 것은 역사 안에서 구체적인 것이 될 수 **없으며**, 역사를 **항상 두** 극단으로 내몬다. 틸리히는, 우리 실존이 **사탄적이지 않다**는 자기 견해를 변증법적 신학에 맞세운다. 왜냐하면 사탄적인 것은 각각의 구체적인 삶의 현실을 삼켜버리기 때문이다. 사탄적인 것이 아니라 **마귀적인 것**만이 역사 안에서 구체적인 것이 될 수 있다. 왜냐하면 틸리히가 '마귀적'이라 명하는 것은 '거룩'한 동시에 하나님께 대항하는 힘이며, 삶을 '지탱'하는 동시에 삶을 어느 수준까지는 허무는 힘이기 때문이다. 여기서 바로 다음과 같은 사실들이 명확해진다. 우선 틸리히의 견해에 따르면 삶은 파괴되어 **있지 않다**(현재 **완료** 시제). 그러나 여기에 덧붙여야 할 것이 있다. 마귀적인 것은 삶을 교란하고 황폐화하면서 출현하고 있는(현재 **미완료** 시제) 힘이기도 하다는 것이다. 이것은 '형상 교란적vormverstoring' 요소를 자기 안에 가지고 있다. 그러나 이 '형상vorm' 파괴, '형태gestalte' 교란은 바깥**에서부터** 임하는 것은 **아니다**. 그렇다고 우리 쪽의 어떤 결핍이나 무력함에 터하고 있는 것도 아니다. 형상 그리고 형태 교란은 교란에 내던져지기도 하는 바로 그 삶의 형태들, 형상들 자체에서 나타난다. 그러므로 마귀적인 것만이 구체적인 역사 안에 자리 잡는다. 그

러나 그것은 어쨌든 거기 **속한 것이기도 하다**. 그것은 역사의 **본질에**[29] **속해 있다**. 왜냐하면 틸리히는, 우리 인간의 삶과 역사에 있는, 형상을 형성하는 원리와 형상을 교란하는 원리 간의 '긴장'을 구체적인 역사 안에서 발견하기 때문이다.

d. 위와 같이 사탄적인 것 그리고 사탄이 구체적인 역사 밖에 자리 잡고 있다면, 이로써 **우리**가 보는 바대로의 **그리스도**가 삶의 역사적 연관성과 역사적 사실들 안에서, 여기 땅 위에서 사탄을 이기신 그리스도가 되는 것 역시 근본적으로 불가능해진다. 성경에 나오는 표현을 사용하자면, 그리스도께서는 자신의 권속眷屬들을 사탄에게서 구출하셨으며, 사탄을 **시간 안에서** 역사적으로 검증 가능한 사건을 통해 '멸하셨다'(히 2:14). 바로 이 일을 통해 그분은 역사와 시간을 구부려, **지옥**을 향해 떨어져가는 방향에서 하늘을 향해 애쓰며 **올라가는** 방향으로 휘게 하셨다. 사탄을 역사 밖에다 위치시키는 사람은 성경의 그리스도 역시 역사 밖에 위치시키게 되며, 이것을 시정할 길은 없다. 이렇게 되면 그는 그리스도 안에서 주어진 구체적 **현실** 역시도 역사의 틀窓 **바깥**에 위치시키게 된다. 그런데 다름 아닌 이 현실 가운데서 우리는 도래하는 하늘로부터 충실한 어떤 것이 **개시**開始되고 있음을 목도한다. 그것은 이미 임하여 있는 '**원리**beginsel', 즉, 영원하고 파괴될 수 없는 생명의 원리다. 확실히 틸리히는 이러한 결과에 놀라 움츠려 들지 않는데, 이는 그가 사탄에 대해 다음과 같이 말하는 데서 알 수 있다. '사탄'이라는 이름은 비신화非神話, de-mythologie라는, 모호하고 의심스러운 생각저장소gedachtenschat 안으로 치워진다. 틸리히는 말하길, 신화적 입장에서 말하자면, 사탄은 마귀들 중 최고의 지위를 차지

---

29. 역주) wezen을 번역한 말인데, '존재'라고 번역을 하는 것이 더 나을 수도 있다. Wezen은 우리말로 '있다'와 '이다' 둘 다를 뜻할 수 있으나, 여기서는 문맥 상 '있다'쪽에 무게를 실어 이해할 수도 있기 때문이다.

하고 있다. 그러나 존재론적 입장에서 말하자면, 마귀적인 것에 포함되어 있는 **부정**否定 **원리**negatieve principe다. 우리 인간의 삶 안에 마귀적인 것이 현실로서 존재한다는 믿음은 어떤 영적 세계가 신화적으로 (혹은 영혼정신 외부에) 존재함을 인정하는 것과는 아무 상관이 **없다**. 마귀적인 것은 한편으로는 '**전**前인격적' 자연적 존재의 깊이에까지 이르고, 동시에 '**초**超**인격적**' **사회적** 존재에까지, 따라서 **교제**gemeenschap의 초超인격적 결합에까지 이른다. 그런데 마귀적인 것은 더 나아가, **인격적** '존재'의 중심 안에서 스스로를 **현실화**하는 데까지 이른다. 틸리히에게 있어서 마귀적인 것에 관한 이러한 견해, 이러한 통찰이 죄의 '도덕적' 개념을 압도한다는 사실은 의미심장하다. 누가 일단 이러한 견해에 꽂히게 되면 그는 이제 도덕적 죄의 개념과는 관계를 청산하게 된다. 틀림없다. 그러나 칼빈주의자는 자기가 말할 기회가 오면 이렇게 말할 것이다. 그렇다면 그는 **성경**의 **그리스도**와도 관계를 청산한 것이라고. 이제 틸리히는 마귀적인 것을 구성적인 어떤een konstitutieven 요인으로, 즉, 본질을 조성하지만 제거될 수 없고 생각에서 없앨 수도 없는, 역사 내적 요인으로 여긴다. 그 결과 그는 세계의 **시작**에 관해, **그러므로 또한**, 역사의 **끝**에 관해서도 성경이 우리에게 제시하는 견해와는 완전히 다른 견해들을 옹호하게 된다. 이것이 별로 놀랄만한 일이 아닌 것은, 그가 곧이어 이런 설명을 하고 있기 때문이다. 즉, 파시교의 이원론, 페르시아 종교의 이원론(어떤 선한 **하나님**과 **그리고** 어떤 악한 **신**이 존재한다는 잘 알려진 교리가 있는)은 '역사로서의 세계'에 대한 가장 유의미한 견해였다는 것. 왜냐하면 역사에 대한 모든 개념 그리고 역사의 본질과 가치에 관한 모든 견해에는 신적인 것과 마귀적인 것 사이의 **변증법**에 대한 통찰이 기초로서 자리 잡아야 하기 때문이라는 것.

이제 우리는 다음을 안다. 즉, **성경**은, 죄로 인한 타락에 대해 말함으로써, 그리고 이 타락을 **역사 안으로** 등장하는 타락으로 간주함으로써 원리적 차원에서 이 '변증법'을 기각한다는 것. 이 타락은 **역사적·현실적 의義**의 상태 **밖**으로 이탈해 역사 가운데서 죄의 상태 안으로 진행한 것이다. 개혁주의 그리스도인들이 견지하는 바는, **성경**은 역사가 언젠가 **실제 '아인도이티히'**하게 하나님**을** '**선택**'한 적이 있다는 말을 하고 있다는 것이다. 잘 알려진 '시험하는 계명'은 이 '**아인도이티히함**'을 영원히 확정했어야 했다. 이렇게 일의적으로 하나님을 향하고 하나님을 선택하는 일은 그러므로, 성경에 따르면 역사 **안**에서 **가능**하다. 더 나아가서, 개혁주의 신앙을 고백하는 사람들은(이미 위에서 우리가 논의한 내용으로 돌아가는 셈이긴 하지만) 다음을 견지한다. 즉, 우리는, '**자기에게서 나온**' 힘이 아니라 철저하게 위에서부터 쪼개고 들어오는 **계시**로 말미암아, 위에서부터 쪼개고 들어오며 심령을 새롭게 하는 성령님의 **역사役事**로 말미암아, 철저하게 역사 **안**에서, **오늘날에도 여전히 '아인도이티히'**하게 하나님**을** 선택하고 또, '**아인도이티히**'하게 사탄**에 반反하여** 선택할 수 있다는 것. 개혁신앙을 고백하는 사람은 거듭난 사람이 양분된 상태를 이생에서 초월한다고는 결코 주장하지 않을 것이다. 그는 수치심과 더불어, '이생에서 내가 행한 일들 중 가장 나은 것이라 하더라도 전부 불완전하고 죄로 오염되어 있다.'라고[30] 시인한다. 그러나 **방금 이 말을**, 틸리히가 '츠바이도이티히함'이 **귀속**되는(이 이의성은 역사에도 귀속된다) '양분된 세계'라고 말하며 염두에 두고 있는 것과 같은 것이라 여긴다면 이는 잘못 생각한 것이다. 왜냐하면 개혁주의 신앙인은 **거듭난 사람들**과 **거듭남**을 구분하는 것을 잊지 않기 때문이다. 그의 신앙고백에 따르면, 특히 도르트신경에 따르면 거듭남은 다음의 의미에서 '**새 창조**'다. 즉, 하나님께서 생명을 내시고 일으키시는 곳은 다름 아닌 **죽음**이 있는 곳이라는 것. 하나님은 거듭남의 '씨'를 사람 안에 심으시

---

30. 하이델베르크요리문답, 제44주일, 제114문답.

는데, 그렇다고 이것이 **새로운** '**실체**substantie'를 사람에게 더하시는 것은 **아니다**. 그러나 이렇게 하나님은 근본적으로 사람을 내적으로 완전히 새롭게 하시고 변화시키신다. 또 사람은, 새 창조에서 획득한, 모든 영원을 위한 새로운 삶의 토대가 되는 저 원리로 말미암아 **시간 안에서 이미** 하나님 앞에 의롭게 서 있다. 이 새로운 삶의 원리는 '여전히 남아있는' 죄 그리고 '옛 사람'과 **씨름**하지만, 그럼에도 그것은 여기 **임하여 있다**. 거듭남이라는 새 원리와 죄라는 옛 원리 사이에는, **변증법**의 매우 단호하고 엄격한, 익히 알려진 그런 의미의 '긴장spanning'이 존재하지 않는다. 따라서 옛 사람과 새사람 간 '양극적兩極的 대립polaire' 관계 역시 존재하지 않는다. 왜냐하면 **양극적 대립** 관계에서 어떤 한 극이 다른 한 극과 균형을 유지하고 있다면 그 극은 다른 극을 결코 흡수하지도, 지양하지도, 멸절하지도, 쪼개고 지나가지도 못하기 때문이다. 그러나 사람의 거듭남은 도르트신경에 의하면, 새 창조라 여겨질 정도로 매우 근본적이고 매우 엄중한 것이기에 **새** 생명은 항상 **이기게** 된다.[31] '새 사람'과 '옛 사람'은 '극pool'과 '대극對極, tegen-pool'이 아니다. 이 관계에서는 하나는 십자가에 못박히고 죽고 장사되며, 다른 하나는 부활하고 승리하고 이긴다. '**그리스도와 함께**' 새 사람이 부활했음을 생각할 때도, 마찬가지로 **그리스도**와 함께 옛 사람이 장사됐음을 생각할 때도 우리는 곧바로 새 생명을 느끼게 된다. 그래도 어떨 때는 그리스도의 **죽음**이, 대극으로서 그리스도의 생명에 맞서 있는 어떤 한 극이 되는 게 아닌가? 결코 그렇지 않다. 그분의 **생명**은 죽음을 깨부수고 패배시켰고, 죽음을 '죽였다.' 아들을 믿는 자는 **영생** 역시 **갖고 있다**. 더 나아가 그는, 다가올 생명의 **완성**을 기다리고 있다. **이** 지점에서도 이제, 틸리히와 개혁주의 신학은, 논의 중인 다음 질문의 경우, 원리 차원에서 서로 상충되는

---

31. 도르트신경, 제5장, 제7-10항.

것으로 드러난다. **시간을 벗어나** 영생으로 옮겨질 수 있는 열매들, 즉, 위로부터 임하여 사람 안에 심기는 새로운 '**씨**', **영생**이기도 한 그 씨로 말미암아 **시간 안에** 자리 잡고 있는 열매들을 무르익도록 작용하는 어떤 원리를 위한 자리가 **역사**에 존재하는가?

e. 따라서 개혁주의 신학이 '육신'과 '영' 사이, 그리고 지옥을 향하고 있는 것과 하늘을 향하고 있는 것 사이의 투쟁을 역사 **안**에서 일어나는 구체적인 씨름이라고, 역사 안에서(적어도 부분적으로는) 서술 가능한 투쟁이라고 언급할 때, 마지막으로 언급된 것만 봐도 이미 틸리히와 이 신학은 서로 모순될 수밖에 없음이 드러난다. 신적인 것과 마귀적인 것 사이의 씨름(즉 구원이 우리 역사 **안으로** '쪼개고 들어오는' 것)은, 틸리히 말에 따르면, **깊음 안에서의**in de diepte 투쟁으로 남아있고, 따라서 **역사 보도**報道가 가능한 차원으로 '고양'될 수는 없다. 또한 위 주제들을, 개혁주의 신학이 **견지**堅持하듯이, 하나님의 전적 주권, 협의에 의한 작정, 타락 전 및 타락 후 '예정' 혹은 작정이라는 관점 하에 위치시킬 수도 없다. 왜냐하면 신적인 것과 마귀적인 것 사이의 투쟁은, 틸리히의 견해에 따르면, 역사의 **본질**에 **속한** 것으로 남아있기 때문이다. 또 확실한 것은, 이 싸움에서 **승리**는 신적인 원리에 유보되어 있다는 것이다. 왜냐하면 틸리히가 '신적인 것과 마귀적인 것은 대구對句를 이루는 것들, 즉, 서로 균형 잡혀 있는 힘들'이라는 생각에 대해서는 경악하기 때문이다{파시교 역시 (위 논의를 보라) 이러한 결과에 대해 화들짝 놀랐다. 그런데 파시교에서는 과연, 선한 신이 악한 신을 결국 이기게 되긴 하는가?}. 틸리히의 견해에 따르자면, 모든 **현실** 종교에는 결국 신적인 것의 세력 우위가 늘 보증되어 있다. 그렇지만 이 우위적 힘이 **절대적인** 힘은 아니다. 개혁주의 신앙인은 여기서도 다르게 본다. 하나님의 역사하심은 이 세계 안에서의 투쟁이 없는 채로 존재할 수 없으며, 그럼에도 그 우세한 **절대적 힘을 통해** 지속적으로 우세를 점한다는 것

이다. **하나님**이 **절대적인** 힘과 능력을 고수하시기에, **이로 인해** 성도들도 그분 섬기기를 고수하는 것이다. 도르트신경 마지막 부분을 다시 상기해보라.

 f. 틸리히가 마귀적인 것을 모든 역사 작용 안에 계속 남아있는 힘으로 개념 짓고, 더 나아가 하나님의 협의, 거듭남, 십자가와 부활의 구속 사건을 고려 대상에서 계속 제외한다면{원리적 차원에서 보자면 이 일들을 부인하는 것이다} 이는 세상의 **시작**과 **끝**에 대한 틸리히의 견해가 원리적 차원에서 우리 견해와 차이 난다는 뜻이다. 모든 역사에는, 따라서 세계의 **시작**이라는 역사에도, 역사에 '의미'를 부여하는 그 무엇에 대한 저항이 근본적으로 **전제**되어 있다. 이 지점에서 틸리히는 자기 사상 안에 '그리스도'를 위한 자리를 마련하고자 한다. 이로써 그는 역사 문제를 기독론적으로 풀려고 하지만, 그의 '그리스도'는 성경의 그리스도와는 다른 그리스도다. 여기서 그는 그리스도를 '**역사의 가운데**het midden der geschiedenis'라고 말한다. 이제, 그리스도는 갑자기, 이 역사의 '**가운데**' 안에 등장하게 된다. 그러므로 이 '역사의 가운데'는 '의미를 부여하는' 역사 원리를 우리가 **직관할 수** 있게 되는 장소인 것이다. 틸리히는 소위 **시작과 끝** 카테고리를 이 소위 '가운데 카테고리'로 대체하려고 한다. 역사의 개시開始는 역사적-경험적으로 확정할 수 있는 어떤 사건일 수 있다. 하지만, 역사의 개시는 어떤 **관계**, 즉 그것이 역사의 저 '가운데'를 마주하고 서 있는 그 **관계**에 의해서만 비로소 **역사의 개시**가 된다. **이것은 역사의 끝(마침)에도 똑같이 해당된다**. 우리는 여기서 이러한 내용들이 거의 매번 개혁주의 신학과 원리적으로 모순됨을 감지한다. 개혁주의 신학이 즉시 동의하는 바와 다르지 않게 틸리히도 역사의 **끝**에 있는 **모든 것**은 그리스도가 구원자이자 화해자로 등장하는 역사의 **가운데**와 '**관계**' 맺고 있다고 생각한다. 그러나 이 그리스도가 구체적으로 역사의 '가운데'**에서** 일하시면서도 역사의 **시작**에 **밀착**해 있음이 바울이 그리스도를 **둘째 아담**으로 규정한 사실로써 이미 증명되어 있다.

그 역사의 **시작**은 **낙원**이었다. 죄 없이 **역사적**으로, 구체적으로 하나님을 섬김이었다. 성경에 따르면 그 역사의 **시작**은 열매들의 **성장**이었다. 이 열매들은 **창조** 안에 하나님의 씨 뿌리는 행위로서 원리적으로 주어져 있었고, 나아가 **시간 안**에 자리 잡아 결국 '점진적인 노선들을 따라', **창조를 토대로 하는 진화**를[32] 통해 전개될 수 있었다. 그 열매들이 **무르익은** 상태가 된 이후, 하나님은 그것들을, 더 이상의 변화나 뒤바뀜 혹은 성장 없이 영원히 확정된 복락 가운데서 수확하시게 된다. 그리고 지금, 죄로 인한 타락 이후, **시작/처음**에 하나님에 의해 의도되었던 것에 **끝/마지막**에 다시 도달할 수 있도록 역사의 '가운데'에 그리스도가 오신 지금, 역사의 **끝/마지막**은 늘 역사의 **가운데** 뿐 아니라 **시작/처음**으로도 **되돌아**가야만 한다. 이를 통해 우리는 (개혁주의 신앙고백에 따르면) 역사의 **끝/마지막**에서 다시금 열매들이 무르익어가는 것과 다 무르익은 것을 볼 수 있게 된다. 이 열매들은 파국을 통과하여(위를 참조하라) 하늘로 수확될 수 있지만, 실제 그들이 하늘에 수확된다면, 부분적으로(정화하며 맹렬하게 종결 지으며 그 파국을 실행해야 한다는 유보 조건이 붙긴 하나) 이 일은 역사 안에서 구체적인 것이 되는 구원사역, 즉 **그 안에서** 작용하는 구원사역으로 말미암은 **결과**인 것이다.

g. 역사의 **가운데**를 '카테고리'의 일종으로 간주하는 견해로 인해 이제 틸리히는 역사관과 역사서술에 있어서 자기만의 **방법론**을 개발하게 된다. 그렇다면 이 방법론은 성경의 방법론과 다시금 근본적으로 차이가 난다. 우리는 이미, 성경의 방법론에서 **첫째** 아담과 **둘째** 아담이 어떻게 역사의 시작, 가운

---

32. 역주) 스킬더의 '창조를 토대로 하는 진화 evolutie op de basis der schlepping' 내지는 '창조 이후의 진화 evolutie ná creatie'는 생물학적 진화를 가리키는 말이 아니다. 태초에 하나님이 창조하신 땅이 창조 이후에도 전개(展開) 혹은 개발(開發) ontwikkeling 됨/되어야 함을 의미하는 말이다.

데, 그리고 끝을 그들 **각각에 연장되게** 배치하는지, 어떻게 **둘째** 아담이 **첫째** 아담과 연계되어서만 이해되는지를 살펴보았다. 물론 내가, **이제 역사는 자신을 스스로 해명할 수 있다**고 말하고자 하는 것은 아니다. 왜냐하면 역사 **뒤에는** 하나님의 **작정**이, '깊은 무저갱 diepe àfgrond'이 놓여 있으며, 역사 **안에는** 계시啓示가 일하면서 스스로를 은혜로서 실현한다. 이 은혜의 '**가장 나중** 말씀'과 **가장 깊은** 토대는 하나님께는 알려져 있지만 우리에게는 알려져 있지 않다. 하나님은 부분적으로 말씀하셨으며 따라서 그가 말씀하신 것은 우리 역시도 여전히 '부분적으로' 알 수 있을 뿐이다. 개혁주의 신학이 계시를(계시 자체야 순수하지만) 계시되지 않은 것 없이 **충분하다고**[33] 명명한 적은 **결코 없다**는 사실에서 이미 우리가 방금 말한 바가 확정된다. 그러나 틸리히는 쓰기를, 역사의 **시작도**, **끝도** 역사의 '**가운데**'를 규정 bepalen하지 **않으며**, 오히려 반대로, 역사의 '가운데'가 역사의 시작과 끝을 규정한다고 한다. 역사는, '역사의 **가운데**'가 성립되어 있다는 그 사실에 의해서만 성립되어 geconstitueerd 있고, 역사의 이 '가운데'가 스스로를 그렇게 알린 사실에 의해서만 성립되어 있다고 한다.

그러나 여기서도 성경의 구도는 허물어진다.

틸리히에 따르자면, 어쨌든 세계사의 시작은 저 **특정한** bepaalde 일, 저 **특정한** 사건이다. 이 사건 안에서 (일단 나중에 더 다루어도 되는 의미는 차치하자면) 저 특정한 '**움직임**'의 **개입**이 **보이게**(!) 되고, 이를 위해 역사의 가운데는 스스로를 그렇게 성립시켰다. 그리고 역사의 **끝**은, 틸리히에 따르면, 이 가운데에 의해 규정되고 bepaalde 그 안에서 자신의 토대를 원리적 차원에서 찾는,

---

33. 역주) '계시되지 않은 것 없이 충분하다'는 adaequaat을 풀어 번역한 것이다. 이 말은 (라틴어) 어원으로 보면 '나란히 놓을 만한' 정도의 뜻을 가지고 있다. 계시가 adaequaat하다는 뜻은, 알려진 하나님 지식과 하나님 지식 전체가 같다, 하나님 지식 중 계시되지 않은 것이 없다는 뜻이다. 개혁파 신학은 이런 주장을 부인한다는 말이다.

모든 사건의 목적이다. 그는 계속 이어가길, 따라서, 시간 안 어떤 것이 어쨌든 객체적objectief으로 시작될 수 있는 그런 시작을 시간 안 어느 한 시점으로 **개념화하는 것**은 **맞지 않다**고 한다. 또한, 세계의 **목적**을, 어떤 특정한 **시점**時點에 어떤 식으로든 갑자기 등장할 '마지막 파국'이라는 식으로 생각하는 것 **역시 맞지 않다**고 한다. 우리는 앞으로는 세계의 이 **시작**에 대해서는 더 이상 논하지 않으려 한다. 우리는 우리 주제에 머물 것이며, 틸리히가 역사의 마지막에 대해 무엇이라 말하고 있는지에 주의하려 한다. 우리가 묻고자 하는 것은 이렇다. 틸리히는 이 이론에서 **여전히 역사에** 속한 어느 한 시점에 일어나는 **최후의 심판**을 포기한 것 아닌가? 따라서, 칼빈이 계속 가르친 바, 최후의 심판은 영원한 하늘의 영원한 문들을 열쇠로 여는 행위와 **연결되어 있다**는 견해를 포기한 것 아닌가? 개혁주의 신학은 이제까지 이 견해들을 따라 이 연결을 설교해왔다. 틸리히는 역사의 **끝**을 어떤 '초월적인' 것으로 만들었다. 다른 말로 하면, 그것은 **더 이상 역사 자체에** 속한 것이 **아니라**는 뜻이다. 이러한 견해는 물론, 틸리히의 다른 다양한 근본적 관점에 결부되어 있다. 즉, 역사의 '의미'에 반하는 행위het tegen-den-'zin'-der-historie-ingaan라도 필연적으로 역사의 본질에 속한 어떤 것일 수밖에 없다는 그의 견해에 결부되어 있으며, **'자유'**에 대한 그의 잘못된 개념에도 결부되어 있다. 현재 논의에서 너무 멀리까지 나가는 것이기에 이 자유에 대해서는 지금 더 이상 논의하지는 않겠다. 우리는 단지, (인간적) **자유**에 대한 틸리히의 개념 역시, '의義의 상태'가 **역사의 처음 기간**임을 포기해야 하며, 따라서 아담-그리스도-마지막 날이라는 구도도 허물어뜨릴 수밖에 없다는 사실만 지적하고 넘어가겠다.

h. 틸리히가 스스로 **'태초론'**protologie, 처음/태초에 대한 이론 그리고 **'종말론'**마지막/종말에 대한 이론이라 부르는 이론에서 개혁주의 신학과 경계선을 긋고 있다는 사실도 이제 명확해진다. 우리는 여기서 이 '태초론'을 본격적으로 논의하

지는 않겠다. 이 이론은 다음의 질문에 대해 답하려는 시도다. 세상의 개시를 어떻게 생각해야 할까, 혹 그것 **대신**에 다른 것을 제시할 수도 있지 않을까.[34] 우리가 이 질문에 대해 더 폭넓고 자세하게 다루는 것은 우리 논의 밖으로 너무 멀리 벗어난 것이 된다. 그러나 종말론에 대한 틸리히의 견해에 나타나는 특징은 그의 종말론에서는 'ta eschata', 즉, 마지막 **것들(일들)**을 다루는 것이 아니라(이전 종말론은 그러했다. 위 논의를 참조하라) 단지 'to eschaton' 마지막 것에 대해서만 말한다는 것이다. 즉, 마지막 것들(일들)이 아니라 **최종적인 것**, 결단과 성취에 이른 것이다. 틸리히의 종말론은 **마지막 일들**에 대한 것, 사람들이 날들의 마지막에 반드시 겪으리라 표상하는 **사건들**에 대한 것이 아니라, 단지 사건 발생에 대한 보편적 **'의미'**에 대한 것이다. 역사적으로 발생한 사건이 다른 것으로 향하고 그것으로 이동하며 그것이 나아가는 쪽으로 움직이는 한, 모든 사건은, 모든 역사는, '에스카톤'으로 향한다. 이 종말 자체는 사건이 아니라 단지 초월적인, 다른 말로 하면, **이 세계 위로** 그리고 **이 역사 위로 나가는**úitgaande, 사건의 '의미'일 뿐이다. 사건의 초월성은 그것의 목적의 초월성과 궤를 같이 한다. 이런 식으로 의미는 모든 사건을 '지탱한다 draagt.' 틸리히가 방금 '지탱한다'라는 단어로 의도한 바는 우리가 이미 이야기한, 모든 사건의 '츠바이도이티히함'을 상기하면 명확해진다. 그의 견해에 따르면 모든 사건은 자신 안에 고갈되지 않는 **'의미'**를 갖고 있다. 그러나 동시에, **무의미함**이라는 무저갱으로 무너져 내릴 위험, 무_無 안으로 가라앉아버릴 위험 또한 갖고 있다. 이렇게 역사의 '의미'는 스스로를 역사 **안**에서 실현시키지 못하고 단지 역사를 '지탱할' 뿐인 것이다. 자기 쪽에서 보면 모든 사건

---

34. 오해를 막기 위해 첨언하자면, 방금 언급된 것은 틸리히의 견해에 부합하는 것이다(앞의 내용에서 짐작할 수 있듯이). 태초론은 존재를, 종말론은 생성을 목적으로 한다.

을 지탱하고 있는 이러한 역사의 의미는, 모든 사건의 초월성은 이제 소위 저 '에스카톤', 저 최종적인 사건, 저 규정하는 것이 된다. 'Im Eschaton hat das Geschehen seinen transzendenten Ort최종적인 것 안에서 사건은 자신의 초월적인 자리를 가진다.'

우리는 여기서도 개혁주의 신학에 맞서는 입장이 선택됐음을 느끼게 된다. 역사 의미geschiedenis-zin라는 것이 실로 초월적인 것이고 소위 최종적인 것으로서 역사 밖에 놓인 것이라면 이제 그 최종적인 것은 창조 안에서 재창조를 **통해** 가능하게 된 **전개**일 수는 결코 없게 된다. 개혁주의 신앙고백에 따르자면, 이 전개는 창조 시작 때부터 이미 창조 자체 안에 주어져 있었다. 방금 문장에서(위를 참조하라) 개혁주의 신앙을 고백하는 사람도 창조에 근거한 전개를 말한다. 그러나 틸리히 말에 따르면, 전개 안에서 어떤 일이 **일어난다**gebeurt는 사실은 '**전개**' 개념 안에 여전히 절대로 포함되지 않는다. 마찬가지로, 일어남/사건het geschieden 안에서 어떤 것을 전개하는 일 역시, '일어남/사건' 개념 안에 포함되지 않는다. 바로 이 최종적인 것에 마주하므로 모든 역사는 **본래 전**前**역사**vóór-geschiedenis다. **본래** 일어나는 것은 여전히 '우리' 역사의 **배후에** 놓여 있다. 그리고 최종적인 것은 초월적이므로 새로운 현실 형상werkelijkheidsvorm이 될 수 없다. 그렇다면 그것은[35] 날들의 마지막에 스스로 서게 될 것이다. 시간적-역사적 의미에서 '역사의 끝'이라는 개념은, 틸리히에 따르면, **불가능한** 개념이다. 우리는 이 개념을 가지고 작업할 수 없다. 또, 이 개념을 성립시켜서도 안 된다. 틸리히는 그 이유를, 역사의 그러한 끝은 진짜로 끝이 되지 못하고 역사의 노선에서 갑자기, 급격하게 **단절**斷絕, verbreking되고 **절단**切斷, afbreking되는 것이기 때문이라고 말하고 있다. 역사의 노선뿐 아니라

---

35. 역주) 여기서 '그것(welke)'은 문법 및 문맥으로 볼 때 '역사'를 가리키는 듯하다.

시간의 노선에서 절단된다는 생각은 그 자체가 시간에 의해 규정되는 생각이며, 따라서 스스로를 지양한다. 각각의 사건의 끝이 놓여 있는 곳은 '에스카톤 안에 있는 상태staat in het eschaton'이다. 우리가 신뢰하고 있는 의미로서의 '**마지막 파국**', 여기서의 '에스카톤', 이것은 틸리히에게는 그저 **신화적인** 개념일 뿐이다. 틸리히 주장의 이 지점에서도 **최후 심판날**에 대한 개혁주의적 구도 constructie는, 그의 개념을 따르게 되면 돌이킬 수 없이 제거된다. 이미 자주 언급된 다른 개혁주의적 구도의 결과들 역시 여기서 당연히 개혁주의 신학자들의 손을 떠나게 된다.

따라서 틸리히는 자기를 파울 알트하우스 및 칼 바르트와 **부정적으로** negatief 연관 짓는다. 왜냐하면 이 두 사람에게도, 우리가 이미 언급했듯이, **마지막 날**의 '파국', 소위 '마지막 장관'이 있기 때문이다. 신앙고백적 기독교가 자기들 신앙 내용을 바탕으로 지금 아직도 이것을 설교야 하고 있다 하더라도, 적어도 학문적 의미로는 그것은 제거되었다는 것이다. 틸리히는 신약성경이 세상의 마지막에 대해 제공하는 **신화**에 대해 조금도 주저하지 않고 말한다. 그는 이 신화에 진리에 대한 어떠한 객관적 권위도 부여하기를 거부한다. 그는 몸이 부활한다는 기독교 교리뿐 아니라 윤회가 반복된다는 비기독교 교리도 전부 거부한다. 우리는 후자인 비기독교 교리에 대해서는 지금 더 이상 말하지 않으려 한다. 틸리히는 전자에 대해서 흥미를 잃었는데, 왜냐하면 전자는 어떤 특정한 **사건** 안에서 어떤 특정한 **순간** 발생하는, 결정적 '엔트샤이둥'이 **시간 안에서** 일어날 수 있다는 생각에서 출발하기 때문이다. 우리가 이미 위에서 본 바대로 틸리히는 이런 것을 불가능하다고 간주한다.

사정이 이러할진대, 틸리히는, 죽음 이후 상태에 대한 질문들을 기독교 종말론에 포함시키지 **말아야** 한다고 보고 있다. 이것은 부정적인negatieve 것에 대한 것이다.

긍정 실증적인positieve 것에 대해서도 말해 보자면, 틸리히는 개념으로서의 에스카톤에서 두 가지 계기를 보고 있다. 첫째, '엔트샤이둥'. 우리는 이미 이 단어에 대한 해명을 시도했다. 둘째, '성취vervulling.' 에스카톤은 우선적으로 엔트샤이둥의 상태에 도달하는 것이다. 그러므로 이 엔트샤이둥 안에서, 다른 말로 하면 원리적으로 그리고 결정적으로 어떤 특정한 **선회**가 삶에서 일어난 것이며, 이제 '아인도이티히'하게 일어난 것이다. 그리고 이 일에 **함께 성취된** 것이 그것의 완성에 이른 것이다. '에스카톤'의 이 두 '계기들' 중 첫째 것, 다른 말로 하면 '엔트샤이둥'은 **심판**gericht이라는 용어와 나란히 간다. 이 단어 '심판'은 변증법적 신학을 말할 때 특정 맥락에서 쓰이는 것인데, 우리는 이 맥락을 이미 알고 있다. 즉, 이 '심판'은 개혁주의적 견해인 **최후심판, 마지막 날, 마지막 판결**과는 같지 않다. 그것은 모든 사건이 일어나는 **특징적인 방식**인데, '엔트샤이둥'**과 함께**, 엔트샤이둥 **안에서** 일어남이다. 틸리히에게 최후심판은 소위 에스카톤을 포함하는 '엔트샤이둥함Entschiedenheit' 안에, 즉, 결정에 이르러 **있음**het tot beslissing-gekomen-zijn 안에 있다. 이것은 역사의 과정을 통해 스스로 제출된다. 그러므로 이것은 정통 기독교가 지금까지 기다리고 있는 마지막 파국과 **아무 관련이 없다.** '에스카톤'의 이 두 계기들 중 **둘째** 것, 즉, 저 성취, 숙성, 총괄 사상은 그러므로 **하나님의 나라** 개념과 나란히 나아간다. 왜냐하면 틸리히에게 '하나님의 나라'는 칼빈주의자의 그것과는 달리, '여기' 그리고 '지금,' **우리 역사** 안에서 성취되고 건설되는 나라가 아니라, 의미와 함께하고 의미가 충만하며 의미가 탑재된 그런 존재를 성취하고 실현시키기 위해 **우리 역사 위로** 나가는 자리, 즉 초월적 '오르트Ort, 자리'다.

i. 이제까지의 내용으로 볼 때 틸리히는 실제로, 모든 지점에서 원리적 차원에서 **변증법적** 신학과 스스로를 구별지으려 한 것 같아 보인다. 또한 **개혁주의** 신학과도 구별되려 했다. 핵심적인 부분에서 틸리히는 소위 **종교적 휴머니**

스트로 머물고(곧 논할 내용인) 레싱의 철학 그리고 소위 **계몽주의** 철학과 친연성을 보이고 있다. 이것이 현저하게 드러나는 곳이 바로 '레싱 그리고 인류의 양육이라는 사상'이라는 그의 에세이다.[36] 레싱은 '인류의 양육에 관하여'라는 그의 글에서 다양한 종교들은 상승하는 일련의 **전개 과정** 중에 있다고 묘사한다. 그런 뒤 레싱은 (그가 속한 시대가 계몽주의로 특징된다는 사실에 비추어볼 때 특이하게도) 이 **진화** 사상을 소위 **계시 신앙**에 결부시킨다. 계시를 부인하는 이성주의에 맞서 레싱이 지속적으로 옹호하고자하는 것이 바로 이 계시 신앙이다. 그러나 동시에 그는 계시를 문자적으로 믿는 초자연주의에 맞서 다른 **내용**을 제시했다. 레싱은 초자연주의를 하나님이 **영원한** 진리들을 '이미 다' 계시하셨을 것이라 여기는 어리석음이라 부른다. 하나님은 단지 '**우연적**偶然的·**우유적**偶有的' 진리들만 제공하셨고, 이 진리들 안에 영원한 진리들이 **숨겨져** 있다. 양육자가 자기 자녀에게 행하는 것처럼 그렇게 하나님은 인류를 대하셨다. 하나님은 처음부터 충만한 진리를 말씀하신 게 아니라, 단계적 전개 안에서, 역시나 단계적인 방식으로 높아지는, 인간의 수용 가능성에 당신의 계시를 맞추셨다. 동시에 하나님은 인간이 지금보다 더 스스로를 전개하여 더 높은 차원의 계시를 받아서 수용할 수 있는 수단을 계시를 통해 인간의 손에 주셨다. '종교적 기록물들'은, 레싱의 표현에 따르자면, 단지 '**기초적인**' 문서들일 뿐이다. 이들은 그저 **기초적** 지식만 제공한다. 이 문서들이 '전달하는 보도報道들'은 완결된 '진리들'을 '이미 다', 완결되게 통지한 것이 아니다. 다만 이 기초적 문서들은 영원한 진리들에 대한 **조짐들**兆朕, aanduidingen로 가득 차있다. 이 **조짐들**은 사람에게 그리고 인류에 영원한 진리들에 접근하고

---

36. 'Lessing und die Idee einer Erziehung des Menschengeschlechts' (1929). 이후 출판된 P. Tillich, *Begegnungen. Gesammelte Werke*, Bd 12 (Göttingen 1959), 97-111에 수록되어 있다.

그들을 짐작할 수 있도록 더 나아갈 수 있는 기회를 제공한다. 이런 식으로 구약성경은 아름답게 시작했지만 신약성경에 더 높은 계획이 존재한다. 이 계획은 특히 요한복음에서 볼 수 있는데, **저쪽**, 미래에 임할 소위 '**제 3의 복음**'을 가리키는 것이다. **영원한** 복음은 결국, 하나님의 양육하시는 활동의 연장延長 안에서 드러난다.

레싱은 이런 방식을 따라 신비주의적이고 사변적인 방향으로 교리들을 변형시키는 작업을 시도했다. 틸리히의 견해에서 전형적인 것은 그가 레싱의 이러한 사상들을 자신이 고백한 '기독교 인문주의'의 표현 형태로 간주한다는 사실이다. 틸리히가 옳게 말한 바, **인문주의**의 대전제는 인간은 결국 **자신의(자신이라는)** 토대 위에 자리 잡고 있다는 것이다. 이제 틸리히는 레싱을 본받아, 바로 이 **인문주의**에다 스스로를 전개시키고 있는 계시라는 수단으로 인류가 양육된다는 사상을 결부시킨다. '양육'이라 함은, 본래대로 정확하게 말하면, 인류 자체인 것이다. 인류는 전개의 성숙도가 다소 차이나는 상태에 놓여 있으며, 이 성숙도의 차이는 다양한 민족들 간, 다양한 층위 간, 개인들 간 항상 지속적으로 존재한다. 더 나아가, 인류는 서로간의 연관성, 즉, 위에서 언급한 전개의 다양한 국면들이 상호간 쌍방향으로 간섭하고 있는 상태에 놓여 있다.

그러나 이 모든 진화 철학을 통해 '종교적' 휴머니스트인 틸리히는 **원리적 차원**에서 바르트와 대립하며, 또, 개혁주의 신학에도 대립한다. 왜냐하면 (개혁주의 신학에 머물고자 한다면) 칼빈주의는 인문주의와 원리적 차원에서 차이가 나기 때문이다.

이로써 우리는 알트하우스와 틸리히의 견해를 다 살펴보았다. 이 단락 처음에 우리는 이 두 신학자를 우리가 관심을 기울이는 절충이라는 표제 하에 전면에 등장시켰다. 그런데 이것이 곧 이 표제에 관련된 다른 어떤 이름도 더 이상 호명하지 않겠다는 뜻은 아니었다. 사실, 완벽을 기하기를 원했다면 우리는 더 많은 다른 사람들을 호명했을 것이다. 우리는 여기서 특히 스웨덴의 교수 구스타프 아울렌Gustav Aulén이라는[37] 신학자를 떠올리게 된다. 그러나 그에 대해 전폭적으로 논하지는 않으려 한다. 이에는 합당한 이유가 있다. 이 책의 기획에 비해 너무 광범위하게 논의하게 될 것이기 때문이다. 이에 더해 우리가 믿기로는, 이 제2장에 속한 앞에 논의한 단락들에 등장했고 방금 마지막 단락에서도 간략하게 지적했던 여러 상이한 문제 제기들을 통해 마지막 시기에 대한 원래 질문들의 핵심이 어느 정도 드러났으리라는 것이다. 독자들이 지금까지 논의를 잘 따라왔다면 말이다.

아울렌에 대해서는 다음의 언급 정도만 하고 마무리하려 한다. 그도 역시, 의義의 상태, 죄로 인한 타락이 역사상 어느 시기 혹은 역사 **안에서** 일어난 일임을 원리적 차원에서 기각해야하는 역사관을 신봉한다. 또, 그는 우리가 보기에 수용 불가능한 개념인 '크레아티오 콘티누아creatio continua', 즉 **'계속되는 창조'**를 도입했다. 창조 **신앙**은 (아울렌에 따르면) 세상의 시작과 생겨남에 어떤 이론理論도 제공하지 않는다. 그의 견해는, 하나님이 세상의 창조주 자격이 있다고 하는 **신앙** 언도geloofsuitspraak는 단지 '**종교적**' 가치만 가질 뿐이라는 것이다. 이런 내용에 반대하는 칼빈주의자들의 견해는, 신앙 언도가 모든 생각을, 학문적인 생각들 역시 다스려야한다는 것이다. 아울렌에 따르면 창조는 (**학문적인** 의미에서 말하자면) 지속적으로 전진하고 있다. 창조는 단회적 **사건**이 아니라 단절 없이 계속 진행되는 것이다.

이러한 문제들을 계속 더는 다루지 않고 우리는 이제 다음과 같은 결론을 내리고자 한다. 아울렌에게서도 성경적 구도, 즉 이 책이 출발하고자 하는 구

---

37. Gustav Aulén (1879-1977). 스웨덴 루터란 신학자, 주교, 작곡가. 1930년에 웁살라대학에서 화해에 대한 강의, *Christus Victor*를 출간한 것을 계기로 명성을 얻었다. 네덜란드어 번역본인 *De christelijke verzoeningsgedachte* (Amsterdam 1931) 역시 스킬더의 서재에 있었다.

도인 첫 아담, 둘째 아담, 재림, 완성, 그리고 이후에 **이 모든 것과 실제 관계를 갖는** 지옥과 하늘이라는 구도가 허물어져 있다.

§6. 우리의 입장과 결론

우리는 이제 위에서 논의했던 견해들에 맞서 우리 자신의 입장을 규정하려 하는데, 명확함을 기하기 위해 우선적으로 다음을 상기하려 한다. 이미 언급한 이유들로 인해 우리는 알트하우스와 틸리히의 견해를 묘사하면서 반복적으로, 그들의 생각에 맞서 곧바로 개혁주의 신학의 입장을 제시했다. 그들에 맞서 개혁주의 신앙고백을 옹호하기도 했다. 따라서 그들 견해의 세부적인 사항에 관해서는 우리 자신의 입장을 개진하지 않아도 될 것 같다.

그래도 우리에게 여전히 남은 일이 있다면, **일반적인 질문들**에 대해 좀 더 발언하는 것이다. 이 질문들은 변증법적 신학의 문제 설정, 그리고 알트하우스와 틸리히가 근본적인 과제로 삼은 중재 시도들의 문제 설정의 배후 전체에 해당된다. 이어서 우리는 이 질문들과 관련하여 다음의 사항들을 지적하고자 한다.

a. 헤겔을 실제로 거부 de feitelijke afwijzing 하기 위해 키르케고르와 바르트에 전적으로 동의해야 한다고 굳이 주장할 필요는 없다. 개혁주의 신앙을 고백하는 사람들로서 우리는 헤겔에 맞서 다음처럼 견해를 제시한다. 하나님과 사람은 결코 서로 안으로, 서로를 넘어 유출되지 않으며, 그래서 결코 더 높은 차원의 진테제로 함께 지양되지 않는다. 하나님과 피조물 사이의 경계는 우리가 결코 넘어설 수 없는 것이다. 우리는 말할 것도 없고, 심지어 하나님 자신조차도 그 경계를 결코 지워버릴 수 없다. 자기 자신을 인식하기 위해, 자신을 의

식하기 위해, 혹은 자신을 객체화(객관화)하기 위해 하나님이 굳이 세상을 '필요'로 하지는 않으신다. 왜냐하면 (삼위일체 교리를 상기해 보라) 하나님은 영원 전부터 완전히 자족하시는 분이기 때문이다. 성경이 우리에게 가르쳐주듯 '하나님은 어떤 것도, 어떤 사람도 필요치 않는 분이시고, 자신의 피조물에 대해 언제나 독립적 존재로 계신다. 우리는 하나님과 자연이 테제와 안티테제로서 더 높은 차원의 진테제로 넘쳐 흘러들어간다는 주장을 용납할 수 없다. 이 '흘러넘침'이야말로 심각한 오개념誤槪念이며, 범신론적 구도에서만 유지될 수 있는 입론立論이다.

   b. 그럼에도 우리는 키르케고르의, 그리고 그의 발자취를 따르는 변증법적 신학의 이전 그룹 전체의 철학 및 신학을 가능한 만큼 강하게 계속 반박하는 것을 멈추어서는 안 된다. 이 철학과 신학은 계속 자라 가는 진테제라는 헤겔의 관념에 맞서, 극복할 수 없는 안티테제라는 자신의 공리公理를 제시했다. 이 지점 역시도 우리가 이 철학과 신학을 반박할 때 제외하지 말아야 한다. 우리는, 모든 사건(일어남)을 특징 짓고 묶어내는, 하나님과 영원에 맞서 있는 안티테제적 관계를 믿지 않는다. 왜냐하면 역사의 시작에는 그러한 안티테제가 존재하지 않기 때문이다. **구별**onderscheid이 꼭 **대립**tégenstelling은 아닌 것이다. (하나님과 그분의 피조물 사이의) 영원한 구별이 영원 안에서 안티테제로 **화하는** 것은 아니다. 성경에 따르면, 세상의 처음에, 역사 범위 안으로 그리고 역사 범위 너머 하나님은 명백한 유디키움iudicium 판결을 말씀하셨고 우리는 이 판결에 우리의 생각을 복속시킨다. '하나님이 **지으신** 그 모든 것을 보시니 보시기에 심히 **좋았더라.**' 그것은 '**지으신**' 것이었다. 여기에 지으신 이와 지어진 것 사이의 **구별**이 확정되어 있다. 그러나 그것은 매우 좋았다. 여기서 구별은 **안티테제로서의** 구별임이 부인된다. **이 이후로** 역사 안에 안티테제가 드러났고 피조된 세상 안에 하나님의 의지에 힘입어 안티테제에 대한 가능성이 주어

지기는 했다. 그러나 이 사실이, 피조되었**기에**, 끝이 있**기에** 세상은 하나님께 맞서 **안티**테제적으로 존재한다는 내용을 필수로 포함하지는 **않는다**. 우리가 의도하는 바를 잘 이해해야 한다. 우리는 지금 죄로 인한 타락을 염두에 두고 있다. 이것은 세상 창조 **이후에**, 역사가 이미 일정 부분 진행이 된 **이후에** 들어온 것이다. 하나님은 세상에다 죄를 지을 **가능성**을, 그러므로 안티테제의 가능성을 두셨다. 그러나 그가 세상에 두신 것이 안티테제의 **현실/실현**은 아니다. 여기서 우리가 하나님과 **자연**, 하나님과 **역사**, 하나님과 **피조물** 사이의 안티테제를 받아들이지 않는다는 사실이 도출된다. 왜냐하면 자연과 하나님, 또 자연과 은혜 사이에는 어떤 대립도 존재하지 않기 때문이다. 대립은 다른 데에 있다. **죄**와 은혜, **죄**와 하나님, **죄**와 하나님의 말씀, 한편으로는 **부패한**(실제 부패했을 때만 해당된다) 본성과 하나님께 속한 **흠없고** 정결한 하늘 사이에 있는 것이다. 이러한 원리가 모든 것의 기준이 된다.

c. 그러므로 '**하나님은 하늘에 계시고 너는 땅에 있음이니라**'를 모토로 삼아 작업하는 것 역시 우리는 받아들일 수 없다. 우리는 이 말씀을 무력화하려는 것이 아니다. 우리는 이 말씀을 우리가 역사관, 자연관, 세계관의 **근본** 원리들을 표명할 때 염두에 두기도 할 것이다. 그러나 우리는 이 말씀**만**, 다른 모든 말씀들을 젖혀두고 이 말씀만 염두에 두어 이 공리公理에 이후 **모든** 것이 의존하게 만드는 시도는 단호하게 **거절**한다. 왜냐하면 이 유명한 전도서 5:1 말씀은 성경의 많은 말씀 중 하나일 뿐이기 때문이다. 이미 이 말씀이 들어 있는 책이 우리에게 말하는 바는, 즉 전도서가 우리에게 지적하는 바는 차라리, **자신에게 내맡겨진 인간**은 자연과 역사와 철학에서 시작하여서는 하나님에 대한 참된 지식으로 결코 올라가지 못하지만, 순수한 **계시**, '**특별한**' 계시의 장소는 존재한다는 것이다. 그 장소가 바로 성전이다. 또, 구약성경의 마지막 즈음에 이 성전에는 **제단** 옆에 **강**단도 나타났다. 거기서 사람들은 (자연신학 부

류에서 그렇게 하듯이) 인간이 하나님에 대해 인간적인 '**마감 발언**' 가운데 아래로부터 위로 내리는 결론이 아니라 하나님이 당신의 '**개시 발언**' 가운데 위로부터 권위를 가지고 우리에게 알리시는 말씀을 '**들을**' 수 있었다. 전도서는, 자신에게 맡겨진 채 '마감' 발언을 찾을 수 없는 인간의 곤고함에 대해 탄식하고 있다. 그러나 전도서는 곧바로 환호하는데, 특히 방금 인용한 성전에 대한 구절에서 그러하다. 여기서 우리는 계시의 힘에 대해서 '**들을**' 수 있다. 전도서는 모든 소위 '자연신학'의 교만을 부수면서 신앙인의 마음을 하나님에 대한 **계시된** 지식을 향하도록 한다. 인간의 열매 없는 '마감 발언'에 맞서 이 지식은, 결실하게 하고 마음을 열게 하는 하나님의 '**개시 발언**'으로 우리에게 발언한다. '개시' 발언? 그렇다. 왜냐하면 이 발언은 모든 것의 개시, 즉 아르케 archê 태초이신 분에게서 나오고, 이분은 바로 하나님이기 때문이다. 하나님, 자세히 말하자면, 로고스 안에, 말씀 안에 계시는 하나님이 바로 이 아르케이다. 전도서가 구약성경의 마지막 부분에서 자기 임의로 작성한 인간의 마감 발언의 무력함에 목소리를 높인다면, 이에 맞서 신약성경의 처음 부분에서는 요한복음의 서장이 권능의 소식을 알려주고 있다. 태초에, 아르케 안에 말씀이 계시니라. 이 말씀이 하나님과 함께 계셨으니 이 말씀은 곧 하나님이시라. 그가 태초에 하나님과 함께 계셨고 만물이 그로 말미암아 지은 바 되었으니 지은 것이 하나도 그가 없이는 된 것이 없느니라. 그 안에 생명이 있었으니 이 생명은 사람들의 빛이라. 말씀이 육신이 되어 우리 가운데 거하시매 우리가 역사의 연속체continuum 안에서 그의 영광을 보니, 아버지의 독생자의 영광이요 은혜와 진리가 충만하더라. 말씀이 육신이 되어 우리 가운데 거하셨다. 하나님을 본 사람이 없다. 자기 자신으로부터도, 역사로부터도, 자연으로부터도 하나님을 결론으로서 이끌어낸 사람이 없다. 그러나 아버지의 품속에 있는 그 독생자가, 오셔서 요한의 가슴에 기대 누웠던 그 독생자가 하나님을 우리에게 '**나**

타내셨다(**해명하셨다**).'³⁸ 성경은 여기서 말씀이 육신이 되는 것에 모든 열매 없는 사변을 대립시키고 있다. 이 사변들은 구약성경에서 탈맥락화된, 다음의 구절에서 모든 것을 차용한다. '하나님은 하늘에 계시고 너는 땅에 있음이니라.' 여기 **거하신** 이도 로고스요, 여기 **나타내신** 이도 로고스다. 그러므로 그는 하나님의 영광과 함께 역사에 **실재**하셨으며, 역사 안에서 우리에게 하나님에 대한 순수한 해명을 부여하시기도 하셨다.

이미 논한 모든 견해들, 키르케고르부터 시작해서 바르트, 알트하우스, 틸리히, 그리고 아울렌에 이르기까지의 견해들에, 예수로서의 그리스도께 그리고 그리스도로서의 예수께 돌려야하는 영광이 부족하다는 사실은 놀랄 만한 일이 되지 못한다. 키에크케고르가 이렇게 설명하는 것을 우리는 들었다. 즉, 지나간 1800년은 높아지신 그리스도와 아무 관계가 없다고. 우리는 말한다. 그분은 그 기간의 모든 것과 관계있는 분이시다. 이 기간이 없었다면 그리스도의 높아지심은 단지 상상속의 생각일 뿐이다. 이 높아지심 역시, 그리스도께서 땅에서 생활하신 33년의 공생애 기간과 관계 맺고 있는 그분의 **낮아지심**과 관계 맺고 있다. 또 이 높아지심은 유월절과 승천 사이 시기에 일어나기도 한 일이지만, 그 이후에도 반복적으로 우리 인간 역사의 틀 **안에** 자리 잡아왔다.

d. 그러므로 말씀의 성육신 신앙에 대한 입장을 정할 때 우리는 첫 아담과 둘째 아담의 관련성에 대해서 키르케고르 그리고 그 외의 사람들이 계속 내놓은 견해와 그 아류들을 거절해야만 한다. 역사의 **처음**과 **끝**과 **가운데**에 대해 무엇을 생각할 수는 있을까 하는 문제는 계속해서 커다란 의문처럼 보였다. 그러나 우리는 세계의 시작에 관련하여 창세기 1~3장에서 이야기하고 있는 내용의 역사성을 받아들여야 한다. 우리는 성경의 어떤 페이지도 창세기 1~3

---

38. 요 1:1-18을 참고하라.

장에서 분리시킬 수 없다. 왜냐하면 성경의 모든 페이지는 이 세 장의 연장선 상에 **놓여** 있으며, 또한 모든 것을 이 연장선 상에 **두기** 때문이다. 그래서 우리도 그렇게 한다. 왜냐하면 그렇게 하지 않으면 우리가 향하여 가고 있는 세상은 그리고 하늘은 **두** 번째 '세계', 즉 **다른** '세계'가 될 것이기 때문이다. 이런 '세계'는 우리가 속한 창조와 아무 관련이 없다. 그러나 우리는 결코 하나님의 **두** 번째 창조를 믿지 않는다. 우리는 하나님이 **첫** 창조를 자신에게로 되 이끄신다고 믿는다. 이에는 물론 위로부터 이 세계로 **들어**올 수 있는 능력이 필요했고 여전히 필요하다. 이 능력은 하나님의 깊은 부성애로부터 어떤 의지, 어떤 에너지를 몰고 나왔다. 하나님의 부성애를 위해 이 의지, 에너지는 첫 번째 시동을 걸고 첫 번째 세계 시대를 지나가며 밖으로 등장하였다. 하나님은 그분의 아들이 이 세계 안에 들어오게 하셨지만 동시에 그가 사람의 '모양으로' 태어나게 하셨다. 이렇게 하나님이 직접 우리와의 연속성 안으로 오셨다. 위에서 논한 신학자들이 공교회적 신조인 사도신경 12항목 내용 중 말씀의 성육신 항목, 그리고 소위 동정녀 탄생 항목을 계속해서 찢어내려 하는 것은 별로 놀랄 만한 일이 아니다. 이러하기에 이제, 하나님의 아들은 물론 위로부터 임하지만, 이후 여기 밑에 거하는 우리 모두와 **동행**하신다. 이는 하나님의 말씀에도, 하나님의 계시에도, 성령님으로 말미암은 사람의 거듭남에도 해당된다. 다시 한번 도르트신경을 상기하라. 하늘을 '하나님의 세계'로 보기 원하면서도 하나님의 세계를 전적으로 다른 세계라고 여기는 사람은 이미 이로써 그리스도의 성육신, 새 창조로서의 거듭남의 교리, 또, 고대 교회가 승인하고 이단에 대항하여 유지해왔던 계시의 근본 원리들을 제대로 원리에 부합하게 다루지 않는 것이다. 하나는 다른 하나에 불가분하게 연결되어 있다.

e. 우리가 위에서 보았듯이, 사람들은 '마지막 파국', 어떤 특정한 '날'에(따라서 어떤 시절에) 역사를 결정하고 결판낼 최후의 심판에 대한 저 불쾌하게

하는 교리를 계속 언급한다. 그리고 우리에게 묻는다. 만약 당신 견해대로 파국이 죄가 가득찬 세상에서 죄가 없는 하늘로 우리를 인도하는 것이라면 당신은 그런 파국을 어떻게 상상할 수 있는가? 우리는 또 다른 물음으로 이 물음에 답한다. 우리가 우리 차례에 물으려는 질문은 다음과 같다. 당신은 의義의 상태를 믿지 않는가? 만약 당신이 믿지 않는다고 한다면, 당신과 우리 사이에는 **성경**이 놓여 있다. 그러나 **믿는다고** 대답한다면, 실제로 당신은, '첫 세상', 즉 죄 없는 맨 처음 의義의 상태 가운데 있는 세상이 '파국' **없이**, 즉, 어느 순간, 급격하고 기적적인 변화 없이 언젠가 완전함에, 완전**성**에, 이를 수도 있었으리라는 견해인가? 우리가 이 현재 세상이, 어느 순간, 그리스도 안에 계시는 하나님의 '쪼개고 들어오는' 침입과 '쪼개고 들어오는' 이적을 통해 급격하고 기적적으로 '마지막 날'에 변화하게 될 것이라고 믿듯이 말이다. 만약 심히 죄악된 **이** 세계가 급격한 파국을 통해 하늘, 즉 '하나님의 세계'로 인도된다는 사실이 누군가에게 경악스러운 테제로 보인다면 그를 실족하게 하는 이 걸림돌은 '첫' 세상의 구조 안에도, 태초 세상의 구조 안에도 반드시 놓여 있다. 우리는 여기서 공상을 두려워하며, 또 공상에서 뻗어나오는 망상을 두려워한다. 그러나 다른 한편으로 우리는 다음과 같이 믿는다. 성경에서 그 계시 내용으로서 도출해낼 수 있는 모든 것은 그 내용의 모든 결과 내에서 참이기도 해야 하며, 그 결과들에 이르기까지 우리에게 허용된다. 이제 이러한 전제 조건 하에서 우리는 다음을 지적하려 한다. 개혁주의 신앙인에게 벽처럼 확고하게 서 있는 것은, 다름 아닌 '파국', '마지막 장관'을 통하여 첫 세상 그리고 첫 인류 역시, 즉 낙원의 인류, 행위언약의 인류 역시, 복락과 완전성에, 그리고 행위언약 안에서 약속된 하나님의 말씀으로써 인류에게 희망을 주는 성숙함에 이를

수 있었으리라는 것.[39]

f. 이 문제에 개방적인 시각을 유지하기 위해 고려해야할 점은 다음과 같다. 위에서 밝힌 견해에 따르면 위에 있는 세상은 피조물에 속하긴 하지만 '제2의tweede' 창조는 될 수 없다는 것이다. 그럼에도 그 세상은 새롭게 되고 정화淨化되어 완성된 창조다. 이 창조가 새로운 것, 즉, 별개의 피조물 혹은 첫 창조 계획을 포기한 뒤 세운 새로운 계획에 따른 창조일 수는 없으므로, 하늘이라는 이 새로운 세상에서 근본적이고 구성적이며 규정적인 모든 것도 태초의 세상에 속한 계획 안에 이미 포함되어 있다. 조금 더 나가보자. 우리는 그리스도와 바울의 말씀에서 하늘에서는 결혼과 섭식, 이 두 가지의 일이 더 이상 없으리라는 것을 알고 있다. 그러므로 더 이상 성욕sexualiteit도 없고, 고로 증식vegetatie도 없을 것이다. 만일 이 사실이 우리에게 **계시되지** 않았다면, 우리는 스스로의 '관찰'로, 스스로의 '역사철학'으로, '자연 법칙들'에 대해 스스로 개념을 형성하는 것으로 쉽게 넘어갔을 것이다. 그리고 이렇게 말할 것이다. 성욕sexualiteit과 증식vegetatie 등은 신체 안에 존재하는 우리 인간성에 **속하는** 것들이다. 우리는 이것에서 결코 벗어날 수 없다. 그럼에도 성경은 이렇게 말한다. 사람은 곧, 신체를 가지고 있으면서도 더 이상 결혼하지는 않는 상태가 될 것이다. 더 이상 먹지도 않을 것이다. '배와 음식은 폐하여지리라.' 또 거기서 사람은 '하나님의 천사' 같을 것이다. 하나님의 제2의 계획에 따라 제2의 세계가 만들어짐을 부인함으로써 우리는 이제 다음과 같이 결론을 내리게 된다.

---

39. 스킬더의 Wat is de hel?, 229를 참고하라. "개혁주의 교의학은 다음을 믿는다. 만약 인간이 '의(義)의 상태'에 머물러 있었다면, 그의 생명의 실존이 다른 실존으로 넘어갈 계기가 생겼을 수도 있다는 것. 이것은 하나님의 자녀들이 누릴 장차 올 영광의 상태(혼인과 생식 등이 없다)에 대한 묘사를 통해 사후적으로 알 수 있다. 삶의 첫 번째 방식은 영구한 것이 아니다. 그러나 이 방식을 통해, 완전히 다른 존재 방식으로 넘어간다는 생각을 죽음으로 부르지 않게 되었다. 물론, 이러한 넘어감이 첫 번째 존재 방식을 끝낸다는 사실 자체는 의심의 여지가 없다."

만약 사람이 행위 언약을 순종하는 데에 계속 멈춰서서 머물렀**다면**, 그 사람은, '**사망**' 안에서 망하는 단절verbreking 없이도, 성적性的이고 증식하는 존재에서 성적이지도 증식하지도 않는 존재에 '이르렀을' 것이며, 그런 존재로 '넘어갔을' 것이다. 우리는 이제, 이러한 '넘어감'을, **급격**한 것, 다른 표현을 쓰기를 원한다면, 파국적인 것 말고는, '시간의 어느 순간'에 발생하는 넘어감 말고는 다른 것이라고 생각할 수 없다. 우리는 여기서, 유명한 가설인 '점진성의 노선을 따르는 전개ontwikkeling langs lijnen van geleidelijkheid'에(사람에게 천천히 작용하면서 **부분부분** 사라지다가 일순간 멈추어버리는 성욕sexualiteit에 관한 것) 도움을 청할 수 있을지도 모른다. 그러나 그 가설만으로 우리는 **거기 이를 수 없다**. 왜냐하면, 이 '부분부분'이 이미 **성욕**sexualiteit에 관한 이 가설의 힘을 무너뜨리고 있기 때문이다. 더 나아가 다음을 생각해보라. **증식**vegetatie에서 **비**非생장으로 넘어가는 것은 전적으로 다른 상태로 이동하는 것을 항상 의미한다는 것. 이것은 증식의 관점에서 보자면, 처음 존재하던 것의 **급격한 변화**에 의해서만 현실화될 수 있다. 나는 이를 굳이 급격한 **단절**verbrèken이라고 부르지는 않겠다. 다음을 또한 생각해보라. 사람들이 스스로 성욕sexualiteit과 증식 vegetatie을 생각하는 경우, 어떤 사람도 이 둘을 '따로 고립시켜' 생각할 수는 없다는 것. 이 둘은 실제 어떤 연계 안에서만, 성적性的이며 생장 활동을 하는 각 개인과 그의 환경 전체, 그의 '세계' 전체와의 연계 안에서만 나타날 수 있다. 그러면 우리가 말한 다음의 사실이 좀 더 명확해진다. 어떤 한 상태에서 다른 어떤 '상태'로 넘어가는 것은 '**파국**' **없이는 생각할 수 없다**는 것. **사람들이 이 단어에 멸망이나 교란의 뜻을 부가하지 않는다면**, 그리고 이 단어를 여기서는 단지, 어떤 '급격한' 힘이라는 의미로만, 초월적인 손에 의해 기존 것 '너머로' '옮겨진' '힘'이라는 의미로만 사용한다면(혹은, 불가항력, 위버메히티히카이트Uebermächtigkeit, 불가항력적임. 이것은 '**운베딩테** 마하트unbedingte Macht 무한정의 힘'이기도 하다), 다음의 사실이 분명해진다. 이미 태초의 세상에서부터 '창조를 토대로 하는 진화'가 존재했고, 그럼에도 저러한 '파국'이 없었기에 세상이 완성에는 이르지 못했다는 것.

바울이 고린도전서에서[40] 말한 '시간의 어느 순간', 그것은 성적이고 생식하는 생명에서 성적이지 않고 생식하지 않는 생명 안으로 갑자기 '넘어가는 것'을 표시하고 있다. 이는 또한, 빌더르데이크 Willem Bilderdijk가[41] '첫 세계 주기'라고 명명하는 것에 속하기도 한다. 이것은, 말하자면, 제일 처음의 세계 주기이며, 첫 순환 가운데 있는 세계이고, 행위 언약의 세계, 낙원의 세계인 것이다. 이렇게 되면 우리는 저 행위 언약 전체를 포기해야 하며, 창세기 1-3장에 대해서는 더 이상 어떤 말도 감히 하지 말아야 하며, 다음과 같은 근본적인 질문에 대해서도 그러하다. 하나님에 의해 첫 번째 세계 설계도가 내팽개쳐졌는데 제2의 세계 설계도를 하나님이 작성할 수 있을까? 아니면 우리는 다음과 같이 시인할 수도 있다. 즉, 날들의 마지막에 오리라고 기다리는 '파국'은 준용되어 mutatis mutandis 옛 낙원이 만개하던 첫날 이미 미래 프로그램 안에 받아들여져 있었고, 아담도 그렇게 알고 있었다고. 파국 관념은 **모든** 역사, 그 처음, 그 마지막, 또 그 가운데(그리스도)를 위한 **모든** 기독교 역사관에 그것만의 방식으로 교훈이 된다고. 인간이 계속 서 있었다면 발생**했을** '시간 어느 순간에서의 변화'라는 한 측면과, 바울에 의해, 전체 성경에 의해 이 죄의 날들의 마지막에 발생하리라 예상된 '시간 어느 순간에서의 변화'라는 다른 한 측면 사이에는 다음의 차이만 존재할 뿐이다. 전자의 그 급격한 변화는 완료하고 완

---

40. 고전 15:52를 참고하라.
41. 네덜란드 역사가, 시인, 그리고 변호사인 빌렘 빌데르데이크 Willem Bilderdijk (1756-1831)는 루이 나폴레옹의 궁정 시인일 때, 미완성 영웅 서사시인 De omgang der eerste wereld (1820) 집필을 시작했다. 이 작품에서 그는 낙원으로의 쇄도, 노아 홍수, 첫 세상의 멸망으로 진행되는 대투쟁을 형상화했다.

성하며 끝낼 **뿐**이라는 것. 그러나 후자는 **활동하는** 것일 **뿐 아니라, 정화하고 판단하고 가려내며 심판하기도** 한다는 것. 이는 물론, 역사 안으로 '부수고 들어온inbrak' 죄에서 기인한다. 따라서 죄는 '**부수고 나가는 것**uit-braak'으로만[42] 제거될 수 있다. 그런데 성경은, 이 땅**에서부터** 하늘 안으로 옮길 수 있는 열매들의 숙성이(시간의 어느 순간 하나님의 도우시는 손에 의해 이동한다 하더라도) 역사 안에 존재한다는 그 생각을 시초의 세상에도 해당되는 것으로 확정하고 있다. 태초의 세상. 시간의 순간은 **원제도/원**설정原制度/原設定, oer-instelling다. 틸리히가 질문한다. 부수고 끊어내는가, 부수고 나가는가?[43] 키르케고르가 외치고 바르트가 묻는다. 접선이냐, 교점이냐? 누가 세 번째로 또 나와서 확인한다. 역사인 동시에 '초역사'지? 성경 어딘가에 그리스도의 음성이 이렇게 말씀하시고 있다. **너희가 성경을 연구하거니와**, 지금 솔직하게 말하라, 예 혹은 아니오로, 네가 성경을 믿는지.

g. 따라서 우리는 '종말론'이라는 단어를 옛 의미, 즉 우리가 신뢰하던 그 의미로 고수해야 한다. 그렇다고 해서 이 말이, 우리의 '마지막 일들에 대한 교리'가 더욱 심화되어야 함을 부인하는 것은 결코 아니다. 다른 이들의 흥미로운 문제 제기는 우리로 하여금, 아주 다양한 지점들에서 더욱 깊은 사고를 전개하도록 밀어붙인다. 그러나 우리는 **역사에 속한** 일들, **마침에 속한** 일들로서의 'ta eschata' 마지막 **일들**이라는 개념을, 시간의 흐름을 따라 곧 임할 날짜상의 끝과 분리시킬 수는 없다. 우리의 모든 것은 여기서 서고 여기서 넘어진다. 모든 것이. 우리는 우리가 여기서 무엇을 쓰고 있는지 알고 있다.

h. 그러므로 우리는 역사인 동시에 초역사라는 정리定理를 폐기한다. 우리

---

42. 역주) inbreken은 '침입하다, 파괴하다', uitbreken은 '뽑아내다, 탈옥하다, 돌발하다' 등의 뜻이 있다.
43. 역주) afbreken은 '꺾이다, 부러지다, 단절하다, 헐다, 해체하다' 등의 뜻이 있다.

는 그리스도도, 말씀도, 유일한 '하나님의 세계'도 접선이 되게 하지 않는다. 그리스도 안에서야말로 하나님은 사람에게서(칼케돈 신경을 생각하라) 분리되지 않으시며, 사람과 섞이지도 않으신다. 혼합되지 않으시되 연합하신다.[44] 누구든지 이를 믿는 자는 **거기서** 기독교 역사관의 근본법칙이 유지되고 고수되는 것을 보게 된다. 또한 하늘에 대한 근본 사상이 그러한 것 역시 보게 된다. 누구든지 어떤 다른 역사 이해를 가지고 들어오는 자는 무엇에 맞서는가? 개혁주의 교의학에 맞서게 된다. 어느 성급한 형제가 이렇게 말할 수도 있겠다. 글쎄, 그 정도로 나쁘지는 않아. 우리는 차분하게 말한다. 그는 자신의 신앙고백에 맞서고 있다고. 도르트신경에 맞서고 있다고. 더 나아가서, 칼케돈 신경, 공교회적 기독교에 맞서고 있다고. 비기독교적인 철학적 논증을 기독교 안으로 끌어들이고 있다고. 오히려 이 말을 직설적으로 해야했다고. 갈라진 틈은 메울 수가 없다. 왜냐하면 육신이 되신 말씀이신 그리스도 안에서 하나님은 시간 안으로 들어오시며, 그리스도 안에 있는 하나님의 일, 하나님의 말씀이 역사 안으로 이끌려 **들어**온다. 마찬가지로 중생, 하나님 영의 임하심, 마지막 날 역시 그러하다. 우리는 이에 대해 이미 말했다. 역사는 참으로 우리 **믿음**에 딱 알맞은 '틀'인데, 하나님은 이것 **안에서** 일하신다. 틀 중 '하나'라고? 아니, 그렇지 않다. **바로 그(유일한)** 틀이다.[45] 우리가 삼위일체성에 접촉하는 것 말고는 어떤 다른 것이 존재하지 않는다. 하나님의 구원 사역은 그러므로 '세속' 역사와 다른 어떤 별개의 역사를 구성하지 않는다. 그것은 역사 안으로 들어오며, 역사**와 함께** 그리고 역사**를 통해** 스스로를 성취한다. 그것은 역사를

---

44. 칼케돈 공의회는 주후 451년에 개최되었는데, 단성론(單性論)에 대항하여 그리스도가 참되게 하나님이자 사람임을 확정했다. 그리스도의 한 위격에 그분의 신성과 인성이 혼합, 변화, 분리, 단절 없이 존재한다는 것이다.
45. 역주) 이 문장과 앞의 문장들의 원문은 다음과 같다. 'Een' raam? Neen, neen: hèt raam. 부정관사(een)과 정관사(het)의 의미 차이가 활용되었다.

오늘의 그 역사가 되도록 추동한다.

i. 이제 우리는 결론을 내린다. 우리는 어떤 것도 '증명'하지 않았으며 증명하려 한 것도 아니다. 왜냐하면 그렇게 하면 우리는 우리만의 테제를 부족하게 다루었을 수도 있기 때문이다. 게다가 다른 사람들과 우리 사이에는 **성경**이 놓여 있다. 우리는 우리에게서부터는 결코 아무 것도 알지 못한다. 그러나 이제 하나님이 우리에게 해명되었고, 우리가 그분을 분명한 계시를 통해 말해도 되고 말할 수 있게 된 이상, 우리가 죄인이라 끊임없는 자기 시험 하에 있을지라도, 이제 우리는 하나님의 **집**, 그분의 **사역**, '주님의 **미래**'에 대해서도 말할 수 있다. 무엇이 우리에게서 여기 저 '무한한 질적 차이'를 멈추고 또 방해할 수 있는가? 하나님과 우리 사이의 차이를? 우리는 그것을 알고 또 존중한다. 그러나 우리는, 우리를 위한 하나님의 말씀인 말씀을 하나라도 듣지 않고서는 우리가 계시와 그것의 용어들, 그것의 능력 혹은 무능에 대한 철학을 감히 제시할 수 없다는 사실 역시 존중한다. 하나님이 초월적이라면 우리는 그분을 '땅에 속하지 않은' 방식으로 '생각하기'를 원한다. 그리고 우리는 하나님의 초월을 말할 때마다 실제로 그렇게 생각하며, **더 멀리 나아가지는 않으려 한다**. 그분이 내게 말씀하시지 않는다면 내가 그분에 대해 무엇을 알 수 있겠는가? 내게 말씀하시는 하나님에게 있는 가능성들 혹은 불가능성들에 대해 내가 내 자신에게서부터 무엇을 말할 수 있겠는가? 나는, **내가** 하나님과 사람 사이에 존재하는 저 무한한 질적 차이 때문에 느끼게 된 부끄러움에 대해 많은 것을 알 수 있는데, 이는 오직 계시에 의해서만 그렇게 된다. 그러나 나는, **하나님이** 사람에게 나누어 주신 것들 안에 자리 잡는 일의 '불가능성들'에 대해서는 **어떤 것도** 알지 **못한다. 그분 스스로가** 다음과 같이 내게 말씀하신다면. 즉, 자기 영광 안에서 초월적인 분임을 내게 말씀하신다면, 또, 교사가 되어, 내게 자신에 대해, 자기 사역, 자기 세계에 대해 전부는 아니라도 **순수한**

방식으로, 자기 이름에 부족함 없이 이야기하실 수 있다고 내게 말씀하신다면, 나는 이제 침묵해야 한다. **바로 이것이** 하나님 초월성 앞에서의 떨림이다. 그분이 자기 내재성을 **계시**하신다면 그것을 믿어야할 것이다.

자, 이제 정리해 보자. 하나님은 이 세상 안에 내재하심을 원하시며 또 실제 내재하신다는 것을 계시하셨다. 하나님이 **초월적**이심으로 말미암아 **그분은** 여기서 내재하심 중에 계**실 수 있었다**. 이분이 은혜를 향한 의지가 존재하기를 원한다면, 누가 그분의 뜻에 거역하겠는가? 그리고 하나님이 **내재적**이심으로 말미암아 그분은 자기 교회가 그분의 초월성을 잊어버리는 것을, 땅에서 계속 범하는 것을 막으신다. 하나님은 내게 다음과 같이 말씀하신다. 만약 사람들이, 그분이 초월적인 말씀하시는 분으로서 계시한 내재성을 신앙 목록에서 지워 버린다면, 이는 심판, 유기遺棄의 심판이라고.

그러하기에 우리의 최후 버팀목이자 안식처이자 마침표는 **성경**인 것이다. **이것 위에** 모든 것이 고정되어 있다. 헤겔에 맞서. 키르케고르-바르트에 맞서. 알트하우스에 맞서. 알트하우스는 자기가 역사 **내에** 조성한 재생opleving의 현실에서 조금, 개혁에서 조금, 회복verjonging에서 조금, 대담하게 조금씩 빌린다. 이것은 역사historie **위에서부터** 일어남 그 자체 **위로** 들려오는 '아니오'를 비밀스러운 '예'와 동행시키기 위해서다. 그러나 그는 여기서, 이 '회복', 이 '개혁'을 좋은 어떤 것이라고, **'생명'**에 속한 어떤 것이라고 자질을 부여하는 것은, 사람들이 교회가 그리스도를 설교하고 그 생명을 정결하게 하며 회복하는 그곳에 참으로 생명이 있다고 **믿을** 때에만 가능함을 잊고 있다. 만약 그들이 **성경으로부터**, 그리스도의 교회가 말하는 것이 무의미하지 않고 의미가 있다는 사실을 받아들이지 않는다면 어떻게 여기서 감히 **'생명'**을 말하겠는가? 그리고 일단 성경을 신뢰하게 되었다면, **전체** 성경이 온전히 말하도록 하라. 하나님은 죄에 대해서만 '아니오'를 말씀하시지, 자연과 역사에 대해서는 그렇게 하시지 않음을 가르치는 성경 교육이 자리 잡게 하라.

이렇게 할 때라야 우리는 인본주의를, 또한, 틸리히의 그리고 레싱의 인본주의를 부술 수 있다.

그렇게 할 때라야 우리는 인간이 자신을 의지하는 것을 인본주의와 함께 거부할 수 있다. 왜냐하면 이 믿음은 계시의 능력을 실제적인 것이라, 불가결한 것이라 인정하기 때문이다. 따라서 계시 없이 우리는 아무 것도 아닌 것이다. 동시에 이 믿음은 레싱에 맞서, 하나님이 영원한 진리들을 '기초적인' 책들 안에다 '숨기지' 않으셨음을, 오히려 그것들을 '분명 klaarblijkelijk'하고 '투명 doorzichtig'하게 만드셨음을 견지한다.

인간에게서는 명예가 박탈당하고 하나님께 돌려진다. 그리고 일련의 생각들을 합쳐서 우리는, 하늘에 대해 말하는 것이 쉽다는 견해를 옹호한다. 가장 좋은 첫째 설교의 가장 좋은 첫째 문장만큼이나 쉽다. 그러나 쉬운 가운데 어려움 또한 존재한다. 우리는, 세례와 성찬, 성경과 교회, 사망과 태어남, 혹은 하나님의 **돌보심** 없이는 떨어질 수 없는 지붕 위의 참새들에 대해 다룰 때마다 우리에게 느껴지는 쉬움 및 떨림과 같은 만큼의 쉬움 및 떨림으로 하늘에 대해 말한다.[46]

---

46. 마 10:29을 참조하라.

제3장
우리 주제의 경계 설정과 그 중요성

§1. 경계 설정

논의를 계속 진행시키기 전에 우리가 말하지 않을 것과 말하고자 하는 것을 확정하는 것이 좋겠다. 그런데 하늘에 대해서는 다양한 의미로 논할 수 있을 것이다.

어떤 사람들은 하늘을 '하나님의 거처'라고 생각한다. 다만 그들은 하늘을, 잘못된 개념 형성의 결과이긴 하지만, 일반적으로는 **피조물**에게서, 특히 **인간**에게서 분리해서 생각한다. 또 다른 사람들은 하늘을 **땅**과 대조시켜 이야기하는 것을 선호한다. 셋째 부류의 사람들은 하늘을 어떤 회집장소로, 특히 이 승을 떠난 사람들을 위로하기 위해 마련된 아름다운 주택으로 본다. 개혁주의 신앙고백서들의 용어를 사용하자면, 그들은 '즉시 그들의 머리이신 그리스도에게로 올리어질 것이다.'[1] 넷째 부류의 사람들은 마지막 날, 심판날 이후의 하늘에 대해 말하는 것을 선호한다.

---

1. 하이델베르크요리문답, 제22주일, 제57문답.

이제 우리는 위 각각 네 부류의 사람들, 그들 모두와 마주하여 즉시 다음의 내용을 말하고자 한다. 엄밀히 말해 우리는, 이 책의 실제 테마를 설명하기 위해 이 네 부류 중 어느 입장도 특별히 우리의 것으로 선택할 수 없다. 왜냐하면 그들 모두는 우리가 받아들이기에는 너무 추상적이기 때문이다. 이러한 추상화抽象化는 여기서 하나의 위험도 된다. 그것은 역사에 대해, 그리고 하늘에 대해서도 눈을 감는다. **하나님의** 거처로서의 하늘은 인간의 거처로서의 땅과 결코 분리해서 생각할 수 없다. 성경의 마지막에서 '보라, 하나님의 거처가 사람들과 함께 있다'라는[2] 환호가 울려퍼질 때, 이 말씀은, 여타 다른 성경 말씀이나 예언처럼 공중으로부터 온 것도, '하늘로부터' 온 것도 아니다. 이 말씀 안에서 **역사**는 안식에 이른다. 따라서 사람들이 하늘에 대해 이야기할 때마다, 시작은 되었지만 '안식하지는 못하고' 있는 바로 이 **역사**를 항상 염두에 두어야 한다. 그런데 하늘은 '하나님의 거처'이긴 하지만 **창조되었다**. 하늘이 창조되었다면, 그것 역시 자기 **역사**를 갖고 있다. 그러나 다음과 같이 **'자기'** 역사인 것은 아니다. **별개의** 어떤 역사, 혹은 '그' 역사 **안의** '어떤 한' 역사, 혹은 다른 역사, 즉, '그냥' 역사 위의 어떤 초역사'로서의 **'자기'** 역사. 왜냐하면 우리는 제2장에서 이러한 구성물들을 개혁주의의 기본적인 생각들과 결코 양립할 수 없다고 언급했고 그래서 거부했기 때문이다. 우리는 별개의 어떤 역사를 아는 것도, **'별개의'** 어떤 피조물을 아는 것도 아니다. 하나님의 사역은 하나다. 그분의 역사歷史 안에서도 그것은 여전히 하나다. 하나님이 결합시키신 (처음, 그러므로 마지막도) 것을 사람이 분리시키지 못한다.[3] 우리는 나중에 여기로 다시 돌아오려고 한다. 우리는 이미, 이런 이유로 하늘은 창조에 혹은

---

2. 계 21:3.
3. 마 19:6을 보라.

그 일부분에 '맞서게' 하거나 그것으로부터 추상抽象되어서는 안 된다는 사실을 지적했다.

하늘도 역사를 갖고 있다는 사실, 또 그것이 어떤 방식으로든지 세계 역사의, 더 나아가서는 창조 전체의 모든 국면을 거친다는 사실을 일단 인정하면, 우리는 서로 다른 하늘들 사이의 차이, 즉 세상 창조 이전의 '어떤 한' 하늘과 이후의 '어떤' 하늘 사이의 차이를, 엄밀히 말하자면, 스콜라적 방식으로는 더 이상 구분할 수 없게 된다. 하늘이 하나님이 아니라 단지 하나님의 '거처'일 뿐이라면, 더 말할 필요도 없이 그것은 피조물의 영역에 속하는 것이다. 그렇다면 그것은 창조 이전에는 생각할 수 없는 어떤 것이다.

더 나아가 인간은 '자기' 하늘들의 수를 셀 수 없다. 잠든 신자들의 영혼을 위한 하늘, 천사들을 위한 하늘, 하나님을 위한 혹은 하나님의 하늘, 마지막 날 이전의 하늘, 그리고 여기에 대조되는 마지막 날 이후의 하늘. 이 하늘에서는 완전히 성장한 인류의, 충만하게 마무리된 생명이 '하나님에게서' 만족할 수 있으며, 이에 이르는 동안 또, 영광스러워진 새 땅에서 만족할 수 있다. 이런 추론 하에서는 사람들이, 하늘에서의 삶의 어떤 다른 **경륜**, 어떤 다른 **기간**, 어떤 다른 **국면**이 곧 어떤 다른 **하늘**을 의미할 것이라고 여기는 병적인 공상을 키우게 된다. 물론 이것은 옳지 않다. 만약 이게 옳다면[4], 역사 안에 다른 어떤 시기가 등장할 때에도 우리는 어떤 '다른 땅'에 이식移植되어야 한다, 그렇지 않은가? 지금 하늘은 마지막 날 **이전** 혹은 **이후**의 하늘과 다른 어떤 하늘이 아니다. 기존 하늘은 확장될 수, 창조 전체로 진화될 수 있다. 이 말인즉슨, 하나님은 '그분의' 거처를, 그분이 자기 영광을 가장 잘 보여줄 수 있는 그 장소를 펼치실 수 있고, 더 넓게 그리고 더 멀리 확대하실 수 있다는 것이다. 그러

---

4. 역주) 역자가 첨가한 구절.

나 이 모든 것은 결코, 지금 **서로 다른** '하늘들'이 존재한다는 뜻은 아니다. 우리의 계획은, 하늘에 대해 논의하되 창조에서의 삶 안에서, 우주kosmos 전체와 함께 역사적으로 전개되었으며 앞으로도 전개될 그런 하늘을 논하는 것이다. 하나님이 마지막 날 이후 역사의 '결산'을, 완성된 창조 총체scheppingsgeheel 안에 영원히 확정하실 때, 파괴할 수 없는 하나 됨 안에서 창조 전체와 함께 그것 역시 곧 안식에 이르게 될 그런 하늘을 논하려는 것이다.

하늘 역시 모든 역사적 삶과 움직임 안에 함께 받아들여졌다고 우리가 인정한다면, **원래라면** 이제, 여기서 하늘의 광범위한 역사 전체에 대한 개요를 먼저 스케치하는 작업이 이루어져야할 것이다. 그런 뒤 하늘에서의 삶의 서로 다른 국면들이 차례차례 하나씩 논의되어야 할 것이다. 그렇게 되면 우리는, 사람들이 차례차례 하나씩 이생을 떠나 하나님과의 교제 안에 들어갈 때, 죽음 이후의 삶에 대해, 죽은 뒤에는 무엇이 존재하는지에 대해 말해야 할 것이다.

그러나 우리는 이런 문제들에 대해 다루지는 **않을** 것이다. 사람들이 죽은 **이후**부터 그리스도의 재림**까지**의 '상태'에 대해 직접적으로 조사하는 것은 우리의 의도가 아니다. 우리의 의도는 하늘이, 온 우주의 역사의 경과 안에서 사람들과 함께 영원한 안식에 이른 이후에 성경적 상像을 따르는 우리 믿음의 눈에 어떻게 나타나는지를 추적하는 것이다. 그러므로 우리는, 어떻게 하늘이 성경의 상을 따라 우리 눈에 나타나는지, 즉, 어떻게 마지막 날 이후 영원 안에서 안식에 이르는 것으로 나타나는지를 추적한다.

그러므로 우리가 하늘, 특별히 그리스도의 재림 이후 영원히 확정된 상태 가운데 있는 하늘을 말하는 것은 이 상태가 '최후 파국' 이전에 존재하던 하늘과 '다른 어떤 한' 하늘이라는 생각을 어떤 식으로든 제안하려는 시도가 아니다. 그것은 하늘 그 자체 역사를 추상抽象할 가능성 혹은 특권을 전제하지 않는 우리 연구 경계의 설정일 뿐이다. 우리는 이러한 전제를 원리 차원에서 기각한다. 우리는 다만, 재림 이전 그리스도 안에서 잠자고 있는 사람들의 상태에 대해 질문하는 것, 즉, 좀 더 주관주의적이며 개인주의적 방법을 우회하기를 원하는 것이다. 이에 대한 연구는 그 자체로는 의미가 있을 것이다. 그러나 이것은 결국, 하늘 자체에 대한 우리 연구와는 별 접촉점이 없다. 왜냐하면 하늘의 역사를 추적하는 사람은 연구를 수행하면서, 별세하는 인간의 입장이 아니라 성경이 열어준 저 전망 위에 자리 잡아야 하기 때문이다. 이 전망 안에서 어떤 것이, 만물을 움직이시고 이 만물의 움직임 각각에 고유한 '경륜'을 부여하셨고 또 계속 부여하실[5] **하나님**에게서부터 나온다. 그게 무엇인가? 바로 고유한 '오이코노미아oeconomie'이다.[6]

§ 2. 새로운 견해에 따른 주제의 중요성

이제 사람들이, 하늘에 대해 숙고하는 그것이 그럼에도 우리에게 어떤 중요성이 있는지를 묻는다면, 우리는 일단, 다음과 같이 생각하는 것을 부드럽지만 단호하게 거부할 것이다. 그 중요성이 한편으로는 '그' 신학과, 다른 한편으로는 **성경에서 출발하지 않는** 철학 간 가능한 타협에 속해 있다는 것. 왜냐하면, 물론 우리가 성경적 입장을 선택하는 신학과 **그러한** 철학이 서로 협력해야 한다는 의무를(그리고 이 둘이 **동일한** 권리가 있다는 것도) 믿고 있긴 하지만, 비기독교적 철학과 신학자들의 지혜와 그저 타협하는 것은 거절하기 때문이다.

---

5. 행 17:24-30을 보라.
6. '집안 살림.'

이러한 타협은[7] 최근 계속 반복적으로 시도되고 있다. 이러한 타협으로 말미암아 어떤 사람들은, 우리 질문의 중요성이 두 관점으로 나뉘어 제시되어야 한다고 주장하게 되었다. 하나는 **가치론**의 관점에서, 다른 하나는 **목적론**의 관점에서.

이 용어들을 이해하기 위해서는 우리가 이전 장의 시작 부분에서 밝힌, '종말론' 단어의 이중적인 의미를 다시금 고려해야 한다. 우리는 거기서, 어떤 사람들이 '종말론적'이라는 단어를, **강제적이며 절대적이고 신적인** 현실로서 모든 인간적인 역사를 위해 **표준** 그리고 **규범**이 되며, 밖에서부터 그 역사에 **자질을 부여하고** 그 역사를 **경계 짓고 심판** 하에 두는 어떤 것에 대한 해명으로만 간주하여 사용하려 한다는 것을 보았다. 이 해명에 맞서 옛 어법은, 종말론('eschata'가 **마지막** 일들이라는 뜻임을 상기하라)을 설명하는 장에서 시간의, 따라서 역사의 마지막에 일어나는 일들을 논하기를 고수한다.

'종말론적'이라는 단어에 대한 이러한 양가적 견해는 이제 하늘 그리고 마지막 일들에 대한 **가치론적** 그리고 목적론적 문제의 구분과 나란히 함께 간다.

가치론적 문제에 대해 말하자면, 이 단어는 그리스어 'axios'에서 파생되었는데, '가치있는', 즉 어떤 특정한 **가치**를 갖고 있음을 의미한다. 그러므로 가치론은 **가치**, 즉, 어떤 것 혹은 어떤 사람의 값어치에 대한 학설을 의미한다.

이것은 이제 우리에게 많은 것을 말하고 있다. 또한, 알아야 할 것은, 여기서 위에서 언급한 타협이 어느 만큼이나 추구되고 있는지이며, 이는 특별히 이미 언급한, 종말론을 가치론의 관점 하에, 또한 목적론의 관점 하에 위치시

---

7. 알트하우스: Die Erkenntnis einer unleugbaren (!) Strukturverwandtschaft (!) zwischen allen (!) religiösen Zukunftsgedanken *dient* wie nichts anderes *dazu*, die Eigenart und Höhe der an (!) Christus entstehende (!) Hoffnung leuchten zu lassen. (미래에 대한 모든 종교적 사상들 간 부인할 수 없는 구조적 관계에 대한 인지는, 그리스도 안에서 발생하는 소망의 특성과 크기를 밝히는 것 말고 다른 것에 쓰이지는 않는다) [Althaus, *Die letzten Dinge*, 16]

킨 파울 **알트하우스**라는 것이다. 그가 도달한 궤적을 보면, 종말론에 대한 그의 사상은 부분적으로는 빈델반트Wihelm Windelband의[8] 발자취 안에서 움직였으며, 또 그에 의해 추동됐음이 드러난다. 빈델반트는 그의 논문 'Sub Specie Aeternitatis', (Präludien)에서 자신의 사상을 큰 폭으로 지배했던, 심오한 '대립'을 지적한 적이 있다. 바로, 사라지는 것과 머무는 것 그리고 불멸하는 것 사이의 '대립'이다.[9] 우리 자신, 그리고 우리에게 속한 모든 것은 사멸하도록 정해져 있다. 우리는 자신이 죽음의 밤에 침잠하고 있음을 느끼고 있다. 우리는 우리 스스로를 지탱할 수 없으며, 우리에게 속한 모든 것을 우리에게서 가져가며 흘러가버리는 물결 안에는 확고한 버팀목이 존재하지 않는다. 그러나 이에 맞서 있는 어떤 **영원한** 힘 그리고 능력이 지금 존재한다. 이 힘은 생성과 소멸의 법칙에 매여 있지 않다. 우리가 우리 주변에서 만물이 우리와 함께 스러지며 사라지고 있음을 보게 된다면, 상대성 가운데 있는 만물은 절대적인 가치가 없어 보일 것이다. 그러나 우리를 위한 어떤 다른 그것, 확고한 존재 기반이 있는 그것, 바로 영원한 것은 무제한적인 가치를 가지고 있다.

여기에다 알트하우스는 이제 **첫 번째** 의미를 확고히 연결시킨다. 이것은 영원한 것이라는 개념을 가져야 한다. '영원한' 것은 여기서 '가장 먼/최종적인' 것, 확고한 것, 상대적이지 않은 것, '매여있지 않은 것'이라는 의미를 가지게 된다. 이것은 고정되지 않은 것들의 세계를 위로부터 간섭하고 압박하며 경계 짓고 심판kritiseert한다. 우리의 시간은 상대적인 것에 속한 장소이며, 이에 반해 영원은 상대적이지 않은 것, 절대적인 것에 속한 장소이다. 영원한 것

---

8. Wihelm Windelband (1848-1915). 독일 신칸트학파 철학자. 특히 수학과 자연과학 등을 법칙정립적 학문으로, 심리학 등을 개성기술적 학문으로 구분한 것을 통해 유명해졌다.
9. W. Windelband, 'Sub Specie Aeternitatis', in: 같은 저자, *Präludien. Aufsätze und Reden zur Philosophie und ihre Geschichte*, Bd. 2 (튀빙엔 1883), 333-345.

은 최후의, 절대적인 규범이다. 상대적인 관계들 가운데서 우리는 계속해서 '저 영원한' 것을 참조하곤 했다. 이러한 의미에서 저 영원한 것이 우리의 삶에 진입한다면, 이로써 **가치론적** 관점이 열리게 된다. 이 관점 하에서 우리는 하늘에 대한 종말론적 테마 역시 다룰 수 있다. 이것은 제2장에서 논의한 종말론의 새로운 개념과 나란히 함께 간다.

그러나 이후 알트하우스와 다른 많은 사람들에게서 종말론 안에서 목적론적 관점이 나타나게 된다. 여기서 우리는 '우리 시간'의, 우리 날들의 **연장 안에** 놓여 있는 어떤 것과 관계를 맺게 된다. 좀 더 면밀하게, 그러나 좀 덜 '나이브'하게 말하자면, 그것은 우리가 이 날들 **이후** 입장하는 것을 '보게' 되는 어떤 것, 우리가 '소망'하지만 '아직 있지 않은' 어떤 것이다. 왜냐하면 **규범**norm은, 아직 있지 않지만 와야 하는 것을 지시하고 있기 때문이다. 규범은 시간 안에서는 **확고한** 것이지만, 그러하기에 오히려 시간에 불안정과 확고하지 않음을 부여한다. 시간은 이제 역사에 대해, 와야 하는 것을 이루려는 노력이 되어 간다. 날들의 마지막에 '텔로스' 마침/목적, 즉 만물의 목적이 놓여 있다.

이전 시기 기독교에서는 상황이 계속 이러했다. 그리고 지금은 영원한 것에 대한 **가치론적** 견해가 이러한 방식으로 그 자체로부터 목적론적 견해를 향해 움직여 나가고 있다는 사실이 중요하다. '영원한' 것 안에 있는 규범의 절대성과 '타자성'을 인정할 때 우리는, 우리가 기다리고 있는 미래를 향하여 뻗어 나가게 된다. 따라서 영원한 것을 마지막 일들에 대한 **목적론적** 개념으로 말하는 이 **두 번째** 어법은, 우리가 보듯이, '종말론' 단어의 잘 알려진 두 번째 용법과 다시금 나란히 함께 간다. 사람들은 양자兩者 모두를 단 하나의 개념으로, 영원한 것을 타자, 전적 타자로 여기는 개념으로 합치려 한다.

이 구분이 좋다면, 하늘에 대해 말하는 것은, 잘만 되면, 두 배의 중요성을 가지게 된다. 우리에게 현재 삶의 가치 혹은 무가치함에 대한 통찰을 제공하며, 시간적인 것의 상대적 무가치함 혹은 별 가치 없음에 대조되는 영원한 것의 가치를 설파한다. 또, 하늘과 하늘스러운 영광의 관점 하에서 우리 일상 생활에 속한 일들을 평가하도록 우리를 가르치거나, 아니면 아예 모든 평가 가능성을 단념하고 그에 대한 믿음을 포기하는 관점 하에서 그렇게 하도록 가르친다. 그리고 동시에, 우리가 미래로 뻗어나가도록, 영원에 대한, 우리가 '소망'하는 것에 대한 강렬한 갈망 가운데 날들 저 너머를 보도록 우리를 밀어붙인다.

§ 3. 이 견해들에 대한 비판

그러나 이제 우리는, 종말론의 가치론적 그리고 목적론적 의미를 서로 연결시키려는 이러한 시도에 대해 이의를 제기해야 한다.

이러한 구성에 대한 우리 이의는 주로 다음의 것들이다.

우선, 사람들이 어떤 '(그)것'의[10] 가치로 어떤 다른 '(그)것'의 가치를 측량 meten할 수 있는 듯 구는 것은 우리가 보기에는 적절하지 않다. 우리는 의도를 가지고 이렇게 말하고 있는데, 그 이유는 우리가 제기하는 이의의 핵심이 여기 이미 드러나 있기 때문이다. 사람들은 우리에게 이렇게 말한다. 시간은 변하는 것이다, 비록 시간적인 '(그)것'이 사라지고 흘러가버려도. 영원한 '(그)것'은 머문다. 그러하기에 그것은 '시간적인 (그)것' 안에 있는 우리를 대표하며, 또 이것과 대조되는 절대적 가치를 대표한다. 그러나 우리는 그것을 믿지

---

10. 역주) 여기서는 정관사 het와 형용사가 결합하여 일종의 명사를 만드는 용법이 주를 이룬다. 우리말로는 '~ 인 것' 정도로 번역할 수 있고, 이전 내용에서는 거의 이렇게 번역을 했다. 그런데 여기서는 스킬더가 독립적으로 het을 거론하고 있기에 '(그)것'이라는 번역을 선택했다.

않는다. 어떤 '(그)것'{시간적인 **(그)것**}은 결코 다른 어떤 '(그)것'{영원한 **(그)것**}으로 측량되지 않는다. 어떤 **'(그)것'**은 항상 창조된다. 그렇지 않다면 그것은 우리에 의해 '그' 영원한 창조주로부터 추상된 것이다. 그러나 그것은, 둘 중 어느 경우에서도, 말씀하시고 **계시**하시는 하나님 홀로 계시하실 수 있는 어떤 것을 우리에게 말하지 않는다. 우리는, 삶 가운데서 알게 되는 가치에 관한 한, 어떤 '(그)것'이 아니라 '그분', **하나님 당신**을 참조한다. 그래서 하나님은 당신의 말씀 안에서 우리에게도 **말씀**하셔야 한다. 왜냐하면 그렇지 않다면 우리는, 가치에 관해, 그것의 다소多少에 관해, 가치와 무가치에 관해 아무 것도 아직 알지 못하고 있는 것이기 때문이다. 아무 것도. 우리는 위에 있는, '하나님의 도성'으로 여기 아래 있는, 사람의 '도성'을 측량할 수 없다. 왜냐하면 각각의 도성은 결국 **창조된** 것이며, 시간적이든 영원하든, 하나님이 이들을 움직이도록, 또 움직임을 멈추도록 **'하시기'** 때문이다. 우리는, 사멸하지 않으며 썩지 않는 어떤 몸으로 사멸하는 몸을 측량할 수도 없다. 왜냐하면 양자 모두 창조되었으며, 하나님이 이들을 사멸할 수 있도록, 혹은 사멸할 수 없도록 **'하셨기'** 때문이다. 우리는 천사로 사람을 측량할 수 없으며, 무너지지 않는 기반 위에 영원히 머무는 위에 있는 예루살렘 도성의 성문으로 가자Gaza 혹은 아래에 있는 예루살렘의 성문을 측량할 수도 없다. 왜냐하면 저 도성의 성문 역시 저 도성과 마찬가지로 창조된 것이기 때문이다. 우리는 사멸하지 않는 '(그)것'을 기준으로 사멸하는 '(그)것'을 판단하지 않으며, 창조주를 기준으로 피조된 것을 판단하지 않는다. 우리는 단지 하나님께서 **알게 하신** 율법만을 기준으로 율법 아래 놓인 것을 판단한다. 우리의 '표준/잣대maatstaf'은 '영원한 것'이 아니다. 그것은 오히려 **시간** 안에서, '분명하게' 말하는 계시 안에서 선포된 하나님 말씀의 율법이다. 영원한 것이 표준/잣대는 아니다. 지옥도 영원하지 않은가? 우리가 때때로 지옥을 '소망'한다고? 그렇다. 지옥을 소망하는 사람들이 있다. 대주재여, 어느 때까지 하시려 하나이까(계시록 6장)?[11] 그런데 이 말을 하는 사람들은 **말씀**으로부터 말하는 것이기도 하다. 말씀이 아니라면 그들은 아무 것도 알지 못한다. '스핑크스', 신비에 속한 어떤 '(그)것'을 '소망'하는 것, 이는 **교만**이다. 우리 공상들을 공인하는 것이다. 우리가 역사 안에서 하나님이 취하신 행위들을 알고 그 '의미'들을 그분의 말씀에서 터득할 때, 단지 이 때만 우리는 피조된 것에(여기 있든 저기 있든) 어떤 기능, 어떤 의미가 할당되어 있는지 알 수 있다. 이런 이유로, 하늘을 다른 논의 주제들보다 더 우선적인 주제로 간주하고 개관하는 것으로는, 이것 혹은 저것, 여기 혹은 저기, 위의 것들 혹은 아래 것들의 가치를 결코 발견할 수 없다. 하나님의 창조 혹은 재창조하는 말씀을 통해 하늘로 이끌려 들어간 '가치들'을 **계시**할 때 성경은, 서로 다른 피조물 각각에 부여된 자질을 우리에게 계시할(가르칠) 때 사용하는 방편들과 **정확하게 같은** 계시 방편들을 사용한다. 만약 하나님이 어느 하나를 다른 하나를 통해 임하게 하시는 것이라면, 다 성장한 몸은 태아보다, 태초의 날은 마지막 날보다, 처음 사람은 마지막 사람보다 **값어치**가 더 높지 않다. 하나님의 말씀과 율법은 모든 것, 모든 사람을 동시에 조명하고 동시에 자질을 부여하는데, 이로써 어느 하나가 다른 하나 앞에서/안에서/와 함께 어떤 의미가 있는지, 시간이 열매 숙성기熟成機, vrucht-rijper로서, 열매 완숙기完熟機, vrucht-voldrager로서 영원에 대해 어떤 의미가 있는지 우리로 하여금 알게 한다(제2장을 보라). 여기에 또 다음 사실이 더해진다. 본래 이 가치 철학 waarde-filosofie, 가치론axiologie은 자연과 역사의 관계에 대한 부정확한 시각에서 출발하고 있다는 것. 여기서 알트하우스와 그의 추종자들은 너무 꽉 끼는

---

11. 계 6:10.

신발을 신고 있다.[12] 우리가 방금 전에 언급한 내용도, 그러므로 이것을 가리키는 것이다. 제2장을 다시 생각해보라. 그러면 연결점을 찾을 수 있을 것이다.

자연과 역사. 이 주제는 빈델반트 이래로 계속 반복해서 등장해왔다. 빈델반트는 자연과학은 개념을 형성하고 서술하는 데 있어서 **법칙정립적** nomothetisch)인 것이라고, 역사는 **개성기술적** idiografisch인 것이라고 일컬었다. 이 말인즉슨, 그의 견해대로라면, 개념 형성 방법론 그리고 추론 방법론 안에서 **자연**과학은, 자연 가운데 반복적으로 나타나는, 확고한 '법칙들'에서부터 출발한다는 뜻이다. 예를 들면, 계란의 발달은 몇 세기 전과 오늘날이 여전히 똑같은 법칙을 따라 일어난다. 이와 대조적으로 **역사학**은, 각각의 '개인/개별적' 발달 과정을 조율하면서, 그 안에 존재하는 **고유한** 것, **특수한** 것(고유하다는 idios이며, 그래서 idiografie이다)에 대해 질문할 때라야 학문으로 성립될 수 있다. 교황들의 역사를 서술하기 위해서는 각 교황에게 **고유한** 것을 서술해야 한다. 빈델반트의 제자인 하인리히 리케르트 Heinrich Rickert는[13] 나중에 빈델반트의 용어에 얼마간 변화를 주었다. 리케르트는 자연과학이 연구 방법론과 결과 보고를 통해 일반화의 작업을 한다고 지적한다. 즉, 그것이 자연에서 관찰한 적이 있는 것(예를 들면, 어떤 특정한 암탉이 어떤 특정한 계란을 낳았다)은 동일한 법칙을 따라 어디서나 반복됨을 받아들이는 것이다. 그래서 우리는 모든 자연과학적 개념 형성에서 매번 그 하나의 경우를 '**일반화**'할 수 있는 것이다. 반면에, 이와 대조되는 학문적 역사 서술은 개념 형성을 위해 불가피하게 '**개별화**' 방법론을 써야 했다. 그것은 어떤 특정 인생에서, 어떤 특정 역사적 사건에서, 본래 전적으로 유일하며 **단 한번** 일어난 사실을, 그래서 결

---

12. 역주) '신발이 꽉 끼다'는 약점이 있다는 의미를 관용적으로 표현하는 말이다.
13. Heinrich Rickert (1863-1936). 독일 철학자. 빈델반트도 참여했던 바덴 신칸트학파를 주도했다.

코 반복될 만하지 않은 사실을 추적해야 했다.

오해를 피하기 위해 우리는 이제 다음의 사실을 지적해야 한다. 우리가, 이 두 철학자들(그리고 예를 들면, 막스 베버Max Weber를[14] 지지하던 또 다른 사람들)이, 마치 **오직** 자연에**만** '규칙적인' 반복이 있고, **오직** 역사에**만** 소위 '단회적인' 것을 발견할 수 있다는 식으로 자연과 역사를 서로 관련 짓는다고 여긴다면, 우리는 이들을 부당하게 대하게 된다는 것이다. 특히 리케르트를 비롯하여 그들 역시, 자기들이 수행하는 작업은 자연과 역사 자체를 구분하려는 것이 아니라, 한편으로는 자연을, 다른 한편으로는 역사를 **말**하고 연구**할 수 있는 방식들** 혹은 **방법론들**을 구분하려는 것임을 강조한다. 그들은, 예를 들면, 우리의 달이 역사를 가지고 있어서, 사람들이 달의 '전기傳記'를 쓸 수 있으며, 따라서 자연 역시 자신 안에 '단회적인' 것의 요소를 가지고 있음을 잘 알고 있다.

그러나 이 저자들이 이런 식으로 말한다는 사실이야 말로 우리를 더욱 신중하게 할 뿐 아니라, 결국 그들이나 혹은 그들의 추종자들이 이런 사고들을 고려하고 있는 것은 우리들이 '가치 철학'waarde-filosofie을 예사롭지 않게 보게 되는 경향으로 이끌고 있는 것이다. 그들에 의하면, 역사에 대한 연구와 역사 안에서 일어난 사건에 대해 기술한다는 것은, 그 사건들이 실제적으로 존재하는 가에 대해 질문하는 것이 아니라, 그것이 어떤 **가치**를 가지고 있는지와 **관련해서** 질문해야 한다고 주장한다. 나폴레옹이 아침마다 복장服裝을 살피면서 손톱을 깎는다고 하자, 이것은 작전 지도를 살피고 잠시 뒤에는 전투 명령을 내리는 그 사람과 실제적으로 같은 사람이 하는 행동이다. 두 가지 행동 모두가 '역사'이다. 말하자면 이것은 단지 역사가들이 어떤 가치를 추구하는지

---

14. Max Weber (1864-1920). 독일 법률가, 경제학자, 사회학의 토대를 놓은 인물들 중 한 명.

에 대한 질문일 뿐이다. 예를 들어 복장을 살피는 **패션**에 대한 역사를 기록하려는 사람은, 나폴레옹이 그런 행동을 한 방식을 중요하게 생각하려고 할 것이다. 나폴레옹의 복장을 자세하게 알고자 하는 관심을 가진 그에게는, 그것이 특정한 '가치'에 대한 '관점'이기 때문이다. 그러나 전쟁과 개선 행렬을 걸어가는 민족의 노정을 그리고자 하는 다른 사람은, 나폴레옹의 복장에 대해서는 언급하지 않겠지만 작전 지도나 전장戰場에 대해서는 더 많은 관심을 가지고 말하려고 할 것이다. 그에게는 '가치'를 두는 관점이 그 부분에 집중되어 있어서, 역사를 기술하는 이유가 바로 그것이기 때문이다. 이런 식으로, 역사를 기록하는 모든 사람들은 자신의 가치를 스스로 규정한다고 리케르트는 말한다. 이러한 일반적인 '가치들'을 고려해서 학문을 하는 사람은, 학문의 행위로서 역사를 기술할 수 있는 가능성을 창조한다는 것이다.

그러나 이 모든 것이 우리의 연구를 위해 실제로 말할 수 있는 것은 무엇인가? 가치론價値論, axiologie을 **우리의** 종말론에 편입하는 편이 좋을지에 대해서 어떤 도움을 줄 수 있는가? 우선 칼빈주의자들은, 리케르트나 그의 추종자들보다도 '자연'은 그 **역사**가 계속된다는 사고를 더 강하게 강조한다. 땅은 서서히 무너지고 있고, 그 형태가 결코 그대로 유지되어 있지 않다. 내부에 있는 불이, 아래에서부터 우리가 살고 있는 지각을 지속적으로 침식하고 있다. 전체가 거대한 채로 그대로 남아있는 것은 없다. 자연에서도 모든 일은 단지 한 번 일어날 뿐이라는 것이다. 말하자면 적어도 오늘날의 공기의 성분은 아담이나 노아의 시대와는 다르고, 곡물, 물 그리고 우리의 화학 공식도 다르다. 모든 것이 노아와 아담의 시대와는 다르다는 것이다. 그래서 창조 전체가 역사를 가지는 그곳, 그리고 이 전체 역사가 소위 '욤 야웨jôm Jahwe' 다시 말해, '**여**

호와의 날'[15] 즉 타락으로 인해 들어온 비참**으로부터** 이 세상을 그의 은혜로 다시 곧바로 꽃피울 영광으로 인도하시는 구원과 은혜의 날, 그 여호와의 날이 진행하는 과정을 따라 다스림을 받는 그곳에, 우리가 보기에는 **무엇보다도 더 성경적 관점**으로 보이는, 자연과 역사가 서로 분리되지 않는다는 공리公理, axioma가 최초로 주어졌다. 내가 인지하는 모든 것에는 역사가 있다. 그래서 사람들이 일반적으로 '자연'이라고 부르는 것 또한, 되돌아감이 없다.

그러나 이 공리는 가치론이 아니다. 왜냐하면 그것을 위해서 **율법**, 즉 계시가 필요하기 때문이다(위를 보라). 자연 속에 있는 **모든 것**에는 역사가 있고, 그 어떤 것도 같은 방식으로 출생하지 않고, 어떤 인간도 다른 인간과 같지 않을 뿐더러, 닭도 같지 않고, 계란 조차도 같지 않은, 결코 **복제**된 것이 아니라는 공리는 **분명히**, 역사 속에서 등장하는 요소들을 비교하는 것이나 영원과 시간의 대립에서도, 우리가 가치론의 입장을 취하는 것을 막고 있다. 우리는 가치 철학에 기대거나 대용물로 삼으려하는 것이 아니다. 또한 기독교적인 가치론적 종말론christelijke axiologische eschatologie이라는 것도 없다. 신뢰할 수 없는 것으로 증명된 근거 위에다 우리의 기초를 세우고 싶지는 않다. 위의 방법을 사용하여 '가치들'을 서로 구별하거나 균형을 맞추기를 원하지 않는다. 한 사람이 자신의 관심을 따라 '가치'를 선택하고 다른 이들도 그런 결정을 한다는 사실은, 그렇게 하려고 하는 사상가들 만큼 많은 '가치들'이 있다는 것을 증명하는 것이다.

이제 우리는 역사 가운데서 자신의 말씀으로 일하시는 하나님을 목도하고, 창조하시며 재창조하시는 말씀으로 역사 가운데서 모든 것을 섬기도록 두신 것을 알았음으로, 우리에게는 모든 것이 그 의미에 있어 동등한 가치가 있다.

---

15. 사 13:6,9; 욜 1:15; 2:11; 3:4; 3:14; 암 5:18,20; 옵 1:15; 습1:7,14; 말 3:23.

따라서 앞 장章에서 강조한 바와 같이, 영원과 시간은 충돌하지 않으며, 창조자께서는 그리스도와 계시 안에서 그리고 더 많은 것들 안에서 자신이 만드신 것을 자신에게로 이끄시고, **그것을 통해 역사를 만드신다**. 따라서 그 역사는 '하나'로 만들어진 것이 아니라 하나의 유일한 틀창,raam로 만들어진 것이다. 그 안에서 자신이 만드신 것에 대한 결정을 실행하실 수 있는 틀 말이다.

그래서 사라지고 지나가버리는 것들은 상대적 가치만 있을 수 밖에 없고, 오로지 머물러 있는 것만 절대적 가치를 가진다는 식의 말을 하려는 것이 아니다. 우리는 이러한 일련의 스콜라주의scholastiekerij를 진심으로 경멸한다. 우리는 영원한 '(그)것'을 알지 못한다. 하나님이 영원한 **분**이시며, 그런 분으로서 역사를 만드신다. 소위 '하나님의 세상'에도 역사가 있다. 그리고 결코 '초역사'boven-geschiedenis가 아니다. 사라지고, 흘러가며, 지나가는 것과 관련해서, 그것은 하나님의 결정 안에 있고, 그로 인해 지속되고 있는 것 만큼의 '**가치**'가 있다. 또한 그것은 그의 결정 안에 매여있는 것이다. 의미 곧 역사 **속에서의** 의미, 따라서 영원을 **위한** 의미라는 뜻에서, 모든 것은 가치를 가진다. 하나님의 뜻을 따라 일어나는 모든 일은 그분의 작정raad을 따라 실행한 것이다. 하늘은 가치가 있고, 땅도 역시 그러하다. 미래의 하늘은 큰 가치가 있다. 그러나 그렇다고 해서 오늘의 하늘이 그보다 덜한 것이 아니다. 태아는 역사 속에서 일하시는 하나님의 사역으로 인해, 성인의 몸 만큼의 '가치'가 있다. 주검屍身도 건강한 신체와 똑같다. 왜냐하면 이 모든 것 안에서, **그분**은 자신의 목표를 향해 나아가시고, 그분은 자신의 미래로 나아가시고, 예를 들자면 그분은 이 책의 테마와 관련이 있는 하늘로도 나아가시기 때문이다. 그분은 **모든 것에서** 자신을 계시하신다. 심지어 죽음에서도, 흙에서 흙으로 돌아가는 것에서도 말이다. 그분의 말씀이 어떤 것을 존재로 부르시면, 그것은 흙으로부터 나오거나 다시 흙으로 돌아간다. 그것을 막을 수 없다. 그분의 말씀을 통해, 일어나는 모든 것은 성취된 그분의 의미를 가지기 때문이다.

§4. 결론

따라서 우리는, 이제 독자들이 분명하게 이해하는 바와 같이, 영원한 '(그)것'이 **아직** 오지 **않았다**는 것이 아니라 오히려 영원한 '**분**'이신 하나님께서는 **항상** 오셨고, 오시고 계시고, 오실 것이라는 관점을 견지한다. 우리는 어떤 '것'het이 종말론을 지배하게 두어서는 안 된다. 바로 그 '것'het이 인간을 하나님으로부터 분리했기geabstrahccrd 때문이다. 만일 그것으로 '작업'을 한다면 비록 그것이 우리의 신학적인 작업의 방법에 불과하다 하더라도, 우리의 사고를 인도하고, 선택하게 하며, 관점을 제시하는 능력을 가진 허구의 우상을 우리 스스로 고안해 내는 것이기 때문이다. 그것은 순종하지 않는 것이다. '은혜와 평강'이 우리의 신학적 연구에도, 그리고 막지막 날을 고대함에도, 하늘을 소망함에도, '이제도 계시고, 전에도 계셨고 장차 오실 이와 그의 보좌 앞에 있는 일곱 영과 또 충성된 증인으로 죽은 자들 가운데에서 먼저 나시고 땅의 임금들의 머리가 되신 예수 그리스도로 말미암아' 있기를 바란다.[16] 우리에게 율법을 수여하시는 그 분으로 말미암아야 하는 것이다. 지혜롭다는 우리의 생각을 그 분에게서 떼어내어 율법 수여자의 폭력으로부터 벗어나는 어떤 '것'이 아니라, 그것으로 자신의 왜곡된 인식을 제거하는 것이다.

따라서 이제 우리는 성경에 근거하지 않는 어떤 철학과 '신학'을 타협시키려고 하는 어떤 시도도 거부하면서, 신학적이고 철학적인 모든 사고들을 말씀

---

16. 계 1:4-5.

아래에 두려 한다.

바로 **그 안에**, 우리가 제기하는 질문의 의미가 있다. 신학적인 것을 말하는가? 당연히 그러하다! 철학적인 것도 마찬가지이고, 문화 역사적인 것과 종교철학적인 godsdienst-filosofische 것도 그러하다. 그 모든 것에서 그러하다는 것이다. 다시 말해 하나님 중심적이고 기독론적으로 성경을 신뢰한다는 의미는, 역사 속에서 하나님을 선포하는 것이다. 영원과 시간 속에서 영원하신 그 분, 바로 그 둘을 하나가 되게 하시나 완전히 혼합하지는 않으시는 그 분 말이다.

왜냐하면 하늘과 관련된 성경적 계시의 내용을 숙고熟考하는 것이 중요한 이유는, '영원'과 '시간'이 '양극적' 긴장 속에서 서로 대치하고 있다거나, 이런 긴장 속에서 어떤 '것'과 다른 '것' 사이에 우리를 이리저리 던져 넣고 싶어 하는 치명적인 이론들을 깨어버리도록 우리를 가르치는 것이 여기 안에 있기 때문이다. 하늘이 우리의 역사를 살아가면서, 단지 마지막 날만이 아니라 매 순간, 매 초마다(임종의 순간을 생각해보라) 시간의 열매들을 그 자신의 현실로 받아들인다면, 거리를 유지하면서 서로 균형을 이루고 있었던 양 '극단' 즉 ('시간'을 견디는) 기독교적 '인내'의 **자유**와 (다가오는 영광을 **고대하는**) 기독교적 '조급함' 사이의 이원론적인 '긴장'이 급격하게 radikaal 끝나버리는 것을 다시 보게 될 것이다. 미래를 고대하는 것은 자유의 행위이고 성장과 증가의 행위이며, 그것의 목표는 생명을 추구하는 것이다. 그리고 이 행위는 하나이다. 그러면 (소위 규칙적인 질서를 깨뜨리는) '자연의 이적'과 (죄와 죽음의 법을 깨뜨리는) '종교적 이적' 사이에 양극단이 있다고 주장하는 이원론으로부터 벗어나게 될 것이다. 왜냐하면 '자연'의 이적은 마지막 날의 '파국' katastrofe이 그러하듯이 어떠한 규칙적인 질서도 깨뜨리지 않기 때문이다. 다시 말해 언제나 정확한 시간에 와서 실행되거나 결과를 도출한다. 그래서 '깨어지는' 것은, 법칙들이 아니라 죄의 무법함 즉 하나님께서 움직이시는 의도에 저항하는 사탄의 반대 운동이 깨어지는 것이다. 따라서 '이 세상'과 '다가오는 세상' 즉, 이 역사와 '초역사', 서로 대치되어 양극적 관계polaire verhouding에 놓여진 절대적 규범인 '영원성''eeuwig'-'heid'과 아직 적합하지 않은 규범인 '일시성''tijdelijkheid'을 주장하는, 형식화된 긴장 이론으로부터 벗어나게 되는 것이다. 왜냐하면 이 형식화된 양극 구도 대신, 극단적이지 않고 **스스로 서서히 풀려가는** 구체적인 긴장이 몸과 피로 존재하는 현재의 우리에게 나타나기 때문이다. 즉 **죄**와 **은혜** 사이의 긴장이다. 이것은 자연과 은혜 즉 역사와 초역사 사이의 긴장과는 다른 것이다. 다시 말하자면 옛 사람과 새 사람 사이의 긴장이라고 말할 수 있겠다.

이러한 '긴장'이 거기에 있다. 하나가 다른 것을, 나의 구체적인 삶에서 열망하기 때문이다. 그러나 그것은 변증적이거나 극단적이지 않다. 옛 사람은 (죽어 가다가) 죽고, 같은 방식으로 새 사람이 일어서기 때문이다. 새 사람이 옛 사람을 이긴다. 왜냐하면 새 사람은 위로 부터 내려온 것, 첫 번째 아담으로부터 나의 역사적인 삶으로 들어온 열매이기 때문이다. 두 번째 아담의 사역으로 이루어진 **재창조**이며, **새로운** 삶의 **'배아'**인 것이다.

그 안에서 이런 긴장을 느끼는 사람은, 죄와 은혜의 안티테제antithese는 당연히 인정하겠지만, 자연과 은혜 사이의 모든 안티테제는 부인할 것이다. 그가 후자를 부인하지 않았다면, '새 사람'이[17] 시간 안에서 즉 **그 자신의 시간**, 그 자신의 삶의 연속성 안에서 '시작'하는 것을 볼 수 없었을 것이다. 그러나 그는 자신 안에서 새 사람의 시작을 '보았다'. 관조를 통해서가 아니다. 결코 그것이 아니다! 믿음으로, 즉 성경이 그에게 말씀한 대로 보는 것이다. 이렇게 그는 스스로 그 자신의 역사 가운데서, 종말론에서도 여전히 굳게 붙잡아야만

---

17. 롬 6:4-6; 엡 4:22-24; 골 3:5-10을 참고하라.

할 것을 다시 깨닫는다. 바로 영원하신 하나님, 곧 위로부터 시간 안으로 '밀고 들어오셔서', 새 생명의 배아들을 뿌리시고, 이어서 자라게 하시고 열매 맺게 하셔서 '자신의 곳간'에 모으시는 그 분을 말이다.[18]

새 사람은 계속해서 '자라고 번성하여' 옛 사람을 이기기 때문에, 그 안에서 새사람에게는 '긴장'이 그 자신을 지양止揚, op-heffing하려고 애쓰는 것으로 보여질 것이다. 완전하게 '긴장이 풀리는 것'ont-spanning인 이 지양은, 무덤을 향하여 나아가는 것이 아니다. 왜냐하면 여기 아래에 있는 옛 사람은 날마다 계속 **죽어 가지만**, 결코 완전히 죽게 **되는 것**은 아니기 때문이다. 그리고 날마다 다시 **살아나는** 새 사람은, 여기 아래에서 완전하게 부활**하여** 영화롭게 되고 완성되는 것은 아니다.[19] 그러나 그것은 영원과 시간의 극도의 긴장 때문이 아니라 모든 불의를 여전히 포기하지 않기 때문이다. 그러나 하나님께서 '시간의 한 순간에'순식간에, een punt des tijds 그가 죄로 나아가고자 하는 최후의 의지를 꺾으시고, 동일한 '시간의 한 순간'(땅에서 분리되는 순간)에 섬김으로 나아가고자 하는 완전한 의지를 부어주시면, 긴장은 곧바로 해소된다. 또한 그때 그가 다가올 어떤 것을 여전히 '소망한다면', 정말 그러하다면, '아직 있지 않은' 어떤 것을 '소망하는' 것이다. 그가 소망하는 다른 하나는, 마지막 날에 우주와 그 자신이 완성되어 완전하게 영화롭게 되는 두 번째이자 마지막 '시간의 한 순간'이다. 또한 이는 자신의 몸을 되찾음으로 성숙하고, 성장하여, 온전히 하나님을 섬기기를 열망하는 순간이기도 하다.

그것이 예전부터 기독교가 믿어왔던 것이다. 그래서 시간과 영원이 **극도**의 긴장 관계에 있다는 주장을 근본적으로 거부했다. 하늘에서도 그리고 하늘에

---

18. 마 3:12.
19. 하이델베르크 요리문답 33주일을 참고하라.

대해서도 '아직 아니'라고 믿었던 것이다. 이 '아직 아니'라는 것은, '다른' 세상에 있으며 '이러한' 역사에서(이 역사를 살아가면서) 분리되어 안식 속에서 '그 역사'의 완성을 아직도 기다리고 소망하고 있는 인간들인, 죽은 자들에게까지 확장된다(요한계시록 6:10, '어느 때까지 하시려 하시나이까?').

더 이상 여기가 아닌 세상에서 '긴장이 풀리는(안식하는)' 삶과 마찬가지로, 변증법적 안티테제의 관계에서 아직은 완전히 그곳은 아닌 세상에서 '안식하는 삶'(그리스도 안에서 잠자는 상태)도 시간의 영원성을 아는 것은 아니다. 그래서 우리가 '아직은' 안식하고 있는 것은 아니지만, 옛 사람과 새 사람의 치열한 싸움이 있는 그 곳은 '이미' 안식하는 세상이기도 한 것이다.

우리는 여기서 미크로 코스모스_{작은 우주, mikro-kosmos}와 마크로 코스모스_{광대한 우주, makro-kosmos} 즉 우리 안의 작은 세상과 우리 주변의 거대한 세상에 대해 말하는 것은 피하려고 한다. 그러나 그럼에도 불구하고 도르트신경_{de Dordtsche Canones}이 가르치는 바와 같이, 우리는 중생 곧 하나님으로부터 말미암은 발전과정_{ontwikkelingsgang}인 죽음과 무덤을 넘어 도달하는 '위로부터'_{ἄνωϑεν} 거듭난 삶을 의도적으로 하늘의 테마와 연결시켰다. 따라서 '영원한 것'(영생)을 가치론적이고, 그리고 무엇보다 그것을 통해 목적론적인 의미로 받아들이면, 이런저런 위험에 빠질 수도 있다. 그것 때문에 공교회적 기독교_{het oecumenisch christendom}에서 지금까지 우리에게 전파된 모든 것이, 버려졌던 것이다.

그러나 영원과 시간의 관계와 관련하여 언급한 가정을 기초로 하여 성경적인 하늘의 모양을 완성하려는 것은, 모든 면에서 중요하다. 즉 우리 자신이 살아가고 있는 **구체적인** 인간의 삶에서 (하나님의 영으로 거듭나자 마자) 하늘에 대해 추상적으로 보이는 다른 교리를 곧바로 실제적으로 만들기 때문이다. 거듭났다고 하는 사람에게, '영원'에 대한 것을 시간을 벗어나는 법칙 즉 가치론적이고 **따라서** 목적론적으로 말할 수는 없다. 그렇지 않다면 그는 저항해야만 한다. 왜냐하면 **내** 안에 하나님을 향한 믿음이 있고, 내 **안에** 규범에 응답하는 실제적인 것과 영원히 계속되어질 어떤 것이 있기 때문이다. 이 세상에는 은혜를 위한 연결 지점이 있고(이미 **놓여져 있다!**), 실재적으로 연결하는 현실이 있다. 바로 '새로운 피조물'이다.

바로 그곳에서 그는 문화의 가치kultuur-waardeering와 문화 비평kultuur-kritiek에 대한 개혁주의의 노선을 이끌어 낼 것이다. 따라서 그를 신칼빈주의자neo-calvinist라고 거만하게 비난하는 자들 때문에, 구원의 현존praesentia salutis 곧 영원이 **여기** 존재함, 구원이 **여기** 존재함에 대한 **믿음**의 파편geloofsstuk)조차도 빼앗기지 않을 것이다. 그는 역사를 영원과 시간에 대한 어떤 철학적 논증filosofeem으로 평가하는 것이 아니라, 그에게 역사하는 분명하고 강력한 계시, 곧 성경으로 주신 하나님의 말씀으로 하는 것이다.

이제 이 단락을 마무리하자. 위의 내용을 통해 너무나 명확한 것은, 이 책의 주제를 기독교 공동체에서 논제로 삼지 않아도 되는지를, 우리 임의로나 '자유로운 선택'에 맡길 수 없다는 것이다. 왜냐하면 하늘에 대해 생각하는 것은 하나님께서 우리에게 요구하시는 **순종**의 일부이기도 하기 때문이다. 또한 이런 의미에서 생각은 삶이고, 좋은 생각은 순종하는 삶이다.

지금까지 말한 모든 것의 주안점은, 하늘에 대한 물음은 개혁주의 신앙고백에서 논의되고 있거나 되어야 하는 다른 모든 물음과 연관되어 있다는 것이다. 삶과 계시로부터 나오는 모든 실타래draad는 반드시 하늘로 이어지게 된다.

1618-1619년에 열렸던 도르트 총회Dordtsche Synode의 신학 논쟁에서 잘 알려진 표현으로, 여기에서도 그 규칙이 적용된다고 할 수 있는 말을 빌리자면, "하나님의 작정Gods besluit에서 첫 번째는, 실행uitvoerin에 있어서는 마지막이

다."[20] 즉 실행은 작정으로부터 나오는 것, 이른바 역사 속에서 실행이다. 따라서 하나님께서 친히 협의에 의한 작정들raadsbesluiten 전체에서 **목표**로 두시는 것이, 하나님의 작정에서 '첫 번째'이다. 여기서 '첫 번째'라는 단어를, 무엇보다 하나님의 사고들이 나아가는, 즉 전제들에서 결론으로 확장되어가는 일련의 과정이라는 식으로 생각해서는 안 된다. 하나님은 지금 역사 속에서 결정을 내리시기 시작하신다. 하나님은 역사 속에서 등장하는 요소들 모두를, 하나씩 하나씩 그곳으로, 바로 첫 번째로, 목표로 세우신 당신의 작정에 이르게 하시는 것이다.

이제 하늘은, 지금 우리가 역사 속에서 무엇보다 대면하여 보기 원하는 것으로(본 장의 §1을 보라), 그것은 실행에 있어서 '마지막', 달리 말해 곧바로 모든 역사를 펼치시기 위하여 역사 속으로 들어오시고, 그리고 그것으로 열매를 영원토록 맺으시는 것이다. 따라서 하나님으로부터 스스로 떨어져 나가지 않고서는, 그 누구도 하늘로부터 벗어날 수 없고, 그런 생각조차도 할 수 없다. 하나님께서는 협의에 의한 작정들 속에서 하늘을 '보기'만 하신 것 즉 사고하신 것만 아니라, 당신 자신의 사역이 전진하는 운동 전체, 역사의 전개 전체, 역사 속에서 활발하게 움직이는 능력들의 압박 전체가 하늘을 향해 나아가게 하신다. 하늘을 상고詳考하지 않는 자는, 그 사고가 하나님의 사고로부터 떠나는 것이다. 즉 그는 (하나님을) 사랑하지 않는 것이다.

단지 이것 뿐만이 아니다. 영과 마음으로 하늘을 향해 나아가지 않는 자는 하나님과 멀어지는 것일 뿐 아니라 실제로는 자신의 존재의 기반인 순전한 **인간**의 공동체와도 멀어지는 것이다. 결국 그곳(하늘)에 사람들이 순전한 아름

---

20. 역주) 서울에서 부산으로 기차를 타고 여행을 하기로 계획했다고 한다면, 계획한 목적지는 부산이지만 서울에서 출발하여 대전, 대구 등의 과정을 거쳐서 부산에 도착하기 때문에, 작정에서 첫 번째는 실행에서 마지막이 된다. 즉 역사라는 과정을 통해 실행된다는 의미이다.

다움 속에 있는 진짜 인간다움het echt menschelijke이라고 부르는 것이 꽃피우기 시작한다. 순전한 인간을 찾는 이가 있는가? 그에게 하늘을 찾게 하라. 마지막 날의 정화하는 파국zuiverings-katastrofe이 끝나기까지 찾게 하라. 아니다. 하늘은 '작은 공동체'의 나약한 자들을 위한 피난처가 아니다. 더 허네스테트De Genestet의 일반시 하나를 중얼거리면서 좁고 환상적인 하늘 문을 향해 표시되어 있는 길을 따라 비틀거리며 걸어가는 자들 말이다.[21] 그런 것과는 너무나 멀다. 하늘은 창조의 은사들scheppingsgaven이 성취되고 완성된 구체적인 상태이다. 플라톤이 말하는 '하늘'보다 더 구체적이고, 어거스틴Augustinus의 작품인 '하나님의 도성' 보다도 더 부요하고 순전하다. 우리는 하늘에서, 온전히 의롭다 칭함을 받은 자들이 모이는 집회, 곧 새로운 인류의 '모임'coetus[22]과 '회중'congregation[23]을 보며, 또한 그들의 일터도 함께 목도한다. 따라서 하늘을 상고하며 찾지 않는 자는, 자신을 참된 인류 즉 '새로운'(다시 말해 '새로운' 은혜를 통해 옛 정결함으로 되돌려, 그 안에서 온전하게 발전된) 인류로부터 떼어내는 것이다.

조금 더 일반적으로 말할 수도 있다. 인간은 '피조물'이다. 그리고 피조물 전체는 그와 함께 다시 하나님을 섬겨야 할 차례가 된 새로운 인류를 섬길 때에야, 하늘로 들어 가게 된다. 오히려 더 광대한 하늘로 들리워지는 것이다. 이 세상에 존재하고 머물러 있어야 하는 모든 것은, 마지막 날의 정화하는 불louteringsbrand을 통해 그 도성을 향해 들어 가게 되며, 성장의 충만함에까지 도달하게 된다. "모든 피조물이 탄식하며 고대하는 바는, 하나님의 아들들의 계

---

21. 네덜란드 시인 더 허네스테트(P.A. de Genestet, 1829-1861)의 일반시(leekendichtje) 44번, '당신과 우리'(Gij en wij)에서 인용.
22. 자발적으로 형성된 모임.
23. 하나님께서 세우신 하나된 모임, 연합.

시의 날을 기다리는 것이다(하나님의 아들들이 나타나는 것이다.)"[24] 따라서 이 날이, 피조물을 한편으로는 죄의 종 노릇에서 벗어나게 하고, 다른 한편으로는 열매 맺지 않음의 종 노릇 한데서 해방하게 한다면, 하늘다운 성품이 결여된 것은 피조물로서의 삶을 위반하는 것이다. 그것은 하나님에게만 아니라 인간과 우주에도 죄를 범하는 것이다.

---

24. 롬 8:22-23.

제4장
상태 혹은 장소

§1. 이 질문의 전제에 대한 이유들

우리는 이제 하늘이 '상태'인지 아니면 장소도 의미하는 것인지를 살펴보려 한다.[1] 사실 이 질문에 대해서는 이미 앞에서 대답을 했다. 다만 이 부분에 대해서는 좀더 깊게 살펴 보아야 한다. 그것이 이렇게 한 장章을 별도로 할애해야 하는 이유이다.

그러나 또 다른 논의가 우리 앞에 놓여 있다. 이 테마에 대한 논의를 이전의 장들과 곧바로 연결해서 다루어도 괜찮은 것인가?

그것에 대해서, **사실 좋지 않다**고 대답할 수도 있다. 이 책을 학문적으로 진술하거나, 방법론에 있어서 학문적으로 접근하려 한다면, 완전히 다르게 구성해야 하기 때문이다. 그러면 우리는 앞서 언급한 사고에서 시작해야만 한다. 사실 이것은 **하늘도 피조물**이라고 했던 이전 장들과 더 잘 연결될 수 있다. 즉 **공간**이 실재한다는 것은 하나님께서 만드신 것으로 **간주해야만** 하기에, 하여

---

[1] 지옥의 장소성에 대해서는 다음을 살펴보라, Klaas Schilder, *Wat is de hel?*[3], 58-69.

튼 궁극적으로는 하늘도 창조되었을 뿐 아니라 하늘도 곧바로 새 땅과 함께 온다는 사실로서 볼 때 하늘 또한 **장소**로서의 의미를 가져야만 한다는 **결론**을 내리는 주장을 이어서 하려는 것이다.

그러나 우리는 자료를 다루는 다른 방법을 선택했다. 우리는 여기에서 하늘을 장소로 보는 것이 옳은지 혹은 아닌지에 대한 질문으로 시작하면서, 그리고 나서 하늘은 우주의 창조 안에서 진행하고 있다는 역사의 또다른 논의로 나아가기 위해서이다.

우리가 이렇게 하려는 것은, 대중적인 책을 이렇게 다루는 방식이 더 효과적이라는 단순한 이유 때문이다. 예를 들면, 대부분의 사람들은 하늘이 **장소**라는 것을 배우면, 이어서 하늘도 **역사**와 함께 진행해야만 한다는 사고를 훨씬 빨리 발견하게 되는 유익이 있다.

분명히 이 책은 자료를 다루는 방식이나 방법에 있어서 학문적인 시도를 하려는 것이 아니다. 오히려 성경의 가르침에 대해 단순하게 묻고 요약하려는 것이기 때문에, 자료를 방법론적으로 엄격하게 다루려고 하지는 않았다. 물론 성경도 엄격한 학문적 방법을 따라 말씀하고 있지는 않다. 그러나 매우 일관되게 진술하고 있다. 그래서 성경을 통해 하늘이 장소가 아니라는 생각을 할 수가 없는 것이다. 다시 이 문제로 돌아가 보자. 자, 성경은 단지 묵시적이고, 예언적인 혹은 시적인 부분에서 뿐만 아니라(비유를 신뢰하거나 혹은 받아들이지 않든지 간에), 지속적으로 일관되게 진술하고 있다. 따라서 성경의 다른 부분도 역시 그러하다는 것이다.

이제 우리는 성경에서, 즉 성경의 계시가 종종 우리에게 하늘의의실재들에 대해 이야기할 때마다, 시공간의 세계에서 그 '형상들'을 차용해야 하지만, 그래도 그것은 **진리**를 말하고 있다고 믿는다.

그래서 우리는 인간의 책으로서의 **성경**과 거룩한 언설言說, goddelijke spreuk

로서의 **하나님**의 **말씀** 사이에 **안티**테제가 있다는 식의 주장을 하려는 것이 아니다. 그것은 성경이 하늘을 **장소**로 표현하고 있다고 생각하는 우리의 개념적인 사고와 **묘사**와 같은 것을, 이제 아무런 가치가 **없는** 것으로 치부하려하는, 우리가 판단하기는 여전히 거부해야할 사고를 우리를 끌어들이는 것이다.

많은 사람들은, 성경이 단지 시공간적인 세상의 **형상들**로만 **말할 수** 밖에 없기 때문에, **따라서** 성경은 하늘을 구체적인 장소로 묘사하고 있기는 하지만, 그것이 하늘은 실제적인 장소로 존재한다는 매우 확실한 증거가 되는 것은 아니라고 말한다. 그러나 우리는, 계시의 가능성에 대한 이런 식의 견해는 성경의 자증自證에 상반될 뿐 아니라, 이미 앞서 언급한 대로 즉 인간에게 하늘의 것에 대한 **진리**를 땅의 언어로 **말할 수** 있다는 초월적인 하나님의 영광 조차도 부인하는 것이라 생각한다. 물론 이 모든 것에는 이미 논의한 사고, 즉 하늘은 창조되었고, 역사와 함께 진행한다는 것 또한 포함된다.

우리가 이 장을, 지금 이 부분에서 설명한 것은 바로 그 이유 때문이다.

§2. '상태'로서의 하늘에 대한 견해

어떤 이들은 '하늘'이라는 단어를 단지 영광의 **상태**, 평화와 행복의 **상태**를 의미하는 경우에만 사용하고 싶어 한다. 다른 모든 견해들은 미신적이고 신화적인 것으로 여기고 거부한다.

이러한 견해는 종종 교회적이고 신학적이며 교의적인 종말론을 메마르다고 비난함으로, 그 기초를 단번에 허물어버리려 한다. 사람들은 이 '미지'의 영역에 들어 가려 하는 모든 신학적 '사변'을 비난한다. 앞서 우리가 언급했듯이, 이 주제의 (상대적인) '간결함'에 대해 말하려고 하는 사람은, 성경이 그에게 말씀하시는 바를 믿는다는 단순한 이유 때문에 조금은 동정적으로 보이기는 한다. 그는 신중하다 못해 무지한 것을 '끔찍하게도 잘' '알고' 있기 때문이다. 주석적 교의학자den exegeet-dogmaticus에게 신중하게 판단하도록 하면서 성경의 몇몇 장소의 **모호성**을 언급하는 것은, 나머지 장소에 대해서 신학적 회의론을 기독교적 겸양인 듯 표현하면서, 다른 이들에게 강요하는 것이다. '하늘'이라는 단어를 단지 위대하고 훌륭한 행복의 도덕적인 상태만으로 여겼던 이 테제로 인해, 더 이상의 연구는 진행되지 않았던 것이다.

기껏해야 사람은 종말론적인 길에서 주저하는 단계를 한번 더 시도할 뿐이다. 그래서 인간의 영혼이 정결함을 지키고 순결하게 살았다면, 그의 영혼을 아름다움과 순결함의 샘물에 가서 흠뻑 적시게 하였다면, 그가 하나님 혹은 거룩한 '것'을 향한 종교적 열망을 깨달았다면, 이 온전한 영혼은 불리는 바 그대로 완전한 조화로 연결되었으리라고 말한다. 조화는 역시 매우 간결한 단어이다. 아름다운 '하나님의 세상'이라는 거대한 전체에 정화된 영혼이 결합하는 조화가, 이제 그가 받는 '상급'이다. 그 안에 받아들여진 인간의 영혼은 이제 곧 스스로 균형 있게 존재한다. 죽음 이후에도 그러하다. 그 영혼은 자신 밖에 있는 모든 것들과 일치하여 무덤 너머의 삶來世, aan de overzijde van het graf으로 나아가는 것이다. 죽음 이후에도 존속存續한다는 것을 믿는다면, 고귀한 영혼은 어떤 식으로든 자신의 내면에 있는 아름다움을 누리는 것을 깨달을 것이다. 즉 하나님을 향해 나아가는 모든 것의 보편적 조화universeele harmonie 속으로 받아들여진 영혼의 깨달음은 우주적 균형kosmische evenredigheid에 대한 복된 느낌을 깨우거나 지속하게 할 것이다. 바로 이 느끼는 것(느낌)이 일종의 하늘이다. 즉 부요함과 아름다움이 성취된 **상태**이다. 매우 다양하지만, 언젠가

조지 엘리엇George Eliot이 기록한 시처럼 대략 그런 것이다.[2]

> 오, 보이지 않는 찬양대에 들어갈 수 있다면
> 죽어도 다시 사는 불멸의 사람들 속에서
> 그들과 함께함으로 마음이 부유해지리라,
> 뛰는 가슴으로 관용을 베풀고
> 감히 청렴한 삶을 살게 하며
> 죽으면 그것으로 끝날 허망한 목표를 버리고
> 별처럼 하늘을 가로지르는 그러한 숭고한 생각들로 하며 살리라
> 또한 인내하며 사람들과 함께
> 더 광대한 것들을 추구하리라.
> **바로 이런 삶이 천국 아닌가**,
> 이 땅에서 영원한 노래를 지어 부르려면
> 질서정연함(조화)과 절제가 주는 아름다움을 호흡하며
> 한 사람의 인생이 성장하듯이 노래 부르는 자의 반동 또한 점차 커져야 하리라.
> 더 나아진 나는, 주어진 그 시간까지 살며
> 눈을 감을 그 때, 인간의 생명이 다할 그 때,
> 마치 무덤 안에 있는
> 한 권의 두루마리 책처럼 될 것이라
> **이것이 영원한 삶이라**,

---

2. 조지 엘리엇(George Eliot)이라는 필명을 사용했던 영국의 소설가 메리 앤 에번스(Mary Anne Evans, 1819-1880)가 쓴 시, '**오, 보이지 않는 찬양대에 들어갈 수 있다면**'(O May I Join the Choir Invisible)의 앞 부분이다.

순교자들은 더욱 더 영원한 삶을 살며

나로 하여금 그 길을 쫓도록 할 것이라

그 정결한 천국에…

§3. 성경적 사고 : 장소로서의 하늘

이런 모호한 생각에 대해, 성경은 전혀 다른 개념을 제시한다.

성경에서 하늘은 개인주의적인 개념이 아니라, 오히려 **사회적인** 개념이라는 것을 이미 분명하게 밝혔다. 성경 어디에서도 하늘을 개인적인 '영혼'이 어떤 특정한 상태에서 **살아가고** 있는 것으로 표현하지 않는다. 개인적인 '영혼'이 도달하는 어떤 특정한 상태로 묘사하고 있는 것이 아니라, 오히려 성숙한 **인간** 곧 몸과 '영혼'이 하나님의 친밀한 얼굴로 부터 비추이는 빛 아래에서 살아가는 **공동체적** 삶으로 묘사하고 있다.

요한계시록은, 이미 우리가 말한 바와 같이 묵시이다. 주석하기가 매우 어렵다는 것만큼은 인정해야 한다. 그러나 단지 요한계시록 뿐 아니라 성경 **전체**는 하늘을 도성, 공동체, **질서**가 완전한 나라일 뿐 아니라 피조물들의 완전한 **통일됨**, 왕국으로 묘사하고 있다.[3]

이것으로 성경은 방금 보았던 보았던 각각의 경향을 빈약하고, 개인주의적이며, 극도로 부유浮遊하는 조화 개념이라고 혹평하고 있다. 그래서 앞서 말한 조화에 대한 서정시로 우리를 유혹하려 했던 각각의 사고 개념은 성경에 의해 근본적으로 차단되어버리는 것이다.

---

3. 히 11:16; 12:22; 13:14; 계 3:12, 21-22.

결국 사회적인 개념은, 영혼이 만유萬有와 조화하는 것을, 개별 영혼이 자신의 '환경'과 **'형식적으로'** 병행을 이루는 것으로 생각한다. 그러나 성경은 전적으로 형식적인 개념들bloot-formeele begrippen을 사용하여 전적으로 형식적인 관계bloot-formeele relaties를 설명하는 것에 결코 만족하지 않는다. 마치 **형식적인** 우주적 관계들이 지시하는 방향으로 계시가 나아갈 수 있는 것처럼 말하는 개념들 말이다. 이것을 믿거나 혹은 어떤 특정한 시점순간에 그것이 일어난다고 믿는 사람은, 계시를 폐기하는 것이다. 특정한 시점순간에서가 아니다! 모든 면에서이다. 왜냐하면 어떤 '특정한 시점순간'을 다른 다른 시점순간으로부터 결코 떼어낼 수 없기 때문이다.

따라서 계시가 심각하게 제기하는 문제를 위해서, 단지 **관계들**만을 의미할 뿐인 전적으로 형식적인 하늘 개념을 떼어내야 한다. 형식적인 '관계들'은, 거저 '위기', '심판', '안티테제', '양극적 긴장'의 관계들relaties이거나 혹은 평화, 비례, 평행의 관계betrekkingen일 수도 있기 때문에, 아무런 내용이 없는 것이다. 그런 것들로 하늘에 대한 성경의 예언에 집중하려는 사람은, 결국 자신에게 맞지도 않는 잘못된 형식의 구도를 고집하게 되어버린다. 즉 전적으로 '형식적인' 관계들에 대해 결코 추상적으로 사색철학하지 않는, 성경의 살에서 피를 제거해 버리게 되는 것이다.

따라서 우리는 성경이 하늘을 **도성**stad으로 묘사하면서, 낙원의 동산이 있는 '새로운 도성'으로 묘사하고 있다고 확신한다. 하늘을 구체적이고 사회적인 교제의 세상으로 표현하고 있는 것이다. 그래서 그곳에서는 당연히 교제의 **관계들**과 구체적인 상태들이 있는 것이다.

요한계시록이 하늘을 동산과 성곽들, 그리고 성문들과 성들이 있는 도성으로 우리에게 그려줄 때마다, 에스겔과 성경의 처음 부분으로 되돌아가는 것이 더욱 분명해진다.⁴ 단지 성경의 이런 부분만이 아니다. 요한계시록은 하늘에 대한 주제를 가지고 성경 전체로 되돌아가는 것이다. 자, 시편을 포함한 성경 전체에서, 미래상象에 대한 특징들은 시인, 선견자, 선지자가 살고 있는 구체적인 현실에서 차용했을 뿐 아니라 예언적인 조망으로도 연결해서 지속적으로 나타난다. 따라서 예를 들면, 새 예루살렘은 옛 예루살렘의 형상形象을 따라서 그려지고, 종말론적인 평화의 도성은 잃어버린 낙원의 물결들을 곧바로 떠올리게 하는 지류들에 흠뻑 적셔진 것으로 보여진다(시편 45편). 요한계시록이 말씀하는 바와 같이, 새 예루살렘에는 더 이상 성전이 없다. 그래서 아래지상의 예루살렘과 구별되지만, 성전이 없는 도성의 기본구도는 여기 아래지상에 있는 성전인 도성(empelstad의 형식을 따라 그려졌다. 하늘의 도성이 **성전 없는 도성**으로도 불리운다고 해서, 성경이 예언의 **일반적인** 규칙을 (미래상象은 선지자가 살아가는 구체적인 현실인 생생한 현재를 따라 그려지기 때문에) **하늘**에 대해서는 **예외**로 할 수 있다는 것을 의미하지 않는다. 새 예루살렘에 대한 스케치에는 성전에 대한 모티브tempelmotief가 나타나지 않는다는 점에서, 이와 같은 것을 추론하고자 하는 사람은 다음의 두 가지를 더 생각해야만 한다.

a. 예언적 관점에서 **지속되어지는 도성**에 대한 모티브stads-motief와 b. 묵시록de Apocalyps이 기록된 시대의 그리스도인은, 그들 모두가 자신들의 성전이 없는 도성들steden-zonder-eigen-tempel에서 살았다는 분명한 사실이다. 아니, 성전 없는 도성에 대한 묵시론적 주제가 말하려는 것은, 성전이 도성 전체로 확장되어서 더 이상 도성과 **분리**되지 않는다는 것이다. 따라서 시인들이 노래하고, 군인들이 무장하며, 성전 봉사자들이 제사를 드렸던 옛 도성을 유추하면, 미래의 하늘을 장소로서 사고하여 묘사하는 것은 여전히 정당하다. 게다가 에

---

4. 창 2-3; 겔 40-48.

스겔도 자신의 성전에 대한 이상을, 그가 이미 예루살렘에 있는 것으로 알고 있었던 **장소**로서의 성전에 대한 사고와 상관이 없는 것으로 생각한 적이 결코 없다. 즉 그의 미래 성전은 지상 성전의 **성취**이지, 그 위에서 "떠다니고" 있는 것이 아니다. 에스겔은 성전이 초월하는 것이 아니라, 완성하기를 바란 것이다.

누군가는 우리가 매번 여기서 이상적이고visionaire, 예언적이며, 시적인 성경의 부분으로 되돌아가고 있다고 주장할 수도 있다. 그래서 이렇게 질문할지도 모른다. 지극히 전형적인 표현방식을 항상 존중해야만 하는 것은 아니지 않은가? 설명이 여전히 불확실한 것이 아닌가?

물론 그럴 수 있다. 만일 우리가 **단지** 성경의 그러한 부분들 만을 근거로 논의를 해야 한다면, 모든 것이 흔들리게 될 것이다. 그러나 결론적으로 이미 언급한 바와 같이, 이 모든 형상들은 잃어버린 낙원으로 되돌아 간다는 것을 잊어서는 안 된다. 요한계시록 22장의 '동산'은 에스겔 뿐만 아니라 창세기도 떠올리게 한다. 그리고 창세기의 동산은 시적인 모티브가 아니라 그것에 대해서 **역사가**가 전하여 주는 실재realiteit이다.

그리고 이와 같은 성경의 내용들을 해석하고 정리하면서 고려했던, 앞서 살펴본 장들에서 발견한 모든 근본적인 사고들은, 다른 부분에도 적용되어야 한다. **다른 부분 없이는, 이미 살펴본 부분도 우리에게 아무것도 말하지 않을 것이니 말이다.** 그러나 그 부분들이 **서로 연결되면**, 그 모든 부분들은 우리가 한 것과 **같은** 결론에 다다르게 될 것이다.

따라서 성경의 내용들을 살필 때, 성경이 우리에게 알려주는 큰 흐름을 보지 않고, 이런 저런 세부적인 특정한 표현방식에 집착해서는 안 된다.

예를 들어 성탄절 밤에 천사가 '위로 부터' 왔다고 해서, 그 사실이 하늘의 장소성을 '증명'하는 것으로 볼수는 없다.[5] 왜냐하면 보이지 않는 곳에서, 우리가 볼 수 있는 범위 안으로 갑자기 나타나는 모든 것은, 근거리 밖에 볼 수 없는 우리의 순수한 시력으로 보자면 위에서 내려오는 것이기 때문이다. 예수께서 요한복음 14장에서 말씀하신, "내가 너희를 위하여 '거처'를 예비하러 가노니"라는[6] 내용이나 사도행전 1:25에서 말씀하신 "유다는 '제 곳'으로 갔나이다"라는 표현의 말씀들을 통해 증명할 수 있는 것도 아니다. 분명히 그리스도께서는 제자들에게 하신 진술에서, 제자들의 미래를 돌보신다는 것 외에는 더 말씀하려고 하지 않으셨는데, 이는 '손님들이 도착하기 전에 침구를 잘 준비해 놓겠다는 것과 같다. 비교의 세번째는 주님께서 위대한 날 곧 그들의 미래를 위해 모든 것을 준비하신다는 것이다.' Dr. C. Bouma[7] 그리고 유다와 관련된 '제 곳'은 누가복음 16장에도 나오는 고통의 장소를 의미할 수도 있지만,[8] 누가복음 16장은 비유이고 여기서는 반드시 장소 개념일 필요는 없다는 이중적 사실로 조심스레 결론을 내린다.

그러나 이것은 우리가 논의를 진행함에 있어, 성경의 그러한 표현 방식들은 별다른 가치도 없다는 것을 말하려는 것은 아니다. 그것들은 '그 자체로는' 의미가 있을 수도 있다. 즉 문맥을 벗어나서는 증거 능력이 없지만, 그럼에도 성경이 우리를 움직이는 사고 체계 전체에 대한 의도하지 않은 표현으로서는 그 가치가 당연히 있다는 것이다. 성경의 **모든 책** 뿐 아니라 교리의 **방법론** 전체에서도, 성경은 하늘의 장소성을 공리公理, axioma로 생각한다. 그분은 '위에' 있는 것 반대편에 '아래에' 있는 것을 놓으셨다. 즉 서로 반대편에 있는 장

---

5. 눅 2:9-15.
6. 요 14:3.
7. C. Bouma, *Het Evangelie naar Johannes, Korte Verklaring der Heilige Schrift* (Kampen 1927), 178.
8. 눅 16:23.

소이다. 에베소서 4장은 그리스도의 승천을, 먼저 한 장소에서 다른 장소로 오신 뒤에, 그 반대 방향으로 장소에서 장소로 가시는 것으로 말씀하고 있다. '영적인 세계'는 '하늘에 있는 것들' 혹은 '최상의 하늘'로 번역된 전문적인 용어로 표현된다. 또한 우리는 헬라어에서 사용하는 기본단어로 기술할 수도 있다.[9] 에베소서 6:12에서 그 예를 찾을 수 있고, 반복적으로 나타난다. 예를들면 에베소서 1:3, 고린도전서 15:40, 48, 49, 빌립보서 2:10, 디모데후서 4:18이다. 판 레이우번 박사Dr J.A.C. van Leeuwen에 따르면, 바울은 분명하게 하늘의 **것들**이 아니라, 하늘의 **장소들**을 의미한다는 것이다.[10] 따라서 이 단어는 땅 위에 높이 있으면서, 땅에 속하지 않은 것의 질서들을 아는 영역이 존재함을 전제하고 있다.

여기서 우리는 또다른 모티브를 만난다. 성경은 계속해서 이 땅을 악한 영들과 선한 영들의 전쟁터로 본다. 성경이라는 드라마에는 '전면'에 있는 악한 영들의 배후에 어둠의 세력들의 '본부'가 있고, 선한 영들의 뒤에도 마찬가지로 하나님의 군대 본부가 있다. 그러나 '그 자체로' 장소적인 지옥과 공간적으로 존재하는 하늘을 증명한다고 할수는 없다. 그리스도께서 하나님의 천사들에 대해 말씀하시는 것이, '위에 있는' 장소, 즉 성부 하나님의 얼굴을 '뵈오러' 가는 곳인 하늘과 여기 아래에 있는 우리의 공간적 세상 사이의 관계를 보여주는 생생한 보고서가 아닌 것과 같은 것이다.[11] 왜냐하면 이러한 설명이 땅, 지옥 그리고 하늘을 함께 연결하는 장소적 도식의 범주 안에서는 유지될 수 있겠지만, 비유에서는 어떻게 해야하는가?

---

9. 엡 4:10, '모든 하늘 위에 오르신'
10. J.A.C. van Leeuwen, *Paulus' zendbriven aan Efeze, Colosse, Filemon en Thessalonika. Kommentaar op het Nieuwe Testament* (Amsterdam 1926), 22.
11. 마 13:41,49; 18:10; 24:31.

따라서 우리는 결론적으로 다양한 방면으로 끌고 갈수 있는 느슨한 표현 '그 자체'가 아니라, 서로의 연장선에 놓여 있는 주제인 그리스도, 아담 그리고 마지막 날에 초점을 맞추려고 한다. **그리스도**께서는 역사의 **중심**에서 땅의 **육신**을 가지시고 하늘로 올라가셨다. 그리스도의 영화롭게 되신 **육신**은 하늘로 올려져서, 천사들이 아버지의 얼굴을 '뵈오러' 나아가는 '아버지 보좌의 오른편'에 좌정하신다. 바로 여기에서 **육신**은 모든 '비유'의 해석에 영향을 미친다. 그래서 **아담**에 관해서는 우리가 이미 상세하게 설명한 바와 같이, 그는 '멈추어 있었지만', '시간의 한 순간에'(순식간에) 영광의 상태로 옮겨졌다. 또한 육체 안에 있는 삶과 그래서 공간적으로 살아가는 삶, 이 **양편**이 **보존**되면서 삶의 상태가 다른 것으로 전환한다는 표현을 사용할 수 밖에 없다. 그런 의미에서, '하나님의 거처woonstede Gods가 인간에게로 왔다'(6장의 §1을 보라). 그리고 우리가 역사의 **마지막**에 주위를 기울이면, 그곳에 다시 '시간의 한 순간' 즉 인간을 다른 상태로 이끌지만 육체성은 보존되어 있는 '파국katastrofe'이 있다. 그들은 육체적으로 새 땅과 그렇게 하늘을 동시에 살아가는 것이다.

그렇다! '그렇게 하늘을 동시에 살아간다.'[12] 하늘이 새 땅과 마침내 연결된다면, 성경이 하늘을 장소로 사고하는 것을 포기하도록 강요해서는 안되는 것이 아닌가?

이것에 대해서는 마무리하자. 이것은 여전히, 하늘을 **하나님의 보좌**라고 부르며[13], 역사의 각 단계마다 계속 이어지고 있는 것임을 의미한다. 또한 이 문맥에서 더 많은 것을 언급하고 있다. 분명히 '하나님은 사람의 손으로 지으신 성전에 계시지 않으신다.'[14] 그러나 이런 진술이 그분의 '거처'woonplaats'가 장소

---

12. 마 6:10.
13. 사 66:1; 마 23:22.
14. 행 7:48-49.

적이고 가시적이며 감각적이라는 것을 부정할 수 있다는 것을 의미하지는 않는다. '손으로 지은' 것을, 성경은 종종 '우리의 손으로 지은'이라고 말씀한다. 또한 부활한 몸에 대해, 고린도후서 5장의 비유에서는, '집' 곧 '손으로 지은 것이 아니요, 하늘에 있는 영원한 집'이라고 말씀한다.[15] 그리고 그것은 **인간의 모든 일**은 하찮다는 것과 같은 사고를 예리하게 잘라내는 것을 의미한다. 그러나 적어도 이것은 새로운 몸에 '영적인 의미'를 부여하거나[16] 혹은 안개 속에 가리려는 것이 아니다. 공간적으로 사고해야 한다. 즉 그것은 하늘에 있는 어떤 건물이다. 그런 의미에서, 하나님은 '손으로 지은' 건물에 거하시지 않는다고 말씀하신다는 것이다.

따라서 '하나님의 보좌'에 대해 언급하는 것은 장소성의 공리에 근거한 능력 있는 계시 외에는 없고, 하늘에 대해서도 마찬가지이다. 결국 왕의 보좌는 그의 왕국에 속한 것이다. 자신의 영역 범위 바깥에 두지 않고, 그 안에 두는 것이다. 다시 말해 왕국의 모든 영광이 비치는 장소, 바로 장소로서 제국의 영토 안에 놓여 있는 것이다. 이제 창조 전체는 하나님 나라의 영역이며, 창조 전체에서 공간은 단지 우리의 표현방식이 아니라 하나님께서 만드셔서, 그 안에 창조물을 두신 실재이다. 따라서 하나님의 보좌로서 하늘도 이러한 공간성의 법을 따르는 것이다.

---

15. 고후 5:1.
16. 역주) 문자적으로나 있는 그대로가 아닌, 이면에 다른 의미를 찾는 것을 말한다.

§4. 장소를 입증할 수 없다

우리는 이러한 일반적인 생각보다 더 나아갈 수는 없다. 우리는 하늘의 장소가 **어디에** 있는지 모른다. 이미 말한 바와 같이 우리는 **계산**할 수도 없고, 측량해 볼 수도 없다. 게다가 방향을 가리킬 수도 없다. 이것에 대해 우리가 할 수 있는 것은 아무것도 없다.

주의를 기울여야 하는 이유가 여기에 있다. 계산하는 것과 관련해서, 신학에도 이미 엄청난 과실이 있다. 고전적인 개혁주의 신학 시대의 사람들도 중세 시대의 스콜라적인 구분을 지나칠 정도로 많이 의존하여서, 기원이 의심스러운 쓸모없는 수 많은 것들을 신학계로 가지고 들어온 것이다.

예를 들면, '하늘'과 '하늘들의 하늘' 혹은 '좁은 의미의 하늘'과 '넓은 의미의 하늘'이라는 개념 사이에 미묘한 구별을 만들어 놓았다. 하늘을 첫 번째에서 세 번째까지, 심지어 일곱 째, 열 째 하늘까지도 계산했다. '도성'과 '낙원'으로서의 하늘, 복있는 자들zaligen의 처소 '로서'와 하나님의 거처 '로서'의 하늘에 대해 다양하게 언급했다. 이런 식의 언급은 헤아릴 수 없을 정도이다.

지금 우리는 이것을 무시하려는 것이 아니다. 성경이 이미 우리에게 경고하는 바와 같이, 성경 스스로 (솔로몬의 성전을 향한 기도에서) 하늘에 대해 '하늘들의 하늘'(열왕기상 8:27)과 '셋째 하늘'(고린도후서 12:2)에 대해 말씀하고 있고, 그리고 같은 본문의 마지막 구절에서는 '낙원'과 교차적으로 사용하고 있기 때문이다.[17] 한 걸음 더 나아가, 우리는 매우 광범위하게 작업하고, 모든 부분에서 정교하고 정통한 고대 유대교적 하늘에 대한 교리와 초기 기독교의 하늘에 대한 교리 혹은 천체학이 있었다는 것을 알고있다. 어쩌면 이런

---

17. 고후 12:4.

것으로 흥미롭게 서너 장을 채울 수도 있겠지만, 그러나 우리의 목적에는 거의 쓸모 없는 자료들일 뿐이다.

거의 쓸모가 없는 것, 다시 말해 이러한 하늘에 대한 사변들이 거의 가치가 없다고 말하는 이유를 설명하면, 그것들의 대부분은 외경에 기반하고 있기 때문이다. 성경이 하늘에 대해 간결하게 말씀하는 것에는 만족하지 못하는 이들에게는, 이런 출처가 상당히 매력적이다. 더 나아가 그것들은 특히 고대 기독교적 천체학과도 관계가 있다. 말하자면 가장 오래된 기독교 천체학인 셈인데, 불행하게도 모든 종류의 이교도적인 영지주의적 사변들과 혼합되어 있다. 그렇다! 대부분이 그런 것에 영감을 받은 것이다. 더 나아가 그것들은 인류가 더 이상 옹호하지 않는 세계상世界像, wereldbeeld[18]에서 가져온 것들이다. 따라서 **잘못된 세계상**에서 보면, 항상 '**고정된**' **부동**不動의 영역들범주들을 첫 번째, 두 번째, 세 번째, 네 번째, 그리고 일곱 번째까지 혹은 열 번째까지 발견했다고 설명한다. 반면에 최상층 혹은 마지막 영역은, 이러한 최고의 **고정성**과 **부동성**에서 가장 실제적인 특성을 보여 준다는 것이다.

최근의 개혁주의 진영에서는, 성경은 **세계상을 제공하지 않는다**는 지적이 지속적으로 제기되어왔다.[19] 이런 의견이 제시하는 근거는 우리에게 의미가 있어 보인다. 이렇게 다소간에 자유로운 학문적 테제these로부터, 우리는 **우리**

---

18. 역주) 어떤 일정한 관점이나 한정된 사고방식 안에서 보는 세계의 모습을 말한다. 예를 들면 지동설이나 천동설에 대한 사고와 같은 것이다. 그러나 이는 세계와 인간의 관계 및 인생의 가치나 의의에 대한 통일적인 관점인 '세계관(世界觀)'과는 다른 의미이다.
19. 자유대학교(Vrije Universiteit)의 구약 교수였던 알더스(G.Ch. Aalders)는 **개혁신학잡지**(Gereformeed Theologisch Tijdschrift) 27권(1926-1927)과 28권(1927-1928)에서, 성경의 세계상에 대한 존재를 거부했다. 이것은 헤일께르껜(J.G. Geelkerken)의 견해에 찬성하면서 성경에 세계상이 존재한다는 사고를 이끌었던, 물리학자 스하우턴(W.J.A. Schouten)을 반박한 것이다. 헤일께르껜은 암스테르담 남교회(Amsterdam-Zuid)의 목사로, 창세기 2-3장에 대한 견해로 인해 1926년에 열렸던 아썬 총회(de synode van Assen)에서 면직되었다. 스킬더는, 성경은 단지 지각할 수 있는 언어(waarnemingstaal)만을 사용한다는 알더스의 견해에 동의한다.

의 주제에 대해서도 똑같이 자유로운 결론을 도출한다. 즉 우리는 이미 영역 이론들sferen-theorieën을 거부했다. 다시 말해 우리는 성경이 세계상을 제공하지 않는다고 확신하기 때문에, 우리 위에 있는 수 많은 하늘의 영역에 대한 그 어떤 학문적 이론도 의도적으로 따르지 않는 것이다. 성경은 이런 것들에 대해 거의 말하지 않는다. 이것이 모순은 아니지만, 그 누구도 그것을 상세하게 묘사할 권리는 없다. 주석가들, 예를 들어 쟌Zahn과 빈디쉬Windisch 같은 이들이, '낙원'(그리스도께서 행악자들에게 말씀하신 곳이며, 앞 부분에서 바울이 언급한 장소이다. 요한계시록 2:7을 참고하라)이 최고의 복된至福, zaligheid 장소인지 아닌지에 대한 질문에 대해 서로 반대되는 말을 하는 사실을 볼 때,[20] 이미 말한 바와 같이, 우리는 외경에 근거한 이런저런 제도적인 구조에 성경의 내용을 짜맞추려는 그 어떤 시도도 신뢰하지 않는다. 동일한 주석가들이 다시 한번 논쟁한 것은, '낙원'이 셋째 하늘 **위에** 있는지 아니면 셋째 하늘 **안에** 있는지, 혹은 또 다른 가능성인 하늘의 모든 영역을 광범위하게 생각해야만 하는지에 대한 질문과 관련되어 있다. 이런 질문들은 그들이 언급하는 이론들에 대한 우리의 불편한 감정을 강화시킬 뿐이다.

우리의 입장은, 솔로몬이 성전을 향한 기도에서 말한 '**하늘들의 하늘**'의 개념에 대해 어떤 특정한 주석을 고집하려는 것이 아니다. 한 사람은 그 안에서 **가장 높은** 하늘을 보지만, 또 다른 사람(판 헬더런) 은 **가장 넓은 범위의** 하늘을 주장한다.[21] 제법 '괜찮은' 관주들은 이 두 견해를 연결하는데, 고린도후서

---

20. 눅 23:43. 스킬더는 F.Th. Zahn, *Das Evangelium des Lucas, Kommentar zum Neuen Testament* (Leipzig 1913), 704-705와, 아마도 H. Windisch에 의해 출판된 E. Klosterman, *Das Lukusevcngeiium, Handbuch zum Neuen Testament* (Tiibingen 1929²)를 가르키는 것으로 보인다. 이 책들은 스킬더의 서재에 있었다.
21. C. van Gelderen, *De boeken der Koningen, dl. 1, Korte Verklaring der Heilige Schrift* (Kampen 1926), 157-158.

12장에 기록된 **셋째 하늘**에 주목한다. 바로 위에서 언급한 '**셋째 하늘**'과 관련해서, 성경 저자들도 자신들의 환경에서 자유롭지 않았고, 동시대 이단들의 주장을 그들의 저작들에 옮겨 왔을 것이라는 선입견을 가진 사람들은, 이 '셋째 하늘'을 언급하는 바울도 당연히 당대의 환경에 영향을 받은 사변의 희생자일 것이라고 지레 짐작한다. 반면에, 이러한 거짓된 세계상의 개념들에 물들지 않은 영감theopneustie으로 기록했다고 믿는 다른 사람들은, 바울이 동시대를 살았던 수 많은 사람들이 고려하려고 했던 특정한 학문적 내용을 받아들인 것이 아니라, 당대에 일반적으로 사용하는 전문적인 용어를 사용하였다고 생각한다. 그렇지 않았다면, 그들은 (잘 알려진 구분을 따라) 첫째 하늘을 창공(궁창)으로, 둘째는 별들의 하늘, 셋째는 천사들의 거처와 같은 곳으로 생각하였을 수도 있다.

이것에 대해 생각해야할 문제가 있다.

우리는 첫번째 사고 즉, 바울은 독자들에게 익숙한 기술적인 용어들을 취하여 사용했을 뿐 아니라 그것에 대한 다른 사람들의 생각을 전혀 고려하지 않고 **자신의 방식으로** 사용했다고 보는 생각 '**그 자체**'를 반대하려는 것은 아니다. 그러한 견해에, 이런 저런 의견을 더 제시할 수도 있을 것이다. 그러나 성경은 하늘을 하나님의 계시와 통치 사역의 중심이며, 적어도 일시적으로는 고정된 장소라고 생각할수 있다는 인상을 주고 있다(천사들의 섬김을 생각해 보라.). '일시적'이라는 것은, 말하자면 우리가 기다리고 있는 '시간의 한 순간'까지, 마지막 날het eind der dagen까지를 의미한다. 더 나아가 '**셋째** 하늘'이라는 명칭은 가장 **영광스럽고**, **최상의** 하늘의 장소를 나타내는 것으로 보인다. 그곳은 인간이 자신의 사고를 가지고 나아갈 수 있는 장소, 곧 '하나님 앞'에 서 있는 천사들의 거처woonstede이다.²² 성경을 벗어난 외경이나 이단적인 사고의 병적인 공상fantasie으로 부터 기원한 기술적 용어들을 계속해서 사용하는 수 많은 장소들이, 성경에는 기록되어 있다. 그러나 성경은 이런 악하고 병적인 공상의 형상들과는 관계가 없다. 물론 바울이 그런 단어나 명칭들을 비교적 자주 사용하기는 하지만, 자신의 방식으로 그 단어와 명칭을 이용하고 있는 잘못된 다른 사고 과정을 바로잡고 있는 것이다.

그러나 우리가 더 면밀히 살펴보면, 바울이 이런 방식으로 셋째 하늘에 대해 말한 것을 해석하는 것에 대해 한가지 반박할 것이 있다. 이 반박은 흐레이다뉘스 교수Prof. Dr S. Greijdanus²³와의 대화 후에 제기되었다. 흐레이다뉘스 교수는 다음과 같은 사실을 우리에게 지적했다.

a. 고린도전후서는 바울이 이방인 출신의 그리스도인들에게 보낸 편지이다. 유대인 출신의 그리스도인들에게 보낸 것이 아니다.

b. 지금 바울은, 셋째 하늘에 대해 기록하면서 자신이 깨달은 바를 그리 자세하게 설명하지 않는다. 그는 '셋째 하늘'을 낙원과 동일한 것으로 간주하고 있다. 따라서 그의 독자들이 그것을 알고있다는 것을 전제하고 있다. 최소한 그것을 하나 하나 자세하게 설명할 필요가 없다는 것이다.

c. 따라서 바울이 여기에서 유대인의 견해에 동의하는 것으로 보인다는 제안은 옳지 않다. 유대인들은 하늘에 대해 온갖 방식으로 공상을 했다. 그들은

---

22. '하나님 앞'은 헬라어로 enoopion theou이다. 즉 '하나님의 면전', '하나님의 눈 앞'이다. 또한 이 표현은 '하나님의 보좌'라는 개념과 관련되어, 하늘을 고정된 장소로서 표현하는 것을 명백하게 뒷받침한다.
23. 새아클러 흐레이다뉘스(Saekle Greijdanus, 1871-1948), 신학대학의 신약교수(1917-1943)로 사역한 뒤, 1944년 스킬더가 제명되자, 그 후에 개혁교회 신학대학(해방파, de Theologische Hogeschool van de Gereformeerde Kerken (vrijgemaakt))의 신약교수(1945-1948)로 봉사했다.

하늘을 때로는 둘, 때로는 셋, 때로는 다섯, 때로는 일곱, 때로는 열까지 세었지만, 그러나 그들 자신은 이 부분의 일부만 확신했을 뿐이다. 바울이 유대인 출신의 그리스도인들에게 편지를 보냈다고 하더라도, 독자들이 그 의도를 그냥 이해할 수 있을 것이라고 가정하고 '셋째 하늘'의 개념을 그 안에 넣어 놓았다고 할 수는 없다. 그 편지의 저자가 유대인의 이론들을 암시하는 생각을 해야만 했다고 하더라도 말이다. 이런 이유 때문에, 이들 간에는 너무나 많은 충돌이 있었다. 사실 독자들이 **이방인 출신**의 그리스도인이라는 이유로, 특정한 유대인의 사변들에 대한 모든 암시를 얼마나 더 배제하고 생각해야 하는가?

    d. 이방인들 조차도 하늘들의 수가 많았다는 부분에서는 적어도 일치했다. 그래서 바울은, 자신의 독자들이 이교도들로부터 기원한 온갖 종류의 혼란스러운 하늘의 개념들을 따라, 그냥 영속적인 개념으로 '셋째 하늘'을 전제하는 것을 인정할 수 없었다. 왜냐하면 셋째 하늘이라는 것은 영속적인 개념이 아니었기 때문이다.

    e. 따라서 일반적이고 자연스러운 방식으로 관찰하는 사람의 관점에서는, 우리가 표현하듯이, 셋째 하늘을 구름 너머 궁창 위에 있는 가장 아름다운 계시 장소로 표현하는 것은 너무나 당연하다. 바울의 편지를 받은 그리스도인들은, 그리스도의 승천에 대한 설교를 들었다. 그들은 그 설교를 통해, 그리스도께서 구름을 지나, 구름 위에 있는 하나님의 보좌 우편에 있는 자신의 거처까지 가셨다는 것을 들었다. 그들은 '낙원'이라는 개념도 알았고, 그리스도께서 행악자와 함께 그곳으로 가셨다는 것도 알고 있었다. 이렇게 그들이 깨닫도록 하기 위해, 셋째 하늘은 구름의 범위 보다 위에, 구름이 있는 공간의 뒤편보다 더 높은 곳에 있어야만 했다. 당연히 그것은 지리학적인 표식이 아니라, 우리로서는 찾을 수도 없고 도달할 수도 없는 하나님의 거처로 합당한 곳을 발견하는 사변적이지 않은 인식과 방향을 따라가는 길이다. 따라서 이렇게 학문적

으로 체계화하려는 모든 저의底意, bijgedachte를 배제해 버린다면, '셋째 하늘'이라는 명칭은 창공과 별들의 하늘이라고 하는 잘 알려진 구분으로 되돌아가서, 이 두 '하늘들' 위에서 믿음의 눈은 말할 수 없는 영광ongekende heerlijkheid을 찾아보게 하는 것이다. "하늘들의 하늘"을 언급한 성전을 향한 솔로몬의 기도가 유비analogie를 보여 주고 있다(열왕기상 8:27).

이런 견해가 우리에게는 매우 정당한 것으로 보인다. 그래서 흐레이다뉘스 교수와의 (우리가 자유롭게 표현한) 논의에 대해, 우리는 그에게 매우 감사한다. 우리는 그렇게 생각하면서, 하늘이 처음부터 고정된 장소라는 일반적인 표현 뿐만 아니라 여기서 우리가 계속적으로 다루고 있는 것 즉 또한 하늘로부터 모든 피조물의 움직임 안으로 들어온 것에 대해서도 신뢰하고 있다. 거짓 세계상에 동화된 신플라톤주의적이고, 마니교적이며 영주주의적인 영향은, 종종 지고천至高天, Empyreum, 불의 하늘이라고 불리는 '실제적이고', '가장 실제적이며', 가장 깊고, 가장 높은 하늘의 고정성과 부동성을 다소간 공리로 생각하게 했다. 우리는 이 모든 것들을 근본적으로 포기해야 한다. 따라서 고정되고, 움직이지 않는 하늘에 대한 공리도 **과거의 세계상을 구축하는 것으로부터 발생한 것이라면**, 결국 쇠퇴할 수 밖에 없다. 그럼에도 불구하고 우리가 고정된 하늘에 대한 표현을 견지하는 것은, 성경이 그런 인상을 주기 때문이다. 우리의 입장은 **성경**에 복종하는 것이지, 성경을 제거하고 결코 성경 자체일 수 없는 세계상을 따르는 것이 아니기 때문이다.

그래서 우리가 다시 성경으로 돌아가면, 고정된 하늘에 대한 사고는 우리가 여기에서 다루었던 **역사적 발전** 요소를 더이상 훼손시킬 수는 없다. 결국 고대의 세계상은 지고천의 위치를 바꿀수 없었지만, **우리는 당연히** 할 수 있다. 왜냐하면 '고정된' 모든 것은 단지 일시적으로만 '고정된' 것이기 때문이다. 여러 번 논의했던 **'시간의 한 순간'**은 모든 것을 다르게 만든다. 바로 이것,

하나님의 거처가 인간에게로 오신다는 것이다.

우리는 그곳을 **지고천**이라고 불렀다. 그 의미는 '불의 하늘' 정도로 말할 수 있겠다. 그것은 지성소binnenste heiligdom를 일컫는 이름이다. 그 안에 하나님께서 정결한 천사들에게 '둘러싸여' 계신다고 생각했던 장소이다. 고대의 세계상 뿐만 아니라 구약 성경이 묘사하는 성전의 모습도 하나님께서 '친히' 계시는 **'가장 깊숙한'** 곳인 지성소로 표현했다. 그동안은 이 문제를 심각하게 생각하지 않았기 때문에 곧바로 시작하기가 쉽지는 않지만, 과거에 고안된 것으로 지금은 거의 하지 않는 방식이 있다. 즉 자신들의 위대한 신학자 토마스 아퀴나스Thomas Aquinas에게서 지고천 모티브Empyreum-motief를 폭넓게 들고 정교화精巧化하는 로마교도들의 방식이다.

토마스 아퀴나스는 자신의 책 명제집Sententiae과 신학대전Summa Theologica에서 이 지고천에 대해 매우 진지한 연구를 했다. 최근 한 로마교 저자가 토마스에 의존하지 않으면서, 그 지고천을 풀어내는 연구를 시도했는데, 그가 바로 베른하르트 바르트만Bernhard Bartmann이다.[24] 그는 스콜라 신학자들이 불의 하늘인 '지고천'을 고대 자연철학에서 차용하였다고 지적한다. 그곳으로부터 교부들의 저작들에 도입되었고, 그래서 토마스에게도 나타날 수 있었다는 것이다. 그러나 그는, 스콜라주의 스스로가 지고천은 철학적 보조 개념에 불과하다는 것을 잘 알고 있었다고 말한다. 그래서 토마스는 이 개념이 실행되는 방식에 대한 모호성, 애매함, 내부적 모순을 깨달아, 제거하려고 하였다는 것이다.

우리는 이 후자의 내용이 정당하게 보이지 않는다. 토마스는 지고천이, 무

---

24. B. Bartmann, *Lehrbuch der Dogmatik*, Bd. 2 (Freiburg 1929), 481-482; Schilder, *Wat is de hel?*[3], 65와 비교해 보라.

형의 질료materia informis, 즉 아직 형상화形相化되지 않은 질료와 동시에 창조된 것으로, 바꾸어 말하면 하나님께서 행하신 최초의 창조 행위에서 창조되었다는 주장을 옹호하기 때문이다. 그리고 더 나아가 그는 지고천은 첫번째 창조 행위에서 창조되었다는 것을 고수하면서, 그것으로 하나님을 '어둠'의 원인으로 만드는 마니교의 오류(1장을 보라)에 빠지지 않도록 할 수 있다는 것을 논증하려고 했다. 그래서 그는, 지고천에 대한 교리가 그것을 증명한다고 말한다. 결국 하늘은 '어둠'(흑암)이 '깊음' 위에 있을 때에 이미 존재하고 있었다는 것이다.

이것을 주목하는 것에 의미가 있는 것 같다. 이 강의가 매우 흥미로운 것은, 무엇보다 스콜라주의 논리학redeneerkunst의 강점과 약점에 관한 부분이다. 그러나 우리의 주제로부터 너무 많이 벗어나기 때문에, 그것을 다루지는 않을 것이다. 결국, 첫번째로, 다른 하늘들과는 구별된 것으로서 이 '지고천'은 로마 교회의 교의가 된 적이 결코 없다. 이런 사변에 관해서는, 성경과 전통으로부터 지지를 거의 얻을 수 없다는 것을 이미 깨닫고 있었던 것이다. 그리고 두번째로, 우리는 토마스(qu. 66, 4)가 지고천에 대해 심사숙고하여 내린 결론인 **시간**은 마치 먼지와 같이 지나간다는 것, 즉 처음에는 이런 저런 방법으로도 ('어떤 의미에 있어서' quodammodo, 그는 여기서 다소 당혹스러워하고 있다) 형성되지 않았지만, 나중에는 형태(낮과 밤)가 갖추어진다는 것을 듣고 확신한다면, 그렇다면 우리는 20세기에도 여전히, 이것 모두를 지나치게 '학문적으로' 철학(사고)했던 한 신중한 사람에게 매여있어야 한다고 믿지는 않는다.[25]

---

25. 토마스가 지고천 테마를 다루는 방식은, 그것이 '아직 형상화 되지 않은 질료'와 동시에 창조되었는지에 대한 질문과 관계가 있다. 우리가 말한바 그대로이다. 많은 사람들은 그것을 부인했다. 그들은, 지고천이 존재한다면, 그것은 감각적으로 인지할 수 있는 것 즉 구체적인 세상에 속한 것이어야 한다고 주장했다. 그들은 그 주장을 계속하지만, 그러나 이 세상에 속한 모든 것은 유동적이다. 그에 반해 지고천은 유동적이지 않고 고정적이다. 고대의 세계상을 생각해 보라. 따라서

따라서 우리 또한 이 지고천을 고정된 하늘의 장소로 받아들일 수가 없다.

우리는 그것이 슬프지 않다. 자유주의 비평가들, 합리주의자들과 일원론자들(헤켈Haeckel 같은 이들을 말한다!)[26]은 교의학을 조롱할지도 모른다. 고대 세계상이 퇴락함으로 지옥과 하늘의 방향 설정도 사라져야했기 때문이다. 우리는, 기독교 변증론 진영의 이러한 얄팍한 사상가들에 대하여 상당 기간 동안 지속되고 있었던, 미온적인 방어 태도를 점차 극복해 가고 있다. 이런 의미에서, 우리가 앞서 '**자유로운**' 사고를 언급했을 때, 그것은 성경이 절대적인 세계상을 제시한다는 것을 의미하지 않을 뿐 아니라 전제하지도 않는다는 것이다.

형성되지 않은 질료는 동시에 창조될 수가 없다. 또 다른 요소는 어거스틴을 의도치 않은 논쟁에 말려들게 했다. 그는, 낮은 부분들은 높은 부분들에 의해 그들의 움직임이 결정되고, 그 안에서 높은 부분들에게 종속되어 있다고 말했다. 자, 그래서 어떤 사람들은, 어거스틴의 말이 옳다면, 지고천은 감각적인 세상에서 가장 높은 '물체'로써 낮은 부분에 영향을 주어야 한다고 주장한다. 그러나 그것은 단지 유동적일때만 가능하다. 결국 무언가가 다른 것을 움직이도록 하는 움직임이 있어야 한다는 것이다. 그러나 지고천은 유동적이지 않다. 따라서 첫 창조 사역에서 형상화되지 않은 질료와 동시에 기원할 수가 없는 것이다. 이러한 사고 회로 전체가 수세기 동안 어떻게 특히 우리의 이해를 혼란스럽게 했는지를 이미 알고 있다. 부동성 모티브(onbeweeglijkheidsmotief)는 코페르니쿠스 이전의 세계상과 관련되어 있다. 게다가 하나의 범위 즉 하나의 물체가 또 다른 범위에 '영향을 미친다'는 사변은, 적어도 창조 전반에서 하나가 다른 것에 영향을 미칠수도 있다는 다양한 가능성을 고려하고 있는 것이 아니다. 비록 여기서 더이상 거의 해결할 수 없는 사고체계를 구축한다고 할지라도, 다음에 논의할 지점 중에 하나는 분명하게 보인다. 그 하나는, 이른바 지고천을 묵상(contemplatie)의 장소라고 언급했다(우리가 살펴본 1장을 참고하라). 그러나 어거스틴은, 우리가 우리의 영혼과 함께 영원한 영역에 다다른다면, 우리는 더이상 이 세상에 '존재'하는 것이 아니라고 말했다. 자 그래서, 묵상이 인간을 감각적인 세상을 초월하게 한다고 더나아가 추론한 것이다. 따라서 지고천은 감각적으로 인지할 수 없다는 것이다. 어리석게도 사고의 비약이 보인다. 원동천(原動天, kristalhemel)을 상상하면서, 스콜라주의에서도 이와같은 혼란이 있었다. 항성천(恒星天, De hemel van de vaste srerren)도 그렇게 추론하면, 그곳은 부분적으로 '명백하고', 부분적으로 빛난다. 그러나 완전히 명백한 하늘이 있기 때문이다. 바로 원동천이다. 따라서 항성들 위에, 최고의 하늘이 있다면, 그 하늘은 완전히 빛나야만 한다는 것이다. 이것에 대해서는 이 정도로 마무리하자.

26. 에르스트 헤켈(Ernst Haeckel, 1834-1919), 독일의 동물학자이며 철학자이다. 찰스 다윈(Charles Darwin)의 진화론을 독일에 알렸으며, 사회진화론(het sociaal darwinisme)의 창시자로 알려져 있다.

우리는 이것을 창조 전반에 적용해야 한다. 물론 하늘에 대해서도 **마찬가지이다**. 사실 우리는 지고천에 대한 온갖 종류의 사변들이 두렵다. 특히 우리는, 지고천은 아래로 향하여 나아가는 측면에서는 '유한'하지만, 하나님을 향하여 나아가는 '측면'으로는 '무한'하다는 것을 단테에게서 들은 바가 있다. 한 '측면'이 다른 '측면'과 대치된다는 기이한 견해를 고려하지 않는다 하더라도, 우리는 하늘이 하나님으로부터 절대적으로 구별되었고 그리고 더 나아가 모든 피조물과 같이 '유한'하다는 것을 인간은 잊어버린다는 것에 대해 매우 진지하게 반박한다. 카예타누스Cajetanus[27]를 추종하는 로마교 신학자들이, 이 지고천의 중요한 부분에서는 다소간 거리를 두고 있는 것은 놀라운 일이 아니다.

동일한 의미로 보자면, 더우기 우리 역시도 개신교 유산으로 자라난 여러 분야들을 포기하고 있는지도 모른다. 하늘과 그 영역들에 관한 면밀한 구분 같은 것 말이다. 그것 대부분은 하늘과 관련한 역사의 요소를 완전히 오해한 것에 기반해서, 다시 해석한 것들이다. 역사의 추진력은 **태초부터** 하늘 자체를 향한 것이었음을 아는 사람은, 하나의 하늘 범위나 하늘의 계층이 다른 범위나 계층으로부터 스스로 격리된다는 모든 정적인 하늘 개념을 거부한다. 이렇게 어떤 것이, 하나님께서 만드신 모든 것을 하나님께서 만드신 다른 것들에게로 밀어 넣는다. 모든 것이 하나님을 찾기에, 따라서 또한 모든 것이 모든 것을 찾는 것이다. 다음 장에서 이 문제를 다루도록 하자. 그러나 역사의 요인을 고려하지 않는 것은 개신교의 교의학을 구별하고 싶어하는 욕망에 종종 **빠**지게 만들었다. 즉 하늘의 영역들을 서로 분리하는 것, 다른 종류의 반대편에 있는 하나의 정적인 것 곧 땅의 반대편에 정적으로 있는 하늘 그 자체에 간격

---

27. 토마스 드 비오(Thomas de Vio, 1468-1534), 이탈리아의 철학자이며 신학자이다. 1517년 주교로 임명된 이후로 부터 카예타누스(Cajetanus)라고도 불리웠다. 토마스 아퀴나스(Thomas van Aquino)의 저작에 대한 상세하고 혁신적인 주석을 기록했다.

diastase을 두고, 이렇게 하나님께서 서로에게로 나아가 상호 작용하게 하신 한 종류로 부터 분리하는 것이다. 그러나 너무나 애석하다. 하늘은 그 능력을 파송하는 장소zendplaats이다. 즉 피조물 전체를 하나님의 법이 나아가는 견고한 궤도banen로 인도하는 것이지, 서로가 **분리된** 길에서 하나가 다른 쪽으로 나아가도록 인도해야 하는 것이 **결코** 아니다. 그런데 인간은 그것을 한 곳에서 다른 곳으로 물러가는 장소로 **만들어 버렸다**. 즉 여기는 낮고 저기도 낮고, 여기 위치와 저기 위치, 여기 영역과 저기 영역, 여기는 격리된 창조의 계층이고 저기는 또 다른 곳이라는 식이다. 이렇게 추상화하는 것은 하나님의 하나되심을 깨어버렸고, 하나님의 능력들energieën을 '**파송하는** 장소'zénd-station인 하늘의 길lei을 기독교의 공상 때문에 완전히 **중지**시켜 버렸다. 다시 말해 그들은 칼빈이 알았던 창조 **전체**에서 하나되어 사역하신 하나님의 하나되심과 광대하심에는 더 이상 관심을 가지지 않았던 것이다.

따라서 이렇게 개신교의 유산을 이어받은 사람들 조차도 물리적인 하늘에 대해 말하면서, 영적인etherischen 하늘과 기쁨의 하늘lusthemel, 즉 천사들의 하늘과 복 있는 자들의 하늘을 구별한다. 후자는 육체적으로 구분되어진 공간이 아니라 인간은 모르는, 오직 하나님께서 자신을 영광스럽게 계시하시는 장소이다. 바로 세번째 하늘이고, 하나님의 특별하신 위엄으로 가득한 하늘이다. 많은 이들은 그곳을 더이상 장소적인 하늘로 보지는 않았지만, 위엄과 영광의 장소 곧 하나님께서 친히 영원토록 거하시고, 영원토록 거하실 장소로 정의내렸다. 때로는 만물을 다스리는 하나님의 통치가 하늘이라고 하는 또다른 견해도 있다(루트하르트).[28]

---

28. Ch.E. Luthardt, *Kompendium der theologischen Ethik* (Leipzig 1921³, 83-85, 405-407; 이 책은 스킬더의 서재에 있었다.

원리적으로 이러한 것으로부터 벗어나려 한다면, 이는 잘하고 있는 것이다. 단순하게 '위'에 있는 모든 것을 그렇게 서서히 **하늘**이라고 불러 왔었던 부패한 세계상과 조형적造形인 대중 언어의 단순함으로 인한 것인, 상대적으로 우연한 상황 때문에, 우리는 주석과 교의학을 복잡하게 하고 중단해서는 안 된다. 창공, 별들의 하늘 그리고 하늘들의 하늘이라는 잘 알려진 구분은, 언어의 발달을 단순하게 관찰하려는 이들에게는 충분히 설명할 수 있다. 그러나 성경에 기록된 계시의 사고를 이해하기 위해서는, 우리는 이런 식으로 일어난 표상이나 혹은 그것에 대한 세부적인 부분을, 성경 전체로부터 떼어내거나 추론해서는 결코 안 된다. 성경은 결코 '**학문적으로**' 계산하고 있는 것이 아니다. 만약 그런 것을 의미했다면, 분명하게 말했을 것이다. 즉 **다섯 개, 일곱 개, 열 개가 아니라, 세 개**의 하늘이 있다는 식으로 말이다. 그러나 성경은 그런 계산을 랍비들에게 맡겼다. 성경은 학문적이지 **않게**(이것은 비학문적非學問的이거나 반학문적反學問的과는 다르다) 계산하여, 이렇게 '셋째' 하늘에까지 이르게 된 것이다. 이렇게 성경은 단순한 대중적인 상상을 말씀하고 있는 것이 아니라 하나님께서 여기에서 계시하시는 바를 수정하고 수납하도록 하려는 것이다. 그래서 스콜라주의와 다시 그것의 배경이 되거나 한 패가 될 철학이, 부분이든 전체이든 성경의 내용들에 학문적인 인장을 찍으려 시도한다면, 그것은 결국 성경을 **부당하게** 취급하는 것이다. 그래서 계시의 내용을 전하는 대신, 이미 논의한 바 있는 비기독교적이고 신플라톤주의적인 내재설內在說, immanentie-leer의 도움을 받아 빛의 영역 이론lichtkringen-theorie을 세운 것이다. 이것에 대해서는 이미 1장에서 살펴보았다.

동일한 의미로, 하늘을 특별하게 별들에서 찾았던 그들의 시도가 우리에게는 그다지 달갑게 보이지 않는다. 과거의 단순한 세계상이 다시 등장한 것으로, 하늘을 밝은 별로 생각하려는 것이기 때문이다. 그렇다, '**빛**' 모티브는 이렇게 그들이 **알고 있었던** 것보다 더 많은 것을 **알고자** 했던 시인들과 소심한 사상가들에게도 매력적이었다. '빛'과 '불꽃'은 성경에서도 진리(빛)와 생명, 사랑(불꽃)과 같은 영적인 가치들의 의미를 나타내기 쉽다는 사실 때문에, 많은 사람들은 별들이 '빛나는' 하늘을 꿈꾸는 데까지 이끌려 갔다. 어떤 이들은 태양계의 중심을 찾고 있었는데, 그들 중 일부는 매우 명민해서 특정 별을 실제 하늘이라고 명명하기도 했다. 바로 플레이아데스 성단에 있는 **알키오네**Alcyone라는 별이다. 이 별은 태양계 전체의 **중심적인 빛**으로 불려지기도 했다.[29]

  그런 이론들은 사람들의 마음을 어둡게만 할뿐이다. 태양이 **시인들**에게 지속적으로 은유를 제공한다는 것은, **사상가들**을 현혹하려 하는 것은 아닌가? 태양을 특정한 지역에 있는 난방방치의 중심, 예를 들어 태양계의 **난로**라고 불렀던 것을 알고있는 모든 이들은 태양의 **빛들**을 기반으로 하는 각 **이론**이 얼마나 불확실한지를 느끼고 있다. 그 단어가 너무나 '무미건조하게' 들린다. 왜냐하면 그 누가 그 난로를 집안 가운데, 지고천에, 영광의 처소에 두고는, 이 테마를 장황하게 더 설명하고 싶어하겠는가?

  또 다른 이들은 지나치게 관대한 모든 사변을 반박하며, 하늘은 우리 **가까이** 있었고, 사실상 보이지 않고 '떠다니는' 능력들과 '영묘한'靈妙, etherische 실재들의 공간들이 열지어 있는 것 이상의 다른 존재가 아니었을 수 있다는 이론으로 맞섰다. 그러나 그들은 하나의 공상으로 또다른 공상을 파괴해 버린 것이다. 역시 이러한 공상들은 아무짝에도 쓸모가 없다.

---

29. 그리스 신화에서, 알키오네(Alkyone)는 플레이아데스(Pleiaden)의 일곱 별 중 하나이다. 제우스에 의해 처음에는 비둘기로 변했다가, 나중에는 별이 되었다.

§5. '장소'의 조건은 '시간'의 조건으로부터 분리하지 않는다 - 공간과 시간

앞 장에서 우리가 언급한 내용을 살펴보았다면, 우리가 구름 속으로 이끄는 노선들과 대기 중에 투사된 모든 원들과 영역들로부터, 왜 그렇게도 벗어나려고 했었는지를 쉽게 이해할 것이다.

따라서 우리가 이것을 그토록 반대한 것은, 모든 것을 지배하는 사고인 하늘에 **역사**가 있다는 우리의 인식에는 미치지 못하는 것으로 보였기 때문이다. 그래서 우리가 말한 바와 같이, 사람들이 종종 그러하듯이 하늘과 관련된 '공간'에 대한 논의를 '시간'에 대한 논의와 떼어내어 생각하는 것은 결코 옳지 못하다.

그러나 이 후자를 성경은 우리에게 다르게 가르쳐주었다. '곧'(**시간**의 변화) 하나님의 거처가 '사람들과 함께' 있게 될 것이라거나 새 예루살렘이 하늘로부터 내려와 새 땅으로 온다는 것을 우리가 들을 때, 그것은 **시간**의 변화가 **장소**의 변화와 연결되어 있다. 물론, 우리가 여기서 주의 깊게 살피면서 결코 잊지말아야 할 것은, 이상visioen을 통해 묵시요한계시록가 말하는 것을 최대한 절제하며 주석해야 한다는 것이다. 단지 우리는 이상visioen의 움직임 가운데서, **공간**과 **시간** 속에서 하늘의 움직임에 대한 근본적인 사고를 발견한 것일 뿐이다. 그리고 그 양편에서 동시에 일어난다. 하늘이 우주의 역사 전체와 함께 모든 국면을 경험하는 것이 옳다면, 영역들과 그 지역들이 서로 경계를 맞대고 있거나, 낮거나 높거나한 하늘의 여러가지의 확고한 영역을 찾고자 하는 것은 더더욱 어리석은 짓이다. 이러한 **지역**에 대한 이론provincieidee은 사라져야만 한다. 하나님은 자신의 피조물과 '함께' 사신다. 마지막에도 계시고, 처음에도 계신다. 하늘 또한 피조물이다. 하나님의 피조물은 상승세를 따라 발전할 수도 있지만, 아래로 내려갈 수도 있다. 첫번째는 인류가 행위언약을 깨뜨리지 않앉다면 일어날 수도 있었던 일이고, 두번째는 인간 편에서 이 언약을 실제적으로 파기했을 때에 나타났다. '**첫번째**'(태초의) 세상에서 천사는 본래 '**이**' 세상 즉 현재 세상의 **아들**인 인간을 **섬기는 종**이었으나, 이제는 인간의 타락으로, 타락한 아들인 인간 위에 주셨던 것보다 더 많은 실제적인 영광을 타락하지 않은 종인 천사에게 부여주셨다. 우리는 다시 그 위치로 돌아올 것이다. 그러나 '**이**' 세상을 언제나 '**첫번째**'(태초의) 세상의 빛 가운데서 보아야만 한다. 그렇지 않으면 질서가 뒤집혀 버린다. 이 신실한 종들은 신실하지 못한 아들들보다 '더 능력있어서', 이제 인간들과는 달리 '하나님과 함께 사는데', 그것이 **본래의** 세상 혹은 이제 곧 회복될 세상에서도 **절대적인** 서열을 나타내는, 철학적이고 신학적인 유일한 진술이라고 정당화하는 것은 아니다. 그 사실은 그 누구에게도, 천사와 인간의 처소 사이에 지금 존재하는(NU IS) 관계를, 영원하고도 항구적인 창조의 공리로 확정하게 하는 권리를 부여하지 않는 것이다. 이것은 일반적으로 거처를 자신의 피조물 가운데서 택하신 하나님께서, **지금**, 바로 **이** 시대에, 아직은 세상을 완전히 구원하지 않으신 **이** 단계에, 가장 아름다운 계시로 그의 영광을 천사들에게 주셨다는 것을 증명할 뿐이다. 그러나 죄의 권세가 **전면적으로** 깨어지자 마자, 인간은 이제 구속받고 영화롭게 된 아들로서, 곧 하나님께서 자신의 피조물과 함께 거하시기 원하신다는 일반적인 법칙과 하나님의 거처가 **인간**에게 오신다는 이 특별하고도 '새로운' 적용을 받은 아들로서 다시 천사 위에 놓이게 될 것이다.

이제 다음 장으로 향하는 본 장의 마지막에 도착했다. 여기서 폭넓은 시각이 열리기 시작한다. 하늘에 대한 역사를 기술한 전기로부터 추론한 모든 지형학은, 성경을 통해 정죄되었다. 우리는 우리 편에서나 우리의 출발점으로부터, 하늘을 우주 안에서 등급을 정하고 분류하려고 해서는 안 된다. 우리는 하나님께서 그의 피조물 가운데 거처를 두기 원하시며, 모든 피조물이 운동 법칙에 복종하고, 그래서 그의 영광이 빛나는 첫번째 영역인 그가 창조하신 거처도, 이 운동법칙에 함께 **포함**되어야 한다는 사고로부터 출발해야만 한다. 하나님의 거처는 역사의 어떤 특정한 단계에 '**고정**'될 수 있지만, 이 고정됨은 지속되지 않고 영원하지도 않다. 피조 영역들의 움직임은 인간과 천사에 대해 다시 생각하도록 반사하고 하나님의 처소의 움직임, 이동 가능성, 적어도 확장 가능성과 병행한다. 하나님의 거처가 '인간에게' 곧 올 것이기 때문이다.

따라서 우리는 모든 종류의 공상 fantasie을 경계하고 있다. 우리는 하늘이 변함없이 존재하고 있을 우주의 장소를 알지 못하고, **역사 속에** 그러한 끊임없는 불변성이 있는지를 **확실하게** 알지 못한다. 이미 우리가 언급한 바와 같이, 우리 생각으로는 성경이 그런 인상을 주었을 수도 있다. 그렇기 때문에 우리가 방금 말한 바와 같이, 하나님의 거소가 **이동하여** 인간에게 '오시는 것'은, **적어도** 이 거소가 **확장하는 것**에 목표를 두어야 한다고 한 이유이다. 우리는 이것에 대해 함부로 판단해서는 안 된다. 여기서 성경 주석과 교의학은 넘어가서는 안되는 경계를 나타내고 있다.

그러나 우리가 심사숙고한 결과물로 얻은 유익은, 여기 4장에서도 다시 모든 것이 같은 테마로 이어지고, 이전 장들을 이끌어 왔고, 여기 이후에도 계속해서 이끌어가는 테마, 바로 하늘은 우리의 **역사**와 연결되어 있다는 것이다. 성경이 '움직이지 않는' 왕국과 '흔들리지 않는' 보좌, 더 나아가 '흔들리지 않는' 하늘에 대해 말씀하고 있다는 사실을 반대하려는 사람이 있다면, 우리는 그것에 반대하여 우주 속의 영속적인 핵심을 하나님의 거처로 보려는 테제를 정당하지 않다고 주장한다. 왜냐하면 '**움직이지 않는다**'는 것은, 이미 말했던 다른 것과 동일한 의미의 개념이기 때문이다. 즉, '**손으로 만들지 않았다!**'[30]는

---

30. 행 7:48-49; 17:24; 고후 5:1; 히 9:11-12을 비교하라.

것 말이다. 우리에게는 하나님의 보좌를 움직이게 하는 것이 없다. 우리에게는 하나님의 도성의 성벽을 넓히고, 그 기초들을 확장할 가능성이 없다는 것이다. **그러나 이것이 이 단어가 말하고자 하는 전부이다.**

제5장
하늘의 역사

§1. 하늘의 시작

하늘의 역사성에 대한 모티브는 이미 여러 번 언급되었다. 우리는 지금 그것을 더 자세히 살펴보아야 할 필요가 있다.[1]

그것이 우리에게 완전히 쓸모 없는 것으로 보이지는 않는다. 많은 사람들은, 하늘을 단지 하나님과 천사들의 거처, 그리고 그리스도 안에서 죽은 사람들이 가는 곳이나 마지막 날 이후에 만물이 완전하게 된 상태만으로 생각한다. 그들의 개념으로 보면, 하늘은 단지 '**다른 세상**'일 뿐이다. '**다른 세상**'이라는 이러한 개념으로, 그들은 **이** 세상에 대해 초월하고 싶은 모든 감정과 모든 원한을 쌓는다. 그래서 하늘을 그들의 부끄러운 생각과 상실해버린 희망을 위한 피난처로 삼는 것이다.

어느 정도는 좋고 괜찮기도 하다.

그러나 이런 방식에는 두 가지의 단점이 있다.

---

1. 지옥의 '역사'에 대해서는, Schilder, *Wat is de hel?*³, 44-57을 참고하라.

첫번째로, 모든 것이 너무 부정적이거나 지나치게 **안티테제적**이다. 그래서 너무나 위험하다. 적어도 칼빈주의적이지도 않다. **안티**테제에 대한 사고(키르케고르와 바르트)는 틀림없이 **루터교** 국가들에서 유입된 것이다. 개혁주의 신앙인들은 이런 식의 모든 안티테제적 관계를 거부했다. 그들이 언급한 대로, 하늘을 **테제적**으로 보아야만 하는 것은, 그 자체가 땅에 대한 **안티**테제가 아니며, 땅을 **위한** 첫번째 테제와 **일치하지도 않는다**.

그리고 두번째로, 사람들은 하늘에 대해서, '하늘로부터 떨어졌다'는 식으로 말해 왔다. 이런 특유한 표현 자체는, 하늘에 대한 역사 기술hemel-historiografie이 없는 하늘에 대한 이론이 얼마나 터무니 없는지를 벌써 보여 주고 있다. 일반적으로 말하면 '하늘로부터' 떨어지지도 않았고, 그런 일이 일어났다 하더라도, 적어도 하늘 자체가 그렇게 하지는 않았을 것이다. 하늘에는 역사가 있다. 즉 우리가 마지막 날에 일어날 일들을 가장 오래된 최초의 날까지 환원한다면, 그 날에 일어날 일들은 우리에게 부요하고, 실재적이다. 사실 종말론eschatologie이라는 단어를 옛 의미[2]로 사용하면서, 하나님의 사역을 위한 틀창, raam로서의 역사 곧 하나님 사역 **그 자체**의 역사로 보고 있는 개혁주의 신앙인들은 **분명히**, 이제 그들의 반대편에 있는 자들이 날카롭게 지적하는 문제를 통해서도 배우는 것이 중요하다. 종말론은 태초론protologie으로부터 분리되지 않는다는 것 말이다. 앞서 우리는 이미 틸리히의 태초론을 거부했지만, 그럼에도 불구하고 '종말론'’마지막'에 일어날 일에 대한 교리이라는 옛 개념을 고수하는 것은, '마지막에 일어날 일들'을 '태초에 일어난 일들'과의 관계에서 보고, 연결하려 한다면 매우 중대한 의미가 있을 수도 있다는 것을 알고 있다. 이렇게 **역사**만이 분명한 해답을 가지고 있다. 그래서 이렇게 역사의 자격에

---

2. 역주) 전통적인 의미

대해서만 시비를 거는 심각한 반박이 시작된 것이다. 종말론의 성격과 임무 그리고 가능성에 대한 옛 견해에 대해 반대하는 많은 사람들은 대부분, 기독교 종말론을 항상 자욱한 연기 속에 있는 새 예루살렘의 성벽들과 거리들, 즉 '기독교적' '신화'의 안개 속에 두려는 상황으로 설명하려고 한다는 것, 다시말해 하늘은 언제나 '하늘로 부터' 떨어지게 했다는 인상적인 표현을 다시 한번 더 사용하려고 하는 것을 솔직하게 인정하는 편이 그나마 유익이 있어 보인다. 그러나 역사의 광대함 **속에서**, 종말론을 역사의 과제로 지적하려는 사람은, 태초에 일어난 일들에 관한 교리이며, 또한 하늘에 대한 것이기도 한 태초론을 동시에 붙잡아야 하는 것이다.

하늘의 시작을 찾는 이들은, 창세기 1:1 "태초에 하나님이 하늘과 땅을 창조하시니라."를 근거로 삼는다. '하늘'이라는 단어는 당연히, 땅이 아닌 공간의 어떤 **특정한 부분**과 연결되어 있는 것을 의미하지 않는다. 왜냐하면 '하늘과 땅'의 의미는 단순하기 때문이다. 즉 피조물 전체를 뜻하고, 그리고 이것은 땅의 관점, 인간의 관점에서 본 것이다. 성경의 첫번째 구절에 기록된 '하늘과 땅'은 저자가 딛고 서 있는 표면과 땅 위와 바깥에 있는 다른 모든 것, 즉 그가 도달할 수 없는 다른 모든 행성들, 태양들, 별들과 달들을 의미한다. 그래서 땅이 아닌 것을, '하늘'이라는 집합명사로 지금 요약하고 있는 것이다.

그럼에도 불구하고, 같은 책인 창세기는 곧바로 '좁은 의미의 하늘'이라는 개념으로 이끌어 간다. 다시 말해 따로 나누어져 있는 '하나님의 거처'라는 개념이다. 이것은 인간의 거처와는 구별되고, 공간적으로 **간격**diastase, 즉 그곳으로부터 **거리**afstand가 있는 것으로 묘사되어 있다. 왜냐하면 하나님은 낙원에 '나타나시기' 때문이다.[3] 그분은 자신의 삶의 수준에서 인간에게 오시는 것이

---

3. 창 2:7, 21-22; 3:8.

아니다. 그분께서 인간에게 계시하실 때, 그분은 떠나신다. '높은 곳'에서 나오시는 것이다. 이렇게 그분은 내려오셔서, 인간 군상群像들을 '내려다 보시는' 것이다.[4] 인간 자신의 편에서는 발견할 수도 없고, 함께 걸어갈 수도 없는 길들을 따라, 하나님은 일종의 위에 있는 세상으로부터 인간에게로 오신다. 그 위에 있는 세상에서, 하나님께서는 친히 '협의'하신다. "우리가 사람을 만들자!", "보라, 이 사람이 우리 중 하나와 같이 되었다!"[5] 창세기와 다른 책들을 통해서 성경으로 더 나아가면 갈수록, 간격 모티브diastase-motief는 더욱 더 분명하게 나타나게 된다. 하늘은 온 우주를 다스리시는 천상 회의Hooge Raad가 열리는 곳이다. 바로 그곳으로부터 세상에서 역사하는 능력들effectieve krachten이 '파송'된다. 그 높은 하늘에서, 하나님은 천사들과 협의하신다. 하나님께서는 자신의 보좌를 구름을 넘어 별들 위에 세우신다. 그곳으로 영들을 부르시어, 신들의 회의를 열어 아합 왕의 파멸에 대해, 욥의 비탄에 대해, '위'와 '아래' 사이에 있는 보고서를 관리하는 방법에 대해 협의하신다.[6]

우리를 다시 '논 리쿠에트'non liquet[7] 하도록, 다시 말해 모든 이상들Visioenen과 모든 신인동형론적인anthropomorphe 비유를 학문적이고 개념적으로 이해하려는 시작 조차도 할 수 없다고 **인정하도록** 강요하는 이들이 있을 것이다.

그러나 이 '논 리쿠에트' 는 우리에게 쓰여져야 할 말이 아니다. 계시의 '명확함'을 믿는 우리의 믿음이 우리를 그것으로부터 막아서게 하기 때문이다. 이번 기회에 신형동형론을 너무 두려워하지 말자. 왜냐하면 성경 전체가 신인동형론적이기 때문이다. 이번에도 **논 리쿠에트**를 신인동형론을 고려한 결과

---

4. 창 11:5.
5. 창 1:26; 3:22.
6. 왕상 22:19-23; 욥 1:6-12; 2:1-7; 시 82.
7. non liquet(라틴어) '명백하지 않다'는 뜻, 사건 심리 후에도 사실 관계가 불명확할 때 로마의 재판관이 기재하는 용어이다(역자 주).

로 보려는 사람은, 이 두 단어를 쓰는 것의 끝을 찾을 수가 없을 것이다. 모든 신인동형론들 그 자체는, 그 전제들에서 창세기 1장의 구도에 전적으로 충실하고, 그것에 대해 묘사하고 있다는 것을 잊어서는 안 된다.

창세기 1장 외에, 요한계시록 21장도 주의 깊게 볼 필요가 있다. 그것은 누군가가 냉소적으로 논 리쿠에트!라고 다시 말할 만한 **묵시**이다. 그러나 묵시도 창세기 1장의 근본 개념에 충실하다. 여기서 성경 주석을 다시 확고하게 붙잡아야 한다. 자 보자, 요한계시록 21장은 **인간과 함께 계실 하나님의 거처**에 대해 말씀하고 있다. 그것은 **무언가 새롭다**. 즉 처음부터 한 거처를 다른 곳으로부터 (상대적으로) 분리했던 거리afstand, 즉 간격diastase의 승리인 것이다. 이제 하늘에서, 하나님으로부터 **새 예루살렘**이 '내려옴'으로 인해, 평강의 상태가 가능하게 되었다. 새 예루살렘, 그것은 교회령敎會領, kerk-statuut이고 기관instituut이며 새 인류가 질서 있게 일치된 모임이다. 그것은 '**하나님으로부터**', '**하늘로부터**' 온다. 왜냐하면 그것은 불로 태워질 땅에서 자생적으로 피어난 것도 아니고, 마지막 심판의 폭풍우 가운데서 그들의 모든 공동체들congregaties이 해체되어 버리는 것을 목도했던 인간들의 무리에서 나온 것도 아니기 때문이다. 하나님으로부터 온다. 그래서 마지막 날에, 인간이 거하는 **장소**거처, woonplaats는 하나님의 직접적인 간섭하심으로 다시 정비된 **거하는 장소**거처, woonplaats가 된다. 성경은 시작부터 이런 이야기를 우리에게 말씀하고 있다. 즉 피조물이 거하는 **장소**는, 6일 동안의 사역으로, 인류를 형성하는 것, 인간의 **공동체**를 설립하는 것인 **거하는** 장소가 되었다. 그러나 거기에 부족한 것이 있다. 이제 모든 것에 덧붙여야 할 것, 바로 **하나님의 거처는 인간들과 함께 있다**는 것이다. 따라서 그것이야말로 **간격**을 제거하는 것이다.

여기에 질문이 생긴다. 하나님의 거처와 우리의 거처 사이의 이러한 간격, 이러한 거리는 **죄**의 결과물이었는가? 아니면 **피조물 그 자체**에게 주어진 것이었는가? 하나님께서는 '거리'를 타락 **후**에 처음으로 두셨는가 아니면 타락 **전**에 이미 두셨던 것인가?

만일 타락 전에 있었던 것을 묘사하고 있는 창세기 1-3장이, 하나님의 '거소'와 우리의 '거처' 사이에 있는 이러한 **거리**afstand에 대한 모티브를 옛 낙원에 대한 사고 안에서 살피지 않는다면, **죄**로 인해 부패한 세상의 본성, **단지** 그것만 볼 수 밖에 없는 것이다. 그러나 이미 낙원에서도 이러한 거리는 존재한 것이 밝혀졌기 때문에, 모든 것이 달라진다. 만일 거리가 **영속적이라면**, 그것은 **당연히** 죄의 삯으로 온 것이다. 그리고 만일 간격이 **보좌**를 위한 수단이 되고, **안티**테제적이 된다면, 그것도 **당연히** 죄의 삯으로 온 것이다. 그러나 간격 개념 자체가 반드시 필요한 것은 아니다.

따라서 결론은, 피조물의 범위 **안**에 있는 모든 것의 시작부터 이미, 하나님께서는 인간의 거처와 (창조의 범위 안에 있는) 다른 장소 즉 하나님께서 당신의 영광을 가장 강력하게 계시하시고, 그분으로 말미암아 창조된 세상으로 오시기 위하여 출발지로 선택하신 그 장소 사이에, 간격을 두셨다는 것이다.

§2. 하늘의 설립

우리의 태초론은 언제나 율법의 수여자授與者, 계시하시는 분, 말씀하시는 분이신 하나님에게 매여있다. 따라서 지금 하나님께서 그 일을 어떻게 시작하셨는지, 즉 피조물에게 어떤 근본 법칙을 두셨는지에 대한 질문으로 나아가야만 한다. 사실 피조물과 창조주, 즉 작품과 만드신 분 그리고 **태어난** 이와 '**태어나게 하신**' 분과의 **관계**의 규정은, 오직 창조주이신 만드신 그 분에게 있다.

하나님은 이제 그와 그의 창조물의 관계를 이렇게 규정하셨다. a. 언제나 구별되고, b. 결코 나누어지지 않는다.

하나의 근본 법칙 안에 함축되어 있는 두 가지의 근본적인 사고가 일치하는 것에 주의를 기울여야 한다. 그 하나는 다른 것이 없이는 불가능하다. 따라서 그 어떤 것도 다른 것 없이는, 인간 대화의 주제가 되지 못한다는 것이다. 왜냐하면 거룩한 계시는 결코 서로를 분리하지 않기 때문이다. 그러나 만일 하나님께서 자신의 피조물과 완전히 나누어**지려** 하신다면, 하나님과 인간 사이의 **구별**에 대해, 인간이 말할 수 있는 것은 아무 것도 없다. 하나님과 인간 사이의 절대적인 **분리**는 자신의 구별됨을 말하려는 인간의 모든 대화를 **막아버리는 것이다**. 그래서 하나님과 인간 사이의 **구별**을 선포하고, 그 구별을 완성하는 것이 단지 부정적인 개념들에 불과했다면(그렇지는 않다!), 하나님과 인간은 **나누어지지 않았다**는 다른 사고로 연결할 수 밖에는 없었을 것이다.

'위'와 '아래'라고 말하는 것은 하나님과 피조물 사이의 **관계**라는 것을 이미 지적했다. 이 관계를 더 분명하게 하는 방식으로, 성경은 신인동형론적인 형상이 거짓된 신인동형론적인 형상으로 왜곡되는 것을 막는다. 하나님으로 인해 '위'와 '아래'는 서로 반대편에 위치해 있기 때문에, 그 안에서 하나님과 인간은 **언제나 구별되어 있다**. 게다가 '위'와 '아래'는 언제나 **하나**의 관심권 안에 놓여 있는 것에 대한 규정들이기 때문에, 그것에 대해 말하는 것에도, 그들이 **나누어지지 않았다**는 인식이 있는 것이다. 죄가 없는 세상에서 각각의 대립은 하나 됨도 나타낸다. 즉 두 지역이 하나의 영역에 놓이는 것이다. 왜냐하면 **하나의 동일한** 창조행위를 통해, 하늘과 땅 즉 위 세상과 아래 세상이 발생했기 때문이다.

더 나아가 '**바라**'bará와 '**아사**'asáh 사이의 차이에 주의를 기울이면, 하나 됨 가운데서의 구별을 더욱 명확하게 규정할 수 있다. 이 두 개의 히브리어 단어는 모두 '**창조하다**'라는 의미이다. 엄밀하게 말해서, 성경은 이 두 단어를 구별하고 있지는 않다. 그러나 이중적인 창조 개념이 나타나는 것을 볼 수 있다. 왜냐하면 '**바라**'는 하나님께서 없는 것을 창조하시는 창조 행위를 설명할 때, 매우 자주 나타나는 반면에, '**아사**'는 두번째 창조 행위에 자주 사용되는 경향이 있는데, 더 빈번하게는, 하나님께서 이미 존재하는 것을 가지고, 더욱 더 **마무리**하시고, **계발**하시고, **펴**시고, **확장**하시고, **정리**하시는, **준비**와 **정리**의 행위에서 더 자주 사용되고 있기 때문이다. 이렇게 '바라'는 창세기 1:1에서, 없는 것으로부터 창조하신, 즉 하나님의 태초의 창조 행위에 사용되었고, 반면에 '아사'는 6일 동안의 사역으로 만드신 피조물을 정리하시고, 준비하시며, 장식하는 행위를 더욱 진행하시는 것에 자주 사용되었다.

이제 '최초'의 창조 행위에서 '이루어진' 것에 대한 이러한 설명과 전개는, 창조 전반에 걸쳐 있다. 아직 정리되지 않는 물질에, 하나님은 순서를 정해주셨다. 이미 이루어진 공간적 상태들 안에, 공간적 거리들ruimte-àfstanden이 들어왔다. 정리하시는 각각의 새로운 행위는 전반에 걸쳐 거리를 만드신다. 하나님은 땅 위에 (즉 산과 골짜기, 바다와 나라들 위에) 거리를 두셨다. 또한 하나님은 '하늘들'에도 (즉 태양들, 달들과 별들 그리고 궁창에도) 간격을 만드셨다. 가장 먼저, 첫째 날의 창조(바라)와 그 이후에, 첫 4일 동안의 정리(아사)에서, 하나님은 간격, 거리를 두시고 분리dislocatie하신 것이다.[8]

그리고 하나님께서 태초의 4일 동안 거리를 만드신 곳에서, 더 나아가 그 곳에 하나님은 이 땅 위에 더 나은 **대리자들**, 즉 곧바로, 만드신 간격을 **관찰하는 자들**을 창조하신다. 동물들이 출현하고, 마지막으로 **생각하는**, 뛰어난 **인간**, 즉 간격 안에서 그리고 그 간격을 넘어서서 예언하는 인간이 나타난 것이다.

이러한 인간은 **시간**과 **공간**에서 거리를 가진다. **시간**으로는, 한 피조물이

---

8. 창 1:1-19.

다른 피조물 보다 뒤에 나타나고, 인간 자신은 가장 나중에 출현했다는 것을 알고 있다. 따라서 시간에 거리가 있는 것이다. 그러나 시간에서의 단계적인 차이를 넘어서서, 인간은 하나님께서는 시간보다 먼저이시고 위에 계신, 영원한 분이심을 안다. 비록 시간성을 초월하시는 분이신 하나님께서는 시간 안에서 오시지만, 하나님과 인간 사이에는 간격이 있다. 그리고 **죽음**에 대해 **말씀하시면서**, 하나님은 아직은 있지 않은 **안티테제** 안에서의 간격에 대한 가능성 mogelijkheid van diastase-in-antithese을 보여 주신다. 동시에 시간 안에 있는 창조물들은 거리를 가진다는 것을 강조하신다. 죽음이 올 때, 아마도 인간은 어떤 피조물이 다른 것보다 더 오래 산다는 생각을 할 수도 있다. 즉 짧거나 긴 시간의 간격들이 생길 수 있다. 그리고 더 나아가 공간에서의 간격도 있다. 하나님께서는 동물들을 특정한 **공간**의 영역에 묶어 놓으셨다. 하나님께서는 어떤 것은 위에서 움직이게 하시고, 또 다른 것은 아래에 있게 하셨다. 어떤 동물은 '땅의 물질'로 묶으시고, 다른 것은 다른 '요소'로 묶으시고는 인간에게 명령하셨다. "땅을 정복하고, 다스리라, 땅에 충만하라!"[9] 동물들에게 적용된 공간의 경계는 인간에게 해당되지 않는다. 즉 인간은 땅에 **충만**할 수 있는 것이다. 이것을 공간적인 의미에서 이해할 수도 있다. 이미 인간은 바다의 깊이와 하늘의 높이 만큼 정복했다. 지금까지 살수 없던 지역에서 곧 살게 될지 누가 알겠는가? 이미 이와 관련된 실현 가능성을 보여 주는 유토피아들이 기록되어 있다. 압축되고 응축된 열과 빛 같은 것 말이다. 그러나 모든 공간적인 단계의 차이를 넘어서서, 하나님께서 서 계신다. 하나님의 거처는 '한' 곳에 있는 것이 아니라 '**저**' 높은 곳에 있다. 하나님께서 그 공간들을 **만드신** 것이다.

이렇게 피조물 전체는 자신의 모든 질서와 연결에서 거리에 대한 사고

---

9. 창 1:20-28.

afstand-idee를 말하고, 간격 개념diastase-begrip을 세운다. 왜냐하면 하나님께서는 간격 안에 있는 인간의 '거처'를 , '파송의 장소' 즉 계시의 능력들과 권세들이 인간에게로 나가게 하는 곳인, 하나님이 '들어오시고' '나가시는' 장소 반대편에 두시기 때문이다. 따라서 인간이 자신의 삶으로 나아가는 장소와 다른 장소 즉 하나님께서 자신이 만드신 인간에게로 나아가시는 다른 장소 사이의 이러한 분리와 간격은, 하나님께서 '바라'로 부터 '아사' 까지 오심으로 더욱 더 분명하게 나타난다. 하나님은 인간과 엄격한 거리를 두지 않으시지만, 하나님의 거처는 인간의 거처와는 거리를 두게 하셨다. 하나님께서 당신의 피조물에게까지 들어오심으로, 하나님은 전체 피조물 **안에서** 인간과 거리를 둘 수 있으신 것이다.

우리가 이미 본 장의 §1에서 살폈던 바를 여기서도 계속해서 다루려 한다. a. 인간에게서 구별하심을 보는 것은 하나님께서 간격을 **취하시는** 결과이다. b. 간격을 취하시는 것 또한 하나님의 **계시** 행위이다. c. 간격을 취하시는 이런 계시 행위는, 오직 하나님께서 세상으로부터 나누어지지 않으셨기 때문에 가능하다.

다시 말해 단지 하나님과 인간 사이, 혹은 오히려 '하나님의 거처'와 인간의 거처 사이의 순전한 **분리**에 대해서만 말할 수도 있다. 이것은 분리 개념을 절대화하지 않을 때 가능하다. 왜냐하면 이러한 **분리**는 **하나 됨**을 요구하시는 하나님의 범위 안에 있기 때문이다. 그래서 이 단어를 매우 주의해서 사용하면, 분리는 결합conjunctie의 범위 안에 있다고 할 수 있다. 이 둘은 극과 반대의 극인 정반대로 대치해 있는 것이 아니다. 왜냐하면 결합이 분리를 규정하고, 관계를 형성하기 때문이다. 따라서 역설Paradoxie은 보이지 **않는다**. 하나님의 거처는 인간의 것과 다르다. 즉 **분리**이다. 그러나 하나님과 인간의 거처, 둘 모두, 들어오고 나가는 중심이, 피조물인 크고 하나인 '집' 안에 있다. 즉 결합인 것이다. 하나님께서 세상을 창조하실 때, 하나님은 인간에 **대하여** 그리고 인간을 **위하여** 말씀하셨다. 즉 "우리가 사람을 만들자." 이어서 인간을 위한 거처를 **만드셨던** 것이다. 하나님은 '인간의 거처를 예비하시기 위해' 가셨다.[10] 그러나 하나님은 그 일을 행하시자마자, 인간**에게** 말씀하셨다. "내 얼굴을 구하라![11] 우리의 **분리**에서 먼저, **결합**은 내가 만든 것에게 나를 나아가게 하는 것인 나의 사랑하는 뜻으로 인한 것임을 알라! 내 얼굴을 구하라! 너의 일터인 너의 거처에서, 내가 파송하는 곳인 나의 거처를 구하라!"

따라서 순전한 세상에서의 간격은 결코 안티테제가 될 수 없다. 하늘은 간격의 가장 확실한 증거이다. 그리고 이런 개념은 하늘에서 구체적으로 이루어진다. 그러나 하늘은 피조물의 하나 됨으로부터 그리고 그 안에서, 즉 하나님과 인간의 하나 됨으로부터 그리고 그 안에서 나타난다. 하나님은 하늘에서만 간격을 취하실 수 있다. 이것은 하늘과 땅이 한 지역으로, 하나님의 한 영역으로 생각하기 때문이다. 그래서 하늘은 언제나 간격에 대하여 인식할 것을 요구한다. 따라서 하늘은 세상에 대한 우리의 첫번째 근본적인 사고를 선언한다. 즉 하나님과 피조물은 **언제나 구별된다**는 것이다. 그러나 이 모든 것과 이것을 통해서, 하늘은 여전히 **하나 됨**을 요구하고 있다. 하늘은 그것에 대해 요구할 수도 있고, 원하기 때문이다. 따라서 하늘은, 하늘과 땅의 모든 영역에 대해 우리의 **두 번째** 근본적인 사고를 예언한다. 즉 하나님과 인간은 **결코 나누어지지 않는다**는 것이다. 하늘은 간격을 **취함**으로가 **아니라** 간격을 **선포함**으로 연결된다. 왜냐하면 이러한 선포는 오직 가까이함, 교제, 결합에서만 가능하기 때문이다. 거리를 **둠**은 아직 연결되지 않은 것이지만, 거리를 **설교함**은

---

10. 창 2:8; 요 14:2-3과 비교하라.
11. 창 2:16-17.

이미 연결된 것이다. 거리가 우주 내부의 삶에 **제한됨**으로, 거리가 분리되는 것을 막고 있는 것이다.

이렇게 인간과 거리를 두고 사시는 하나님이 계시는 장소는, 이제 막 인간이 생존하여 일하기 시작하고, 바라보기 시작한 장소보다 더 풍성하게 영광을 계시하시는 곳이다. 하나님의 모든 행동이 시작되고 마치는 장소이며, **하나님의 섭리 아래에 이미 놓여 있는** '아사'의 개념으로 요약할 수 있는 장소이다.

오해를 피하기 위해, 우리는 이런 '아사'를 계시로 받아들인다는 것을 분명하게 밝힌다. 하나님께서 인간에게 곧바로 주신 계시는, 여섯째 날의 사역에 속하는 것이다. 따라서 만물을 계속해서 '정리'하는 것에 속하는 것, 즉 우리가 '아사'의 개념으로 요약했던 것이다.

§3. 하늘의 역사에서 구성적인 요소들: 진화evolutie에 대한 사고와 '충격'에 대한 사고

이렇게 하나님은 창조 전반에 걸쳐 하나님의 거처와 인간의 거처 사이에 거리를 만드셨다.

그리고 **이제** 인간은 자신의 거처에서, 하나님의 '거처'가 하나님의 계시, 통치 그리고 섭리가 시작되고 마치는 중심이라는 것을 **깨닫는다**.

이것은 **천사들의** 역할을 통해 나타난다. 이것은 그들이 계시 뿐 아니라(이 주제는 다시 다루도록 하자) 세상을 다스리고 관리하는 것에 있어서도 중보자들bemiddelaars이기 때문이다. 결국 성경은 그들을 왕국 **전체**를 관장하는 왕국의 기관을 위해, '봉사하고' (예전적으로) 섬기는 영들로 묘사한다.[12] 그들은 파송받았다가, 다시 성부 하나님의 '면전'으로 돌아간다. 그래서 위와 아래 사이에 대해 보고를 한다. 성경은 그들의 역할을 세계 역사를 성숙하게 하는 다양한 능력의 사역으로 연결한다. 하늘은 천사들이 사명을 수행함으로 하나님의 작용들('능력들')을 파송하는 장소로서 나타난다. 그것으로 하나님은 계시를 주시고 세상을 유지하시는 것이다. 하나님의 거처는 '파송'의 중심, 다시 말해 계시와 통치가 역사하는 능력의 중심으로 나타난다. 그리고 그 안에서 인간의 거처와의 간격이 **남아 있다**. 이것을 설교하는 것이다.

이것을 설교한다는 것, 그것은 무엇을 의미하는가?

그것에는 양면성이 있다.

가장 먼저, 인간 거처의 **진화**이다. 왜냐하면 간격을 두신 이후에, 하나님께서는 당신의 거처로부터 자신의 처소에 있는 인간에게, 인간의 거처는 **진화**를 따라 발전할 수 있고, 발전해야 한다고 말씀하셨다. 그리고 이러한 진화를 따라, 인간 스스로가 적극적으로 참여할 수 있고, 또한 해야만 했다. "번성하여 땅에 충만하라, 땅을 정복하라."는 것이다.[13]

그러나 이러한 진화에 대한 약속 외에도 또 다른 사고가 나타난다. 바로 '**충격**의 순간'에 대한 것이다. 우리가 이 단어를 여기서 우리의 논의에 도입하는 것은, '충격'('파국'에 대해 언급한 것을 참고하라.)이라는 단어가, 우리가 나타내고자 하는 바를 가장 잘 표현한다고 생각했기 때문이다.[14]

---

12. 역주) 히 1:14.
13. 역주) 창 1:28.
14. '파국'은 변증법적 신학 등의 설명과정에서 일시적으로 사용되었고, 더 구체적으로 규정하면, 그것의 근본적인 사고는 다소간에 항상 파괴적으로 나타나기 때문에, 줄곧 반대해 왔다. 따라서 우리가 논증하는 이 부분에서, 이제 우리 자신의 테제적인 분석에 도달하였기 때문에, '충격'이라는 더 나은 단어를 사용하려 한다('시간의 한 순간'을 참고하라.).

이제 이 두 가지, 즉 '점진적인 노선을 따르는' **'진화'**와 진화의 한계(限界)이며 역사적 발전 과정의 중단인 **충격**은, 하늘의 역사에서 두개의 구성적인 요소들과 함께 나타난다. 따라서 이것은 여기서도 여전히, 땅과의 관계에서 생각해야 한다.

여기에서 제기되는 첫 번째 질문은, 즉 이러한 **'진화'**에 대해 이해하는 것은 폭넓게 전개될 필요가 없다는 것이다. 이것은 이미 언급된 인간에 대한 하나님의 말씀에 분명하게 명시되어 있다. 인간의 수고와 인간이 하나님의 동역함[15]으로, 땅과 인류는 동시에 발전할 것이다. 인간 정신에 대한 전망들은 더욱 풍요하고 폭넓어질 것이고, 삶의 가능성도 커지고 확장되며, 그를 향하여 오는 창조의 부요함은 더 다목적이고 다양하게 되고, 하나님 앞에서와 그를 둘러싸고 있는 세상 가운데서 그는 더욱 굳건하고 견고하게 서게 될 것이다. 왜냐하면, 우리가 여기서 다시 서론을 강조하면, 행위언약 안에서 인간은 죄와 죽음의 가능성으로부터, 결국 그 안에서 더이상 죄로 죽지 않을 수 있는 그와 같은 확실성으로 나아가는 것이기 때문이다.

앞서 언급한 '충격의 순간'에 대해서는, 더 설명할 필요는 없을 것 같다. 이미 서론에서 충분히 언급하였다. 모든 발전 가능성을 가지고, 주님이신 하나님 아래에서 진화하고 있는 세상의 모든 일을 감당하는 인간은, **단지** 이런 진화를 통해서만 '제시된 완전함'der voorgestelde volkomenheid의 상태에 도달하는 것은 결코 아니다. 낙원에서 순전한 상태의 인간이 가진 믿음의 지식에서, 역사 속으로 **진화**의 실재를 가져 오신 하나님께서 기뻐하시며 인정하시는 것은, 오만한 진화론evolutionisme으로 변하는 것을 **막으셨다**는 것이다. 즉 그것은 스스로 약속하신 바, 피조물의 자족함自足, autark을 선언하시고, 동시에 그것은 인

---

15. 고전 3:9.

간이 수고함으로 발전할 수 있다는 것이다. 게다가 낙원에서는 생각지도 못할 **자족**하는 것에 대한 꿈, 즉 하나님의 새롭고, 혁신적이며, 개입하시는 능력 없이, 인간의 거처를 (그리고 인간 자신을) 완성의 상태로 전환하려는 시도는, **급작스런 변화를 바라는 필요**에 의해 '시간의 한 순간'에서 차단되었다(위를 보라). 이러한 급작스런 '충격' 없이는, 태초의 세상 즉 알파의 세상de wereld-van-de-alfa은 결코 완성된 세상 즉 오메가의 세상de wereld-van-de-omega으로 발전하지 않는다.

우리는 이러한 '시간의 한 순간'에서 급작스러운 전환이 이루어지기를 기다리는 것은, **이미 첫째 날부터** 창조 전체의 기본 구도에 속해 있었다는 것을 앞서 지적했다. 진화를 제한하는 이적에 대한 종말론적 전망은, **태초부터** 의식이 있고 개인적인 하나님의 종들에게 살아 숨쉬고 있었다.

인간의 거처 뿐 아니라 하나님의 거처 또한 태초부터 두 가지 요인에 의존하며 발전했다. 그것은 a. 존재의 **연속체** 안에서의 **발전**een ontwikkeling in het continuum van het bestaande b. 그것에 의해 곧바로 경계를 설정하고, **시간의 한 순간**에서의 급작스러운 **변화**이다. 그것이 위에서 의미한 충격에 대한 사고 즉 도약에 대한 사고이다.

따라서 그것에 대해 우리는 고린도전서 15:45으로 증명하고자 한다. "첫 사람 아담은 생령levende ziel이 되었다 함과 같이 마지막 아담은 살려 주는 영 levendmakenden geest이 되었나니…"

여기서 아담과 그리스도 사이에 이중적인 대조가 나타난다.

첫 번째 아담은 **'영혼'**ziel이고,[16] 두 번째 아담은 **'영'**geest이시다.

---

16. 역주) '생령'(sooma psuchikon)의 psuché는 히브리어 nefesj에서 직접 번역된 단어이다(창 2:7). 이 단어는 영혼으로 번역될 때가 많지만, 바울은 '살아있는 인간'이라는 창세기의 의미를 그대로 사용하고 있다.

더 나아가 첫 번째 아담은 생명을 **얻었고**, 둘째 아담은 생명을 **주신다**.

첫 번째 아담은 시간의 바뀜, 움직임, 변화에 놓여 있기 때문에, 시간이 흘러가는 대로 갈 수 밖에 없다. 그는 '**영혼**'이다. 그는 전적으로 자신의 '힘'이나 '권한'이 놓여져 있고, 그것을 온전히 섬기거나, 그것을 위해서 사용할 수도 있는, 앞서 말한 내재적인 능력immanente kracht으로 자신의 삶을 통제하지 않는다. 왜냐하면 그는 '**영**'이 될 것이기 때문이다. 분명히 **여기서** '영'은, 더 이상 바뀜과 변화의 법칙에 복종하지 않는, 견고하며 변화하지 않는 것이라고 말한다. '영'은 자신의 존재가 영원하리라는 것을 보는 것이고, 스스로를 통제하며 그 안에서 방해받지 않고 제한되지 않는 것이다. 그래서 **두 번째** 아담은 '**영**'이시다. 그 분에게는 견고함이 있다. 즉 그 분은 시간의 변화를 초월하심으로, 행위언약werkverbond의 요구를 완전히 성취하심으로 이루신 것인, 영원한 자족自足, autarkie 가운데 계시는 것이다. '**영**'은 그 분이시다. 말하자면 더 이상 변화의 법칙에 복종하지 않고, 모든 변화를 스스로 통제하신다. '**영혼**'은 첫 번째 아담이다. 즉 그의 존재 전부, 또한 그의 지각, 그의 생각, 그가 하나님에게로 향하는 것, 그의 소망들, 세상에서 그가 지향하는 방향들, 이것 모두는 시간이 바뀌는 질서에 복종하고 있다. 그는 자신의 보배들을 **땅**의 질그릇들에 담고 있는 것이다. 그러나 두 번째 아담은 '**영**'이시다. 그 분은 자신의 보화들을 **하늘**의 그릇으로 옮기신다.[17] 그 분의 생명의 움직임은 '영적인' 움직임이다. 즉 그것은 더 이상 운명이 아니라, 온전한 행위이다. 다시 말해 그것은 일시적인 법칙 아래에 놓여 있는 것이 아니라, 법칙을 모든 일시적인 것에 두는 것이다.

우리가 이제 두 번째 대조에 주의를 기울이면, 첫 번째와 평행을 이루는 것 같이 보인다. 첫 번째 아담은 '**생령**'levend, 즉 그는 그 생명을 **얻었다**. 창조기

---

17. 고후 4:7.

사의 생생한 증언에 따르면, 하나님께서 그의 코에 생기를 불어 **넣어심으로**, 그는 생명을 얻어 '생령'이 된 것이다. 그러나 **두 번째** 아담은 **살려 주시는 분** levendmakend이시다. 이 영광스러운 명칭은, 두 번째 아담이 행위언약을 온전히 성취하심으로 머리가 되신 권능을 가리키는 것으로, 고린도전서 15장에 나타난다. 즉 **그 분 안에 있다고 여겨지는 모든 자**에게, 가장 절대적인 의미에서 살려 주실 수 있는 능력이다. 그 분은 살려 **주신다**. **주신다**는 것이다. 그것은 그냥 문구가 아니다. 매우 중대한 문제이다. 그들은 존재에 있어서 그들의 생명의 내재적인 능력에 **궁극적으로** 의존하지 않기에, 그것을 통해 그들의 모든 것이 하나님의 섭리 아래에 있는 진화 속에서 발전한다는 것을 증명한다. 왜냐하면 '사람 **안에** 있는' 것은, 무엇인가에 다가갈 수 없는 그를 불변하고 안정된 삶의 **'영적인'** 위치로 결코 전환하게 할 수 없기 때문이다. 두 번째 아담은 이런 의미에서 살려 **주시는 분**이 되셨다. 즉 그들은 그리스도 안에서 그리고 그리스도를 통해서, 그들의 모든 인성은 **그 분**과 함께 완성되었다 geconsummeerd. **그 분**의 부활로부터 그들의 육신도 은혜로 말미암아, 바라던 견고함을 얻는다. 이것은 그리스도의 권세와 능력으로 그들의 인격을 확고하게 붙잡음을 통해서이다. 그들의 육신은 그리스도께서 그들에게 주신, 불변과 불멸을 공유한다. 그들의 모든 인성, 그들의 생각, 욕망, 지각, 우주에서 그들이 지향하는 방향은 이제 확고하고 **'자유롭다.'** 두 번째 아담을 통하여 그리고 위하여, 다스리는 것이다.

이제 우리는 여기에서 이미 여러 번 반복해서 제안했던 사고로 돌아가자. 즉 그리스도를 통해 마지막 날에 오는 것은 이미 계획되었고, 인간이 낙원에 나타나게 되었다는 것말이다. 그 때 첫 아담은 행위언약의 요구 앞에 서 있었다. 그것으로부터 미래 완료futurum exactum[18], 즉 이 견고함에 대한 미래완료 시제de voltooid toekomende tijd가 나오는데, 인간의 구성 전체의 고정됨 혹은 견고하게 되어짐은 낙원에 있는 인간이 이미 목표로 삼고 있었던 것이다. 그러나 이 목표는, 잘 알려진 '시간의 한 순간'에서의 급작스러운 전환 없이, 즉 하나님께서 위로부터 내려주시는 새롭고 단호한 '이적'의 능력 없이는 도달할 수가 없다. 이런 맥락에서 '이적'은 당연히 자연법칙을 깨뜨리는 것을 의미하지 않는다. 결코 그런 것이 아니다. 그것은 피조물 가운데서 이미 역사하고 있는 능력들이 **'절대로'** 도달할 수는 없는 것에 대한 완료 시제het perfectum, 즉 현재 완료 시제den voltooid tegenwoordigen tijd[19]로 부터 나온 것이 아닌, 무언가 새로운 것을 가리킨다.

따라서 '야웨께서 땅에 새 일을 알리실 것이라', 즉 하나님께서 **'하다쉬 chedasjáh, 새 것'**, 새 것을 세우시리라는 것은, 이스라엘과 맺으신 **은혜언약에서만** 예언된 것이 아니다.[20] 왜냐하면 **행위언약** 안에서도, 첫째 날부터 이 '하다쉬'는 나타나고 있기 때문이다. 이것은, 타락 후의 인간은 오시는 메시야의 경륜(시작과 완성에서)을 따라, **야웨** 곧 주 언약의 하나님께서 하다쉬를 세우신다고 말해야 한다는 것을 가리킨다면, 반면에 타락 **전**의 **행위**언약에서는 하나님께서 하다쉬를 세우신다고 말하는 정도의 차이만 있을 뿐이다. 타락 후에 하나님은, 주 야웨라고 불리신다. 그러나 하나님께서 하다쉬를 세우시리라는 것, **그것**은 타락 전에도 이미 확고하게 서 있었다. 이제 이 하다쉬는 오직 **도약, 충격, 급작스런** 변화, 그리고 시간의 한 순간에서 일어나는 **'이적'**에 의해

---

18. 역주) 라틴어의 미래 완료 시제(futurum exactum)는 현재보다는 나중에 일어나지만 미래 시점에 완료될 사건을 서술하는데 쓰인다.
19. 역주) 라틴어의 완료시제(현재완료, perfectum)는 현재 시점에 이르러 그 동작이 완료된 사건을 서술하는데 쓰인다.
20. 사 42:9.

서만 오게 된다.

　이것은 우리가 앞서 이미 언급한 간격 개념을 새롭게 강조하고 있다. 왜냐하면 그것은 인간을 위해 하나님의 거처인 하늘을, 더욱 더 '이적'이고, 그가 이미 있었던 것보다 '더 높은 것'으로 만들어주기 때문이다. 결국 우리가 **시간**과 **공간**에 두었던 간격은 시간과 공간 모두에서, 삶을 강요하고, 재갈을 물리는 **극복할 수 없는** 힘이 된다. **시간**의 계획에서, 이제 하늘은 인간에게 '완전히 다른 세상' 즉 '이적'의 세상 'wonder'-wereld이 된다.[21] 그것은 자신의 마지막까지 시간의 진행을 이끌고 갈 수는 없다. 인간의 거처는 **스스로 만들진 것이 아니기** 때문이다. 그러나 엄밀히 말하면, 하나님의 **거처는 그렇지 않다**. 그 거처**로부터** '시간의 한 순간'에서', 능력들 곧 단번에 견고함으로 전환한 시간의 움직임이 갑자기 나타나는 것이다. 그리고 **공간**과 관련해서, 하나님의 거처는 간격에 대한 사고가 첨예화尖銳化되는 것을 발견함으로, 인간의 공간 구도에서도 또한 더욱 더 '이적'의 성격 즉 강력하고 초월적인 성격을 가진다는 것이다. 결국 오시는 새로운 경륜에서, 즉 '시간의 한 순간' 이후에 피조물의 삶에 완전히 다른 질서가 놓여지게 되고, 따라서 성장vegetatie도 없고 성적인 욕망도 없다면, 이런 다른 질서는 또한 완전히 다른 세상의 구도wereld-schema를 요청하는 것이다. 전적으로 육체적인 인간이 먹지도 않고, 결혼하지도 않는 세상은, '이러한' 세상의 인간을 위한 '이적'이다.[22] '어디에' 그 세상이 있는가? 온 땅을 다 파헤친다고 해도, 전체 공간 어디에도 그런 장소는 없다.[23] 이러한 **시간**에서 인간은 발에 진화의 신을 신고 견고하게 존재하는 다른 경륜으로 그냥 전환할

---

21. '완전히 다른'과 '이적'은 당연히 바르트주의적인 의미가 아니다. 왜냐하면 분리(dis-junctie)는 결합(con-junctie)안에 있고, 이 두 '거처' 모두에게 역사가 있기 때문이다. '완전히'라는 의미는 피조물이 갈 수 있는 곳까지 나아가는 것을 말한다.
22. 각주 21을 보라.
23. 창 1:28.

수 없고, 그런 진화의 신으로는 우리가 알고 있는 공간성空間性과 우리가 알고 있는 생명의 질서들의 세상의 경계, 완전히 다른[24] 존재방식으로 지어놓은 그 경계를 넘어갈 수 없는 것이다. 모든 산봉우리로부터 낙원에 있는 인간에게도, "너희 아버지의 온전하심과 같이 너희도 온전하라."[25] "아버지께서 완전하심과 같이 완전한 인간이 되라!"는 메아리가 울려퍼지고 있다.

그러나 이 부르심은 높은 곳, 바로 하늘로 부터 오는 것이다. 이것은 하나님의 사랑의 언약을 통해 모든 것들을 포함하는 놀라운 사랑의 관계 안에서 일어난 것이다. 즉 인간과 동료 인간, 인류와 다른 모든 피조물 그리고 모든 피조물과 하나님과의 관계 말이다. 따라서 인간은 결코 그 부르심에 불순종해서는 안 된다. 율법의 완성인 **사랑**은,[26] 또한 인간을 자신의 거처에서 하나님의 거처로 '이끈다.' 사랑은 그를 자신의 시간으로부터, 시간의 경계에 있는 시간의 한 순간으로 가도록 주장한다. 사랑은 '자신'의 세상 곧 밭에 씨를 심어야만 하고 인간과 동물을 그런 밭으로 보는 세상에서, 다른 세상 곧 육체성을 유지하나 그럼에도 불구하고 밭에 대한 생각과 씨를 심는 것을 영원히 하지 않도록 하는 세상으로 밀어 넣는다.[27] 사랑은 인간을 끌어 당기고, 주장하고, 밀어넣는다.

그리고 그 사랑을 통해, 인간은 하나님의 동역자로서 세상의 **진화** 가운데서 부지런히 일을 하게 된다. 그 사랑으로, 인간은 모든 자신의 밭에서 안팎으로 열매 맺는 일에 매진한다. 이는 그 시간이 완전히 차도록 그리고 '시간의 한 순간'에 도달하기 위해서이다. 즉 마지막 밭에서 이제 곧 마지막 열매를 발견할 때까지 밭이 열매를 맺게 하기 위해서이고, 씨를 심는 경작하는 삶

---

24. 각주 21을 보라.
25. 마 5:48.
26. 롬 13:10.
27. 마 13:38과 비교하라.

akkerleven의 경계에 도달하기 위해서이다.

그러나 인간은 그 경계를 넘어가지 않는다. **하나님**께서 땅에 '하다쉬'를 만드실 것이다. 하늘은 시간과 공간에서 인간을 끌어 당기고 이끌 수 있는 권세이다. 끌림을 받지 않고서는 그 누구도 하나님의 거처에까지 갈 수 없는 것이다. 그러나 다른 한편으로는 '**끌어당기지**' 않으면, 그 누구도 그 경계를 향하여 갈 수도 없다. 여기서 우리는, 아버지께서 '**이끌지**' 아니하시면 아무도 내게 올 수 없다고 하신 그리스도의 말씀을 떠올린다.[28] 그 본문에는 '끌어당긴다'로 번역할 수 있는 헬라어 단어가 하나 있다. 그것은 인간을 넘어서는 능력이 있어야 한다는 것을 의미한다. 인간은 '끌어 당겨짐'을 받아야만 한다. 물론 타락 후의 끌어 당겨짐은 이중적인 의미가 있다.

a. 인간은 **자신의 것이 아닌** 능력으로 붙들림을 당하고, b. **자신의 의지**에 반反하여 이끌려간다는 것이다. 자신의 의지는 죄이고 깨어져야만 하는 것이기 때문이다. 자, 옛 낙원에서, '이끌지' 않으시면, '그 누구도' 성부의 거처로 그리고 충만한 관조 가운데서 성부를 뵈도록 나아갈 수 없다. 따라서 '이끌다'라는 단어는 앞서 말한 것의 **두 번째** 의미는 아니다. 아직은 죄로 의지가 타락하지 않았기 때문이다. 인간 안에 있는 모든 것은 하나님과 그 분의 거처를 향해 '이끌리고' 있다. 그러나 그것은 여전히 **첫 번째** 의미에서의 이끌림이다. 즉 그것도 **또한** 행위언약 안에 있는 것이다.

위에서, 만일 '이끌다' 혹은 '끌어당긴다'라는 단어를 언어유희로 보려고 시도를 하는 이들이 있다고 해도 그리 놀라운 일은 아니다. 그러나 그것에는 중요한 의도가 있다. 왜냐하면 지금까지 이 책에 기록한 모든 것이 이 결론과 관련이 있을 뿐 아니라, 더 나아가 우리가 이 점을 매우 강조하려는 것은, **두 번**

---

28. 요 6:44.

째 아담을 계속해서 두 번째 **아담**으로 보려고 하기 때문이다. 개혁주의 교의학이 주목하여 여전히 붙잡아야 하는 사고는, 그리스도께서 완전히 새로운 '두 번째' 역사를 행하려 오신 것이 아니라, 하나님께서 **태초부터** 목적하신 것을 구속하기 위하여 오신다는 것이다. 따라서 그리스도께서 행하시는 것은 첫 번째 아담이 행하고, 생각하고, 소망하는 것과 분리되어서는 안 된다. 그리스도께서는 두 가지 방법으로 하나님께 순종함을 보여 주셨다. 그가 짊어지신 **형벌**, 그것은 첫 번째 아담에게 주어진 것이 아니었다. 그러나 더나아가 그는 **기꺼이** 순종하셔서 행위언약의 **요구**에 응하심으로 아담이 넘겨 준 역사의 실타래를 기꺼이 받으셨다. 따라서 모든 것 가운데서, 그리스도께서 행하셔야만 하는 것은, 죄의 정화와 저주의 폐기에 대한 요소 **외에도**, 여전히 **옛** 요소도 인식해야만 한다. 즉 **가장 먼저 주어진 것**을 이행해야 한다는 것이다. 따라서 이 경우에는 **의지**에 **반反**하여 '끌어당기는 것'이 아니라 인간의 능력을 **넘어서는** 것이다. 즉 이것은 '다른 곳' 바로 하늘의 경륜으로 '이끄는' 것이다.

앞에서 말한 언어유희로 보려는 사람은, 우리가 시간의 한 순간의 파국에 대한 논의에서 이미 같은 생각을 하고 있었다는 것을 상기시키고 있다(p96 이하, p126이하). 우리가 지금 기다리고 있는 '시간의 한 순간'의 파국에는 이중적 요소가 있다는 것을, 이미 언급한 바가 있다. 즉 죄의 결과에 대한 **정화**와 이미 선한 것이 하나님의 눈 앞에서 **완성**한다는 요소말이다. 그 대비는 분명하다.

따라서 우리는 하늘과 땅 사이의 태초의 관계에서 진화에 대한 사고와 충격에 대한 사고 사이의 긴장을 보여 주는 다른 그림을 보여줄 수 있다. 바울은 **이삭**과 **이스마엘**을 두 가지 원리를 가진자들로 소개한다(갈라디아서 4:28,29). 한 사람 이삭은 '**성령을 따라 난 자**'이고, 다른 사람 이스마엘은 '**육체를 따라 난 자**'이다. 그것에 대한 바울의 의미는, **이스마엘**의 출생은 '육체적 고려를 따라', '그리고 아브라함과 하갈 양편의 아직은 시들지 않은 육체적 능력의 힘으로' 일어난 일이라는 것이다(창세기 16:2,4, 흐레이다뉘스). **이러한** 출생에서, 아브라함은 아직까지 **믿음**의 아버지로 계시되지는 않았다. 그는 하나님의 **약속**을 무시하는 자신의 **계산**을 따라 결정한 것이다. 그는 자신에게 아들이 **있을 것**이라는 것을 들었지만, 아브라함과 사라가 부모가 되는 평범한 방식은 이미 닫혀버린 것으로 보았던 것이다(창세기 15:2-4;16:1). 그래서 이제 하나님을 기다리기 보다는, 하갈과 관계를 맺었다. 말하자면 그는 **자연적인** 삶의 일반적인 방식의 계산을 따라, 그리고 여종의 자녀를 자유있는 여자의 자녀로 삼는 **인간적인** 법의 해결책을 따라 아이를 가진 것이다. 하갈로 부터 난 이 아들을, 바울은 '육체를 따라 난 자' 즉 평범하고, 규칙적이며, 인간에게는 명료한 내재적인 능력들을 따라 난 자, 그리고 **인간의 법칙에** 기반을 두고서 난 자라고 부른다. 그러나 대조적으로 하나님의 때에, 평범한 생명의 발달의 과정으로는 아브라함도 사라도, 도무지 아들을 낳을 수 없을 때에, 태어난 이가 바로 **이삭**이다. "그 때 아브라함은 자기 몸이 죽은 것 같고, 사라의 태가 죽은 것 같음을 알았다, 로마서 4:19; 창세기 18:13;17:17. 또한 그의 출생에는, 육체적인 고려도 없었고, 세상적인 계산도 하지 않았다. 여기에는 오직 하나님의 약속만 일하고 있었다, 창세기 17:15,16;18:14."(흐레이다뉘스).[29] 따라서 이삭은 '**약속**으로 말미암아'(23절), '**성령**을 따라'(29절) 난 자이다. 말하자면 그의 출생에서, 하나님께서는 역사의 평범한 과정과 자연적인 발전으로 **개입**하셨다. 하나님께서 아브라함과 사라의 삶에, 위로부터의 능력energie-van-bóven을 이적을 행하심으로 가져오신 것이다.

---

29. S. Greijdanus, *De brief van den apostel Paulus aan den Galaten. Korte Verklaring der Heilige Schrift* (Kampen 1922), 107-111.

바울은 곧바로 이러한 생각들을 더욱 자세하게 설명하면서, 이러한 두 번의 출생에 두 종류의 예언적 노선이 두드러지게 드러나는 것에 주목한다. 이스마엘은 '**육체의**' 노선에 서 있다. 이것은 시간이 지나는 것으로 측정하려는 것, 미래를 단지 내재적인 진화의 능력들을 따라 세우려 하는 것이다. 다른 한편 이삭은 '**성령**'의 노선으로 우리에게 묘사한다. 그것은 자연적 생명의 발전에 대한 통계학에 기초하여, 하나님께서 움직이시는 길을 만들고 규칙에 맞추려하는 생각에 의해서가 아니라, 오히려 믿음으로만 볼수 있고, 역사할 수 있는 것이다. 그 **믿음**은 모든 진화 **안에서** 급작스럽고 단호한 이적을 궁극적으로 **신뢰하는 것**이며, 그 **믿음**은 그럼에도 불구하고 자족自足, autarkie을 삶의 영속성 가운데서 역사하지만 반면에 또한 다시는 결코 이러한 연속성에서 **벗어나지는 않는**(이것은 반드시 언급해야 하는 것이다) 진화의 능력들로 여기지 않는 것이다. 왜냐하면 그 믿음은 진화도 이적도 기대하지 **않기** 때문이다. 이 둘 모두는 하나님의 종들임을 안다, 즉 그것은 하나의 **말씀** 곧 그분의 창조와 재창조의 행위이며, 이 **둘**은 서로 원하고 그리고 서로를 제한하고 있는 것이다. 따라서 삶의 연속성과 삶의 진화 안에 있으며, 그것을 위하는 것은 여전히 하나님을 '**소망**'하는 것이다. 그 분의 이적을 '소망' 한다는 것이다. '충격', '도약'을 소망하고, 내재적인 능력들의 길을 따라가는 진화하는 세상에 초월적으로 간섭하시는 것을 소망한다는 것이다.

이제 우리는, 바울이 갈라디아서 3장에서 '**성령**'과 대립하는 '육체' 즉 이삭에게 대항하는 이스마엘을 말할 때, 그 '육체'라는 단어에 **죄**의 요소가 있다는 분명한 현실에, 우리의 눈을 닫아서는 안 된다. 하나의 원리는 다른 원리로 **이어진다**(29절). 그래서 바울도 이 문제를 이렇게 제기해야만 했다. 왜냐하면 하나님께서 **이적**을 **약속**하셨을 때, 그것을 포기하고 진화의 삶에 대한 자족 autarkie van het evolutie-leven을 소망하는 입장을 선택하는 것은, **불신앙**의 행위이다. 따라서 그것에는 평범한 발전과정에 기초한 우리의 모든 생각을 비웃고 깨뜨리는 **이적**을 확신하는 인식이 부족한 것이다. 따라서 '육체를 따라서 난 자'와 '성령을 따라 난 자' 사이의 대조는 **행위언약**에 전혀 어울리지 않는다.

그러나 이 대조는 **낙원에** 있는 첫 사람에게도 의미가 있다. 바울도 이미 그것에 대해 준비하고 있었다. 곧바로 바울은 이스마엘과 이삭을 **구약성경**과 **신약성경**의 모형으로 제시한다. 즉 그들은 서로에게 절대적인 **안티**테제적으로 서 있는 것이 아니다. 하나가 다른 것에게로 **발전해** 가는 것이다.

이것은 이제 우리를 '시간의 한 순간'을 지나 의의 상태staat der rechtheid에서 생명을 얻게 되는 **발전**으로 다시 인도한다. 바로 그 '이끌고', '끌어 당기는' 것과 앞서 보았던 파국에 대한 사고와 마찬가지로, 분명하게 '육체를 따라 보는 것'과 '성령을 따라 보는 것' 즉 '육체를 따라' 자녀를 생산하는 것과 '성령을 따라' 자녀를 생산하는 것에도 **또한** 대조가 있다. 낙원에서 행위언약 가운데 있는 인간이 참으로 **하늘을 찾기를** 원하고, 하나님의 거처에 이르기를 원하며, **단지 진화**의 노선을 따라 움직이는 것만으로 시간과 공간의 경계를 넘어가기를 원하면서, 이 진화를 이루었던 **말씀**을 **잊어버린다면**, 실로 그렇다면 그는 '**육체를 따라**' 보는 것이다. **그것이 타락한 것이다.** 즉 진화이고, 모든 것에 대하여 그리고 모든 것을 위하여 경계를 규정하시는, 바로 창조주께서 하신 **말씀**으로부터 **피조물**이 분리되는 것이다. 그러나 인간이 진화하는 본성을 완전히 인식하여 받아들이고, 그의 모든 행함과 내려놓음을 **근본적으로 말씀**을 통해 다스려짐을 받을 때, 그는 이러한 **말씀**이 **충격**을 통해 **시간의 한 순간**에 진화의 용어들과 기간들을 설정한다는 것을 알게 될 것이다. 그래서 그는 역사 속에서 '충격', '도약', 다가오는 '시간의 한 순간'의 파국을 '소망하고' '바라볼' 것이다. 그러면 그는 '성령을 따라' 보는 것이다. **그러면 그는 언약 안에 있는 것이다.** 그러면 그는 '**성령을 따라**' 즉 낙원에서의 원명령原命令, oermandaat을 따라 씨를 심게 될 것이다. 그러면 **그는 '성령을 따라'** 즉 낙원에서의 원명령을 따라 자녀를 출생하게 될 것이다.

여기서 타락은, **종말론**과 태초론에 대한 논의와 마찬가지로, 이미 낙원의 인간을 위해서 역사 **속에** 자신의 위치가 있다. 그 타락은 아담이 **'성령을 따라'** 일하고, 노력하고, 살아가고, 생명을 출산해야만 했던 원계명原誡命, oer-gebod에 신실하지 않은 것이다. 그 타락에서 그리고 타락으로 인해, 아담은 **'육체를 따라'** 일하고, 노력하고, 살아가고, 생명을 출산하는 것으로 전환되었다.

하늘의 역사는, 정말 참으로 흥미진진하다. 하늘은 간격을 취함으로 인간에게 **이적**으로 나타나지만, 그러나 창조의 하나 됨scheppingseenheid **안에서** 이를 행하심으로 즉 하나님께서 인간과 함께 사심으로, 이 이적을 절대적인 역설paradox로 보지않도록 막으시는 것이다. 그래서 이렇게 오직 성경만 하늘을 알고 있다. 즉 행위 언약에서 **'이끄는'** 능력 말이다. 하늘에서 하나님은 인간을 위하여 일하시고, 땅에서 인간은 하나님과 하나님의 거처를 위하여 일한다. 하늘에서 하나님은 천사들을 인간에게 파송하시고, 땅에서 인간은 자신 안에 사는 모든 것을 가지고 하나님께로 나아간다. 이렇게 그 하늘은 영속적인 권면, 끊임없는 계명 그 자체eo ipso이다. 즉 당신, 인간은 **'육체 안'**에 있으나(여기서는 일시적이고 자연적인 것을 의미한다.), 당신은 여전히 **'생령'**인 것이다. 그러나 이 하늘은 당신을 확실한 시간의 한 순간과 확실한 공간의 경계를 넘어, '다른 세상' 즉 당신에게는 이적의 세상으로 이끌려고 한다. 따라서 당신의 유일한 생활방식은, **당신이 '성령을 따라 행하고'**, **'성령을 따라'** 일하며, **'성령을 따라'** 하나님을 소망하는 것이다.[30]

종교에 대한 개혁주의 개념이 가진 근본 노선은 첫 번째 하늘 상象과 첫 번

---

30. 갈 5:16과 비교하라.

째 하늘의 기능에서 모두 제시했다. 또한 여기서 인간의 생각에 대한 초월성과 내재성은, 날마다 울리는 하늘의 선포로 하나가 된다. 낙원의 인간은 '**생령**'으로서, 하나님 곧 **살려 주시는 분**께서 그를 '**영**'geest이 되게 하실 시간을 고대하는 자가 되어야 한다. 그러면 그 하나님께서는 인간 육신의 밭 뿐 만 아니라, 온 세상의 모든 밭들도 그렇게 덮으셔서, 모든 씨들이 자라나서 삼십 배, 육십 배, 백 배의 결실을 맺게 하실 것이다. 그리고 그 후에 결실한 것들을 하늘 창고에 모으실 것이다.

§4. 인간의 의식을 위해 진화에 대한 사고와 '충격'에 대한 사고를 강조함

이전 단락에서, 우리는 하늘이 태초부터 창조 전반에 **걸쳐** 인간의 거처와는 거리를 두고 있었다는 사고를 다루었다. 게다가 하늘의 역사가 분명해졌다는 두 번째 사고에도 도달했다.

그것은, a. 하나님의 뜻을 따라, 하나님께서 그 안에 두신 성장력groeikracht으로 피조물이 발전할 수 있고(진화), 그리고 b. 역시 하나님의 뜻으로, 이 발전 그 자체는 인간을 최후의 상태, 즉 우리가 완성된 것들의 하늘에서의 상태로 인도하기에는 충분하지 않다는 것이다. 왜냐하면 그것을 위해서는 하나님의 급작스럽고 단호한 행동('충격'의 순간)이 언제나 필요하기 때문이다.

이것은 다음의 내용들을 고려하게 한다.

질문의 내용은, 인간이 자신의 발전과정(진화)에서 그가 시간의 한 순간에서의 변화(충격) 없이는 완성된 것들의 하늘에서의 상태에 다다를 수 없다는 것을 알았다면, 하나님께서 이러한 사고를 그에게 계시하셨는가? 아니면 실제로, 우리는 이미 계시의 **사실**에서부터 출발했기 때문인데, 그렇다면 하나님은

어떤 방식으로 그것을 계시해 주셨는가?

첫 번째 질문에 대해 우리는 사실상 이미 답을 제시했다. 개혁주의 성경독자들에게는 그리 어렵지 않다. 하나님께서는 낙원에서 인간에게 다른 곳으로 가는 길을 보여 주셨다. 말하자면 그것은 다른 질서가 있는, '다가오는' 세상이다. 순종에 대한 요구와 그것과 관련된 약속은 '다가오는 세대'komende eeuw를 가리켰다. 아담은 평범한 인간이 아니라 선지자, 제사장, 왕이었다. 그는 하나님의 직분자이었던 것이다. 그는 동물들의 본성을 따라 그 이름들을 지어주었다. 그는 자신을 포함한 모든 것을 담는 관계들에 대해 부요하고 깊은 이해가 있었다. 모든 언약 관계는 '다가오는 세대'를 가리킨다.[31]

그러나 **두 번째** 질문과 관련해서는, 다가오는 세상, 소위 '올람 하바'olam habbá와 관련된 하나님의 계시는 모든 수단을 사용하신다. 계시는 **말씀** 계시와 또한 **행위** 계시로 발전한다.

하나님께서 낙원에서 말씀 계시를 주셨다고, 성경은 말씀한다. 아담은 그가 해야하는 것을 들었다. 그에게 보여 주신 길, 그 길의 끝에는 새로운 상태, 즉 완성된 '하늘의 상태'가 있었을 것이다.

그러나 그 다음으로 행위 계시, 바로 하나님의 일하심을 통한 계시가 나타난다. 이것을 통해 하나님은 창조하셨거나 만드셨다. 여기에서 우리가 알게 되는 것은,

a. 하나님께서 인간을 천사와 만나게 하시고,

b. 이 만남에서 공상을 북돋는 '수수께끼'와 '마샬비유, masjaal'을 인간에게 내놓으시고,

c. 행위계시에 대한 '수수께기' 안에 인간을 놓으신다. 그것은 자신이 낸 수

---

31. 눅 18:30; 엡 2:7과 비교하라.

수께끼를 또한 풀어낸 것, 위에서 논의한 진화에 대한 사고와 '충격'에 대한 사고의 의미를 **강조**하는 것이다.

이 모든 것을 살펴보도록 하자.

a에 대해서, 우리가 말한 바와 같이, 하나님께서는 인간을 천사와 만나게 하신다. 그것이 낙원 기사에서는 많이 나타나지 않는다는 것을 알고 있다. 그러나 우리는 여기서 성경을 성경으로 비교하고 설명할 수도 있다. 예를 들어 하나님께서 모세에게 율법을 주실 때, 다른 곳에서는 같은 법을 천사들을 통하여 '한 중보자의 손으로 베푸신 것'이라고 기록되어 있다(갈라디아서 3:19). 계시가 천사들의 **섬김**을 사용했다는 것을 이미 증명하고 있는 것이다. 흐레이다뉘스 교수는, 갈라디아서 3:19에서 바울이 깨달은 것을 말하고 있다. "하나님께서 천사들을 사용하여, 자신의 율법을 선포하고, 모세에게 주셨다. 우리가 출애굽기에서 그것에 대한 것을 읽고 있는 것이 아니다. 그런데 스데반도 동일하게 묘사한다. 사도행전 7:5과 히브리서 2:2도 그것에 말하는 것으로 보인다. 신명기 33:2은, 여호와께서 시내 산에 나타나심을 말하면서, 일만 성도 가운데 강림하신 것을 언급한다. 사실 이것은 여호와께서 시내 산에 오셨을 때 당신의 거룩한 천사들로 둘러싸여 계셨고, 모세에게 율법의 돌판을 주실 때 당신의 천사들이 섬기도록 하셨다고 생각하는 것이 당연하다."[32] 따라서 여기에서 계시openbaring는 천사들의 섬김과 다른 것으로 생각할 필요가 없다. 아담이 하나님을 대면하게 될 때, 그 앞에서 '하늘을 여신다.' 다시 말해 그가 여러 방법을 통해 영들이 존재한다는 것을 알게되며, 그 영들은 다른 창조의 영역에 속한 '다른 세상'으로부터 와서, 그와 함께 왕국의 섬김에 참여한다는 것이다.

---

32. S. Greijdanus, *De brief van den apostel Paulus aan den Galaten. Korte Verklaring der Heilige Schrift* (Kampen 1922), 81.

이것은 구약 성경에서 '여호와의 천사'에 의한 계시로 자주 언급되는 것을 생각하면, 더욱 깊은 시각을 얻게 된다. 순전하고 정직한 해석을 견지하는 개혁주의 교의학은 이것을 하나님의 두 번째 위격이신 성자 하나님, 바로 영원한 말씀이시고 로고스Logos이신 그분께서 계시 안에서, 바깥으로 나아가시는 것을 의미하는 것으로 일관되게 강조해 왔다. 육체를 입으시기 전의 성자 de Zoon이시다.[33] 만일 지금 성자께서 타락 후의 계시에서 여전히 '여호와의 천사'라고 불리신다면, 우리는 이것을 타락 **전**에 있었던 상태로 '더 이상' 옮겨놓을 수가 **없다**. 왜냐하면 이것은 타락 **후**에야 처음으로 하나님을 '여호와' 곧 은혜언약의 하나님으로 불렀다고 생각하는 모든 개념은 잘못된 것이 되기 때문이다. 그럼에도 불구하고 우리는 다른 **'섬기는 영들'**liturgische geesten과 동일한 이름을 가진 **천사**라는 면에서, 어떤 의미로든 성자는 그들과 연결되어 있다는 사실에 주목한다. 즉 하나님으로부터 **'보냄을 받으신 것'**이다. 로고스는 육체를 입으시기 전에 **'천사'**라는 이름을 가지셨다. 그 분은 인간을 만나기 위하여, 당신 자신을 보냄을 받은 자, 즉 하나님께서 스스로 당신 자신을 보내신 자로 나타내셨다. 만일 지금 낙원의 계시에서도, 하나님은 로고스를 통해 말씀하시는 분이셔야 한다고 생각한다면, '천사'라는 개념, 다시 말해 사자使者, 사신使臣, 하나님께서 하나님의 거처에서 보내신 자gezondene이며, 단지 하나님의 말씀 계시woordopenbaring 뿐만 아니라 **행위** 계시dáádopenbaring를 통해서도 아담이 알고 있었던 분이시라는 개념은 더욱 타당한 것이 된다. 아담은 하나님의 거처로부터 온, 바로 그 자신이 놓여 있는 창조 영역 반대편에서 오신 사신使臣의 나타남을 보았고, 경험했던 것이다. 그래서 그는 간격으로부터 결합에 대

---

33. A. Kuyper, *De engelen Gods* (Amsterdam 1902), 195; Bavinck, *Gereformeerde dogmatiek*⁴, dl. 1, 300.

한 선포가 왔던 것과 하나님과의 **교제**로 나아가라는 부르심도 보았던 것이다.

b에 대해서, 이 만남에서 하나님은 아담에게 '수수께끼' 내놓으신다. 말씀 계시가 이제 막 **시작되었기** 때문에 많은 관심을 끌고 있는 수수께끼는 더욱 더 공상에 의존하게 하고, 그리고 여전히 모든 직관과 모든 공상이 계시의 한 계들을 넘어서는 것을 금지한다.

아담이 그를 다른 경륜으로 인도하는 길에서 천사를 만날 때, 그의 생각을 자극하고, 그의 공상을 북돋는 것이 하나 있다.

그 하나는 바로 이것이다. 하나님의 창조물 가운데는, 거처와 관련해서 하나님이 사시는 곳에서 거리를 가진, **더 먼 것**이 있는 반면에, 하나님의 거처에서 '가까운' '환경'[34]인 **덜 먼 곳**에 있는 것이 있다는 것이다.

위에서 말한 **더 먼 것**은 **인간**이고, **덜 먼 것**은 **천사**이다.

인간이 더 멀리 있다는 것을 더 자세하게 논쟁할 필요는 없다. 무엇보다 인간이 그의 광대함, 즉 인류 전체로 자신을 보면, 인간은 하나님의 가장 고귀한 피조물이다. 태초에 **두 명**의 인간이 '**수많은** 천군'[35] 앞에 섰다는 것이 우리의 입장에 반하는 증거는 아니다. '수천 명이 모였다는 것이 숫자에 달려 있는 것은 아니기 때문이다.' 그 한 쌍의 인간은 그들 안에 전체 인류를 품고 있다. 그래서 하나님은 그들 안에서 완전히 만개滿開한 그들을 '보시는' 것이다. 이런 점에서 보면 인류는 천군engelenleger 이상이다. 인류의 진화를 위해 정해진 시간에, 그들은 영광스럽게 발전한다. 그리고 피조물의 범위 안에서, 그들은 천사들 보다도 풍부한 표현력과 더 광범위하게 수행하는 생명체이다. 천사는 **섬기는 영**(히브리서 1:7,14)으로서 구원받을 상속자들복있는 자들, menschen die de

---

34. 물론 이런 방식으로 말하는 것이 옳은 것은 아니다. 그러나 우리는 이미 언급했던 것을 고려하면서 사용하고 있다.
35. 역주) 눅 2:13

zaligheid을 섬기라고 보냄 받은 것이다. 만일 인간이 천사보다 더 낮다는 것을 가르치고 있는 히브리서 2장에서 분명하게 깨닫지 않았다면, '이것 자체는' 우리의 목적을 위해서는 아무런 말도 하지 않을 것이다. 우리는 여기서 반대되는 증거로 보이는 본문을 말하려고 한다. 바로 2:7은 하나님께서 인간을 '조금(잠시 동안) 천사보다 못하게 하시며'라고 말씀하고 있다. 그러나 이 대비는 의의 상태staat der rechtheid인 본래 상황을 가르키는 것이 아니라 그 이후에 온 결과를 말하는 것이다. 즉 그 진술은 **타락한** 세상의 관점에서 일어난 것이다. 히브리서 2장에서 인용된 시편 8편은 타락한 세상의 관점에서 기록된 것이다. 그것은 '원수', '보복자'라는 말(2절)에서 분명하게 나타난다. 이 시편에서 인간은 '거의 신적인 존재'로Noordtzij, 거의 '초월적인' 영광의 존재로 불리운다. 따라서 타락한 세상에 사는 인간에 대한 이런 송영lofverheffing은, 타락하지 않은 세상에 있는 인간의 높음에 대한 더 많은 증거이다.[36] 이 '천사보다 못하다'라는 것은 천사에 대한 인간의 원관계原關係, oerverhouding를 절대적으로 의미하는 것은 아니다. 흐로스헤이더 교수Prof. Grosheide는 자신의 주석에서, '못하게 하시며'mindermaken라는 단어는 실제적으로 **낮아지는 것**이라고 말한다. 인간은 천사보다 **낮아졌다**. 이것은 "누군가가 높은 상태에서 낮게 되는 것을 가정하는 것이다. 그것은 낮은 위치를 가리키는 것이 아니라 낮아지는 것, 못하게 하고 낮아지게 하는 것이다." 더 나아가 우리의 의회역Statenvertaling에서 '조금(잠시 동안)'으로 표현하는 헬라어 용어는 그런 의미뿐만 아니라, **짧은 시간**을 의미할 수도 있다. 흐로스헤이더 교수가 "우리가 두 개(의 의미) 중에 하나를 배제해야 할 필요는 없다. 저자는 인간이 먼저인 것과 그가 나중에 받을 것

---

36. A Noordrzij, *Het boek der Psalmen. Korte Verklaring der Heilige Schrift*, dl. 1 (Kampen 1923), 31.

사이를 대조하고 있기 때문에, 지금 여기에서는 무엇보다도 **짧은 시간**을 의미하는 것이 될 것이다."라고 말하는 것을 언급할 필요가 있다. 그러면 그가 나중에 받는 것은 무엇인가? **만물**이 하나도 빠짐이 없이(8절) **인간**에게 복종하게 될 영광이 바로 그것이다. 천사들도 마찬가지이다. 그 영광은 '가장 먼저' 그리스도에게 적용되고, '하나님의 은혜로 곧 다른 사람들에게도' 적용된다.[37]

타락한 세상에서 타락하지 않은 천사는, 인간이 가질 수 없는 능력들을 가지고 있는 것은 사실이다. 그러나 이것이 우리의 입장에 손상을 주지는 않는다. 신실한 종은 언제나 돼지 쥐엄 열매를 먹고 낡은 옷을 입은 잃어버린 아들 보다 '더 낫다'. 그러나 그 잃어버린 아들이 다시 돌아오면, 아버지는 **예전 것들**을 회복시켜 주신다.[38] 즉 그 회복으로 인해, 본래의 질서를 다시 알 수 있는 것이다. 자, 잃어버린 아들을 다시 찾았을 때, 그 아들을 가까이 두고, 종으로 하여금 다시 그 아들을 섬기게 하는 아버지와 같이, 인간과 천사 사이 또한 옛 관계로 다시 회복될 것이다.

우리는 요한계시록 4장과 5장에서 이 관계가 기록되어 있는 것을 볼 수 있다. 요한계시록 4:4에서, 우리는 이십 사 보좌들이 있고, 그 위에 많은 '장로들'이 앉아있는 것에 대해 듣는다. 이어서 4:6에는, 네 '**생물**'에 대해 말씀하는데, 우리에게 네 '짐승'이라고 알려진 번역보다는 이것이 더 낫다. 교회를 대표하는 이 장로들에게서, 당신은 찾은 바 된 잃어버린 아들을 보게 된다. 바로 "거름더미에서 올리신'[39] 잃어버린 인류이다. 흐레이다뉘스 교수의 설명에 따르면, 네 '생물'은 '에스겔 1:5 이하; 10:2 이하에 기록된 그룹들과 이사야 6:2에

---

37. F. W. Grosheide, *De brief aan de Hebreesn en de brief aan Jakobus. Kornmentaar op het Nieuwe Testament* (Amsterdam 1927), 85, 93.
38. 역주) 눅 15:22.
39. 역주) 삼상 2:8.

기록된 스랍들의 변화와 결합이다." 따라서 잃어버린 자의 모형beeld 외에도, 아버지의 다시 찾은 아들은 성부 하나님의 집에 있는 신실한 **종들**의 또다른 모형으로 나타난다.

이제 네 '생물'은 **서 있고**, '장로들'은 **앉아 있다**는 것에 주목해야 한다. 이 상황은 관계를 규정하는 결정적인 묘사이다. 이 네 생물은 "영적인 면에서 장로들보다 위에 있는 것이 아니라, 그 아래에 있다. 6:1이하와 15:7에서, 그들은 섬기는 존재들이고, 4:9이하에서는 그들의 찬송이 장로들에게 확인을 받고 있다."(흐레이다뉘스)[40]

따라서 언제나 근본적으로 구속력이 있는 원관계oer-verhouding의 상태, 즉 인간이 천사보다 낮다는 것은 우리를 수수께끼로 곧바로 이끌기 시작한다. 모든 계시에 적정하게 반응했던 아담이 더욱 강하게 붙잡고 있었어야 했던 수수께끼이다. 바로 이 수수께끼, 왜 '하나님의 거처'에서 실제적으로는 **덜 먼 곳**에 있는 것이, 그것으로부터 **더 먼 거리**에 있게 된 것인가?

우리는 여기서 미묘한 뉘앙스를 찾고 있는가? 이것은 의심할 여지없이, '첫 사람'에 대해 잘 알지 못하는 사람들이나 성경을 믿지 않으려고 완강하게 거부하는 사람들, 우리가 첫 번째 장에서 말했던, 그런 경향을 가지고 있는 신학자나 철학자와 같은 사람들을 위한 것이다. 그러나 '첫 번째' 아담을 육체와 피를 가지고 있으며, 하나님과 인간 그리고 모든 피조물을 아는 정결하고 온전한 인간으로 보는 우리에게, 행위 계시에서 이 '수수께끼'를 다루는 것과 아담의 영에 있는 이 수수께끼에 주목하는 것은, 공상의 길로 떨어지는 것이 아니라 실재werkelijkheid이어야 한다.

---

40. S. Greijdanus, *De Openbaring des Heeren aan Johannes. Kommentaar op het Nieuwe Testament* (Amsterdam 1925), 122-123

c에 대해서, 지금, 여전히 낙원에서 이 수수께끼에 주목하는 것은, 바로 앞 단락에서 우리가 제시했던 이중적인 요소를 강조하는 것을 의미한다. 진화의 순간과 '충격'의 순간 말이다.

그러나 이렇게 매번 아담은 자신의 **종들**인 천사들이, 아담 자신과는 거리를 두고 있는 '하나님의 거처'에 그들의 중심을 두고 있는 것을 볼 때마다, 그는 자신의 미래를 찾는 사람의 긴장을 경험한다. 그 천사들은 **변함이 없다**. 그들은 변화하지 않고, 태어나지도 않고 먹지도 마시지도 않으며, 번식하지도 않고, 결혼하지도 않는다. 그들은 이미 **변하지 않는** 법 아래에 있다. 그들은 역사 안으로 개입하기 때문에, 역사 밖에 서 있는 것이 아니다. 그러나 그들은 변화의 법칙에 복종하지도 않는다. 이런 **불변하는 존재**로, 그들은 그 '시간의 한 순간' 이후의 아담의 미래상未來象을 보여 준다. 또한 그도 언젠가는 더이상 결혼하지도, 먹지도 않을 것이다. 또한 아담으로부터 나온 인류도 언젠가는 더해지거나, 번식함으로 그 수가 더 자라는 것을 보지 않을 것이다. 천사들에게는 현재에 이미 닫힌 숫자numerus clausus[41]이다. 아담에게 닫힌 숫자는, 그 '시간의 한 순간' 이후에 도달하게 될 미래의 형상이다. 그것은 긴장을 불러 일으킨다. 그것은 그리스도께서 우리에게 우리의 미래 형상을 보이셨을 때, 우리에게 가져오신 것, 바로 **하나님의 천사와 같은 존재**가 되게 하시는 것과 똑같은 긴장이다.

아니, 천사들은 아담에 대해 '**앞서**'뛰어난, prae 있는 것이 아니라, '앞에'pro 있고, '**전에**'먼저, ante 있다.[42] 그들은 **뛰어나지**앞서지 않다praevaleeren. 다시 말해

---

41. 일정하게 정해진 숫자.
42. 역주) 스킬더는 라틴어 어원을 가진 접두사(prefix)를 사용한 언어유희를 통해 천사와 인간의 관계를 설명한다. 천사는 시간적 순서나 자리로는 인간보다 먼저 있었지만(pro, ante), 결코 뛰어나거나 우세하지는(prae) 않다는 것이다.

그들은 '앞서' 있는 것, 곧 우선순위가 없다. 그들은 종들이지만, 아담은 아들인 것이다. 그러나 그들은 전에먼저 가치/영향력을 가졌다ante-valeeren. 다시 말해 그들은 아담 보다 먼저 실제적이고 완전한 능력을 가졌다. 그들은 이미 여일如一하다. 즉 닫힌 숫자numerus clausus인 것이다. 그리고 이렇게 전에먼저 가치/영향력을 가진 그들은 계시의 중보자들openbarings bemiddelaars로서, 뛰어난 앞선, prae-valeerenden 아담이 걸어가야 할 진화의 길evolutie-weg을 보여 준다. 변함없는 영광을 가진 자들은 단지 그 불변성을 나타내 보임으로만 아담의 인간 삶에 작용한다. 그래서 그들은 그의 생각에 영향을 주고 또한 그의 열망을 감동시킨다. 그의 공상을 자극하는 것이다. 그래서 우리는 자극이 약화되지도 않았고, 또한 한순간도 공상을 전에먼저 가진 적이 없는 삶에 작용하는 공상의 엄청난 능력에 대해서 생각하면, 참으로 뛰어나게 되는 것을 시기한다. 천사들도 미래로 뻗어져 있는 모든 길들을 살펴보기를 원하지만, 결코 계시된 말씀의 한계 밖으로 벗어날 수가 없기 때문이다. 그래서 아담의 죄가 없고, 온전하며 예언적인 본성 안에서 이것을 보는 것이, 어떻게 천사들에게 엄청나고 강력한 긴장을 불러일으킬 수 밖에 없는지를 우리는 곧바로 분명하게 이해하게 된다. 즉 강렬한 열망이며, 순전한 사랑 말이다. "내가 여호와께 바라는 한 가지 일 그것을 구하리니, 곧 아들이며 뛰어난앞선 자인 내가, 이미 그것을 전에먼저 가진 종들과 같이 내 평생에 여호와의 집에 사는 그것이라."[43] 야곱의 사닥다리의 원형prototype인 아담의 사닥다리를 보라. 천사들은, 하나님과 인간 사이의 중보자들이며, 땅을 하늘로 연결하는, '올람 하제'olam hazzeh 즉 현재의 세상을, '올람 하바'olām habbá 즉 다가오는 세상으로 연결하는 사닥다리를 오르락 내리락 하는 자들이다. "(이제부터) 하나님의 사자들이 인자 위에 오르락

---

43. 시 27:4과 비교하라.

내리락 하는 것을 보리라."[44]

중보자에 대한 사고가 타락 전에 이미 여기에 있다. 타락 **후**에, 중보자에 대한 사고에서 화해 즉 대속물plaatsbekleeding에 대한 요소가 나타난다. 당연히 그것은 땅과 하늘에 대한 역사의 첫 번째 기간과는 관계가 없다. 그러나 중보자에 대한 사고에는, 하나님으로부터 인간에게 오고, 인간으로부터 하나님으로 다시 돌아가는 요소도 또한 있다. **이와 관련하여** 천사들은 이미 낙원에 있으면서 그곳에서 사역하는 하나님의 일꾼들이다. 이렇게 하나님께서는 전에 먼저 가치/영향력을 가진 종을 통해 뛰어난 아들을 이끄시고, **변함없는** 영광의 하늘로 인도하신다. 마샬비유, masjaal을 통해 즉 뛰어난 아들의 먼저 가진 종들의 수수께끼 문구raadselspreuk를 통해, 하나님은 아담에게 그의 세상과 그의 우주적인 상태를 보여 주신다. 아니, **중간** 상태interim-staat가 **아니라 잠정적인** voorloopigen 상태를 보이시는 것이다. 이 마샬을 통해, 하나님은 땅의 사람에게, 역사는 종말론적이라는 통찰력을 일깨우신다. 그러나 하나님께서는 다시 그것을 통하여 불러 일으키신 긴장을, 모든 이율배반二律背反, antinomie으로부터 자유하게 하시고, 시간과 영원에 대한 역설 즉 위 세상과 아래 세상에 대한 역설로부터 자유하게 하신다. '전에'ante는 '앞서'prae가 되지 않고, 목적론目的論, teleologie은 가치론價値論, axiologie을 규정하지 않는다. 이미 **천사들**의 이름이 또한 하나님의 아들 성자에게 주어졌다는(그리고 아담과 족장, 그리고 '공동체'gemeente를 형성하는 천사'에게도 주어졌다는) 사실은, 위의 이름들(성자)이 **아래**(아담)와 그 둘 사이('오르락 내리락 하는' 천사들)에도 해당된다는 것을 증명한다. 그러므로 긴장은 변증법적 관계가 아니라, 오히려 연속성과 이적, 곧 이 세상과 다가오는 세상이 하나라는 견고한 믿음을 통해 그것으로부

---

44. 요 1:51.

터 자유로워진다.

이제 이 단락의 마지막에서, 요한계시록 4장과 5장에 기록된 이상에 대한 그림이 다시 한번 우리 눈 앞에 나타난다. 그것에는 3중의 요소가 분명하게 드러난다. 그것은 a. 아들의 **뛰어남**과 b. 종이 **전에(먼저)** 가치/영향력을 가짐, 그리고 동시에, c. 안티테제적이 아닌, 연결해 주는 긴장이 분명하게 나타난다.

a. '하나님의 보좌'가 있다. 그것은 중심에 놓여 있다. 그 보좌 주위에는, **새로운 인류**인 '장로들'을 위한 이십사 보좌들이 있다. 그 장로들은 **앉았고**, 천사들, 그룹들, 스랍들은 **서 있다**. 당신은 그곳에서 **아들의 뛰어남**앞섬을 본다. **그는 자신의 보좌에 앉아 있으며, 두 보좌들 사이에 서 있는 이** 보다 크다.

b. 그러나 이제 이상 가운데서 천사들은 **하나님의 보좌에서 나온 층계**에 서 있다. 여호와의 보좌는 네 면이 아래로 뻗은 여러 층계 위에 높이 들려 있다. 네 면으로 이어진 보좌의 각 층계마다, 네 '생물' 중에 하나가 각각 서 있다. 그들은 서 있으나, 그 사람은 앉아 있다. 그런데 그들은 앉아있는 사람보다, **하나님께 더 가까이** 서 있다. 그들은 하나님과 사람 사이에 있는 것이다. 그곳에서 당신은 **종**이 **전에**먼저 가치/영향력을 가진 것을 보게 된다. 요한계시록은 아직 영화롭게 되지 않은 땅의 관점에서 기록된 것이다.

c. 이제 세 번째 요소가 나온다. (아들이 앉아있는 곳에 서 있지만, 앉아있는 인간보다는 하나님의 보좌에 더 가까이에 있는 상태인) 이러한 종의 긴장에는, **안티테제적**인 관계가 **아니라 연결되어진** 관계이다. 왜냐하면 그 천사들은 '생물'인 **땅**의 피조물들의 형상 즉 사자, 송아지, 독수리, 사람을 보여 준다. 그들은 하늘의 영광hemelsche glorie을 땅의 것과 분리하거나 서로 대립적으로 놓으려 하지 않는다. 그들은 **양쪽**의 속성을 다 가지고 있기 때문이다. 그들은 장로들과 안티테제를 이루고 있는 것이 아니다. 왜냐하면 비록 그들은 장로들이 앉은 것 보다 하나님과 가까이 서 있으나, 그 장로들 위로 **전체** 피조물, 즉 땅의 피조물

을 대표하는 사자, 송아지, 독수리, 사람과 연결되어 있고, 사람보다 아래에 서 있기 때문이다. 그래서 분리disjunctie가 아니라, 결합conjunctie인 것이다.

어떻게 종인 천사의 **먼저** 가치/영향력을 가짐이 장로의 **뛰어남**앞섬을 침해할 수 있는가? 성부 하나님의 우편에, 성자 하나님 곧 또한 **인자**人子의 크고 빛나는 보좌가 놓여 있는 것이 아니란 말인가? 혈과 육을 가지신 그 분은, 그 말씀의 **모든** 의미에서 하나님 우편에 계시는 그들의 중보자bemiddelaar이시며, 그리고 그분 자체로 그들을 위한 살아있는 증거이시다. 즉 다시 한번 아들들인 장로들이 아들로서 천사들보다 뛰어나게 하는 영광을 영속적으로 입게 하시리라는 것이다.

장로들과 동물들에 대한 이상은, 우리가 이미 언급한 대로, 타락한 세상의 관점에서 기록된 것이다. 사실 그것에 대한 논의는 여기에서 하는 것은 적절하지 않다. 지금까지 우리는 타락 전의 하늘에 역사에 대해서만 다루었기 때문이다. 그러나 구원이 거울에 비친 **원래**의 모습spiegelbeeld을 우리에게 보여준다면, 그 이상visioen도 우리 연구의 **이러한** 부분을 위한 예언적 능력을 보여준다.

따라서 결론을 간단하게 말하자면, '하나님의 거처'로부터 변함없는 영광을 가진 자들이 온다는 것이다. 그 **변함없음**을 보여줌으로, 그들은 인간이 '시간의 한 순간'(충격의 순간)으로 나아가기를 열망하게 하고, 그것을 더 많이 열망하게 함으로, 그들은 **인간**과 그들 역사의 연속성으로 인간이 나아가도록 밀어붙인다.

하나님의 천사들을 다루는 장은 매혹적인 아름다움, 부요한 상징으로 가득하다.

§5. 하늘 역사의 성취

그러나 세상의 삶의 진화와 또한 그것을 가지고 작성한 하늘과 땅에 대한 보고서는 죄로 인해 침해를 당했다. 그러한 침해에, 인간의 생각과 지식을 포함한 모든 것이 관련되어 있다. 죄에 대한 형벌은 사망이며, 이는 완전한 죽음이다 de dood in vollen omvang. 그 연속성의 노선은 '시간의 한 순간에' 단절될 것이고, 결국 그것은 이제 하늘이 아니라 지옥으로, 영광이 견고한 곳으로가 아니라 황폐함이 고착된 곳으로 끌고가는 것이다.

그러나 여기에 하나님의 구원하시는 은혜가 나타난다. 죄가 생겨난 직후에 중보자가 오셔서 세상의 짐을 당신의 마음과 어깨에 짊어지신다. 이제 그분은 인간이 되실 것이다. 그리고 이 중보사역에서 하나님은 자신을 하나님으로 나타내시고, 하늘은 땅에 있는 지옥을 **이긴다**. 왜냐하면 은혜는 간격 개념을 최초의 내용으로 되돌아가게 하기 때문이다. 우리는 어떻게 이것을 분 가 아니라, 결합으로 전제할 수 있는지를 살펴보았다. 죄는 안티테제, 즉 그 안에 있는 분리를 가져왔다. 그러나 하나님께서는 처음부터 은혜로 이 요소를 다시 제거하신다. 그 분은 자신의 세상을 찾으시고, 구원하셔서, 다시 받아주신다. 땅의 연속적인 발전을 **복된**gelukkig '시간의 한 순간'으로까지 이끄는 것은, 여전히 하나님께 달려 있는 것이다.

동시에 하나님께서는 이제 '일시적인' 죽음을 세우신다. 영원한 죽음 즉 **복되지 않은**ongelukkig '시간의 한 순간'에서 연속성이 단절되는 것을 막으시기 위해서이다. 우리는 그것에 대해서는 더이상 다루지 않으려 한다. 우리 진영에서는 그 테마가 다른 책들에서 이미 많이 언급되었기 때문이다. 우리는 단지, 그것 때문에 타락 후의 역사가 어떻게 단절되었는지, 그러나 새 인류의 뿌리이신 둘째 아담 안과 앞에서 무효가 되었는지 만을 기억할 뿐이다. 이렇게 그리스도는 이러한 역사적 연속성으로 곧바로 들어 가실 수 있다. 즉 하나님께서는 그리스도께서 '시간의 한 순간에' 찾으실 장소를 예비하시는 것이다(욥기 33장). 그 안에서 대속물verzoening을 '찾은' 후에, 땅이 영원한 평화를 누리는 다가오는 세대에 이를 수 있는 장소이다.

따라서 천사들의 주님이시고, 인자이신 그리스도, 그분께서 역사로 들어오신다. 그분은 하나님의 아들이시자 아담의 아들이시다. 그분은 영에게서 나신 영, 생명을 주시는 분에게서 나신 생명을 주시는 분levendmaker, 하나님에게서 나신 하나님, 빛에서 나신 빛이시다.[45] 그러나 동시에 아담과 함께 인간은, '생령'levende ziel으로 일어났고, 변하기 쉬우며, 의존적이다. 그러나 여기에 **교의**에 대한 폭력geweld이 보인다. 우리는 하나님과 인간은 **언제나** 구별되지만, **결코 나뉘어지지 않는다**는 이 이중적인 사고를 통해 하늘이 지속되고 있는 것을 보지 않았던가? 자, 그것과 똑같이, 교회는 하나님과 인간을 언제나 구별되게 하지만 결코 나뉘어지지 않게 하시는 그리스도에 대해 고백했다. 이렇게 말씀이 육신이 되심으로, 하늘은 땅에 대한 통치권heerschappij을 가진다. 그분은 여기에 자신의 보좌를 세우신 것이다. 그리고 그 보좌가 있음으로 인해, 주권적인 섭리 안에서 **십자가에 달리심, 장사되심** 그리고 지옥강하를 준비하셨다. 하늘의 것이 땅에 있다. 즉 요한복음 3장에서 하늘의 일을 '보고 들었던' 그분, 땅에서 하나님의 말씀을 전하시는 그 분 말이다.

이렇게 그리스도께서는 친히, 하늘의 구성적인 요소들에서 하늘 역사의 근본법칙을 보여 주신다(§3). 그리고 동시에 그곳에서 §4에서 우리가 집중했던 모티브를 발견한다. 다시 말해 '긴장'은 연속성에 대한 사고와 '충격에 대한 사

---

45. 니케아신경과 비교하라. "그리고 우리는 한 주님 예수 그리스도, 아버지의 독생자를 믿으오니, 그분은 만세(萬世) 전에 아버지에게서 출생하셨고, 빛으로부터의 빛이며, 참하나님으로부터의 참하나님이십니다."

고'를 강조함으로, 특히 인간과 천사의 관계에서 온다는 것이다. 결국 그리스도께서도 천사들과 관계가 있다. 그분은 그들 모두의 주님이시며, 그분은 곧 그들의 도움이시고, 의지할 분으로 나타나신다. 하나님의 천사들은 첫 번째 아담에게 하였듯이, 인자에게 올라가고 내려와야만 한다. 그들은 그분이 돌에 부딪치지 않도록, 그분의 발을 보호한다. 그들은 겟세마네에서 그분을 돕고 있는 것이다.[46]

따라서 '긴장'은 **최종 지점**에 이르게 된다. **하나님**의 아들은 모든 천사들보다 뛰어나시고, **인자**人子로서도 그분은 그들보다 뛰어나셔야 하기 때문이다. 그러나 그 대신 우리는 다른 것을 보게 된다. 천사들은 인자를 위하여 **전에**먼저 가질 뿐 아니라, 언제나 그렇듯이 그들은 곧이어 성자보다 더 뛰어나게 된다. 그분은 이제 **저주받은 자의** 자리로 가신다. 그분은 자신을 인간 아래, 그리고 천사 아래로 끌어내려지는 저주를 친히 짊어지신다. 그래서 그분이 저주를 받아들이실 때, 즉 '영원한 죽음'으로 죽으실 때, 그분은 실제적인 비참, 즉 '시간의 한 순간' **이후**에, 하나님께서 인정하지 않는 자들이 처하게 될 영원한 죽음을 당하신다. 간격이, 안티테제에서와 분리에서, 그분에게 나타나는 것이다. "나의 하나님, 나의 하나님, 어찌하여 나를 버리셨나이까?"[47]

그러나 곧바로 부활의 절기가 다가온다. '시간의 한 순간'에 인자께서 일어나신다. 그리고 바로 그 시간의 한 순간에, 첫 번째 아담에게서 이어받은 그분의 육신 즉 이 연약한 '생령'은, 두 번째 아담 즉 '살려 주는 영'이라는 보석으로 장식된 권세를 입게 되신다. 이제 영적인 pneumatisch 육신이 되신 것이다. 다시 말해 그것은 그리스도 안에 있는 견고한 영의 온전한 도구이며, 이러한

---

46. 역주) 시 91:11,12; 마 4:6; 눅 22:43.
47. 마 27:46.

경고한 영이 하나님을 뛰어나게 하려는 모든 섬김을 준비하는 것이다. 이렇게 그분은 그 영적인 육신pneumatisch lichaam을 입으시고 무덤에서 나오신다. 그러면 그곳에 하늘을 향해 얼굴을 드시는 인자, 하늘이 땅에게 항상 소망했던 영광을 가지시고 그 영광 안에 계신 그분이 계신다. 다시 말해 완성된 인간의 영광은, 삶의 연속성에서 순종이 성취된 이후처럼, 긴장이 영원히 풀려지는, '시간의 한 순간'을 통하여 올 것이기 때문이다.

그래서 이제 전에먼저 가치/영향력을 가진 천사를 알지 못하시는 이 성자께서, 부활하시는 그 '시간의 한 순간'에 곧바로 하늘로 올라가시는 것인가?

결코 아니다! 그분은 그렇게 하시지 않으신다. 그분은 여전히 땅과의 교제 가운데 계신다. 그분은 사십 일 동안 그 일을 행하셨다. 하늘의 영광을 가지신 분으로 이 땅에 머무셨다. 이 사십 일 동안, 하늘은 인자人子 안에서 땅을 붙들고, 축복하며, 영적인 인자께서 성령을 따라 말씀하실 수 있는 가장 아름다운 이름으로 부르신다.

여기에 대비가 있다. 인자께서, '시간의 한 순간' 이후에 지옥에 있게 되는 것과 같은 영원한 지옥의 저주를 받으신 것처럼, 땅에서의 인간의 삶의 연속성에서 계속된 고난 가운데 계셨던 것이다. 그분이 하나님으로부터 버림 당하셨을 때, 아직은 그분의 심장이 멈추기 전이었다. 이렇게 그분은, 자신의 심장이 다른 아담의 자녀들의 심장과 마찬가지로 더 이상 '뛰지' 않는 지금, 그분의 영원한 하늘의 영광을 가져오셔서, 인간 삶의 연속성 속에서 보여 주실 것이다. 그분은 사십 일 동안 그것을 **행하시고 계셨던** 것이다. 이렇게 천사들은 낙원에서 자신들의 분량대로 행했다. 이제는 그것을 바로 그(DE) 천사께서 '한량 없이' 교회에게 행하시는 것이다.

그렇다! 그 대비는 주목할만하다. 시간 안에서 즉 역사 속에서 영원한 저주를 끊임없이 겪으심으로, 그분은 **안티테제**에서의 간격 즉 **분리**에서의 간격을 땅에서 구체적으로 보여 주신다. 그러나 그것과 똑같이, 그분은 이제 여기에서, 시간 안에서 즉 역사 속에서, **결합**에서의 간격을 사십 일 동안 구체적으로 보여 주실 것이다. 그분은 자신의 영적인 몸을 제자들에게 보이신다. 상처의 흔적은 있지만, 아픔은 없다. **영이 몸**lichaam**을 지배하기 때문이다.** 그분은 이적을 통하여 오시고, 동일한 이적을 통해 가시면서, 그들과 함께 식탁에 앉으셔서 숯불을 피우신다. **영이 육신**vleesch**을 지배하기 때문이다.** 그분은 음식이 필요하지 않으시지만, 먹는 것이 계시의 도구가 될 수 있기 때문에, 그들과 함께 음식을 드셨다. **영이 몸을 지배하기 때문이다.** 그분은 물고기들을 그들의 배로 보내시며, 그들이 보는 것과는 다른 것을 보신다. 그분은 속과 겉이 '온전히 **영화롭게**' 되신 것이다.[48]

변치 않는 영광에 둘러싸인 영적 인간으로 자신을 보이심으로, 그분은 믿음의 눈에 대해서 §4에서 언급했던 긴장을 아직 풀지 않으신다. 반면에 그분은 다른 것을 행하신다. 그 긴장은 **원래 인간**과 **천사** 사이의 살아있는 관계의 결과일 뿐이었다. **이제** 그것은 **교회**와 **그리스도**의 살아있는 관계의 결과가 되었다. **처음에는 아들**과 **종** 사이의 '이끌림관계'으로 인한 것이었다. 이제는 **몸**과 **머리** 사이, 즉 몸의 지체들과 그 몸의 머리이신 그리스도 사이의 '이끌림관계'으로 인한 것이다.

이렇게 이런 방식으로 모든 것이 새롭게 되었다.

하지만 아직은 아니다! 완전하게 완성된 것은 아니다.

그러나 근본적으로는 완성되었다.

아직은 완전하게가 아닌 것은, 믿는 자가 비록 천사보다 **뛰어나기는** 하지만, 아직도 여전히 천사를 전에먼저 가치/영향력을 가진 것으로 보고 있기 때

---

48. 눅 24:13-45; 요 20:19-29; 21:1-14.

문이다.

그럼에도 불구하고, **근본적으로는** 하늘과 땅, 영속적인 천사와 아직은 영속적이지 않은 인간 사이의 긴장에 새로운 것이 **분명히** 온다. 왜냐하면 그리스도는 **하나님**의 사신使臣이실 뿐 아니라, 이제 곧 하늘에 있는 **교회**의 사신使臣으로도 나타나시는 **인자**人子이시기 때문이다.

그래서 사실상 근본적으로 천사들의 전에먼저 가치/영향력을 가짐은 **역사의 한 가운데서** 이미 종말을 맞은 것이다. 그 천사들은 이제 인자이신 그리스도께서, 하늘의 영광에 변치 않고 영원히 둘러싸여 계신 것을 '본다'. 그들은 그분께서 어떻게, 그곳에서 자신의 공동체를 역사의 지속적인 연속성을 통해, 단번에 모든 것을 달라지게 하는 '시간의 한 순간'으로 인도하고, 이끄시는지를 본다. 그 '시간의 한 순간'에, 최고의 천사도 인간 중에서 가장 작은 자의 종이 되는 것이다.

따라서 '사십 일' 이후 그리스도의 승천은 하늘 역사에서 가장 중요한 의미가 있다. 그 승천에서, 하늘의 역사는 땅의 역사와 매우 밀접하게 연결되어 있는 것이 다시 밝혀졌다. 승천에서, 이 책을 관통하고 있는 **모든** 근본적인 사고가 **역사 안에서** 구체적으로 드러난다. 결국 **간격**에 대한 사고de diastase-gedachte는 **결합**에 대한 사고de conjunctie-idee와 연결된다는 것이다. **간격**이 있다는 것은, 문자적인 의미 그대로이다. 그리스도께서 자신의 거처를 분리하셨다는 것은, 헬라어로 그분이 자신과 그들 사이에 **간격**을 두신 것이다.[49] 그러나 또한 **결합**도 있다. 승천에서, 그리스도께서는 우리의 몸을 하늘로 인도하신다. 그리스도의 **몸**에는 인간의 처소에서 입으시고, 하나님의 거처 안으로 가져가신 **땅**의 흙

---

49. 이것이 우리가 앞서 본 장들에서, '간격'(diastase)이라는 단어를 선호하는 이유이다. 성경에서 차용한 것이라는 것과 그리스도 안에서 하나님의 역사적 계시라는 이중적인 장점이 있다(하나님 중심적이며 기독론적으로 말하는 것이다!).

이 있고, 그 몸으로 하나님의 보좌에 앉으셨다. 그분은 땅의 흙을 보증pand으로 하늘에 가져가셨던 것과 동시에, 그것에 대한 **보증**tégenpand으로 성령을 보내어 주셨다.⁵⁰ 그분은 이 성령을 그를 믿는 자들에게 보내시며, 이 성령은 그들 안에서 말할 수 없는 탄식으로 탄식하시는 분이시다. 그분의 탄식은 부름 받은 인간, 즉 아들 안에 있는 긴장이다. 그가 비록 천사들보다 뛰어나지만 아직은 그들을 먼저 가진 것으로 보고, "언제까지, 여호와여, 언제까지니이까?"라고 간구하는 긴장이다.⁵¹ 하늘에도 똑같은 긴장이 있다. **성자**께서는 날마다 교회를 위하여 기도하시는 것이다. 그 안에서 그의 모든 지체들leden의 진행과정을 마지막으로, 위대한 '시간의 한 순간'으로 이끌어 가고자 하시는 둘째 아담께서 죄이고 계시는 것이다. 모든 복있는 자들zaligen은 큰 소리로 탄식하고 부르짖는다. "언제까지, 언제까지니이까, 여호와여, '주권자시여', 그 '시간의 한 순간'에 이르기까지, 땅의 보증들이 하늘의 보증들과 잘 어울려지듯이 다시 완전하게 합쳐지기를 언제까지 기다려야 합니까?"

이렇게 땅은 하늘을 소망하고, 하늘은 땅을 고대한다. 하나님의 거처는 그 안에 이미 인간들의 거처에 대하여 담보擔保하고 있다. 즉 **신약성경**에 있으며, **그것을** 동력動力으로 하여 두신 그리스도의 육신이다.⁵² 그리고 인간들의 거처는 신약적인⁵³ 성령의 내주하심을 받는다. 즉 하나님의 거처를 비추는 일곱 등불과 똑같은 빛이다. 간격이면서 결합인 것이다! '생령'인 아담의 육체는 그리스도 안에서 '살려 주는 영'의 영광으로 부활한다. 믿는 자들은 그분과 함께 십자가에 못박혔고, 죽었고, 장사되었으며 또한 그분과 함께 일어났다. 그리고

---

50. 하이델베르크 요리문답 49문.
51. 롬 8:26; 시 13:4; 90:13과 비교하라.
52. 그래서 내용 없는 스콜라 철학에 싫증을 내며 반대하는 것이다. 그렇다면 엘리야나 에녹과 같은 이들의 육신은 어떤 상태란 말인가?
53. 본 장의 각주 21과 비교하라. 구약과 신약에서 성령 사역에는 차이가 있다.

이제는 그분 안에서, 그분과 더불어 '**하늘에**' '**앉은**' 것이다. 그분 안에서 이제 천사들보다 **뛰어난** 그들의 권리가 **확정**되었고, 천사들의 전에먼저 가치/영향력을 가짐은 기쁘게 끝을 맺었다.

그리고 그 이후로 하나님께서는 날마다 하늘을 '역사의 마지막'으로 이끌어가신다. '긴장'은 휴식하게 된다. 즉 성령께서 모든 '지체들'을 '머리'로 이끄시는 것이다.[54] 곧이어 이들의 마지막 지체가 태어나고, 그리고 다시 거듭남으로 이끌린다. 그러면 하나님은 그 삶의 진화die levens-evolutie를 깨뜨리신다. 하나님은 구름을 찢으시고, 무덤을 여시며, 심연을 덮으시고, 하늘을 여신다. 그분께서 파국katastrofe을 가지고 오시는 것이다. 불이 온 세상을 뒤덮고, 오랫동안 땅 깊숙히 숨겨져 있던 불을 찾아 내신다.[55] 이 세상의 일정들(고린도전서 7장)을 없애 버리신다. 그리고 이 땅의 역사가 멈추어 설때, 어떻게 하나님으로부터 온 모든 것이 하나님 자신을 통해 안식 안에서 하나님으로 향하게 되는지를, 오직 하나님만 아신다. 그제서야 인간은 처음으로 지혜로운 말을 하게 된다. 죽은 자 가운데 한 사람에게 이렇게 선언한다. "여기서 안식을 누리는도다." 그것은 무덤이 다시 **열릴** 때 그리고 하나님의 사람이 영원토록 **일할** 때에도 그러할 것이다.

왜냐하면 안식하는 날rustdag, 즉 안식의 날Sabbath은 위에서 이루어지기 때문이다. "여기서 그가 안식을 누리는도다." "여기서 그녀가 안식을 누리는도다." '육신을 따라' 혹은 '영을 따라' 안식을 누리는 것이 아니다. 그는 온전히 그리고 완전하게 안식을 누리는 것이다. 온 땅이 완전하게 생동하는 안식을 누린다. 인간의 처소는 하나님의 거처와는 가능한 가장 먼 곳에 떨어져 있었

---

54. 엡 4:15과 비교하라.
55. 계 1:7; 겔 31:15; 37:12-13; 벧후 1:12.

다. 그러나 이제 너무나 놀라운 일이 일어난다. 하나님의 거처가 인간에게 오시는 것이다.

제6장
인간과 함께 하시는 하나님의 거처

§1. 본 장의 출발점

이제 그 안에, 안식에까지 도달하는 하늘의 복락福樂, zaligheid이 존재할 것인가를 물으려면, 그 '능력'을 **부정적으로** 살피려고 해서는 안 된다. 많은 사람들에게 그런 경향이 있다. 하늘이 무엇인가? 물론 그들은 하늘을 다시는 애통하는 것이 없고, 죄도 없고, 곡하는 것이나 사망이 없는 것, 바다, 눈물, 멸망, 박해 그리고 그 외에도 더 많은 것들이 없는 것으로 이해한다.

그러나 그것은 잘못되었다. 그것은 가장 좁은 의미의 소시민적인 小市民, kleinburgerlijke '가치론'이다. 따라서 그것은 지극히 자기 중심적ego-centrisch이다. 우리들이 가장 중요하게 여기는 것에 사람들이 주목하게 해야 한다. 바로 죄의 **결과** 말이다. 죄의 **결과**는 우리를 고통스럽게 한다. 그러나 하늘이 단지 고통이 해소解消되는 것 만을 의미한다면, 그렇다면 우리는 하나님의 거처에 계시는 **거처** 그 자체이신 **하나님**을 잊어버리게 된다. 그래서 우리는 하늘을 인간 중심적으로 구성하지만, 하늘 스스로는 하나님 중심적으로 말하는 것이다.

따라서 우리는 **우리 스스로** 하늘이 하나님과 인간 사이에 있는 균열을 종식시켰다는 식의 이러한 사고를 출발점으로 삼아서는 **안 된다**. 그것이 물론 사실이기는 하지만, 또다시 부정적으로 만들기 때문이다.

그래서 우리의 출발점은 애통이 없고, 박해가 그치며, 사망이 없고, 사탄이 결박당하고, 적그리스도가 패망하는 식의 사고이어서는 안 된다. 또한 정금 문과 정금 길도 아니며, 흰 면류관도 활짝 핀 종려나무 가지도 아니고, 뿐만 아니라 장로들의 보좌나 성도들의 '의로운 행실'도 아니다. 왜냐하면 그것은 모든 것을 또다시 **인간**에 대해 말하는 것이기 때문이다. 오히려 여기까지 오는 동안 보았던 앞선 모든 장들과 마찬가지로, 하나님과 인간, 영원과 시간 그리고 하나님의 거처와 인간의 처소와의 관계가 본 장의 출발점이 되어야 한다. 바로 그것이다. 다른 것이 아니다.

따라서 우리는 요한계시록 21:3, "**하나님의 장막**성막**이 사람들과 함께 있으매…**"를 우리의 출발점으로 삼으려 한다. 먼저 이 **긍정적인** 진술을 살펴본 후, 22절에서 언급하는 "(새 예루살렘) 성 안에서 **내가 성전을 보지 못하였으니…**"라는 **부정적인** 진술로 더 나아가고자 한다.

우리는 여기서 **성막**과 **성전**이라는 두 개념을 만난다. 문제는 우리가 그것에 대해 이해해야 한다는 것이다.

먼저 **성막**으로 시작해 보자. '성막'은 사실 장막이다. 우리는 일반적으로 성막을 '앞뜰', '성소' 그리고 '지성소'로 나누어진 성전의 원형으로 생각한다. 이런 의미에서, 원래는 장막을 의미하나 여기서 '성막'으로 표현된 헬라어 단어는 신약성경에서 자주 사용된다. 예를 들면 히브리서 8:2, 5; 9:1, 2, 3, 6, 8, 21 그리고 13:10 등이다. 요한계시록에서도 이런 의미로 나타나는데, 15:5은 **성전 곧 하늘의 증거 장막**에 대해 말씀하고 있다. 흐레이다뉴스 교수가 지적한 바와 같이, '**성전**'은 "성소, 곧 지성소를 의미한다(11:1, 2, 19을 참고하라). 여기에서 **증거 장막**을 언급하는 것은, 이제 하나님께서 행하실 규범maatstaf을 나타내기 위해서이다. 성전의 완전한 이름인 **증거 장막**은 하늘의 성전인 집hemelsche tempelhuis 곧 십계명이 보관되어 있는 지성소가 속한 그곳을 가리킨다. 그리고 **하늘에 대해** 첨언할 것은, 여기에서 이스라엘 땅에 있는 성소에 대해 말하고 있지 않다는 것을 알아야 할 뿐 아니라, 하늘답고, 높고, 거룩하고, 신성한 성소를 알리고 있는 것이기도 하다."[1]

그러나 '성막' 혹은 '장막'이라는 단어는 완전히 다른 의미도 가지고 있다. 그냥 평범한 거주지를 의미할 수도 있다. 동양에서 사람들은 밝고 통풍이 잘 되는 장막에서 거주하는 경우가 많았다. 그래서 일반적으로 거주지를 의미할 때 이 단어를 사용했다. 누가복음 16:9, 마태복음 17:4 그리고 히브리서 11:9은 이런 의미로 사용된 예들이다.

이렇게 보면, 요한계시록 21장에 기록된 '장막'이라는 단어는 어떤 의미인가?

아마도 이 부분이 에스겔 37장 27절과 28절을 상기시키고 있다는 것을 알지 못한다면, 이 질문에 대한 답을 찾기는 어려웠을 것이다. 그때 선지자는 그의 백성이 기다리고 있는 즐거운 미래를 이중적인 약속으로 그리고 있다.

a. 내 **성소**가 영원토록 그들 가운데에 있으리니.

b. 따라서 나의 **처소**가 그들 위에 있을 것이다(노르쩨이의 번역).

따라서 여기에 이중적인 대조가 있다. '**성소**'는 '**처소**'와 대립되고, '**그들 가운데에**'는 '**그들 위에**'와 대립된다. 하나님은 '**성소**'를 그의 자녀들 아래에 있는 화평의 나라, 곧 **그들 가운데에** 두신다. 그리고 그의 **처소**를 그들 위에 곧 그들의 머리 위에 펼치신다. 노르쩨이 교수는 에스겔 37장을 주석하면서 이렇게 기록하고 있다. "여호와의 처소가 '그들 위에' 있을 것이다(27절 상반절).

---

1. S. Greijdanus, *De Openbaring des Heeren aan Johannes. Kommentaar op het Nieuwe Testament* (Amsterdam 1925), 316-317.

후자(b)는 26절 하반절 "내 성소를 그 가운데에 세워서 영원히 이르게 하리니"에 대한 보증이 절대로 될 수 없다. 후자(b)는, 여호와께서 자기 백성 가운데 거하신다는 것의 확실한 보증인 시온에 있는 건물을 말한다. 그러나 전자(a)는 거하시는 것 그 자체이다. 물론 여기서는 지역적인 의미로 '처소'라고 부르는데, 이는 성막을 '처소'라고 불렀던 것과 정확하게 같다. 이렇게 거하심은 이스라엘에 위에 펼쳐져서 보호하고 지키실 것이다. 그래서 그 어떤 대적도 더 이상 이스라엘을 억압할 수 없는 것이다."[2]

이러한 예언의 특별한 점은 이것이다.

a. **하나님의 성전**은 인간의 '**거처**'의 속성들을 가진다.

b. 그럼에도 불구하고 이 성전은 **하나님**의 최초의 처소이고, 바로 그 때문에 하나님의 자유로우신 결정을 따라 인간이 거하는 곳이 되었다.

c. 그렇게 그 모습像, beeld은 서로를 이끌어 합쳐지고, 결국 성전은 따로 존재하지 않게 된다.

따라서,

a에 대해서, 하나님의 성전은 인간의 거처와 같이 보일 것이다. 성소(성전)는 오는 세대의 후손들 '위로' 임한다. 그것은 성전과 관련해서는 생소하다. 성전은 서 있는 곳에서 언제나 움직이지 않는 채로 있었다. 점점 더 몰려드는 대중들이 볼 수 있도록 '출입금지' 푯말이 모든 문 위에 붙어 있기까지 했다. 사람들이 성전으로 나아온 것이지, 성전이 사람에게로 간 적은 없다. 따라서 성전은 사람들 '사이에', 즉 '그들 가운데' 있는 집이기도 하다. 그러나 여기에서 성전은 움직이기 시작한다. 사람들 '위로' 넓혀지고, 뻗어나가며, 팽팽하게 당겨져서 그들을 덮는다. 사람들 '위에' 있는 '처소'에 대한 모양像은 인간의 장

---

2. A. Noordtzij, *De profeet Ezechiël, Korte Verklaring der Heilige Schrift* (Kampen 1932), 377.

막을 연상하게 하기 때문이다. 사람들이 그들의 머리 위에 팽팽하게 쳐 놓은 장막 말이다. 움직이지 않는 성전이 움직이기 시작한다. 위협적이던 '출입금지' 푯말은, 들어오라는 초대장으로 바뀐다. 아니 그 정도가 아니다. 훨씬 더 강력해졌다. 누군가가 들어오라고 소리치고 있기 때문이다. 사람들이 계속 들어오도록 하는 것이다. 성전은 여기서 사람들이 다가오기를 기다리는 것이 아니라, 그 지붕을 곧바로 백성들의 위로 펼쳐서 '처소'가 되고 있는 것이다.

b에 대해서, 따라서 이제 하나님은 한 지붕 아래에서 사람들과 함께 '거하신다.' 그럼에도 불구하고 거주하는 분으로서, **그분**이 다스리신다. 새로운 공동체인 집't nieuwe gemeenschaps-huis에서도 인간이 다스리는 것이 아니다. 결국 '처소'는 지역적 개념의 '거하심 자체'이다(노르쩨이).³ 그래서 '나의' 처소이다. 하나님은 율법의 수여자이시다. 즉 처소는 당연히 **공동체**인 집이지만, 하나님의 **편무**적인 사역의 결과인 것이다.

c에 대해서, 출입금지였던 성전이 활짝 펼쳐진 장막이 되면, '더 이상 성전은 보이지 않는다.' 전치사들의 조화('그들 가운데에'와 '그들 위에')는 **그 모습 像에서는** 역설적이다. 다시 말하자면 모든 곳이 처소인 것이다.

그리고 '자연적' 것'natuur'ding인 이스라엘 백성을 위한 거처는 항상, (제사적인 거룩함의) 은혜를 보존하는 곳인 '성전'과는 대조적으로 나타난다. 평범한 삶 가운데서 처소는 일반적으로, 제사적 삶의 출입구인 성전과는 대조적으로, 의도치 않게 '자연적' 삶을 위한 출입구가 되어버렸다. 그러나 여기서 처소로서의 성전이 민족 공동체 전체 위로 펼쳐져서 덮어 버리고, 이어서 이 민족 공동체가 성전을 자신의 '처소'로서의 집thuis이라는 것을 깨닫는다면, 그것은 자연과 은혜를 보존하는 것에 대한 구약적인 구별에서 온 것이다. 따라

---

3. Noordtzij, *De profeet Ezechiël, Korte Verklaring der Heilige Schrift* (Kampen 1932), 377.

서 이 성전으로서의 처소tempel-woning 안에서는 모든 것이 제사이고, 모든 것이 섬김인 것이다. 은혜는 자연 전체와 모든 것을 구원하고 정결하게 했다. 수행하는 모든 행위는 자동적으로 제사 행위이다. 집에서의 모든 행동은 동시에 성전에서의 행위이기 때문이다.

이제 요한계시록 21장이 에스겔로 되돌아간다는 것을 생각하면, 주안점은 분명하다. 하나님께서 자기 백성을 보호하기 위해 날개를 펼치신다. 그분은 자기 처소를 사람들 가운데 만드신다. 사람들은 자신의 모든 삶의 방식을 하나님과의 합법적이고 강력한 교제 아래에 두는 것이다.

이미 이런 사고는 성경의 마지막 책(요한계시록 7:15)까지 나아가고 있다. 우리는 보좌에 앉으신 이가 복있는 자들을 '**덮어 가리신다**'는 것을 말하고자 하는 것이다. 남아프리카공화국에서 번역한 성경1933은 여기서, "보좌에 앉으신 이가 **그들 위에 장막을 치시리니**"[4]라고 매우 정확하게 번역하고 있다.[5] 이것은 흐레이다뉘스 교수Prof. Greijdanus의 번역, "보좌에 앉으신 이가 '그들을 덮어가리신다. 이것은 자신의 영광을 천막의 덮개와 같이 그들 위에 펼치신다는 것이다. 21:3을 참고하라.'"와 일치한다. 분명히 흐레이다뉘스 교수는 에스겔의 언설과 연결된 것으로도 보고 있다. 계속해서 이렇게 말하고 있기 때문이다. "이렇게 성전에 대한 이야기를 바로 앞에서 더 자세하게 설명했다. 하나님은 그들에게 온전한 안전을 주시고, 하나님과 가장 친밀하게 교류하며 살아가게 하시고, 하나님과 가장 가깝고 가장 복된 교제를 나누도록 허락하여 주신다."[6]

요한계시록의 다른 부분에서도 하늘은, 그리스도 안에서 죽은 자들을 위해

---

4. "Hy wat op die troon sit, sal sy tent oor hulle oopspan."
5. 역주) 한국어 '개역개정'도 동일하게 번역했다.
6. Greijdanus, *Openbaring des Heeren aan Johannes*, KNT, 176.

마지막 날 전에 사탄의 박해와 위협으로부터 보호하는 집과 같은 **장막**으로 불리고 있다. 12:12과 13:6은 바로 그 예들이다.

따라서 이제 우리는 21:3의 장막을, 예배의 중심인 성막으로 생각할 것이 아니라, 자연, 은혜 등과 같은 어떠한 전문적인 것이 아닌 하나님의 **거처**를 생각하는 것으로 나아간다. 변함없고 거역할 수 없으며, 그 누구도 해를 끼칠 수 없는 하나님의 거처가 사람들과 함께 하신다. 하나님의 모든 백성과 함께 계시는 것이다. 그리고 이 긍정적인 사고는 이미 22절에서 언급된 새 예루살렘에는 **성전이 없을 것**이라는 부정적인 표현을 만난다. 앞서 말한 것을 보라.

여기서 예언은 최종 지점에 도달했다. **특별한** 인물들이며 중보자로서의 제사장들과 레위인들이, 좌우를 분변하지 못하는 대중들을 위해 오르락 내리락 하는 위계位階적인 사다리de hiërarchische ladder는 폐기되고, 전복되었다. 모든 것이 성전에 있기 때문이다. 그 성전은 집과 **떼어서는** 상상할 수도 없게 되었다. 더 이상 '출입금지'라는 푯말은 없기 때문이다. 모든 것이 제사이고, 섬김이며, 직분의 수행이다.

최초로 이 예언은 신약에서 성취되었다. 그리스도께서 죽으셨을 때, 성전 휘장이 위로부터 아래까지 찢어졌다.[7] 입구는 열려졌고, **분리된** 계급으로의 제사장의 위치는 폐기되었고, 공동체gemeente는 자신을 거룩한 제사장직을 받은 자로, 왕들의 백성으로 선포한다. 즉 그 안에서 모든 이들은 직분을 가지고, 더 이상 인간의 중보에 의존하지 않고 곧바로 성부 하나님께로 나아갈 수 있는 것이다.

그러나 이제 이 예언은 완전히 성취되었다. 성전은 어떤 간격도 없다. 모든 곳이 장막인 것같이, 모든 곳이 성전이다. 모든 곳이 장막이라는 것은, 말하자

---

7. 마 27:51.

면 어디에서나 나는 '나 자신'이라는 것이다. 모든 곳이 성전이라는 것은, 어디에서나 나는 '하나님 가까이에서' 하나님을 섬긴다는 것이다. 우리 삶의 시작들은 하나님의 시작들과 만나는 것이다.

성전이 사라졌다는 것. 아니, 그것은 생소하지 않다. 옛 성전은 하나님의 거하심에 대한 **확실한 보증**onderpand이라고 불리웠기 때문이다. 그러나 인간이 더이상 믿음이 아니라 관조 안에 거닐고 있으면, 확실한 보증은 사라져 버린다. 옛 성전은 **그림자, 예언, 모양像**과 **비유**의 장소였다. 여기에서는 모든 것이 실재, 성취, 충만, 진리이다. 옛 성전은 혼재된 삶의 중심에 있는 **특별한 장소**였다. 그러나 여기에서 모든 삶은 하나님을 섬기는 것이 되었다. 부분적인 것, 그 '부분적' 것은 이런 관점에서 폐기되었다는 것이다. '거룩'과 '세속'은 그 누구도 부인할 수 없는 대립개념이다. 위계hiërarchie 곧 인간의 중보는 완전히 사라졌다. 도성은 성전이 되었고, 성전은 장막이나 도성이 되었다. 앞에서 이미 언급했던 것과 같이, 이 둘 사이의 긴장은 결코 극단적이지 않다는 것이 여기에서 분명하게 드러난다. 도성에 대한 성전의 평화로운 침투가 영구히 발견되고 보증되었기 때문이다. 병든 신학으로 인해, 하나님의 왕국과 세상의 제국 사이에 종종 안티테제를 설정하지만, 이런 잘못된 구별은 더 이상 그 누구에게도 영향을 주지 못한다. 성전인 장막tempel-tent은 보편적universeel이고, 마찬가지로 보편적인 성전인 집tempelhuis과 동일하다. 그리고 또한 성전인 도성tempelstad 즉 인간의 공동체와도 동일하다.

장막, 하나님께서 완전한 인간의 삶을 자신의 거처로 인도하신다.

성전, 자기 백성을 향하신 하나님의 입구는 그분을 향한 백성의 출구와 평행하게 나 있다. 길들이 함께 뻗어가다가, 하나로 합쳐진다.

도성, 인간의 공동체는 기관이지만, 영원한 평화 가운데 놓여 있다.

§2. 하나님을 '봄'

이전 단락에서, 하나님과의 '교제' 혹은 '교통'이라는 개념을 반복적으로 언급했다. 이것은 이제 더 자세한 설명이 필요하다. 더 자세한 설명을 함과 동시에, '하나님의 처소가 사람들에게 있다'는 것이 구체적인 현실이 되는 방법이 무엇인지를 분명하게 해야만 한다. 처소의 연결은 '교제'를 강화하는 것이기 때문이다. 교제는 무엇보다도 먼저, '보고', 알고, 바라보는 것이다. 그 사이에 있는 최소한의 인식론적 구별 없이 이런 최근의 용어들을 다루는 것을 우리가 논쟁할 필요는 없다. 그것들은, 이런 저런 단어들을 비학문적으로 혼합해서 사용하고 있는 성경에서 차용한 것이기 때문이다.

앞서 보았던 장들에서, 하늘은 **하늘**인 것이 너무나 분명하기에, 세세토록 있는 하나님과 인간 사이의 **구별**이 가능한 분명하게 보여지고 알려지게 될 것이라는 것을 계속해서 주장했다. 이것이 공동체를 폐기하는가? 분명히 아니다. 하나님과 사람 사이의 간격은 그리스도 안에서 안티테제적으로 되는 것이 중단되고, 그런 다음에 심지어 제거되기 때문이다. 구별됨을 보는 것이 분리되는 것은 아니다. 반대로 한 채의 집 woonhuis에서 사는 공동체에게는, 그것이 하나님과 '동행'하는 **조건**이고 규정이기 때문이다. 아버지와 자기 사이에 있는 구별을 보지 않는 아이는, 자신의 아버지와 매우 **부자연스러운** 관계를 맺을 수도 있다. 그러나 아이는 아이로, 아버지는 아버지로 그리고 모든 사람은 자신의 일을 하나님께서 주신 부르심을 따라 행한다면, 그 차이를 보는 것으로 인하여 본성을 따르는 교통 verkeer-naar-den-aard이 있는 것이다.

따라서 이것은 '비지오 데이 페르 에센티암' visio Dei per essentiam[8]에 대한 중

---

8. 본질을 관통해 하나님을 봄.

세적이고 로마교적인 사고를 거부하는 칼빈주의적인 근거이기도 하다. 스콜라주의자들과 신비주의자들은 이것을 처음부터 이미 땅에서 (신비적인 황홀경恍惚境으로) 그리고 더 강력하게 곧바로 하늘의 복의 상태에서 그분의 '본질' 즉 그분의 '존재'를 따라 하나님을 볼 수 있고, 그분의 존재의 신비를 통찰하고, 그분의 깊이를 측정할 수 있는 것으로 이해했다.

따라서 '본질을 관통해 봄' visio per essentiam이라는 명제, 즉 1장에서 언급한 잘못된 근본 사고와 분명하게 연결되어 있는, 중세 시대에만 옹호되었던 그 명제 안에는, 단테의 서사시를 통해 자세하게 알려진 것이 있다. 다시 말해 시인이 심지어 하나님을 볼 수도 있고, 신비적인 황홀경으로 하나님의 신비의 심연을 드러내어 보여 주는 마지막 하늘의 영역을 자세하게 그리고 있는, 하늘에 대한 서사시말이다. 시인은 삼위일체와 그리스도의 두 본성이 연합되는 것을 보았다. 한줄기 빛이 비춰자, 시인은 이렇게 노래한다:

나는 여태 겪었던 살아 있는 빛살의 날카로움 때문에 그에서 내 눈이 벗어나면 곧 어리둥절하리라 믿노라.
그러나 이것을 견디어 내기에 나는 더욱 과감하였을 것을 기억하노니, 내 눈이 영원한 선하심과 어울렸던 것이로다.
오, 충만한 은혜로다. 이로써 나는 영원한 빛에로 눈을 감히 박았었고, 거기 내 보는 것이 다하여졌도다!
그 깊음 속에서 나는 보았노라, 조각조각 우주에 흩어져 있는 모든 것들이 사랑으로 한 권의 책 속에 삼중으로 엮여 있는 것을(사실은 4개로 나뉘어져 있다).
실체(본질)와 우연(모든 우연성)과 그 작용들이 녹다시피 하나가 되어서, 내 말하는 이것이 단지 한 가닥 빛이 되던 것을.

이 매듭의 우주적 형상을 나는 본 것으로 믿노니, 이같이 말하면서도 더욱더 나는 즐거움을 깨닫는 때문이로다.

이제 삼위일체는 더 명료해진다.

드높은 빛의 깊고 새맑은 독립체 속에, 빛깔은 셋, 부피는 하나인 세 개의 둘레가 나에게 보였으니,
마치 이리스Iris에서 이리스처럼 하나(성자)가 하나 한테서 반사되는 듯 보이고, 셋째(성령)는 둘에게서 똑같이 발산되어 나오는 불 같이 보이니라.
오, 말이란 얼마나 모자라는 것이며, 내 생각에 비기면 이 얼마나 가냘픈 목소리인고, 내가 본 것을 들어 조금 말한다는 그것마저 당치 않은 일이로다.
오, 영원한 빛이여, 홀로 당신 안에 있어 홀로 (성부처럼) 깨달으며, 당신에게 인지되고 당신을 아시며, (성자처럼) 스스로 사랑하시고 그리고 (성령처럼) 웃으시도다!

결론적으로 시인은 그리스도 안에서 두 본성의 연합을 본다.

잠시 내 눈으로 두루 보았던 저 동그라미(성자)가 당신 안에 잉태되어, 마치 반사된 빛처럼 보이더니,
바로 그 동일한 색깔의 그 자체 안에 우리들 모습을 찍어 내는 듯 보였기에, 온통 내 시선은 그 안에 들어 있었도다.
원을 측량하기에 완전히 몸을 바치는 기하학자가 궁리하여도 그가 아쉬

워하는 원리는 찾아내지 못하는 것처럼,

그 새로운 나타남에 나도 그러하였으니 모습이 동그라미에 어떻게 들어

맞는지 거기에(성자의 동그라미에) 어떻게 자리 잡는지를 보고 싶었으나,

이를 위한 제 날개가 없었음이로다. 나의 정신이 한 빛으로 후려침을 받

아야 하였으니, 그것 안에서만 소망이 얻어지기 때문이로다.[9]

여기에서 단테의 서사시를 이루는 신플라톤주의적 철학의 사고 범위를 쉽게 알 수 있다(제1장을 보라).

그러나 이미 **계시**라는 단어 하나만으로도 칼빈주의자들은 '하나님의 본질을 봄'에 대한 공상droom을 거부할 것이다. 그것을 아름다운 공상이라고 말할 수는 없다. 하나님과 인간의 구별을 무시하는 것은, 그 위에서 하늘이 안식해야만 하는 기둥들 중에 하나가 뽑혀지는 것이기 때문이다.

여기 실로 이 구별이 모호하게 되고, 오직 하나님만 하실 수 있는 것을 인간에게 넘겨주는 것이 바울의 깊은 통찰에서 분명하게 나타난다. "성령은 모든 것 곧 하나님의 깊은 것까지도 통달하시느니라."(고린도전서 2:10). 바울은 여기에서, "일반적으로 성령의 사역에 대해 말하고 있다. 성령은 어느 곳에나 들어 가시고, 속속들이 알아보시고 들추어 내신다. 성령께서 무언가를 알지 못하시기 때문이 아니다. 현재 시제praesens를 사용함으로 성령의 사역이 항상 들추어 내시고, 통달하시는 것임을 표현하고 있다. 요한복음 5:17을 살펴보라. 그 모든 것은 실행이고 현재이다. 결코 과거가 아니다. 그것은 우리의 이해력을 넘어서는 것이기 때문에, 우리는 이해할 수 없다."고 말한다(흐로스헤이더).[10]

---

9. 단테 알리기리(Dante Alighieri), *De goddelijke komedie* 제3권 제33곡.
10. F. W. Grosheide, *De eerste brief van den apostel Paulus aan de kerk te Korinthe, Kommencaar op het Nieuwe Testament* (Amsterdam 1932), 103.

그것을 통해 우리가 이해할 수 있는 것은, 삼위일체 안에서 '나-당신의 관계'에 기초한 하나님의 영께서 하나님의 깊은 것을 계속 통달하시기 위하여 쉬지 않고 일하고 계신다는 것뿐이다.

그렇다면 하나님의 깊은 것은, 하나님 자신 곧 무한하신 하나님의 영원한 깊음을 말하는가? 성령께서 이 깊은 것을 통달하신다는 것이, 성령께서 그 깊음을 '알지 못하신다'는 것을 의미하지는 않는다(위를 보라). 오히려 바울이 '안다'라는 단어를 피하고, **'통달한다'**고 말하는 것에는 특정한 의미가 있다. 그는 그것을 통해 성령께서 하나님의 깊은 것을 안다는 것은, 우리가 알고 있는 바와 같이 지나간 행동을 표현하기 위해 사용하는 현재**완료** 시제 een voltooid tegenwoordigen tijd나 그리고 조금은 덜 사용하는 과거**완료** 시제een voltooid verleden tijd[11]의 의미가 아니라, 하나님을 아는 것이 성령의 영원한 사역임을 표현하려고 한 것이다. 그것은 **영원** 속에서 **하나님**과 함께 하시기를 원하시는 것, 즉 항상 충만하시고, 결코 지나버린 것이 아니며, 언제나 현재로 행동하시는 것을 표현하는 **'완료된 현재'** perfectum praesens를 말한다. 시간 안에 있는 인간들에 대해서는 그렇게 말할 수 없고, 그리스도의 직분적 사역에 대해서도 마찬가지인 것은, 시간 안에서 일어나기 때문이다. 하나님과 하나님의 영에 대해서는 당연히 그렇게 말할 수 있는 것은, 완료된 깨달음이 완성되었고완료, perfectum 그럼에도 그것이 완전하도록 언제나 생생하고 구체적으로 계속 나아가기현재, praesens 때문이다. 하나님이신 성령께서는 하나님을 알기 위해 영원히 일하신다. 무한하신 그 분은 끊임없이 자신을 살피시고, 통달해 가신다. 여기에서 우리는 어떤 말도 할 수 없다. 엄밀히 말해 우리는 하나님의 본질을 직접적으로 **'관통하여** 보는 것' visio per essentiam에 대해 이야기할 수조차

---

11. 역주) 라틴어의 과거완료 시제는 과거 시점에 그 동작이 완료된 사건을 서술하는데 쓰인다.

없다. 하나님의 존재를 **관통하여** 보는 것은, 우리가 사용하는 전치사들, 더욱이 'per'라는 단어 때문에(161쪽의 각주를 참고하라), '완료된 현재'에서, 그리고 자신을 알기 위해 '탐구'하실 필요가 없으신 하나님에게서, 산산조각나 버리기 때문이다. 바로 그 이유 때문에, 단테처럼 한 순간에 하나님의 깊은 것이 적나라하게 드러나도록 번개가 후려치기를 기대하고, 본질을 통해 하나님을 뵈옴을 신비주의자들과 같이 기대하는 것은 참으로 어리석은 것이다. 왜냐하면 이런 식으로 하나님과 피조물 사이의 경계를 제거해 버리고, 영지주의와 신플라톤주의를 다시 기독교 안으로 끌어들이기 때문이다.

그래서 우리가 **계시에 대한 개혁주의적인 개념 이해**야 말로 바로 이 병든 공상들을 치유하는 치료제라고 말한 이유이다. 하늘에서도 하나님은 자신을 **계시**하신다. 이 계시는 다른 모든 재창조의 은사들과 함께 충만한 영광에 참여하여서 처음보다 30배, 60배, 100배는 더 풍성해진다. 그러나 그것은 여전히 **계시**이다. 즉 그것은 하나님으로부터 피조물을 향해 **나아가는** 행동이고, 피조물을 여전히 피조물로 간주하고 다루는 행동이다. 하나님의 처소는 사람들에게 있지만, 그 처소는 가장 높은 질서의 장소이기 때문에, 하나님은 여전히 하나님이시고, 인간은 의존적인 상태, 즉 하나님께 의존하는 곳이다.

이제 각각의 계시에 적용되는 근본적인 사고는, 즉 계시는 a) 언제나 순전하지만, b) 결코 충분하지는 않다는 것이다.

계시는 언제나 **순전**하기에, 하나님은 계시 안에서 우리에게 **진리**를 말씀하신다. 하늘에서 계시는 100배의 진리를 말한다. 그리고 인간은 이제 순전하게 듣고, 모든 것을 받아들이고, 아무것도 잊어버리지 않으며, 결코 밀쳐내지 않고, 아무도 자기 편으로 끌어들이지 않기 때문에, 그래서 순전한 계시는 마침내 사람들 중에 순전하게 듣는 자를 찾아낼 것이다. 결론적으로 계시는 **순전**하다. 그 두번째 근본원리인 충분하지 않다는 것, 즉 계시가 하나님에 대해 **충**

분하게 말하지 않고, 모든 것을 말하지 않는다는 것에서도 계시는 순전하다. 또한 하늘에서도 성령은 말할 수 없는 (결코 역설적이지 않고, 서로 모순되지 않는) 탄식으로 간구하신다. 그곳에서도, **분명** 그곳에서도 모든 것이 '피조물에 합당하게' 일어나고, 피조물에게는 그만큼 **주어진다**.

어떤 이들은 땅에는 없지만 (신비주의) 하늘의 제일 높은 선물인 것처럼 여겨지는 이 '비지오 페르 에센티암'visio per essentiam, 본질을 통해 봄을 배격하는 것이 성경에 해를 끼친다고 비난한다. 특히, 바울이 고린도전서 13:12에서 말한 것은 그들에게는 이 '본질을 관통해 봄'에 대한 명백한 예언인 것처럼 보인다. 왜냐하면 바울은 거기서 이렇게 말하기 때문이다. '온전한 것이 올 때에면, 주께서 나를 아신 것 같이 내가 온전히 알리라.' 흐로스헤이더Grosheide 교수는 다음과 같이 번역한다. "주께서 나를 인지하신 것 같이 내가 온전히 인지하리라." 이 '인지하다'는 흐로스헤이더 교수에 의하면 **"철저하고 완전하게 아는 것"**을 뜻한다.[12]

이제 어떤 이들은 이렇게 말한다. "주께서 우리를 아신 것 같이 우리 또한 온전히 알리라." 결론은 간단하다. 하나님은 '우리를 관통하여' 보시고, '우리의 존재를 관통하여 보시고는' 우리에게 대해 '비지오 **페르** 에센티암visio per essentiam 본질을 **관통하여** 보신다' 를 가진다는 말이다. 그래서 결론은 다음과 같다. 우리 또한 하나님에 대해 그러한 것을 가지게 될 것이다. 즉 주가 우리의 본질을 관통해 보듯이 우리도 그의 본질을 관통해 볼 것이다.

그런데 이것이 궤변임을 이해하는 것은 어렵지 않다.

첫째로, 하나님은 우리를 관통하여 보시지 않는다. 누구를 관통하여 본다라

---

12. Grosheide, *Eerste brief van Paulus aan Korinthe*, KNT, 444.

는[13] 뜻을 가진 **페르**per라는 단어는 여기서 아무런 의미가 없다. 우리는 이것을 이미 하나님의 자기인식에 대해 이야기할 때 언급했다. 우리는 이 말을 하나님의 피조물, 인간에 대한 하나님의 지식에도 적용한다. 주님은 누군가 벽 뒤에 무엇이 있는지 보기 위해 그것을 뚫어야만 하는 것처럼 우리를 관통해 보시지 않는다. 왜냐하면 모든 '꿰뚫어보는 것'은 하나님에게 동시에 들여다보는 것inzien이고, **전망**하는 것overzien이고, **눈여겨**보는 것bezien이고 **보는 것**zien이기 때문이다. 이런 전치사는 벽을 뚫어야 하는 인간에게는 어울리지만 하나님에게는 걸맞지 않다. 이런 이유 때문에 하나님이 나를 관통해 보시는 것처럼 나도 그를 관통해 볼거라고 이야기하는 것은 터무니없다. 여기서 시작되는 가정은 옳지 않다.

두 번째로, 우리가 잊지 않아야 할 것은, 고린도전서 13장에 나오는 '아는 것'이 인간에 대해 이야기하는 한, 단순히 **하나님만**을 아는 것을 뜻하지 않는다는 것이다. '나는 알 것이다' 라는 이 말은, 나는 하나님을 알고, **그리고 '하나님의 모든 것'**을 알 것이다 라는 뜻이다. 다음 단락에 다시 이야기 하겠다.

세 번째로, 그들은 여기서 본문을 잘못 설명하고 있다. 본문은 오로지 인간이 나중에 **어떠한 매개**媒介**도 없이** 하늘에서 하나님을 볼 수 있음을 말하고 있을 뿐이다. 하나님이 우리를 어떠한 매개 없이, 그와 우리 사이에 어떤 것이나 누군가가 벽을 세우는 것 없이 보시는 것처럼 우리 또한 하나님과 하나님의 세계, 그리고 하나님과 하나님의 거처를 볼 것이다. 매개는 없어졌다. 제사장과 선지자들은 없어졌다. 적어도 계층구조에 속한 제사장과 선지자들은 말

---

13. 전치사의 이 부연(敷衍)이 학술적-스콜라주의적인 전문용어로는 정확하지 않지만 (예를 들어 Thomas, Summa, qu. 92,1을 보라), 이것이 시인 단테와 후에 다른 이들이 말한 것을 암시한다는 것을 생각해야 한다. 스콜라 철학에서는 항상은 아니지만 대체로 다음을 의미한다. 크워드 (Quoad, ~까지). 고마루스 (Gomarus)는 (De visione Dei, Op. 1, 1664, 250b) 페니투스 콤프레헨데레 (*penitus* comprehendere, 온전히 이해하다)를 인용한다.

이다. 구름, 죄, 간격과 안티테제, 이 모든 것이 다 사라졌다. 모든 장벽과 모든 '울타리'가 무너졌다. 그분과 우리 사이도 마찬가지다. 이 없어진 매개라는 주제가 이 본문에서 유일한 옳은 설명이라는 것은 그 앞에 있는 내용에서 명확하게 알 수 있다. 거기에는 "우리가 지금은 거울로 보는 것 같이 희미하나 그 때에는 얼굴과 얼굴을 대하여 볼 것이요."라고 되어 있다. 흐로스헤이더 교수에 의하면 "우리는 먼저 사물을 직접적으로 보지 않고 거울에 비친 모습들을 본다"는 뜻이다. 즉, "좌우를 분별한다는 뜻이 아니라 희미하게 본다는 의미다. 왜냐하면 오래된 금속 거울은 아름답게 은을 입힌 우리의 거울과는 아주 다르기 때문이다. 순전한 모습과는 거리가 멀다". 이는 '우리가 얼굴과 얼굴을 대하여 볼 것이다'라는 긍정적인 진술에 부합한다. 즉, "이 말은 우리와 그들 사이에 그 어떤 것도 없이 우리가 (하나님의) 만물을 똑바로 쳐다본다는 말이다."(흐로스헤이더). 혹은 다른 곳에서 말한 것 같이 "우리 얼굴이 만물의 얼굴을 똑바로 보고 그 어떠한 매개도 없는 것이다" (흐로스헤이더는 여기서 하나님을 보는 것에 대해 다음 본문을 인용한다. 요일 3:2; 출 33:11; 신 34:10; 창 32:30; 사 52:8; 계 22:4; 민 12:8; 고후 5:7). 그러므로 바울은 '본다'라고 이야기할 때, 우리의 얼굴이 그의 얼굴과 마주보고 있는 것을 말한다.[14]

  이 책에서 지금까지 전체 구도의 가장 아름다운 증거 본문은 고린도전서 13:12이다. 매개는 사라졌다. 하나님의 거처는 사람들에게 있다. 양쪽의 거처들이 서로 모임으로 인해서 간격은 지양止揚되었다. 하지만 보는 것은 계속 피

---

14. 흐로스헤이더 교수는 본다는 것은 "불순물이 섞여 있고, 격으로 보자면 불충분하지만 옳은 것이다"라고 말한다 (Grosheide, *Eerste brief van Paulus aan Korinthe*, KNT, 443.). 우리는 흐로스헤이더 교수가 여기서 우리가 말한 것과 동일한 것을 말하고 있다고 생각한다. 하지만 그럼에도 불구하고 '불순물이 섞여 있다'라는 용어보다는 '불완전'하다는 용어로 대체하고 싶다. 나중에 루돌프 오토와 폰덜의 rei 와 관련해서 이야기할 것이기 때문에 이 견해를 허락해 주길 바란다. 호마루스 또한 (*Opera theologica omnia*, dl. 1, 251b) 요일 3:2를 인용한다.

조물의 방식으로 보는 것에 머무른다. 거주하는 **장소**에 관해서 이야기 하자면, 간격을 지양한다는 것은 **거주하는 자들**의 차이나 그 구분을 지양하는 것은 아니다. 거주하는 장소들을 합치는 것은 한 장소에서 사는 자들의 구분을 볼 수 있는 가장 큰 가능성을 열어준다. 우리의 보는 것이 결국 제시된 완전함을 얻을 때까지 말이다.

그래서 우리는 **비지오 페르 에센티암**에 대한 교리와 요즘 기독교에 들어온 '익명의' 하늘-하나님에 대한 망상에 대해 동의할 수 없다. 나중에 우리가 모든 것, 모든 피조물을 '얼굴과 얼굴을 대하여' 볼 때에, 그리고 하나님도 이와 같이 볼 때에 (흐로스헤이더, 주석, 444), 하나님의 이름은 모든 것에 쓰여 있을 것이고, 모든 것의 이름이 불려질 것이며 읽을 수 있게 될 것이다. 그 때 모든 사람이 즉각 명백하게 읽을 수 있는 그리스도의 편지, 하나님의 편지가 될 것이다. 모든 만물이 그러하다. 그러하기 때문에 이 때 하나님은 익명ano-nieme이 아니라 모든 이름pan-onieme이다.[15] 즉, 하나님은 그분의 이름이 침묵되는, 그래서 그분에 대한 모든 소문들이 '침묵의 영역'에서 벙어리가 되는 (단테: 사투르누스) 분이 아니라, 그의 이름을 사방에서 울리게 하시고 하늘에서 그분의 이름을 부르게 하시는 분이시다.

이제 여기서 폰덜Vondel의 유명한 시에 대해 이야기 하고자 한다. **루시퍼 Lucifer**의 합창이다. 최근에는 루돌프 오토Rudolf Otto가 특별히 강조를 했는데, 이것이 '**누미노제**Das Nominose'[16]에 관한 개념을 잘 설명한다고 생각했기 때문

---

15. 역주) 스킬더가 만들어낸 용어다. 직역하자면 '모든-이름'이다.
16. 그의 영향 있는 책 *Das Heilige* (1917)에서 독일 루터신학자 루돌프 오토(1869-1937)는 '거룩한 것'을 '누미노제'로 정의했다. 그것은 모든 것의 근본이 되며 경외심을 일으키고 황홀케하는 비밀이다. 여기서 그는, 스킬더 본인의 견본 (Gotha 1929) p. 228-232에서, *Lucifer* (1654)의 첫 막에서 그 중 'Rey der Engelen'을 인용하는데, 이것은 네덜란드 시인인 요스트 반 덴 폰덜 (Joost van den Vondel) (1587-1679)의 비극이다. Schilder, *Wat is de hel?*, 45, 229; Zur

이다. 루시퍼에서는 천사들이 합창단에 서서 선창과 후창을 부른다. 선창이 먼저 묻는다:

> 이토록 높이 앉아계시고,
> 이토록 측량할 수 없는 깊은 빛에 계신 이는 누구신가?
> 시간으로나 영원으로나 측량할 수 없으며,
> 순환이나 평형력 없이 스스로 존재하신 이는 누구신가?
> 외부의 지원을 빌리지 않으시고,
> 스스로 서 있는 분은 누구신가?
> 무엇이 그의 주위와 그의 안에 있기를
> 본질적으로 결정하시며,
> 단 하나의 유일한 중심을 주위로
> 무의식적으로 흔들리며, 회전하고, 생기가 넘치는 것들을
> 결정하실 수 있는 분은 누구신가?

그리고 여기에 대해 마찬가지로 천사들의 입에서 후창이 들린다.

> 그 분은 **하나님이시라**. 생물이 가지고 있는
> 모든 것의 무한하고 영원한 존재이시라.
> 우리를 용서하여 주소서.
> 살아있는 것이나 살아있지 않은 것에 대해
> 전혀 칭송하지 못했고,

Begriffsgeschichte des 'Paradoxon', 445-447을 비교하라.

전혀 말을 하지도 않았고, 지금도 말을 하지 못하는
우리를 용서하여 주소서.
상상이나 혀나 상징도 당신에 대해 말할 수 없도록
우리를 사면시켜 주소서.
당신은 예전이나 지금이나 그대로 똑같으시리.
모든 천사의 지식과 진술은, 약하고 무능력하며,
신성모독이고 위반일 뿐이라.
당신을 제외한 모든 이가
본인의 이름을 지니고 있기 때문이라,
누가 당신의 이름을 부를 수 있으리요?
누가 당신의 계시를 알 수 있으리요?
누가 감히 자랑할 수 있으리?
당신보다 오로지 당신만이,
다른 그 누구도 아닌, 당신만이 스스로를 드러내리라.

나중에 따로 주의해야 할 것을 다루기 위해, 이 후창에 나오는 다음과 같은 글을 보자:

당신이 영원한 광채와 원천이었다면
당신은 그것을 알릴 것이라.
누구에게 그 빛이 계시되리요?
누구에게 그 빛나는 광택이 나타나리요?
그것을 보는 것은 우리가 당신의 은혜를 입은 것보다
더 큰 구원이도다.

그것은 우리의 능력의

한계와 수준을 넘으리.

우리가 여기서 이 노래에 왜 이렇게 많은 관심을 가지는가? 그것은 루돌프 오토가 네덜란드 경건주의 문학에서 '누미노제'를[17] 고전적인 사례로 인용하기 때문이다. 오토는 이 희곡이 **말할 수 없는 것을** 노래하는 구절이라고 말한다.

특히 이 마지막 문장을 주목할 필요가 있다. 우리가 하나님의 영광을 **온전하게** 설명할 수 없다라는 것을 의미한다면, 우리는 완전히 동의를 한다. 그리고 하나님의 영광에 대해 **이 땅에서** 결코 **순수하게** 말할 수 없다는 것을 의미한다면, 우리는 이것 또한 동의한다.

우리가 얼마나 동의를 하느냐 하면, 이미 밝혀진 것처럼, 하늘에 대해서도 비록 두 번째 점은 아니지만, 첫 번째 점을 지지한다. 그래서 만약에 이러한 것을 의미한다면 "누가 당신의 이름을 부를 수 있으리요?" 라는 폰덜의 놀라움을 하늘로 받들기를 원한다.

그러나 이로써 **오토의** 의도는 여기서 멈추지 않는다. 그가 폰덜을 인용한 배후에는 다른 일련의 사상들이 있다. 우리는 다음과 같은 것을 짐작할 수 있다. 폰덜의 노래 뿐만 아니라 불교적 인도적 신비주의의 여러 가지 문서와 노래와, 중세시대의 독일 신비주의의 여러 문학 책들이 오토에게 도움이 된다는 것과, 그 책들이 **스스로 말씀하시지 않는** 하나님에 대한 '누미노제'의 놀람을 인정하는 사례로서 실제적인 도움을 준다는 것을 말이다.

그러나 이 점에서 우리 칼빈주의자들은 다른 입장을 취한다. 하나님은 스

---

17. 역주) 이미 스킬더가 설명했지만 누미노제는 인간이 거룩한 존재 앞에 섰을 때 자신이 진실로 피조물임을 존재론적으로 깨닫는 감정적, 미학적, 직관적 체험이라고 한다. 거룩한 체험 혹은 거룩한 것이라고 할 수 있다.

스로 말씀을 하시고, 하나님은 **오히려** 하늘에서 말씀을 하시고, 하나님은 그곳에서 '**모든 이름**'이라고 우리는 계속 견지한다. 계시가 저 멀리, 그 이상으로 "대대에 미칠 것이다".

오토는 그의 '누미노제'의 종교-철학적인 개념을 동양 신비주의, 특히 불교의 기원을 분석 함으로서 발전시켰다. 이 신비주의에서 앞서 언급한 '**초**超**대립성**Übergegensätzlichkeit'이라는 모티브가 나온다. 사람들이 말하기를, 우리 세계, 즉, **개념들**을 가지고 일하고, **간격**을 두고, 간격으로 생각을 하는 이 세계에서는, 사람들은 하나님을 **이름**으로 부른다. 하지만 그것은 사실 **결핍**이다. 왜냐하면 하나님과 실제로 연합한 이는 금욕의 제자로서 '침몰Versenkung'과 명상과 기도로 묵상을 통해 다음 **두 개의 정류장**을 지나가며 위로 올라가기 때문이다. a. **공허한 무**無의 정류장과, b. **완성된 무**無의 정류장이다. 첫 번째 정류장에서 인간은 우리의 아랫세계가 개념적인 지혜로 알고 있는 모든 대립, 모든 대조, 모든 구분, 모든 명명으로부터 마침내 구원된다. 인간은 거기서 더 이상 간격을 가지지 않는다. 인간은 거기서 '가까운'과 '먼', '위'와 '아래'와 같은 개념들로부터 해방된다. 인간은 거기서 **단어들**을 통해 말하는 것으로부터 해방된다. 모든 인간적인 용어들은 여전히 대립을 통해 사고하는 것이 당연하게 여겨지는 세계에서 발생했다. 그러나 그것을 뛰어 넘으며 **완성된 무**無로 침투하는 자는 하나님과 피조물 모두 하나 됨을 경험하게 된다. **거기서는 각각의 단어가 너무 과하다**. 거기서는 **단어**가 사라져야 한다. 하나님이 **말로 표현할 수 없는 분**이시기 때문이다. 하나님이 누구신가에 대한 질문에 인간은 더 이상 **단어들로** 답을 주지 않는다. 왜냐하면 하나님은 연꽃이시고, 하나님은 인간이 우연히 막 피는 담배의 재이시기 때문이다. 하나님은 단순하게 모든 것이고, 모든 것은 하나님이시다.

지금, 만약 이 사고 구조를 폰델의 생각으로 여긴다면 당신은 그에게 부당한 짓을 하는 것이고 그렇게 함으로서 폰덜을 일종의 단테로 만들어 버리는 것이다. 하지만 그렇게 하기에 폰덜은 개신교에 대해 너무 많은 것을 이해하고 있다.

하지만 결론적으로 폰덜에 대해 정확한 평가를 내리는 것은 우리가 할 일이 아니다. 우리는 다만 최상의 구원은 **보고 말하는 것**에 있지 않고 사람이 하나님과 하나로 혼합되고 모든 **말**이 중단되는 것에 있다는 하늘에 대한 개념을 이런 식으로 만드는 것을 반대할 뿐이다. 왜냐하면 이 땅 뿐만 아니라 특히 새로운 땅에서 다음과 같이 말할 수 있기 때문이다. '모든 경건한 입에서 그 크신 **이름이** 온 세상을 통해 영광스럽게 굴러 나오는도다.'

이렇기 때문에 우리는 폰덜의 저명한 합창을 오토의 특별한 종교-철학적인 개념들의 사례로 양도하기 원하지 않고, **계시를** 공경하고 그 **계시의** 힘을 특히 하늘에서 유지하는 그것의 이런 신超 개념은 그대로 남겨두고 싶다. 만약에,

약하고 무능력한
모든 천사의 지식과 말은
신성모독이고 위반일 뿐이라

라는 폰덜의 말에서 하나님의 영광이 '초超대립적'이고 말로 표현할 수 없기 때문에 그분의 이름을 말하는 것이 그분의 영광을 **모독하는 것을** 뜻한다면 우리는 폰덜에 항의해야 할 것이다. 하지만 우리는 이 시인의 말이 하나님과 제일 가까이 있는 천사의 입술에서 나오는 경배의 찬송에서 단어나 이름조차도 그분의 영광을 **모조리 다 소진하는** 상황은 결코 없을 것이라는 것, 그 이상

의 의미는 없다고 생각한다.[18]

더욱이 우리는 폰덜을 여기서 놓아주려고 하지만 우리는 우리 시대에 더욱 명백하게 나타나는 동양과 서양의 신(神) 개념의 교류를 추구하는 성향과, 오토의 동양 철학에 대한 흠모와, 그의 서양과 동양의 신비주의와의 관계와 독일에서 유명한 에라노스-학파 Eranos-kring에 반대하면서, 하나님의 **이름**과 그것을 사용하는 **권리**와 **의무**에 대한 칼빈의 사상을 유지하려고 한다.[19]

우리는 우리가 생각하는 이 근본적인 생각을 하늘에서의 삶에 대한 우리의 구성에도 대담하게 적용한다. 그렇게 함으로써 우리는 고린도전서 13장 12절과 다른 성경본문들의 길을 걸어간다. 오직 이렇게 함으로써 우리는 이 교리적인 시각과 종말론적인 생각도 안겔루스 질레지우스 Angelus Silesius, 에크하르트 Eckhart, 쿠사 Cusanus, 야코프 뵈메 Jacob Bohme, 낭만주의 de Romantiek, 슐라이어마허 Schleiermacher, 오토와 또 다른 사람들로부터 지킬 수 있다. 오직 이렇게 함으로써 우리는 하늘에 대한 우리의 생각에 대해서도 칼빈주의자로 남아있을 수 있다.[20]

독자들은 이제 이후 우리가 여기 첫 몇 장에서 종말론의 권리와 가능성에

---

18. 이 챕터의 3번 각주를 참고하라.
19. De Eranos Kreis는 1933년에 네덜란드-영국인 올가 프로보-카프텐 (Olga Froebe-Kapteyn)에 의해 세워졌는데, 이 때 루돌프 오토의 격려가 한 몫 했었다. 이 모임은 영성(靈性)에 관해 토론하는 지적인 모임이었다. 후에 참여한 중요인물들 중 미르체아 엘리아데 (Mircea Eliade), 칼 융 (Carl Jung) 그리고 질레스 퀴스펠 (Gilles Quispel)이 있었다.
20. 안겔루스 질레지우스 (Angelus Silisius)라는 가명을 가지고 카톨릭으로 개종한 독일 의사이자 시인이자 신비주의자인 요한 셰플러 (Johan Scheffler, 1624-1677), 독일 신학자이자 철학자이며 수학자이자 휴머니스트이며 마이스터 에크하르트 (Meister Eckhart)의 제자인 니콜라우스 쿠사 (Nicolaus Cusanus, 1401-1464), 독일 신비주의자이며 루터신학자인 야코프 뵈메 (Jacob Böhme, 1575-1624), 종교와 참 경건이 지식과 행동이 아니라 직관과 감정에 있다고 말한 독일 신학자이자 철학자인 프리드리히 다니엘 에른스트 슐라이어마허 (Friedrich Daniel Ernst Schleiermacher, 1768-1834).

대해 왜 그렇게 장황하게 설명했는지를 알 수 있을 것이다. 이것은 어떤 종말론인가 하면, 하나님의 **지상**地上 사역을 규정하는 근본적인 생각을 하나님의 하늘사역으로 옮겨야만 하는, 그리고 옮겨도 좋은 종말론이다. 우리는 여기서 우리가 이 땅의 역사 안에서 실질적으로 보는 하나님의 계시의 구성적인 요소들을 '온전한 것이 올 그 때'에, 아주 의식적으로, 하나님을 보는 것과 하늘의 것들을 보는 것에 적용시킨다.

만약 누군가가 우리의 종말론적인 근본적인 생각을 없애버린다면, 하늘에서 보는 것에 대한 이 단락은 너무 많은 것을 알려고 하는 자만自慢의 전형적인 표현일 것이다. 하지만 이것이 바울에게도 적용된다는 사실은 우리가 이러한 비난을 거절하는 이유다. 이 지점에서도 루돌프 오토와 칼 바르트Karl Barth의 길과 칼빈주의자의 길이 갈린다.

§3. 서로를 '보는 것'

이미 이전 단락에서 우리는 **하나님을** 보는 것을 고립된 기능으로 생각하면 안 된다고 지적했다. 왜냐하면 흐로스헤이더 교수의 하늘에서 보는 것, 즉 연결 없이 보는 것에 대한 논의에 의하면, 하나님을 아는 것이 배제되지는 않지만 그렇다고 해서 바울이 특별하게 말한 것도 아니라는 것이 밝혀졌기 때문이다. 성경신학자로서 그는 얼굴과 얼굴을 대하여 보는 것을 최대한 넓게 해석하고, 그것을 '**모든 것**'을 아는 것으로 생각했다.

우리는 이것을 올바르게 인정해야 한다. 왜냐면 고린도전서 13장은 특정한 내용과 상관 없이 종종 지식에 관해 말하기 때문이다. 고린도 교회에는 지식의 **방법**에 대해 주목할 만한 싸움이 있었는데 이것은 지식의 **내용**에 대한 싸움은 아니었다. 바울 사도의 편지에서 지식에 관한 내용이 나올 때마다 이것을 고려해야 한다. 고린도에서의 질문은 나중에 **무엇을** 아느냐가 아니라 **어떻게** 아느냐에 대한 질문이다. 이 상세한 장에서도 세 개의 카리스마charisma, 은사인 '**아는 것**', '**예언하는 것**' 그리고 '**방언하는 것**'을 말한다. 이 셋은 특히 고린도 교회에서 관심가진 것이며, 기독교적 관심사이기도 한 **모든 지식의 영역**에 대해 말했다. 하나님에 관해서 뿐만 아니라, 또 하나님의 사역 뿐만 아니라, 그 사역의 일부분에 대해서가 아니라, 기독교적 관심을 불러 일으키는 모든 것에 대해 말했다. 바울이 '예언', '방언' 그리고 '지식'인 세 개의 은사를 **사랑과** 비교한다는 것을 생각한다면, 각각을 하나님에게서 고립시키는 것은 마치 전체 지식 영역으로부터 개별적인 지식의 대상을 그렇게 하는 것으로 포기해야 함은 분명하다. 그가 어떤 면에서 그것을 비교하고, 이 비교의 실제 요점이 (세 번째) 무엇인지는, 우리의 목적과 상관이 없다. 우리는 오로지 그가 사랑의 가치를 '아는 것'과 '예언하는 것'과 저울질하는 것에 초점을 맞춘다.

이제 그 어느 누구도 고린도전서 13장에서 이야기하는 사랑이 오직 **하나님을** 사랑하는 것만을 이야기한다고 주장하지 않을 것이다. 왜냐하면 장 전체에서 사랑이 **모든 것으로**, 하나님으로, 그리고 **하나님께 부합하는 것들로** 확장되는 것이 나타나기 때문이다. 사실 **오직** 하나님만 사랑할 수 있는 사람은 아무도 없었다. 왜냐하면 첫 번째 돌판과 두 번째 돌판은 하나의 율법 안에 있고, 하나의 신적 의지에 의해 다스려지고 하나의 인간적 의지에 의해 허용되거나 버려지기 때문이다. 하나님은 그의 피조물과 동떨어져서 생각할 수 없다. 사랑과 관련해서도 생각할 수 없다. '지식'과 관련되서도 생각할 수 없고, 예언과 방언과 관련되서도 생각할 수 없다.

그러므로 우리의 출발점으로 되돌아가면서, 우리는 호로스헤이더 교수의 통찰력을 따르고, 하늘에서 '본다'는 것이 단지 하나님을 보는 것 뿐만 아니라 그의 장막을 덮는 하나님 거처 안에서 관심을 끄는 것들도 본다는 것을 기억해야 한다.

여기서 우리는 물론 먼저 인간을 생각하게 된다. 서로를 보는 것 말이다. 그래서 질문은 이렇다. 인간이 그곳에서 서로를 알 것인가?

보통 이 질문은 사람들 사이에서 다소 다른 형태로 존재한다. 우리가 서로를 **다시** 볼 수weerzien 있을까라는 질문을 한다. 요컨대, 사람들은 다시 보는 것을 **교회 묘지**[21]의 문제로 생각한다. 즉, 그들이 사랑하던 많은 사람들과의 관계가 끊기고 나서 묻는다. 우리가 그들을 다시 볼 수 있을까?

하지만 우리는 이와 같은 질문을 그만 해야 한다. 왜냐하면 질문을 다루는 방식이 사실 경건하지 않기 때문이다. 우리는 이것이 성경과 일치하지 않음을 알 수 있다.

우리는 그것이 경건하지 않다고 말했다. 왜냐하면 이 문제 해결 방식은 또 다시 **사람으로부터** 나오고 **우리 자신으로부터** 나오기 때문이다. 여기서 우리는 늘 우리 자신의 삶에서, 그리고 우리 인생사에서 어떤 입장을 취한다. 우리는 우리가 인지할 수 있는 작고 제한된 영역으로 되돌아가고, '우리의 것'으로 고립시키며, 그리고 우리 사이에 있었던 그것이 나중에 어떤 방식으로든 돌아올 것인지 아니면 오래 갈 것인지 질문한다.

하지만 하나님은 우리가 포함된 전체 피조물의 큰 **관계로부터** 우리 자신을 떼어내는 것을 결코 허용하지 않으셨고, 마치 그것이 경건한 것처럼 인간 중심적이고 자기중심적인 문제제기를 하는 것을 결코 허용하지 않으셨다.

왜냐하면, 두 번째 논평인데, 성경은 이것에 대해 그렇게 말하고 있지 않기

---

21. 역주) 서양에서는 우리나라와 다르게 교회에서 예배와 장례를 같이 치뤘기 때문에 교회 옆이나 뒤에 묘지가 있는 경우가 많다.

때문이다. 이미 위에서 지적했듯이 성경은 **하나님** 관점에서 모든 것을 보도록 한다. 즉, 우리가 해야 할 질문은, '우리가 **서로를 다시** 알 수 있을까?' 가 아니라, '우리가 하나님의 전체의 넓은 사역을 한번에 **전망할**overzien 수 있을까?' 이다. 또 역사라는 넓고 복잡한 연극의 아주 작은 일부분이 아니라 **전체** 역사가 영원과 하늘에 어떤 의미가 있는지에 대한 질문이다. 이런 이유로 우리 역시, **우리가** 지식을 가지고 우리 역할을 맡는 세계라는 드라마의 이러 저러한 막의 어느 특정한 일부분을 묻는 것이 아니라, 전체 막들과 전체 드라마와 하나님의 전체적인 세계사역을 묻는다. 이제 다음과 같은 질문이 대두된다. '우리는 그것을 **보게 될** 것인가?'이다.

이 질문은 의미가 있다. 왜냐하면 '**알아보다**'herkennen와 '**다시 보다**'terugzien 라는 용어에 대한 논의가 과연 여기서 적절한지에 대한 문제이기도 하기 때문이다. 나중에 우리가 서로를 다시 알아보지는herkennen 못하겠지만 비로소 알 수는kennen 있기 때문이고, 우리가 서로 **다시** 보지는terugzien 못하지만, 서로를 **보고** 서로의 **안을 들여다**볼 수 있기 때문이다. 역사와 인류의 넓이를 생각한다면 하늘에 있는 인간의 아는 것의 문제를 다시 보는 것의 문제로 보고 다루는 것은 사실 너무 순진하다. 우리는 오로지 이미 본 것만 다시 볼 수 있다.

하지만 하늘에서 보는 것, 모든 새로운 인류를 보는 것에 대해 이야기하자면 한 번에 모든 것이 달라진다.

그렇게 되면 하늘에서는 우리가 이 땅에서 만난 몇 명의 개별적인 사람들이 전면에 등장하지 않는다. 마치 그들이 하늘에 대한 사상에서, 나머지 인류를 배경으로 삼은채, 탁월하고 예리하게 묘사된 사람들인 것처럼 말이다. 아니다. 그 반대이다. 그렇다면 하나님의 세계 사역의 통일이 우리 관심 전면에 등장한다. 비로소 하나의 그 큰 세계 사역과, 그리고 그 하나의 인류, 그리고 전체의 크고 그 누구도 셀 수 없는 무리의 모임과 관련해서만 **각각 본인의 위**

치에서, 이 땅에서 여러 다양한 관계를 가졌던 우리의 관심 대상자들도 등장한다.

우리가 이것을 이렇게 생각하는 데에는 성경이 말하는 방식에서 이미 드러난다.

다시 고린도전서 13장으로 가보자. 거기서 말하고 있는 것은 이렇게 짧게 요약할 수 있겠다. 지식의 **내용**은 그대로 있지만, 지식의 **방법**은 바뀐다. 바울은 '부분적'인 모든 것은 나중에 우리로부터 사라지고, 온전하고 완전한 것에 자리를 내어줌으로써 목표를 달성할 것이라고 말한다. 지금 우리는 '부분적'인 것을 알고 있다. 즉, "모든 인간적이고 은사적인 지식은 온전하지 못하다. 다른 형태로는 나타나지 않는다 … 지식 자체가 온전하지 못하다"(흐로스헤이더). 그러나 곧 더 이상 **'부분적'이 아닌 온전한** 지식이 올 것이다.

하지만 어떻게 그 일이 일어날까? 예언과 방언과 '지식' 혹은 그노시스 gnosis**가 중단됨으로**[22] 일어날 것이다.

그 '중단되다'라는 마지막 단어는 지식의 내용이 없어진다는 의미가 아니다. 왜냐하면 "사도는 내용에 대해서 이야기하지 않는다" (흐로스헤이더). 이것은 오로지 방금 언급된 은사들이 더 이상 작용하지 않을 것이라는 것을 의미한다. 즉, '예언'의 행위, 행동이 소멸되는 것을 의미하고, '방언'의 행위, 행동이 중지되는 것을 의미하며, 그리고 그노시스, 즉 지식이 더 이상 작용하지 않을 것을 의미한다.

위 내용에서 바울이 장차 더 이상 알지 못할 것이라고 말하는 것은 아니다. 왜냐하면 12절에서 분명하게 밝혀진 것처럼 아는 것은 하늘에서도 계속되기 때문이다. 심지어 그것은 '온전하게 알고 완전히 아는 것'으로 더 강화된다(흐

---

22. 고전 13:8

로스헤이더). 즉, 12절에서 '아는 것'기노스케인이 '완전히 아는 것'에피기노스케인으로 강화된다고 이야기하고 있다. 따라서 오로지 고린도 교회에서 특별한 은사나 성령의 은사를 받은 자들에게 있는 전형적인 특징으로 알려진 그 특정한 지식의 방법만이 중단된다. 물론 흐로스헤이더 교수는 이렇게 말한다. "명심할 것은 … 성령이 은사를 베푸시는 것을 다른 사역으로부터 분리시켜서는 안 된다는 점이다. 특히 **그노시스**지식의 특성상 모든 기독교인의 지식과 은사 받은 사람의 지식 사이의 차이가 그렇게 크지 않다." 흐로스헤이더 교수는 계속 말한다. "따라서 여기(13:8)와 그리고 다음 몇 구절에서 지식에 대해 말하는 것을 모든 지식으로 이해하는 데 있어서 이의 제기할 것이 없다. 그러나 **구체적으로는** 여전히 기독교인의 지식을 의미한다."[23]

이 내용들은 지금 **이** 시대에서는 실현되는 아는 것의 행동이, 저기 다른 시대에서는 더 이상 없을 것이라는 결론만을 제공한다. 지식의 **방법**kenniswijze은 바뀌었고, 우리가 현재 걷고 있는 지식의 **길**kennisweg은 무너졌다.

어쨌든 놀랄만한 일은 아니다. 약간의 뇌손상이 한 사람의 모든 기억을 없앨 수 있다는 것을 생각하고, 뇌와 사고, 육과 영 사이에 친밀하고 가까운 연관이 있다는 것을 생각한다면, 그 누구도 우리 지식의 길들을 하늘로 투영할 수 없다는 것이 즉시 분명해질 것이다. 이 점에 있어서 그리고 이런 의미에서, 비록 비유이긴 하지만, (인간 자체가 아닌) 각각의 인간의 삶이 불로 태워진다는 그 의견을 고려해야 한다. 누구든지 우리가 이 삶에서 실행하는 **사고**행동과 현재나 역사적으로나 바뀌는 삶의 모든 **다른** 행동들과의 밀접한 관계를 안다면, 하늘에서의 아는 것이 여기 아래에서의 아는 것과 다르다는 것을 수용하는 데 있어서 한 순간도 문제삼지 않을 것이다. '만물', 피조물 그리고 우리 환

---

23. Grosheide, *Eerste brief van Paulus aan Korinthe*, KNT, 444.

경에 대해서도 마찬가지다.

그래서 우리가 현재 점진적으로, 발전하면서 알아가는 것 대신에 (고린도전서 13장에 바울이 점진적으로 자라면서 아는 **아이의** 존재와 **어른의** 존재를 대비시키는 것을 생각할 수 있겠다) 하늘에서는 통합적으로 아는 것, 단번에 아는 것, 개요와 통찰력이 일치되면서 아는 것이 온다. 흐로스헤이더 교수는 아주 전형적으로 말한다. 고린도전서 13:12에 나오는 '보다'라는 것이 **'무언가를 보는 것'**을 의미한다고 이야기한다. 모든 순간이 지식이 되고, 내용적으로는 풍부하고, 분명하고, **완료된** 것이 된다. 이 **완료된** 것은 지식이 현재 완료된 상태인데, 영원히 지속된다. 항상 깨지지 않는 상태에서 주의를 받고, 결코 무기력하거나 단편적으로 일하지 않는다.

더 이상 자세하게 설명할 수 없는 이러한 방식으로 나중에 서로를 **알 수 있다**.

우리가 여기서도 조심스럽게 기억할 것은 아담이 낙원에서 가진 지식이다. 그는 동물들에게 **'그들의 종류에 따라'** 이름을 주었다.[24] 그는 이것을 긴 연구 끝에 한 것이 아니라 즉각적인 통찰력으로 했다. 그래서 이렇게 피조물의 '종류'를 들여다 봄으로써 그들의 이름을 불렀고 그의 통찰력을 단어로 표현했다.

그것은 나중에 하늘에서도 있을 것이다. 하지만 단순히 다를 뿐만 아니라 아담이 가졌던 통찰력보다 훨씬 더 풍부할 것이다.

다를 것이라고 우리는 이야기했다. 왜냐하면 아담은 **성장하는** 세계에 있기 때문이다. 그와 함께 아담 자신도 바뀌었다. 그는 세상과 함께 자랐다. 이것은 나중에 영원히 끝날 것이다. 더군다나 아담 본인은 그에게 주어진 성장의

---

24. 스킬더는 여기서 하나님께서 자연, 새와 물고기와 가축들을 '각기 종류대로' 창조하신 것과 (창 1:11, 21, 24) 사람이 모든 가축들과 새들과 들짐승들의 이름 지어준 것을 (창 2:20) 연결시킨다.

법 아래에 의존하고 있음으로 하나님의 사역의 출발점에 서 있었다. 하지만 나중에 우리는 영원 속에서 처음과 마지막과 그 모든 것을 내려다 볼 수 있을 것이다. 거기에다 우리가 기억할 것은, 아담이 피조물 인생의 출발점에서 피조물에 대한 즉각적인 통찰력이 있었지만, **타락 이후에는 하나님**의 재창조하시는 계시**말씀**에 의존하게 되었다는 것이다. 그 계시말씀은 그에게 위로부터 오는 **계시**로 그가 자연으로부터 알 수 없는 것들에 대한 말씀이다. 이 하나님의 말씀은, 그 지식의 내용이 하늘**에서도** 드러나게 될 것이고, 각 인간의 깨달음에 도움이 될 것이고, 하나님의 모든 사역을 설명할 것이다. 이처럼 모든 것이 아담이 가졌던 지식보다 이만큼 더 **풍부할** 것이다. 왜냐하면 하나님의 모든 구속사역과 계시사역은 나중에 드러나게 될 것이기 때문이다.

우리의 첫 번째 결론은 이렇다. 우리는 피조물과 이웃을 아는 것에 있어서 빈약한 위로를 주는 '**다시 보는 것**'에 의존하지 않고 부요케 하는 '**들여다 보는 것**'에 의존한다. '**알아보는** 것'에 의존하지 않고 '**인지하는** 것'에 의존한다. 이것은 **모든** 하나님의 사역에 적용되기 때문에 인간의 삶, 친구 모임, 넓은 인류, 셀 수 없는 무리, 동시에 모든 이들의 모습이 명확하게 그려지는 곳**에도** 적용된다.

여기 위에 말한 것에는, 서로를 아는 **부요함**에 대해 우리가 놀라는 것이 이미 전체적으로 함축되어 있다. 우리는 하늘에서 지식의 **방법이** 여기와는 전혀 다르기 때문에 '다시 본다'라는 개념을 거부했다. 그곳에는 모든 것이 영원하고, 그 어떤 것도 생성중이지 않고, 지나가는 것도 없다. 나중에 인간은 그곳에서 새로운 몸을 얻는다. 그리고 그의 영은 제일 높은 지혜까지 도달하고 쉼을 얻는다. 우리가 하늘에서의 지식의 방법에 대해 아무것도 상상하지 못하고, 그것에 대해 특정한 무엇을 말할 수는 없지만, 우리가 할 수 있는 한 가지가 있다. 이 한 가지는 우리가 확실히 아는데, 그것은 그 지식이 땅에서 도달할 수 있는 모든 지식보다 훨씬 더 풍부하고, 더 깊고, 더 순수하고 더 강력하다는 것이다.

자, 땅에서 우리가 이미 아는 것과 우리가 보는 것의 가능성이 얼마나 놀라운가? 우리는 지금 텔레비전을 개발하고 있다. 조만간 멀리 있는 것을 **보는 것**이 지금 멀리 있는 것을 **듣는 것** 만큼 인기 있을지 누가 말할 수 있을까? 우리는 이미 우리 인간 사회에서 투시력과 통찰력을 체험하고 있다. 많은 사람들이 멀리서 일어나는 것에 대해 겉으로 보기에는 분명한 확신을 가지고 있지만, 일반적이고 일상적인 지식의 길로 볼 때는 너무 멀고 너무 크다. 이른바 '신비한'occulte 삶의 영역에 있는 모든 것은 하나님 창조세계에 존재하는 가능성들을 위해 일하는 한, 하나님이 창조세계 안에 두신 것을 아주 평범하게 **이용한다**. 이른바 신비적인 그룹에서 하나님으로부터 받은 가능성을 가지고 활동하는 **의도**는, 많은 경우에 비록 그릇되고 그런 것들을 **붙드는** 행위는 종종 집요하기 때문에 비난 받을 수 있지만, 결국 그것들은 **자연** 자체에 있는 것들이다. 이 창조세력의 발전은, 그리고 그것의 빈번함과 그것을 사용하는 편의함은 세상에서 수없이 말할 수 없는 요인에 의해 반대를 당했다. 그 아래에는 하나님의 자의自意가 그리고 우리의 의지가, 아니 더 낫게 말하면 우리의 부패한 의지가 있다. 우리가 더 미세하고 더 조심스럽게 살았더라면, 덜 거칠고, 덜 서두르고, 우리의 식이요법이 더 나았더라면, 그리고 우리의 존재가 그렇게 절망적으로 찢어지지 않았더라면, 지금 표면상으로 직접적으로 보고 관찰하고, 외견상으로 즉시 아는 많은 예가 얼마나 있을지 누가 알겠는가? 우리는 그것을 우리가 경이로움으로 우러러 보는 능력자들 등과 같은 일부 특별한 사람들에게만 본다. 그리고 그것은 불가해한 속성 때문에, 비록 부당하지만, 많은 이들이 지금 이것을 단순한 악마의 일로 낙인찍는 것 같다. 하지만 나중에 구원받은 사람들의 모든 죄의 의도가 사라질 것이고, 하나님께서 아직 **주시지**

않은 자유롭게 쓸 수 있는 권한을 미리 소유한다는 것은 불가능할 것이다. 그때에 이와 관련하여 새로운 인류는, 우리가 지금 아주 멀리서 꿈도 꾸지 않았을 지식의 길을 걷고 지식의 가능성이 현실화되는 것을 볼 수 있을 것이다. 지금 이미 생각을 '읽을 수' 있는 사람들이 있다면, 왜 그것이 그곳에서 일반적인 **규칙**이 될 수 없을까? 지금 몇 킬로미터 떨어진 곳에서 무엇이 일어나는지 관찰할 수 있다면, 그곳에서 새로운 땅의 한 장소라도 보는 것이 우리에게 어떻게 헤아릴 수 없고 보기 어려울 수 있을까? 이미 한 개인의 생각과 마음의 움직임이 다른 사람에게 몇 개의 '파도'처럼 보인다면, 그곳에서는 한 사람의 의지가 다른 사람의 의지로 바로 흘러 넘치지 않을까? 그리고 한 사람의 행동이 즉각 옆의 사람의 반응을 불러 일으키지는 않을까? **이 말 또한 엄밀하지 않다.** 그곳에서는 서로의 교제가, 모든 이가 다른 이에게 그리스도의 읽을 수 있는 편지가 될 수 있도록, 온전히 확실하고, 직접적이고 즉각적이며 규칙적이 될 것이다. 그곳에서는 한 사람의 영혼 안에 있는 모든 찬양은 다른 이에게 즉시 연결되고, 들리게 되고, 답을 찾게 된다. 모든 이가 각기 합창단의 대열에 서 있고 동시에 다른 이에게는 후창단이 된다. 선창단은 후창단과 일치하게 된다. 어떤 불가분의 순간에도 말씀과 대답이 융합되고, 선창과 후창은 서로 흘러 들어간다. 그들은 서로 접근하기 위해 **서로에게** 노래하지 않고, **함께** 그리고 **겹쳐서** 노래하고, 생각하고, 바라고, 살고 노력한다. 한 사람이 다른 이를 아주 먼 '거리에서' 만나면 그에게 악수를 청한다. 왜냐하면 간격이 무효화되었기 때문이다. 모든 간격dia-stase이 말이다. 하나님의 거처는 사람들과 함께 있다. 인간의 거처는 인간과 함께 있다. 생각의 전달이 너무 강렬하기 때문에 표현을 하거나 접촉을 하려고 손을 댈 필요가 없다.

우리는 이로써 그 어떠한 환상의 형태도 삼가려고 한다. 하지만 만약 당신이 하늘에서 확실한 지식이 있다고 가정한다면, 그리고 오늘 실현 가능한 모든 것을 초월하는 확실한 '영적인' 교제가 있다고 가정한다면, 이 시점에서 전혀 의심할 여지가 없다.

§4. 관조의 신학

이전 단락들에서 우리는 우리 개혁주의 주석가들의 의견에 따라 '얼굴과 얼굴을 대하여 보는 것'을 **하나님을** 보는 것뿐만 아니라 **사람을** 보는 것, 그리고 더 넓게 말하자면 새로운 세계에 속한 '**만물**'과 관련시켰다.

사실 이것은 (지금 이것을 설명하는 것이 좋을 것 같다) 개혁주의 교의학에 의미있는 개념이다. 적어도 그 결과를 수용한다면 말이다.

과거에 종종 '얼굴과 얼굴을 대하여 보는 것'을 별 생각 없이 **하나님**을 '보는 것'으로 주석했던 사실만 보더라도, 개혁주의 신학이 흐로스헤이더 교수의 주석을 일관되게 받아들인다면 생각의 변화가 실제로 일어난다는 것을 증명한다. 예를 들어 요하네스 아 마르크Johannes a Marck는 그의 'Het Merch der christene God-geleertheit'에서 고린도전서 13:12 말씀을 인용할 때 그것을 명백하게 우리가 **하나님을** 보는 것과 관련시킨다. '천사들과 하늘에 있는 구원받은 자들이 지닌 하나님의 지속적이고 만족스러운 즐거움이 우리에게 성경을 통해 **하나님을 보는 것**으로 나타나기 때문에, … 고린도후서 5:7에서 보는 것이 믿음과 대립되어 있는 것처럼, 그리고 고린도전서 13:12에서 **거울로 보는 것 같이 희미하게 보는 것**이 아니라 **얼굴과 얼굴을 대하여 보는 것**처럼 말이다.'

우리는 여기서 세 개의 '신학'간의 저명한 구별을 기억해야 한다. 요하네스 아 마르크는 하늘의 '하나님을 보는 것'을 '**본향의 신학**Got-geleertheit des

Vaaderlants', 혹은 '관조의 신학Got-geleertheit des Gesichtes'이라고 불렀다. 그는 이것을 그리스도가 가진 '연합의 신학Got-geleertheit der vereeniginge'과 아직 본향을 향한 여정에 있는 '순례자의 신학Got-geleertheit der reisigers'으로부터 구분한다. 이 관조의 신학은 '선한 천사들과 하늘에 있는 구원받은 사람들'이 소유하고 있다. 그는 이 관조의 신학이 땅에 있는 인간의 '신학'을 훨씬 초월한다고 생각한다. '본향의 신학'이라는 이름을 얻은 이유도 '하늘에 있는 기쁨 때문에' 얻어진 것이다.[25]

우리가 카이퍼A. Kuyper와 바빙크H. Bavick 박사에게서도 접하는 이 유명한 구분을 다루고 있다는 것은 신학자들에게 분명하다. 그들은 세 가지의 '신학'에 대해 이야기한다.[26]

1. 테오로기아 우니오니스theologia unionis, 즉 **연합의** 신학이다. 이것은 그리스도의 소유다. 그리스도는 그의 인성을 따라 신성과의 연합을 기초이론으로 소유하고 있었다(연합은 'unio'이다).

2. 테오로기아 비지오니스theologia visionis 관조의 신학, (혹은 본향patriae)이다. 이것은 하늘에서 온전히 구원받은 자들이나 이미 예수님 안에서 자고 있는 자들이나 천사들이 소유할 것이다. 그들의 '얼굴'은 틀림없이 하나님을 향해 있다. 그들은 그를 '본다'. ('보다'는 'visio'이다).

3. 테오로기아 스타디이theologia stadii 지상의 신학 혹은 스투디이studii, 혹은

---

25. 네덜란드 신학자인 요하네스 아 마르크 (1656-1731)의 *Het merch der christene Got-geleertheit, behelsende te gelyk eene korte leeringe der waarheeden, en weederlegginge der dwaalingen* (Amsterdam 1758을 비교해 보라). 이 판 외에 초판 (1705)과 네번째 판 (1741)이 스킬더의 도서관에 있다.

26. A. Kuyper의 *Locus de Deo. College-dictaat van een der studenten* (Kampen 1902), 75-77; *Encyclopaedie der heilige Godgeleerdheid*, dl. 2 (Kampen 1909), 192-199; H. Bavinck, *Gereformeerde Dogmatiek*, dl. 1 (Kampen 1906), s 213과 비교해 보라.

'순례자의 신학theologia viatorum'이라고도 불린다. 즉, 이것은 **아직 이 땅에 있는** 사람들의 '신학'이다. 그들은 아직 본향을 향해 나아가는, 하늘을 향해 가는 나그네들이다. 그들은 아직 하나님을 '얼굴과 얼굴을 대하여' 보지는 못하지만, 아직은 보는 것이 아닌 믿음을 통해 행해야 한다. 그러므로 그들은 공부하고, 생각하고 학구적인 노력을 한다.

이 구분에 주의를 기울일 필요가 있다. 이것이 맞다면, 우리는 하늘에 대한 토론을 이 테오로기아 비지오니스관조의 신학에 비추어서 모든 것을 보아야 할 것이다. 그렇다. 사실 우리는 이전 단락에서 그것을 했어야 했다. 그러나 이 구분 자체가 논쟁의 여지가 있는 것으로 밝혀지면, 또한 이 '테오로기아 비지오니스'를 독립적인 주제로 얘기할 수 없을 것이다.

우리는 지금 우리가 처음에 지적했던 사실, 즉 고린도전서 13:12에 나와있는 **본다**라는 것이 하나님뿐만 아니라 (아 마르크) 새 하늘과 새 땅의 **모든 것**과 관련 시켜야 한다는 (흐로스헤이더) 사실이 세가지의 이른바 '신학'의 개요를 깨뜨린다는 것을 맞닥뜨린다. 테오로기아 비지오니스라는 용어, **관조의 신학**은 우리가 '믿음으로 행하고 **보는 것으로 행하지 아니함이로라**'(고후 5:7)라는 바울의 유명한 말에 근거하고 있다.

몇몇 주석가들의 말에 의하면 바울의 이 말은 민수기 12:8에 근거한다고 한다. 하나님은 거기서 모세에게 '대면하여' 명백히 말하고, 은밀한 말로 하지 아니하였다. 왜냐하면 모세는 주님의 **나타나심을 보았기** 때문이다.

우리는 이 견해가 옳은지도 결정하지 않을 것이다. 단지 **만약** 그들이 옳다면, 그것은 더욱더 사람의 주의를 쉽게 끌게 되고, '**보는 것**으로 행하는 것'을 특히 하나님과 연관 짓는 것이 어떻게 금지되어 있는지만을 언급하고자 한다. 마치 **계시와** 상관 없이 하나님을 볼 수 있는 것처럼 말이다. 그러나 민수기 12:8에서는 모세가 오히려 하나님의 **계시를** 통해 그를 보았다고 하지 않는가?

모세는 계시와 상관 없이 하나님을 본 것이 아니었다. 모세를 더 높은 단계로 이끈 것은 '보는 것'이 아니라 **계시**였다. 모세를 개념적으로 아는 것으로부터 초월시키거나 육체적으로 보는 것으로부터 해방시킨 것도 '보는 것'이 아니었다. 왜냐하면 모세는 그의 육체적인 눈을 통해 주님이 아니라 그의 '영광'을 보았기 때문이다. 즉, 여호와의 외면적인 나타나심, 즉 '쉐키나' '영광'을 가리키는 히브리어를 보았는데, 이것은 주 하나님이 그의 백성 가운데 계셨다는 것을 확신시켜 주기 위해 계시 역사의 특정 기간에 사용된 계시의 수단이다. 여기서 모세가 주님을 본 것이 어떤 면에서도 '하늘을' 봄이 아니었다는 것이 드러난다. 그의 '보는 것'은 다른 사람들이 보는 것과 구분되긴 하지만, 이는 마치 다른 이들이 더 나은 본향을 향해 나아가는 순례자일 때 모세는 '더 이상-순례자가-아닌' 상태의 특권을 즐겼다는 뜻에서가 아니다. 오히려 그 반대다. 모세 또한 '쉐키나'를 보는 이 특별한 경우에도 순례자였다. 모세 또한 순례자이고 이 땅에서 다른 순례자들을 본향으로 이끌어야 하기 때문에 하나님은 사람이 볼 수 없는 하나님이 아니라, 그의 임재하심에 대한 가시可視적인 상징을 볼 수 있는 단 한 번의 기회를 주셨다. 이 가시可視적인 나타나심은, 이 신의 출현은, 계시가 계시역사의 출발점에서 사용되는 수단이었다. 그것은 하나님이 나중에 더 낮고 강한 것으로 대체할 낮은 수단에 속한다. 이 모든 것을 볼 때 모세에게 일어났던 '보는 것'이 '**하나님을** 본 자는 아무도 없다'라는 규칙이 우발적으로 깨어지는 것과는 아무 상관이 없음을 알 수 있다. 그것은 하나님을 보는 것의 '더 높은 단계'가 절대 아니었다.

그러나 모세의 인생의 특별함을 고려하지 않더라도 고린도후서 2:5에 바울의 말은 2장 전체와의 관계를 고려했을 때, **오로지** 하나님만을 보거나 관조하는 것에 대해 말하는 의도를 지녔다고 보기는 힘들다. 바울이 나중에 피조물들을 보는 것을 염두에 두고 있음은 그가 고린도후서 5장에서 새로운 **몸에** 대해 말하고, 특히 영화롭게 되신 **그리스도를** 보는 것에 대해 말하는 것에서 드러난다. 그리스도는 자기 자신을 육체적으로, 가시적으로 그리고 만질 수 있도록 나타낼 것이다. 바울은 우리가 비록 지금 이 하늘의 실재를 믿음의 지식으로만 가지고 있지만, 나중에는 생동감있게 보게 될 것이라고 말한다.

그래서 우리는 바울의 말에 근거해서 주장된 지금까지의 '테오로기아 비지오니스'를 의존하려고 할 때 이것이 흔들리는 것을 본다. 테오로기아 비지오니스를 '하나님을 즐거워함'으로 생각하며 그 즐거움 아래 더 이상 **계시**에 의존하지 않아도 된다는 비밀스러운 저의를 가진 이는, 위에 인용된 것들의 의도에 걸린다. 냉정하게 설명해서 이 증거본문들은 loci **테오로기아** 비지오니스에 대해 놀라운 꿈을 꾸는 이에게 냉수욕과 같은 반대를 던진다. **만약에** 그 **테오로기아** 비지오니스를 계속 붙잡고 싶다면 그렇게 해도 된다. 다만 만약 앞으로 **안트로폴로기아** 비지오니스 anthropologia visionis 관조의 인간학[27]나 **제오로기아** 비지오니스 geologia visionis 관조의 지질학[28]에 대해서도 하늘에서의 많은 선물들과 같이 이야기 하고, 옛날 신학자들이 **테오로기아** 비지오니스에 강조를 했던 만큼 강조를 할 수 있다면 그렇게 해도 된다. 고린도후서 5장에서는 여기 땅에서는 지금 사람들과 나무들을 보지만 하나님을 보지 못하고, 나중에 하늘에서는 하나님도 보게 될 것이라는 대립에 대해 이야기하지 않는다. 아니다. 대립은 이렇다. 오늘 우리는 옛 땅의 사람들과 옛 땅의 나무들을 보고 있고, 오늘 우리는 옛 땅의 계시 수단을 통해 하나님도 본다. 하지만 언젠가는 하늘의 사람들을 보고, 새로운 땅의 영광을 보고, 완전한 모습의 계시 수단을 통해 하나님을 보고, 안식에 이른 하늘을 볼 것이다. 새 하늘과 새 땅의 실체를 우리

---

27. (하늘의) **인간의** '얼굴을 아는 것'이다.
28. 새 **땅의** '얼굴을 아는 것'이다.

는 현재 단지 믿고 있지만, 언젠가는 **보기도** 할 것이다. 영적인 몸을 가진 영광 중에 있는 사람들을 우리는 오로지 '순례자의 지식'을 통해서만 '안다'. 하지만 나중에 '우리는 그들을 얼굴을 대면하여 볼 것이다'. 이것이 옛 신학자들의 논리를 따르자면 안트로폴로기아 비지오니스가 안트로폴로기아 비아토룸 anthropologia viatorum 나그네의 인간학의 반대로 불려야할 것이다. 우리는 새 땅을 오로지 믿음을 통해 '안다'. 언젠가 우리는 그들을 '얼굴을 대면하여 볼 것이다'. 이것은 옛 신학자들의 논리를 따르자면 제오로기아 비지오니스관조의 지질학와 제오로기아 비아토룸나그네의 지질학의 대립으로 불려야할 것이다. 그러나 사람들은 이것이 그런 의미를 뜻한다고 느끼지 않는다. 고대 신학은 무의식적으로, '테오로기아 비지오니스'를 '본향의 신학'과 하늘신학으로 보는 구조를 지닌 고전 개혁주의 신학과 마찬가지로, 하늘에서 하나님을 '보는 것'은 우리를 계시로부터 덜[29] 의존적으로 만들기 때문에 그것이 결국 하나님에 대한 지식의 더 높은 단계라는 제안을 따르고, 또 이를 그의 학생들에게도 전했다. 하지만 하늘은 계시를 계속 진행한다. 그것은 계시 없이 직접-보는-것을 알지 못한다. 그것은 계시의 빛이 흐릿해 지는 것을 알지 못한다. 하늘은 신비한 황홀경을 약속하지 않는다. 마치 그것이 계시의 수준과 개념적으로 아는 것 위에 있는 하나님의 선물인 것처럼 말이다.

이 세 '신학'의 구분은 우리에게는 아직 시기상조인 것처럼 보인다. 좀 폭

---

29. **덜**. 왜냐하면 '본질을 봄'에 대해 아름답게 논박했기 때문이다. 그러나 이점에 있어서 우리는 확실치 않은데, 데 무어 (B.de Moor)는 (*Commentarius perpetuus in Johannis Marckii Compendium theologiae christianae didacto-elencticum*, dl. 1 (Leiden 1761), 34) 하나님을 아는 것에서 하나님의 '만물'을 아는 것으로 건너뛰고 엑스페리멘탈리스 코그니치오 나튜라리스 앙겔로룸 (*experimentalis cognitio naturalis angelorum* **천사의 경험적 지식**)을 언급한다. '친밀' (*consortium*)이라는 개념은 그를 속였다. 삼하 14:17; 19:27; 왕상 10:8 (!)을 보라. P. 35 *intuitus rei ipsius vel personae coram praesentis*와 *repraesentatio rei alicujus* (사람은 어디에 있는가?) *in speculo exhibitae*를 비교해 보라.

넓게 설명할 수 있도록 몇 가지 논점을 말하겠다.

a. 카이퍼 박사 - 그는 바빙크 박사보다 더 강조를 했는데, 그는 다양한 지식의 길이 곧 그리스도와, 하늘에 있는 구원받는 자들과, 이 땅에 있는 사람들에게 밝히기 위해 구분을 했다. 그는 이렇게 말한다 (우리는 이곳저곳에 그의 책 **거룩한 신학백과사전**에서[30] 인용한다). "다른 것은 그가 직접 말한, 그가 가지고 있던 하나님에 대한 지식이었다. '아들과 또 아들의 소원대로 계시를 받는 자 외에는 아버지를 아는 자가 없느니라'. 그리고 또 다른 것은 아들이 아닌 다른 것을 통해 하나님에 대한 지식을 얻는 자들을 위한 것이다." 이것과 관련해 카이퍼는 '번성하는 시대의 진정한 신학자들'을 인용했다.[31] 그는 이렇게 개혁주의 신학의 고전 교과서인 '시놉시스 푸리오리스 테오로기아이Synopsis purioris theologiae 순수신학통론'[32]와 더 무어B. de Moor를 참조했다.

이 신학자들에게 되돌아가보면 그들이 얼마나 불확실한지 눈에 띈다. 스콜라주의도 이러한 또는 유사한 구별을 가지고 작동한다는 사실에서 우리는 이미 주의할 필요가 있다. 예를 들어 토마스 아퀴나스 같은 경우에는 '순례자의 신학테오로기아 비아이, theologia viae'을 '구원받은 자들의 신학' 아래에 두었다. 또 다른 스콜라주의자들도 이런 구분을 안다.[33] 그러나 이것은 다루지 않겠다. 하

---

30. Encyclopedie van de Heilige Godgeleerdheid.
31. Kuyper, *Encyclopaedie der heilige Godgeleerdheid*, dl. 2, 194-195, 202를 비교해 보라.
32. 요하네스 폴리안더 (Johannes Polyander, 1568-1646)와 안드레 리베 (André Rivet, 1572-1651) 그리고 안드레아스 왈레우스 (Andreas Walaeus, 1573-1639)의 Synopsis purioris theologiae (Leiden 1625). (역자 주 - '순수신학통론'이라고 번역할 수 있겠다.)
33. (프란체스코 신학자이자 철학자인 요한) 둔스 스코투스 (*Duns Scotus*, 1266-1308)에서 우리는 (*De Cognitia Dei*, qu. 1 - *Joannis Scoti opera quae supersunt omnia*, MPL, 122 (Paris 1853)을 비교해 보라.) '신앙의 지식'과 '본향' (*patria*)의 지식의 구분을 찾을 수 있다. 그는 이 두 사이에 중간지식이 있는지 묻는다. 답은 긍정적이다. '즉흥적인' 지식과 '추상적인' 지식의 구분을 전제로 그는 (아직 본향에 도달하지 못하고 여행중인) 나그네 (*viator*)에게는 확실히 (*quaedam!*) 신앙의 지식과 본향 (patriae)의 지식 사이에 있는 하나님에 대한 지식이 있을 수 있다고 주장

지만 카이퍼가 인정하고 의도한 구분에 대해서는 짚고 넘어갈 것인데, 그것은 17세기 개혁주의 교의학자들이 세 개의 신학을 설명한 것이 그의 구분에 그대로 계속 남아있다는 점이다. 카이퍼 박사에게 있어서 이 세밀한 점은 세 신학에서 사용되는 지식의 길의 차이이다. 예를 들어 '순수신학통론' de Synopsis 같은 경우에 인간 본성의 그리스도의 지식 방법이 과연 그리고 어떻게 이 땅에 있는 신자들의 지식의 방법과 다른지에 대해 그 어디에도 명확하게 설명하지 않는다. 시편 45:8에 대한 그의 호소는 하나님이 그를 그의 동료보다 뛰어나게 하셔서 즐거움의 기름으로 그리스도를 기름 부으셨다라는 것을 상기시켜 준다. 그리고 그는 요한복음 3:34를 인용하여 그리스도께서 한량 없이 성령을 받으셨다라는 것을 증명한다. 시놉시스는 이 성경구절들을 설명하면서, 아 마르크와와 더 무어와 마찬가지로, 그리스도가 우리보다 더 많이 안다는 것에 강조를 두지만, 그가 우리와 어떻게 다른 지식의 길을 걸어갔는지에

한다. 그는 '그것은 추상적이며 즉각적인 지식이다. 왜냐하면 무한한 객체가 어떤 것을 통해 매개체로서 나타나는 것과 같이, 그 어떤 객체도 다른 것을 통해서 나타나는 것이 불가능하지 않기 때문이다. 예를 들어 보는 행위를 통해서 말이다. 이렇듯 같은 무한한 객체가 개념을 통해 나타나는 것은 그 무한한 객체가 어떤 것을 통해 즉각적으로 나타나는 것과 같이 불가능하지 않다.'라고 말한다 ('abstractiva immediate, quia cuicumque objecto infinito non oppugnat repraesentari per aliquid aliud, tanquam per objectum repraesentans mediate, prout peractum visionis, eidem objecto non repugnat repraesentari per speciem tanquam per repraesentans immediate'). 던스 스코터스 또한 고린도후서 12장을 가지고 바울이 하늘로 '이끌려 간' 것이 다름 아닌 비지오 베아티피카 (visio beatifica 지복직관) 였음에도 불구하고 그것을 기억한다는 것을 논증한다. 이러한 **코그니치오 아브스트락티바 데 데오** (cognitio abstractiva de Deo **신에 대한 추상적 지식**) 와 같은 논의는 토미즈들 (thomisten. 역주 - 토마스 아퀴나스의 사상을 따르고 전파하는 사람들이다.) 과 다르게 논쟁거리가 된다. 이러한 스콜라주의적인 논법은 성경구조나 선풍적 인기를 끈 짐머만 (J.J. Zimmermann)이 한 때 연설한 'de praecellente Eruditionis Theologicae, qua instructae erunt mentes coelo receptae 하늘의 마음의 복종으로 구비된 신학에 능한 자들의 뛰어남' (Opuscula theologici, historici, et philologici, dl. 1, Tiguri 1751, 1073)와 거기서 구원받은 자들의 지식이 항상 증가할 것이라고 주장한 것과 마찬가지로 동떨어져 있다.

대한 세밀한 점에 대해서는 말하지 않는다. 그 부분에 대해 말할 수 있는 것이 많이 없다는 것은 어디서 드러나냐 하면, 더 무어가 주장하기를 시편 45:8에 시편기자가 하나님의 아들을 사람이 되시고 **높임을 받으신 분처럼** 부른다는 것에서 드러난다. 이러므로 사실 다음과 같은 두개의 질문을 건너띄게 되었다. a. 그리스도가 낮아지셨을 때의 그의 지식의 길이 그가 높으심을 받으셨을 때의 지식의 길과 얼마나 차이가 있었는지. b. 높임 받으신 그리스도의 지식의 방법과 하늘에 있는 구원받은 자들의 지식의 방법에 어떠한 차이가 있는지. 왜냐하면 인간이신 예수는 먼저 '나그네들' 중의 '나그네'이셨고, 순례자들과 함께한 순례자이셨고, 후에 '본향'인 하늘로 가셨다. 하지만 '연합'은 그대로였다. 더 무어는 그리스도가 이 땅에서 가졌던 지식이 하늘에서 풍부해지고 보충되어졌다고 이야기를 하지만콤플레멘툼, complementum, 그리스도의 지식의 길에 대해서는 한 마디도 하지 않았다. 여기서 그리스도와 테오로기아 우니오니스theologia unionis, 연합의 신학에 대해 이야기 하면서 테오로기아 운치오니스 theologia unctionis, 기름 부음의 신학도 언급을 할 때 그 신학적 불확실성이 스스로 드러난다. 이것은 다른 생각으로 급격하게 옮아가는 생각이다. 왜냐하면 '우니오unio', 즉 두 본성의 '연합'은 그리스도의 신성과 인성에 관한 것이다. 하지만 '운치오unctio', 즉 '기름 부음'은 오로지 그의 인성에 관한 것이기 때문이다. 그렇다면 어떻게 연합의 결과를 기름 부음의 결과와 동일한 선에 놓을 수 있는가? 더 무어는 (그의 이 의견은 지당하다) 다른 신자들이 '어떠한 방법을 통해' '어떤 의미에서'quodammodo 기름 부음의 신학을 가질 수 있도록 기름 부음이 **그들에게도** 주어졌다고 말한다. 이 **쿼담모도**quodammodo를 우리는 이미 토마스 (아퀴나스)에서 보았다. 이제 우리는 더 무어에게서 그것을 읽는다. 두 저자 모두 학문적인 겸양을 보여 준다. 그리스도의 지식의 길을 신자들의 지식의 길과 구분하려고 노력하지만 그렇게 되지 않는다 (왈레우스, 115와 비교해 보아라).³⁴ 그리스도의 기름 부으심은 아 마르크와 더 무어에 의하면 그리스도를 아는 데 있어서 성령의 '개입'을 말한다. 하지만 이 '개입'이라는 개념은 피조물이 창조주를 의존하는 것을 전제로 한다. 그러기 때문에 그것은 그리스도의 두 본성의 연합unio과 동일한 선상에 놓을 수 없다. b. 예를 들어 우리는 나중에 기독론에서 아 마르크가 그리스도께서 인성으로 (시 45:8, 요 3:34) 성령의 은사를 받으셨다는 사실이 하나님과의 연합의 결과라고 말할 때 아까와 같은 난해함을 볼 수 있다.

그는 그 연합을 콤무니카치오 카리스마툼communicatio charismatum, 은사의 교류이라고 부른다. 그는 콤무니카치오 카리스마툼에 대한 그의 견해를 루터파들과 로마가톨릭들의 견해에 대항해 '그리스도의 영혼이 첫 번째 창조 때부터 지혜와 은혜로 채워져 있을 것이라고, 그리고 그가 이후에도 그가 전에 몰랐던 것을 전혀 배우지 않았을 것이다'라고 단호히 방어한다. 하지만 그는 그리스도의 지식의 길에 대한 자신만의 설명을 하지는 못한다.

c. 그때 당시의 교의학적인 설명들은 지식의 내용이라는 면에서 그리스도의 '연합의 신학'과 '순례자들의 신학' 사이에 **양적이고** 점진적인 차이를 알고 있고, 나아가 그리스도의 연합의 신학이 스스로 유한한 본성으로는 넘어갈 수 없는 하나님의 무한한 지식으로부터 구별되어야 한다고 계속 강조한다(더 무어). 그러나 그들은 논점의 결과인 상이한 지식 길의 질적인 차이에는 이르지 못하였다.

d. 이 전체 구조의 흐릿함과 불분명함과 같이, 우리는 소위 '순례자의 신학'에서 모든 신자들이 죽을 때 적용이 되는 이른바 '관조의 신학'으로의 전환이 우리가 이미 간단히 다루었던 그리스도와 병행을 이루어서는 안되는가에 대

---

34. Antonius Walaeus, *Opera omnia* (Leiden 1643)을 가리킨다.

한 문제가 해결되지 않은채 남아 있다. 만약 어떤 사람이 이 병행을 부인한다면, 그는 자기 자신의 논리로써 그리스도의 참된 인성에 대한 교리와 그리스도가 죄 이외에는 우리와 모든 면에서 같았다라는 사상에 부당한 짓을 하는 것이다. 하지만 만약 이 병행의 존재를 인정한다면, '연합의 신학'의 대조가 되는 두 개의 독특한 순간들로서 '순례자의 신학'과 '관조의 신학'의 구별이 사라진다. 적어도 이 연합의 신학이 (c 밑을 보라) '하나님의 무한 지식'으로부터 계속 구분되어 있다면 말이다.

e. 사람들은 스스로 문제를 느꼈을 것이다. 왜냐하면 아 마르크는 '순례자의 신학' 테오로기아 스타디이, theologia stadii에 대한 토론에서 스콜라 신학자들이 순례자로서의 그리스도가 가진 지식, 즉 그리스도가 이 땅에 있을 때 가진 지식과 또 구원받은 자들의 지식을 (테오로기아 비지오니스 theologia visionis, '관조의 신학') 콤프레헨지오 comprehensio, 이해라고 이름을 붙였음을 입증하기 때문이다.[35] '콤프레헨지오 Comprehensio'는 이해한 지식을 의미한다. 아 마르크와 더 모어는 이 스콜라주의의 견해를 의식적으로 비판한다.[36] 첫 번째 비판은 그리스도를 나그네 혹은 순례자와 동시에 콤프레헨소르 comprehensor, 즉 이해한 자 혹은 파악한 자로 부르는 것이다. 그래서 그를 지금도 아직 '본향'으로 향하고 있는 사람이면서 동시에 이미 '본향'에 다다른 사람으로 본다. 그러나 그리스도를 '모든 믿음과 소망에서 벗어난 자, 싸우는 교회의 나그네, 승리하는 교회의 이해자'로 부르는 것은 부당하다. 이 견해에 맞서서 아 마르크는 시편 16:8-9; 22:10-11; 이사야 50:7-9 그리고 마태복음 27:46을 인용한다. 물론 이

---

35. Johannes á Marck, *Compendium theologiae christianae didacto-electicum*, (Amsterdam 1752; edition tertia). De Moor, Commentarius perpetuus, dl. 1, 36; Gomarus, *Opera theologica omnia*, dl. 1, p. 250b와 비교하라.

36. Á Marck, *Compendium theologiae christianae didacto-elencticum*, XIX, 22, 382; *Merch der christene Got-geleertheit*, III, 529-530.

것은 루터파와 로마 가톨릭에 맞서 자신의 입장을 표명하려는 시도다. 그러나 순례자의 신학에서 관조의 신학으로의 전환이 반드시 그리스도에게도 있었다는 결과를 다시 낼 수 밖에 없고, 따라서 전체 세 부분으로 구성된 구조가 불확실하게 되었다.

f. 우리가 아까 마주쳤던 망설이는 '쿼담모도quodammodo'는 약간의 변화와 함께 왈레우스Walaeus한테서 다시 볼 수 있다. 그는 이미 언급했던 개혁주의 신학의 고전 교과서인 시놉시스의 저자 중 한 사람이기 때문에 특별히 주의를 기울일 필요가 있다. 이른바 세 개의 신학들을 차별화 시키기 위한 시도를 하면서 그는 신적 지식에 참여하는 데는 세 가지 방법이 있다고 말한다. a. 본질적인 연합을 통해 (그리스도), b. 보는 것을 통해 (**visio**, 구원받은 자들, 천사들), c. **계시**를 통해 (아마 이것은 '순례자들의 신학'을 말하는 것일 것이다). 하지만 왈레우스가 c에 나와있는 신학을 언급하면서 그것이 '엄밀히 말해서' 그 계시를 통해 (**페르 레베라치오넴 스트릭테 숨프탐**per revelationem stricte sumptam) 일어난다고 말하는 것은 주목할 만하다. 그는 '관조의 신학'이 직관적이라고 말하면서 '순례자의 신학'을 '관조의 신학'으로부터 구분한다. 여기서 다시 비극적인 불확실성이 나타난다. 왜냐하면 그리스도 또한 엄밀히 말해서 계시를 받기 때문이다. 어쨌든 '엄밀히' 말하자면 계시는 있거나 혹은 계시는 없다. 그러나 어떤 사람에게서는 하나님에 대한 그의 지식이 엄밀히 계시에 의존한다고 말하면서, 다른 사람에게는 하나님에 대한 그의 지식이 계시에 반만 의존한다고 말하는 것은 소용이 없다. 여기 2장에서 얘기한 변증법적 신학은 여러가지 단점 중에서도 장점이 하나 있는데, 왈레우스도 똑같이 사용하는 '엄밀히 말해서'라는 표현을 없앤다는 장점이 있다. 왜냐하면 모든 피조물은 피조물로서 계시에 의존적이기 때문이다. 그리스도도 마찬가지다. 하나님과 피조물 사이에 있는 관계의 법칙이 가능한 순수하게 보여지고 그 영향이

최고치에 달하는 하늘에 있는 사람들도 마찬가지다. 왈레우스는 직접 요한복음 5:20을 인용한다. '아버지께서 아들을 사랑하사 자기가 행하시는 것을 다 아들에게 보이시고 또 그보다 더 큰 일을 보이사' 이 '세 개의 신학'을 세 개의 지식의 길을 걸어감으로서 차별화 하는 그들에게 좋은 점은 하나님이 인성의 그리스도에게는 자신의 사역을 이 땅에 있는 신자들과 하늘에 있는 구원받은 자들과 다르게 보여 주신다는 것과 어떻게 그것을 보여 주시는지를 제시할 수 있다는 것이다. 하지만 이 구분에서는 그 어떤 외적인 징후도 볼 수 없다.

최근에 신학 세계가 관여하는 문제제기에 대해 왈레우스와 같은 우수한 신학자들이 그리스도의 '연합의 신학'에 대한 증거를 위해 우리가 언급한 요한복음 5:20과 요한계시록 1:1 '예수 그리스도의 계시라'를 그냥 나란히 함께 놓는다는 것은 조금 슬픈 일이다.

왜냐하면 요한복음 5:20에서 말하는 '보이시다'의 의미는, 적어도 부분적으로, 낮아지신 그리스도에 관해서인 반면에 요한계시록 1:1에 나와있는 '그에게 주사'는 높여지신 그리스도에 관한 것이기 때문이다. 우리는 똑같은 표현의 모호함을 왈레우스에서 보는데 즉 그는 '테오로기아 **비지오니스**', 구원받은 자들과 천사들의 지식 방법에 대해서 이야기했다. 왜냐하면 왈레우스는 이 '관조의 신학'에서도 **중재**, 즉 인간의 이성을 비추고 견고하게 하며, 하나님의 존재를 보는 것을 가능케 하는 특별한 신적 빛의 '개입'을 인정했다 'quod intellectum hominis illustrat, roborat ac disponit ad videndam Dei essentiam'. 그래서 왈레우스는 하늘에 있는 '관조의 신학'에서도 하나님으로부터 나오는 활동이나 계시가 있어야 한다고 말한다. 이로써 지식의 길에 대해 그가 말한 관조의 신학과 순례자의 신학의 차이, 즉 마치 오로지 후자만 엄밀히 말해 계시에 의존적이라는 주장이 무너진다. 또한 우리의 두 번째 반박은 '관조의 신학'이 하나님의 '존재'를 본다는 전제를 그가 제시한 것에 있다. 이 생각은 **비지오 페르 에**

센티암과 같은 스콜라주의적 생각과 흡사하다.

g. 또한 인용한 성경구절들은 아무것도 증명하지 못한다. 바울이 그가 낙원으로 '이끌려 가서' 말로 표현할 수 없는 말을 들었다고 하는 고린도후서 12:4을 가리키는 것은 의심스럽기 짝이 없다. 이 땅에 있는 사람의 무아경의 상태를 구원받은 자들과 천사들의 '보는 것'과 동일시하는 자는 한 피조물과 다른 피조물 사이, '이 세계'와 '미래 세계' 사이의 관계를 철저히 손상시킨다.

이것은 관조의 신학 교리를 지지하기 위해 제출하는 다른 증거본문들에도 동일하게 적용된다. 예를 들어 마태복음 18:10을 인용할 때에 그렇다. 이 본문은 천사들에 대해 말하고 있기 때문에 인간과 관련시킬 수 없다. 더군다나 이 말은 천사들의 지식 방법에 관해서는 아무것도 말하지 않는다. 그리스도는 마태복음 18:10에서 천사들이 항상 아버지의 얼굴을 '본다'라고 말한다. 그러나 우리는 지난 몇 페이지에서 이 '본다' 라는 것을 의도적으로 '볼 것이다'로 번역했다. 왜냐하면 이 표현은 천사들이 계속 하나님께 출입함으로 '하나님의 영광의 보좌에 직접적인 출입을 가진다 라는 것 이상의 뜻을 가지고 있지 않기 때문이다. 역대하 9:7과 비교하라'(흐로스헤이더).[37] 헬라어 용어가 이런 의미에서 자주 사용된다. 랍비 학자들이 가장 높은 천사들만이 **메시차**meschitsa, 하나님의 실제 '영역'에 들어갈 수 있는지, 또는 모든 천사들이 지성소 휘장 뒤로 들어갈 수 있는지, 그래서 지성소의 시야에서 벗어날 수 있는지에 대한 질문에 대해 서로 싸운 사실을 옛날 개혁주의 신앙인들은 천사들의 '본다'에 대한 그들 주석에서 좀 더 신중하게 다뤘어야 했다.

두 번째 증거본문은 고린도전서 13:12인데 이미 우리가 다룬 내용이다.

---

37. F. W. Grosheide, Het Heilig Evangelie volgens Mattheüs, Kommentaar op het Nieuwe Testament (Amsterdam 1922), 217.

세 번째는 고린도후서 12:4이다. 이것 또한 이미 다루었다.

네 번째는 고린도전서 2:9이다. 그러나 이 본문 또한 하늘에서 보는 특정한 방법에 대해서 아무것도 이야기하지 않는다. 왜냐하면 바울은 거기서 신약의 설교 내용을 눈으로 본 사람이 아무도 없었고 (자연 연구에서), 귀로 들은 사람도 없었고 (역사의 전승에서), 인간의 마음에서도 나타나지 않았다고 (철학에서) 말하기 때문이다.

이 재치 있지만 세 가지 '신학'의 대단히 순진한 구분을 떼내는 것이 현대 신학적 상황에 의미가 있다고 되짚는 것은 불필요한 것으로 여겨질 수 있다. 심지어 이 구분이 아주 강하게 공언한 하나님과 인간 사이, 지금과 미래 사이의 무한한 질적인 차이에서 일관성을 잃어버린 사고구조에서 왔음에도 하이체마Haitjema와 같은 변증신학의 변증자가, 이 구분을 이어 받았다는 점은 약간 놀랍다.[38] 사람들은 이 전체 체계를 볼 수 있는 배경에 대해서는 너무 적은 관심을 가졌다. 우리는 여기에 스콜라주의의 잔재를 가지고 있는데, 이 점에서 고전적 개혁주의 신학은 스콜라주의에 대한 개혁을 너무 적게 해왔다.

따라서 우리가 이 체계를 거부하는 이유는 이중적 바람 때문이다.

첫 번째로, 우리는 하늘에서의 '보는 것'과 관련해 계시의 실재와 필요성을 유지하기를 원하고, 흐로스헤이더 교수의 고린도전서 13:12에 대한 주석을 완전히 수용하기를 원한다. '얼굴과 얼굴을 대하여 보는 것'은 하나님을 '보는 것'에만 적용되는 것이 아니라 모든 것을 '보는 것'에도 적용이 된다. 계시는 하나님에 대한 모든 지식과 전제조건으로 영원히 남아있을 것이다. 계시의 **수단들은** 나중에 변할 수 있고, 심지어 역사적으로 연속으로 승계하는 행동들로

---

38. Th.L. Haitjema,j 'Het geloofscriticisme als methode der theologie', in: S.F.H.J. Berkelbach van der Sprenkel, J.J. Buskes e.a., *De openbaring der verborgenheid* (Baarn 1934), 53. 그리고 GTT 36 (1935), 54-56에 있는 스킬더의 비평을 비교해 보라.

써 모두 없어질 수 있지만 그럼에도 **계시는** 지속된다. 그렇지 않으면 사람들은 하나님과 사람 사이에 있는 관계의 토대를 건드리게 될 것이다. 논의된 체계는 더 이상-계시에-의존적이지-않는 가정된 상황을 다른 무언가에 의존하는 상황보다 더 높이 생각하는 경향이 있다. 그러나 이 가정 자체는 적합하지 않다.

다른 한편으로 우리는 위에서 언급한 루돌프 오토와 거리를 두려고 한다. 우리는 그가 '하나님을-보는-것' 샤우, Schau! 보라!에 대해 너무 많이 신비주의적으로 가려고 하고 기독교 개념을 동양적이면서, 불교적이고 인도의 신비주의적인 사상과 연결시키려고 하는 것을 기억한다. 고린도전서 2:9을 다시 상기시키는 것은 여기에서도, 특히 오토에 대항해서 실제적인 의미가 있다. 그의 마지막 책에서 오토는 고린도전서 2:9을 보다 적절한 표현인 '종말을 위하여 für das Eschaton'으로 언급한다. 이것은 그의 전형적인 표현인데, 오토는 이곳과 저곳에 있는 대조를 어떤 특정한 단어로 설명할 수 있는 것보다 더 많이 느껴야 한다고 말한다. 그리고 그는 우리가 하나님의 천사처럼 될 것이라는 그리스도의 유명한 말씀과 고린도전서 2:9 말씀을 인용한다.[39] 이 '천사처럼 되는 것'은 하늘에서 아는 것의 방법과는 전혀 상관이 없다. 왜냐하면 그것은 이미 말했듯이, 하늘에서 더 이상 결혼하지 않는 것과 결혼하지 않은 상태에 대한 말이기 때문이다. 그리고 고린도전서 2:9에 관해 말하자면, 오토는 그가 제일 좋아하는 사상을 지지하기 위해 이 샤우Schau라는 단어를 쓰긴 하는데, 누미노제 샤우가 우리를 눈으로 보는 것과 귀로 듣고 마음으로 생각하는 것, 즉 이곳 아래에서 적용되는 우리의 개념으로 일하는 것 너머 위로 데려갈 것이라

---

39. R. Otto, *Reich Gottes und Menschensohn Ein religionsgeschichtlicher Versuch* (München 1934), 35.

고 말하지만, 바울이 말한 이것은 이 모든 것과 아무런 관계가 없다. 왜냐하면 바울이 **신약 설교의 내용**이 믿지 않는 자들에게 '아직' 보이지도, 듣지도 혹은 마음에 생기지도 않았다고 말하는데, 이 말은 믿는 자들의 눈이 닫혀져 있고 그들의 귀가 닫혀져 있고 그들의 마음이 더디다라는 말이 절대 아니기 때문이다. '눈'은 스스로 볼 수 없지만 계시를 통해서 볼 수 있게 되었다. 이것은 '귀'와 '마음'도 마찬가지다.

오히려 역사적 개혁주의 신학이 우리와 마찬가지로 위에 흐로스헤이더 교수와 함께 '얼굴과 얼굴을 대하여 보는 것'을 하늘의 모든 지식의 내용과 관련시킬 때 현재 상황에서 유일하게 좋은 방법으로 이곳 아래의 '아직'과 하늘의 '이미'를 구별한다. 이미 위에서 언급을 했었지만 이 신학만이 하나님과 인간 사이의 무한한 질적인 차이를 인정하는 것을 정당하게 다룬다(2장 p.133-134과 비교하시오).

다음과 같이 요약해서 결론을 맺고자 한다. 우리는 이미 논의한 삼부작에서 따로 떨어져 나온 일부분의 테오로기아 비지오니스를 거부한다. '보는 것'과 대조되는 하늘의 선물로서 '보는 것'은 구원받은 자들의 모든 지식을 다룬다. 하늘에서도 그리스도는 '보는 것에 있어서 우리와 같은 인간이다. 그리고 당연히 하늘에서 '보는 것'은 '일반적인 것'과 '특별한 것' 그리고 '자연계시'와 '말씀계시'의 모든 구분을 영원히 끊어낸 계시에 종속되어 있다. 하나님은 자기 백성을 '그늘로 가리웠다'(p.248). 인간은 항상 지성소에 있다. 그곳에서 지식의 **길들은** 다를 수는 있어도, 지식의 **내용은** 지속된다. 어떻게 그리고 어떤 점에서 지식의 길들이 다를지는 하나님께 맡기자. 우리는 그것을 스스로 알지 못한다. 우리는 또한 여기서 논의한 체계를 채택함으로써 지식의 가면을 쓰지 않고자 한다. 이 체계는 우리가 보기에 스콜라 철학으로부터 너무나도 빠르게 고전 신학에 침투했고, 거기서부터 오늘날 개혁주의 신학에도 침투해 있다. 우리는 '엄밀히 말해서' 계시를 기다린다.

§5. 우리의 거처를 보는 것

이미 여러차례 우리가 새 땅을 기대하고 있다는 것을 이야기 했었다. 지금의 땅이 **없어진다는** 의미에서가 아니라, 우리가 지금 살고 있는 땅이 새로워질 거라는 의미에서다.

새 땅을 '보는 것' 또한 우리의 질문거리다. 우리가 서로 보는 것에 대해서 이야기했던 것처럼 같은 문제제기를 할 수 있다. 우리가 이 땅을 '다시 볼 수 있을까'? 이로써 우리가 충분히 말한 것인가? 이 질문이 의도한 바를 다시 설명할 수 있을까?

위에서 말한 것에 동의하는 사람에게는 답이 어렵지는 않을 것이다. 좁은 개념에서의 '다시 본다'는 이 점에서도 미래의 영광에서 성취될 수 없을 것이다.

그 점에서도 모든 것이 새로워질 것이다. 물론 우리는 우주의 구성이 변할 것인지, 그리고 그렇다면 우주의 구성이 어떻게 달라질 것인지에 대한 질문에 간섭해서는 안 된다. 개혁주의 사람들은 우주의 질서가 하나님의 뜻에 따라 이루어졌다고 믿는다. 그래서 그들은 하나님이 원하시면 그것도 변할 수 있다고 믿는다. 그러나 우리는 공허한 사변을 염려하여 그 어떤 부가적인 설명도 삼가려고 한다. 우주적인 결함이, 태양계 안이든지 밖이든지 얼마나 변할 것인지는 우리에게 계시되지 않았다. 물론 시적 예언에 해당하는 '땅에 떨어지는', 피로 변하는 천체에 관한 예언은 그 자체의 설명을 가지고 있다.

그럼에도 불구하고 개혁주의적인 설명은 성경이 우리에게 새 땅이 중후한 변화를 입게 될 것이라는 전망을 한다고 항상 말했다.

그럼에도 많은 불확실성이 남아 있다. 예를 들어 고마루스Gomarus의 마태복음 24:35에 대한 주석을 읽어보아라. 그는 거기서 '천지는 없어질지언정'이라는 그리스도의 예언에 대해 이야기한다. 그가 말하기를 문제는 이 하늘과 땅이 '없어진다'라고 했을 때 전체적으로 봐야 할 것인지 아니면 부분적으로 봐야 할 것인지이다. 그것들이 **전체적으로**, 즉 '질료'와 '형상'이든 다 없어질까? 아니면 없어진다는 것이 질료가 파괴되는 것이 아니라 오직 '형상'만 파괴되는, **부분적으로만** 의미할까? 고마루스에 의하면 그 시대의 많은 신학자들이 이 후자를 따랐다고 한다. 그리고 더 많은 선배들도 그랬다. 오리게네스, 크리소스트무스, 테오도레투스, 암브로시우스, 어거스틴 등. 첫 번째 의견은 절대로 많은 지지를 얻지 못했다. 고마루스 본인은 아주 명확히 두 번째 의견을 선택한다. 하늘과 땅의 '본질'이나 질료는 지속되고 파괴되지 않는다. 그러나 변하게 되고 더 큰 영광 가운데로 보내진다. 우리는 파괴가 아니라 회복을 기대한다.

그런데 독특한 것은 고마루스에 의하면 하늘과 땅이 없어질 것이라는 그리스도의 말씀이 오직 우리가 관찰할 수 있는 하늘과 땅이라는 것이다. 왜냐하면 보이지 않는 하늘, 즉 이른바 '제일 높은' 하늘, '세 번째' 하늘, '하늘 중의 하늘'은 영원히 존재하기 때문이다.[40]

이런 연유로 최종적으로 우리가 고마루스를 완전히 따르는 것은 가능하지 않다. 그러나 그가 말한 대로 그리스도의 말씀이 하늘과 땅의 멸망을 예언한 것이 아님을 믿는다. 왜냐하면 성경은, 특히 마지막 성경책은 **다른** 땅이 아니라 **새로운** 땅을 약속하기 때문이다. 왜냐하면 새 예루살렘이 사람들에게 오

---

40. Gomarus, *Opera theologica omnia*, dl. 1, 131a-133b.

는 것이 아닌가? 여기까지는 고마루스와 우리 사이에 차이가 없다. 하지만 독자들은 이전의 것들을 통해 우리가 다른 지점에서 고마루스와 다르다는 것을 알 것이다. 우리는 '하늘과 땅의 없어지는 것'과 관련해 '없어지지 않는' 하늘과 '없어지는' 하늘을 구분 할 수 없다. 하지만 고마루스는 여전히 '고정된 하늘'의 공리公理, axioma에서 시작하기 때문에 이러한 구분을 한다. 하지만 우리는 이 가설을 공리로 사용하는데 반대했다. 만약 이 '없어지는 천지'가 우리가 관찰하는 기존 질서와 오늘날 우리가 연루되어 있는 세상의 체계가 없어지고 (고린도전서 7장) 변할 것이라는 것만을 말한다면, 이것은 이른바 '하늘 중의 하늘'에 대해서도 똑같이 이야기할 수 있을 것이다. 왜냐하면 이 '하늘 중의 하늘'은 인간에게 덧붙여지고, 창조영역 외부에 있지 않고 역사의 외부에 있지도 않기 때문에, 기존旣存 안에 존재하는 체계가 수정될 때, 이것 또한 그 변화에 참여되어야 할 것이다. 따라서 우리는 그 뜻을 절대적인 의미로서 설명한다: '기존旣存의 질서는 변할 것이다. 그러나 어떻게 변할지 우리는 모른다.'

그런데 우리는 성경이 말하는 이러한 변화가 매우 근본적이라는 것을 안다. 특히 우리는 베드로후서 3:10-11을 통해 그것에 관한 그림을 얻게 된다. 주님의 날에, 즉, 최후의 심판의 날에 하늘들은 소음과 함께 ('살랑거리며 전속력으로 달리는', 흐레이다뉘스) 멸망할 것이다. 그것들은 모두 다 **우리 얼굴 앞에서** 없어질 것이다. 다른 말로 말하자면, 지금의 질서가 완전히 다른 것으로 대체될 것이다 (마 5:18; 막 13:31; 마 24:35와 비교해보아라). 이외에, 모든 물질이 불탈 것이다. 이것은 '완전히 소멸하는 것을 가리키는데, 불이 모든 것을 관통하고, 그 어디에서나 저항을 받지 않고 사물의 모든 기본 요소를 공격한다'. 이 물질들은 '사물의 질료나 기본 요소를' 말한다. 세 번째 시기에는 해체나 용해의 개념이 도입된다. '물질의 해체는 한계까지 도달한다. 그러나 이것은 전체적인 의미에서 물질의 분쇄나 파괴를 말하지는 않는다. 물질들, 모든 것조차도, 하늘들도 사라질지도 모른다. 그래서 물질 자체는 제거되지 않는다. 모든 것이 기본 요소들처럼 용해될 것이다'.[41] 이 의견은 흐레이다뉘스 교수가 그의 요한계시록 주석에서 말한 것과 동일하다. 그가 '새 하늘과 새 땅'에 대해 이야기할 때 이렇게 말한다. '그것은 하나님이 무에서 이 새 천지를 창조해 내기 위해 이전 우주의 질료를 없앴음을 의미하지는 않는다 (창 1:1). 여기서는 오로지 형상의 변화와 관계 변화에 대해서만 이야기한다. 마태복음 19:28, 사도행전 3:21을 비교해보아라. 하늘과 땅의 모양, 그들의 모습과 그들의 상호관계는 완전히 다르고, 새롭고, 영광스럽게 되었다'.[42]

만약에 우리의 나중 거주지가 이 땅이 된다 하더라도 그것은, 나중에 인간이 새로워진 세상에 들어왔을 때, 너무 달라져서 절대 '알아'보지는 못할 것이다. 들여다 보고 내려다볼 수는 있을 것이다.

이것은 우리가 토마스 아퀴나스의 빈틈없는 논박을 따라갈 수 없기 때문에 우리에게 더욱 설득력이 있다. 그는 마지막 날에 불타는 행위의 첫 시작부분은 최후 심판 전에 일어나게 되지만 끝부분은 심판 후에 일어난다고 했다 (Summa Suppl., qu. 74, 7).[43] 왜냐하면 세상이 불타는 것은 심판 자체와 연관

---

[41] S. Greijdanus, *De brieven van den apostelen Petrus en Johannes, en den brief van Judas*, Kommentaar op het Nieuwe Testament (Amsterdam 1922), 343-344.

[42] Greijdanus, *Openbaring des Heeren aan Johannes,* KNT, 416.

[43] Bavinck, Gereformeerde dogmatiek, dl. 4 (Kampen 1930), 697 (2e , 3e 판 797)에 의하면 토마스는 이 세상을 마지막 심판 전에 새롭게 하실 거라 말한다. 그러나 이것은 완전히 정확하지는 않다. 왜냐하면 토마스는 세상을 순화시키는 것은 마지막 심판 전이지만, 나머지는 그 이후에 일어날 거라 말하기 때문이다. 실비우스 (Sylvius)와 마찬가지로 다음과 같이 순서를 정리했다. 먼저 그리스도가 심판하러 오시기 바로 직전 세계화재가 일어날 것이고, 그 다음엔 심판과 죽은자들의 부활과 심판의 공포(公布)가 있을 것이고, 마지막으로 화재의 끝자락이 악한 자들에게 그 결과를 줄 것이다. 토마스는 심판 전에 화재가 있을 것이라고 주장한 자들이 시편 97:3에 '불이 그의 앞에서 나와'를 인용했다고 말한다. 본인은 고린도전서 15:43에 '육체가 욕된 것으로 심고 영광스러운 것으로 다시 살아나며' 를 인용한다. 그에 의하면 로마서 8:21 또한 창조의 완전한 새로움이 복된 자들의 육체의 영광과 동시에 일어날 거라고 말한다. 그러나 시편 106편이 토마스

이 있고, 성경은 이것을 여러가지의 행위로 나뉘지 않는 하나의 사건으로 소개한다. 다른 말로 하면, 신천지에 들어 가는 것은 베드로후서 3장이 예언한 것이 현실이 되고 난 후에 일어날 것이다. 따라서 '알아보는 것'은 더 이상 가능하지 않다. '불'은 지금 존재하는 것의 전적인 파멸을 의미한다.

따라서 우리는 기존에 존재했던 것을 알아본다거나 되찾는 것에 대해서는 말하지 않는다. 뿐만 아니라 우리는 새 땅에 무엇이 있고 없는지의 질문에 대한 대답도 거부한다. 많은 사람들이 예를 들어 요한계시록에서 바다가 더 이상 존재하지 않을 것이라는 것을 읽을 때 온갖 종류의 추측을 감행했다. 그러나 이러한 말들은 요한계시록 21:1에 대한 흐레이다뉘스 교수의 해석에 의해 입증된 것처럼 '신천지의-지형'을 구성하는 것에 어떤 도움도 주지 못한다. 그는 바다가 더 이상 존재하지 않을 것이라는 이 말을 상호 관계가 바뀔 것이라는 일반적인 생각의 예시로 본다 (위를 보라). 그래서 그는 지적한다: '바다는 갈라지고 (사 43:16), 이는 저항과 위협의 상징이다 (시 65:8; 114:5). 그 바다의 소멸은 경계가 사라지는 것, 혹은 차단시키며 공동체를 저지하는 제한의 없어짐과, 위험을 주거나 파괴시킬 수 있는 것의 부재를 상상한다.' 더 이상의 의미는 없다.

또한 만약 우리의 새로운 몸이 지금의 것과 완전히 다른 것이 된다면, 우리는 모든 창조와 인간의 모든 새로운 거처에 대해서도 그렇게 될 것이라 안전하게 말할 수 있을 것이다. 만약 여기서 생성과 성장에 대한 생각이 끊어진다면 우리의 눈 앞에 어떠한 신천지의 모습도 나타나지 않는다. 새 땅은 그 등장보다 훨씬 이전 시기에 대한 어떤 설명도 벗어난다. 성경은 이 세상에 대한 그

가 부분적으로 논쟁한 주장에 대해 거의 말하고 있지 않듯이, 이 본문 또한 이 목적에 대해 거의 말하고 있지 않다.

어떤 '묘사'를 절대 제시하지 않고, 미래의 묘사에 대해서는 더더욱 제시하지 않는다.

어쨌든, 하나님 거처가 사람들 중에 오시는 것은 모든-것을-관장하는 축복 자체인데, 이 축복은 '자연'에도 해당된다. 이 자연은 현재 우리 주변의 물리적 세계의 새 것에서 옛 것을 '알아보는 것'을 도무지 생각도 할 수 없는 근본적인 변화의 뜻에서 말이다. 백 배의 열매를 맺는 열매에서 누가 배아를 알아볼 수 있을까? 하나님 거처와 우리의 거처간의 간격이 사라지면, 처음에는 좁은 의미에서 하나님 거처의 특별한 특징인 영광이 나중에 이 땅에도 온다. 그리고 이 땅은 그 영광의 중심이 된다. 그러면 새 땅에서 모든 피조물의 영광과 영화가 집중된다. 그리고 새 땅은 새로운 만물의 새로운 체계의 중심이 될 것이다. 이 땅이 이제까지 지리적으로 그러한 중심지였기 때문이 아니라 하나님이 그의 거처를 우리의 것과 연결시켰기 때문이다.

위 §3에서 이미 논의를 한, 이 풍부한 관계의 가능성을 고려하면 각 간격 개념, 모든 '위'와 '아래'의 대조가 없어진다. 하지만 결국 '두 번째 봄'이 아니라 구원받은 사람들이 보기에 새로운 땅은 옛 땅이 될 것이다. 하나님의 아들이 십자가로 심고, 생명을 위해 헤쳐나온 바로 그 땅이 나중에는 하나님께서 자기의 영광스러운 자들과 미래에 다시 거하는 장소가 될 것이다.

구원사역에 대한 이 마지막 통찰력은 우리를 다음 장으로 안내할 관점을 열어주는데, 이 관점에서 그리스도가 등장한다. 그래서 우리는 다음 장에서 자동적으로 '어린 양의 혼인식', 위대한 성찬을 생각하게 된다.

제7장
성대_{盛大}한 성찬

§1. 이 장의 출발점

전 장에서는 우리는 계속 '보는 것' 즉, 하나님을 보고, 서로를 보고, 우리의 거처를 보는 것에 대해 이야기 하였다.

이것은 어떤 면에서 아주 위험한 시도였다. 그 위험은 이미 우리가 제6장 § 3에서 이른바 '테오로기아 비지오니스', '보는 것에 대한 신학'에 대해 이야기 할 때 이미 있었다. 그 때 우리는 매개媒介 없이 미래에 보는 것을 피조물에게 적용시키지 않고 오로지 하나님께만 적용시키는 것을 반대했었다.[1] 그리고 우리는 이어서 하나님과의 관계라는 측면에서 사람이 하나님을 보는 것을 (천상의 구원으로 하나님 백성에게 주어지는) 구체적인 언약 공동체로부터, 또 살

---

1. 이것이 과하지 않다는 것은 우리의 최고의 신학자들 마저도 때로 이 점에서는 본인 스스로와 상반되는 경우가 있는 것에서 나타난다. 바빙크는 그의 책 *Gereformeerde dogmatiek*, dl. 2, 157 (3ᵉ 판 p. 181)에서, 아주 당연하게도, 그가 거절한 'visio per essentiam과 comprehensio가 완전히 동등하다'라고 말한다. 그러나 dl. 4, 704 (2ᵉ, 3ᵉ 판 p. 805)에서는 'Visio, comprehensio, fruitio Dei가 미래의 복의 실존을 구성한다'라고 말한다. 그는 카톨릭 해석은 물론 거절한다. 우리는 전문 용어를 포기하는 것이 더 나을 수도 있다.

아있는 상호 관계로부터 분리해서 **특별한** 기능으로 추상화시키는 것을 반대했었다. 우리는 하늘에서 **보는 것**에 관해 우리가 개별적으로 말을 함으로써 오히려 방금 이 위에서 지적하고 또 피하려고 한 위험에 노출되었음을 충분히 자각하고 있다.

그래서 위에 말한 것에 덧붙이자면, 하늘에서는 어떤 것은 다른 것과 결코 분리할 수 없다. 이론과 삶 사이의 치명적인 분리, 이 두 가지를 대립 관계로 만들어버린 분리는 '투쟁하는 교회'에 너무 많은 불행을 가져왔기 때문에, 이 분리가 '승리하는 교회'에 전달되지 않기를 원한다. 왜냐하면 그 교회의 승리는, 하나님이 맺어 놓은 것을 결코 분리하지 않는 것에서 정당하게 나타나기 때문이다. 왜냐하면 그 교회는 하나님과의 친교와 교제에서 주어진 하나의, 살아있는, 실존적인 일상 생활을 결코 여러 가지 개별적인 기능으로 '나누지' 않는 것에서 승리를 거두기 때문이다. 그러므로 하늘에서 보는 것은 추상적인 교회를 구성하는 것이 결코 아니다. 그것은 조직신학자가 '관심 없이'(p.269) 하나님께 등을 돌리는 그런 구성이 결코 아니다. 아무리 우리가 최근 신학과 철학의 유산遺産에서 '신앙'과 '신앙의 응답'에 대한 칼빈주의적 개념과 대립되는 '실존' 철학이 두려워도, 우리에게 그 속에 숨어 있는 진리의 요소를 보는 열린 눈이 없는 것은 아니다. 적어도 최근 실존철학에서는 하나님의 음성을 '듣는' 이 하나의 구체적인 행위를 여러 가지로 분리할 수 없고, 분리할 수 있는 행동들로 나눌 수 없다는 이 올바른 생각이 대두됐다. 그러나 이것이 역사의 삶이 끝이 나는 하늘에서 얼마나 많이 적용될까? 이것은 또한 이 땅에 있는 인간에게는 불가능하지만, 하나님에게는 가능한 하늘에 적용될까? 즉 사람이 지금 자기의 구원을 소위 현재완료 perfectum praesens로써 경험하는 것에도 적용될까? 'Perfectum'은 '**완료된, 완성된**, 종료된'을 뜻한다. 자, 그의 모든 행동은 거기서 완료되고, 성숙하고, 완전히 자랐고, 완성되고, perfectum이다. 그러나 'praesens'는 여전히 있고, 아직 존재하고, 아직 **'진행 중'**이라는 뜻이다. 자, 하늘에서는 완성된 행동들이 결코 버려지지 않고 '제외되지' 않는다. 또 거기에는 간격이 없고, 결과에도 간격이 없다. 왜냐하면 그곳에는 더-이상-순환하지-않는 것을 향한 영원한 돌이킴이 있고, 무르익음으로 가득찬 새로운 세상에는 수용됨이 있기 때문이다. 아직 인간과 (p.254 참고) 그리스도를 위한 역사가 있는 한 우리는 '현재완료'를 하나님께만 적용시키기 위해 우리 자신을 이것으로부터 멀리했다. 그러나 역사가 멈출 때에는 즉시 하나님의 거처가 사람들에게 올 것이며, 하나님의 은혜로 현재완료가 인간에게도 올 것이다. 이것이 우리가 하늘에서의 '보는 것'을 일하는 것과 삶, 행동 그리고 하나님과 교제하는 것으로부터 떼어놓는 경향을 반대하는 첫 번째 이유다. 거기서 '보는 것'은 항상 충만하고 항상 지속된다. 그리고 그 안에서는 늘 하나이다.

이것은 우리를 두 번째 생각으로 이끌어준다. 최근에 실존철학자들과 실존신학자들은 부분적으로 이미 언급한 쇠렌 키르케고르의 사상과 같이 생각한다. 우리는 그가 헤겔에 대해 이미 많은 반박을 했다는 것을 들었다. 여러 반박 중의 하나는 헤겔이 반성적이고, 관조적이며 체계적인 생각을 그의 이른바 객관적인 사고로 무의미하게 만들었다는 것이다.

그는 무엇을 말하고 싶은가?

이것을 이해하기 어렵지는 않다. 키르케고르는 헤겔이 하나님에 '대해' 마치 하나님이 사물인 것처럼, 마치 사고하는 주체 밖에 존재하는 객체인 것처럼 주장한다고 불평한다. 이러한 설명은 어떤 이에게는 다소 이상하게 보일 수 있지만 많은 독자들에게 분명한 것은, 위 설명은 키르케고르에게서 직접 인용된 것이기에 여기서도 사용할 수 있다. 왜냐하면 키르케고르가 열정, 즉 **라이덴샤프트**Leidenschaft의 요소를 토론 안으로 끌고 오기 때문이다. 믿음은 열정이고 믿음은 **라이덴샤프트**이다. 그런데 믿음은 객관적인 숙고가 아니다.

남자와 여자가 살아있는 교제를 나누는 가운데 성적인 감정이 그들의 절정에 이르렀을 때, 피와 영혼과 정신의 운동으로 그 사람 전체가 **라이덴샤프트**열정에 관여하게 된다. 누구도 사랑의 흥분이 있는 그 순간에는 사랑과 교제에 **대해** 책을 쓰지 않을 것이다. **라이덴샤프트**열정 속에 있는 자는 동시에 그것에 대한 책을 쓰지 않는다. 책을 쓰는 자는 그가 쓰고자 하는 그 순간에는 열정이 없다. 번개에 놀라는 것과 번개에 대해 책을 쓰는 것은 다르다. 첫 번째 경우에는 그 스스로가 관심을 가지지만, 두 번째 경우에는 그렇지 않다. 보라 키르케고르는 하소연한다. 헤겔이 하나님을 마치 사물인 것처럼 하나님에 대해 이야기하고 사고하고 철학적 사색을 하고, 마치 본인과 관련이 없는 것처럼 다루었다고 키르케고르는 말한다. 아니다! 하나님은 우리가 똑같이 '무관심'으로 사랑의 관계나 번개에 관해 책을 쓰듯이 서술할 수 있는 객체가 아니어야 한다. 인간은 오로지 **라이덴샤프트**열정 안에서 하나님을 하나님으로 만날 수 있다. 다른 모든 것들은 오직 객관적인 사고이고 체계 (믿음의 용사를 절대적인 고립 가운데 두기를 원하지 않는 모두를 위한 '전집') 일 뿐이다. 하나님에 관한 모든 주장은 단지 다른 사람들에게서 들은 것을 전달하는 것일 뿐이다. 그것은 우리가 기억하는 것이나 기억한다고 생각하는 것에 대한 설명일 뿐이다. 그렇지만 그것은 직접적인 열정 속에 있는 살아있는 교제는 아니다. 하나님과 구체적으로 교제하는 것 바로 그것이 믿음이지, 믿음은 숙고가 아니다. 그것은 하나님 앞에서 아주 어려운 순간들을 견디는 것이다.

키르케고르의 이러한 생각들은 최근에 꽤 회자 되었다. 이 사상의 결과를 완전한 허무주의로 갈 때까지 받아들인 소수의 사람 중 한 명은 에버하르트 그리제바흐Eberhard Grisebach였다.[2] 그에 의하면 어느 한 가지가 우리 기억 속에

---

2. 주의할 만한 점은 독일 철학자인 에버하르트 그리제바흐 (Eberhard Grisebach, 1880-1945)의 발

서 내용이 되면, 우리는 더 이상 진리를 말하지 않는다. 왜냐하면 기억은 결국 우리 뇌에서 나온 기획이기 때문이다. 그 모든 사고와 체계화에서 우리는 오로지 우리 자신을 유지할 뿐이다.³

이러한 관찰과 함께 키르케고르는 최근의 사상에 큰 영향을 미쳤다. '주체가 진리이다'라는 유명한 규칙도 그로부터 나온다. 물론, 우리는 '주체'라는 단

전이다. 그는 **나와너** 철학 (Ich-und-Du-filosofie)의 공동발견자이며 창시자이고 20년대와 30년대의 신학논쟁의 공동촉진제였다. 원래 그는 이른바 원칙적으로 신학과 철학의 구분을 두어야 하는 이른바 **실제 변증법** (reale Dialektik)까지 오기 위하여 이른바 변증법 신학자 중 한 명인 프리드리히 고가르텐 (Friedrich Gogarten)과 함께 일했었다. 그러나 그는 얼마 안되어 그 노력을 포기했다. 왜냐하면 의도한 실제 변증법은 '신앙'과 '지식'의 구분을 (부정확하게도 그들은 신앙과 학문의 관계의 딜레마에서 신학과 철학의 관계와 유사점을 보았다) 학문적으로 풀어내야 했지만, 그렇게 했다면 주장한 원칙적 차이가 사실상 다시 부정되고 그것을 포기해야했을 것이다. 왜냐하면 신앙과 지식 사이에 **원칙적인** 차이가 있다면, 사람들은 이것을 학문적으로 절대 풀어낼 수 없을 것이다. 만약 그들이 절대적인 것의 '내재'를 부정하려 한다면, 그 누구도 그것이 실제로 있는 것처럼 하면 안 될 것이고, 마치 그것이 신앙과 지식의 차이를 **간결하게** 말해줄 수 있는 것처럼 하면 안 될 것이다. 절대적인것의 내재를 원칙적으로 부정하는 사람은, 오로지 **신앙**이 모든 **지식**과 반대된다는 결론을 내릴 수 있을 것이다 (그러나 그것 또한 너무 많지 않은가?). 신앙과 지식은 결코 간결하게 일치할 수 없다. 하나가 다른 하나를 오로지 '불안하게' 만들거나, 위기에 빠뜨리거나, 그 경계선이 될 수 있을 뿐이다. 그래서 키르케고르가 지식과 신앙의 불화합을 변증법적으로 풀어내려하고 이 원칙적 변증법을 '종교적 부흥'의 토대로 만드려고 한 것은 착오이다. 이 대립은 개념학적으로 정할 수 없다. 왜냐하면 그렇게 하는 이는 처음에 인간에게 준 무능을 다시 뺏는 것이기 때문이다. 절대적인 것과 생각의 관계는 그 어떠한 시스템에서도 (변증법에서도) 넣을 수 없다. 신앙은 변증법을 '방해'할 때 비로소 변증법의 사상가들을 구체적으로 만든다. 그리제바흐가 '기억 (anamnesis)'이, 마치 이것이 우리를 책임 있는 인간이 해야할 것을 제정하는 곳에 데려갈 수 있을 것처럼, 헛되다고 설명함에 있어서 키르케고르와 일치하는 것도 그것 때문이다. 그런데 그리제바흐는 키르케고르보다 더 나아간다. 우리는 오로지 현재에 (de Gegenwart) 책임이 있다. 기억은 항상 주관적이다. 내가 기억하는 어제의 세계는 실제 세계가 아니라 오로지 상상일 뿐이다. 그래서 모든 변증법은 혼자말이고 모든 생각의 계획도 그렇다. 왜냐하면 모든 곳에 '내'가 있기 때문이다. '기억' (어제)의 차원은 '경험' (오늘)의 차원과 선명하게 구분할 수 있다. 오로지 이 마지막 것에서 우리는 '다른 것'과 연관이 있다. 기억의 상상과 환타지상상은 우리가 스스로 다스린다. 우리는 과거와 미래의 상상을 **펼치고**, 우리 생각의 내용을 **만들고**, 거기서 스스로 유지하며 자기 중심적이며 간악하다.

3. E. Grisebach, *Erkenntnis und Glaube. Rede zur Bestimmung der Grenzen der Erkenntnis* (Halle-Saale 1923).

어를 우리가 신학적이고 교회적인 토론을 할 때 누군가 주관적이라고 비난할 때와는 다르게 이해해야 한다. 왜냐하면 이것이 여기에 해당하지는 않기 때문이다. 주체가 진리라고 주장하면서 키르케고르는 마치 작가가 성생활이나 번개에 **대한** 책을 쓰는 것처럼 어떤 사람이 하나님을 **객체**로 본다면 그는 하나님에 대한 진실을 결코 말할 수 없다고 말한다. 왜냐하면 우리의 완전하고, '흥미를 가지고 있으며', 열정적으로 움직이는 삶의 '순간'에 우리 전체의 **주체**가 하나님과 관련이 있을 때에, 오직 거기에만 진정한 하나님이 우리 삶에 역사하신다고 키르케고르가 말하기 때문이다. 하나님이나 하나님에 대한 개념이 기억이나 사고의 일부분, 혹은 체계의 일부분이 되면 그 모든 것이 다시 객체이고 숙고가 된다. 그리제바흐가 Gegenwart현재[4]라는 제목으로 윤리를 작성한 것은 매우 독특하다. 우리는 이것을 아직 완료가 되지 못한 현재에 관한 책이라고 말할 수 있다. 그는 그 책을 '비판적 윤리'라고 불렀다. 신학 (신앙 개념)의 범위 뿐만 아니라 인간의 사고의 모든 영역에서 그는 과거에 대한 기억이나 미래의 환상에 대한 인식론적인 신뢰성을 부정한다.

이러한 견해에 대해 우리가 반대한다는 것을 폭넓게 설명할 필요는 없다. 왜냐하면 이미 제2장에서 역사에 대한 부정확한 평가를 거부했기 때문이다. 신앙의 개념과 신앙의 기능에 대한 정의를 구성하기 위해 우리는 그러한 생각을 따라가서는 안 된다. 신앙이란 성경에서 말하는 그리스도를 그대로 받아들이는 것이다. 우리가 성경에서 얻는 그리스도에 대한 상은, 키르케고르가 '객체'로서 결국 허황된 것이라고 말하는, 오직 교리를 통해 고정된 형태를 얻는다. 우리는 절대로 성경과 교리로부터 거리를 둘 수 없다. 오직 그것의 도움으

---

4. E. Grisebach, *Gegenwart. Eine kritische Ethik* (Halle-Saale 1928); 이 책은 스킬더의 서재에 있었다. 그는 이 책을 1930년 7월 16일 Erlangen에서 구입했다.

로만 우리는 그리스도가 (우리는 우리가 그리스도와 '살아있고' '흥미롭고' 정열적인 관계를 가지고 있다고 믿는다) 우리의 '자만한' 생각의 '개념적 객체'가 아니라 아버지가 이 땅에 보내신 그리스도라는 것을 논리적으로 입증할 수 있다. 비록 믿는 것이 (영접하는 것이) 숙고하는 것과는 다르지만 결코 분리할 수는 없다. 숙고의 내용이 자동적으로 거짓이라고 믿게 하려고 하는 이는 우리가 감히 받아들일 수 없는 믿음이라는 개념을 강요한다. 우리가 그리스도와 하나님을 '영접하였다'거나 혹은 '이 순간' '지금 여기서' 영접한다는 모든 자기암시는 우리가 알기에 자만이다. 왜냐하면 그것이 정말로 성경이 말하는 그리스도인가? 우리는 성경이 그리스도에 대해 주는 상이 우리 스스로 그리스도에 대해 만든 각 상을 결정하도록 함으로써 그리스도를 숙고하에 순종해야 한다.

비록 '믿음'과 '숙고'가 서로 적대적인 이유로 마치 '믿음'의 이론을 곧 숙고와의 이별인 것처럼 '실존주의'를 우리가 받아들이기 아주 힘들겠지만, 그럼에도 우리는 그 사상에도 있는 진리의 요소를 보기 원한다. 그 중에 좋은 것은 이미 예전부터 여러 사람 중에 칼빈이 우리에게 보여 주었다. 왜냐하면 '믿음'은 숙고를 필요로 하지만, '영접하다'라는 의미에서의 '믿음'은 당연히 숙고와 동일하지 않다.[5]

자, 이것이 이 시대의 우리에게 적용된다면, 영원히 구원받은 자들은 하나님과의 '관계'라는 측면에서 더 잘 볼 수 있지 않겠는가?

오늘날 우리는 여전히 '전투하는 교회' 안에 있다. 즉, 우리의 삶의 행동은 조화롭지 않고 고정되어 있지 않으며 아직 완성되지 못한 것이다. 그것은 **조화롭지 않다**. 따라서 하나는 종종 다른 하나를 억누를 것이다. 그것은 **고정되**

---

5. Schilder, Tusschen 'ja' en 'neen', 261-269를 비교하라.

어 있지 않다. 따라서 특정 기능이 일시적으로 느슨해지거나 침묵할 수 있다. 그것은 **완성**되지 않았다. 따라서 이 땅의 그 어떠한 행동도 완성perfectum이 될 수 없고 '현재 완료' 가 될 수 없다.

그러나 하늘에서는, '승리하는 교회'에서는 다르다.[6] 그곳에서는 모든 기능이 다른 것과 조화롭게 연결되어 있다. 즉, 그곳에서는 그리스도를 받아들이는 것이 그리스도를 보는 것과 항상 같이 간다. 그곳에는 하나님을 갈망하지 않은채 '하나님의 것들'을 아는 것을 결코 생각할 수 없다. 그곳에서는 leidenschaftliche온전히 흥미를 가진 상태로[7] 하나님과 교제하는 것을 하나님을 아는 것으로부터 결코 뗄 수 없다. 또한 그곳에는 모든 기능들이 확고하다. 그렇기 때문에 실행되지 않는 어떤 것도 없을 것이다. 아무도 하나님의 사랑의 불에 '관해', 그리고 그의 분노의 불에 '관해' 무언가를 말하지 않을 것이다. 혹은 동시에 자기의 진심 어린 바람과 함께 사랑과 진노에 대하여 똑 같은 강조와 느낌과 확고함으로 하나님께 온전하게 '그렇습니다' 라고 말할 것이다. 그리고 세 번째로, 모든 행동들은 거기서 온전하게 된다. 완료. **현재 완료**. 모든 것이 완전하며 모든 것이 항상 살아있고 오래 지속되며 '현재'의 것이다. 그래서 이를 바탕으로 '보는 것'이 '사는 것' 안으로 흡수된다. '보는 것'은 들여다 보는 것이고 관찰하는 것이다. '아는 것'은 인지하는 것이고 자백하는 것이다.

그래서 우리가 이전 장의 주제를 다시 짚어본다면 우리는 이렇게 말할 수 있다. 하나님을 '보는 것'과 서로와 우리의 거처를 보는 것이 그곳에서는 자동적으로 **관계**가 되고, 친교, 교제, 사랑의 인식, 그리고 사랑의 통행이 된다. 만

---

6. 우리가 '전투하는 교회'와 '승리하는 교회'라는 개념을 사용한다고 해서 이것에 대해 동의를 하는 것은 아니다. '전투하는 교회'는 심판의 날에 승리하고, '승리하는 교회'는 심판의 날에 전투한다. 그 다음에 전투 없는 승리가 있을 것이다.
7. 물론 우리는 이 *leidenschaftliche*라는 용어를 '온전히 흥미를 가진'이라는 더 특별한 의미로 사용한다.

약 우리 생각의 버팀목, 즉 이 모든 요소들이 들어 가 있는 교리를 찾는다면, 우리는 그것을 우리 자신에게서 찾지 않고 성경에서 찾는다. 우리는 그것을 '어린 양의 혼인 성찬'에 대한 설명에서 찾는다.

§2. 혼인 성찬의 수수께끼

우리가 요한계시록에서 '어린 양의 혼인 성찬'에 대해 말하는 것을 들으면, 왜 이 장이 이 책에서 별도의 자리를 가지는지 바로 알 수 있다. 왜냐하면 이 '성찬'은 '어린 양의 혼인잔치'와 일치하기 때문이다.[8] 그리고 그 마지막 단어 '어린 양'에서 요한계시록은 기독론적인 요소를 드러낸다.

이전 장의 해당 단락에서 우리는 의도적으로 **그리스도**에 대해 말하지 않았다. 우리는 거기서 '하나님을 보고 서로를 보고 거처를 보는 것'으로 제한했다. 거기서 그리스도를 오로지 간접적으로 언급을 했다. 물론 제5장에서 하늘의 역사에 대한 이야기를 할 때는 그의 중요성을 강조했으나, 사람들을 '덮어 가리는' '하나님의 거처'의 개념에 대한 세부적인 설명에서는 그렇지 않았다.

그럼에도 불구하고 이 책에서 그리스도가 우리의 생각에서 사라질 수 없다. 하늘에서의 그분의 자리는 어디인가?

사실 그 질문에 대한 대답은 이미 간접적으로 이전 장에서 보았다. 거기서 그리스도는 역사와 관련하여 언급이 되었다. 우리는 그분의 등장이 역사 안에서 중보자로서 – '종말론적으로!' – **목표를** 향해 지향하는 것을 보았다. 중보자의 사역은 구원을 뜻한다. 그분은 타락한 인간과 혼란스러운 세상을 '하나님

---

8. 계 19:9, 17.

과 부합하는' 삶으로 되돌려 놓길 원한다. 그래서 그분은 역사에 관여하고 역사적 계시의 과정과 구원의 과정을 통해 – 바울과 같이 말하자면 – 종국에는 나라를 하나님 아버지께 돌려드린다. '나라'란 여기서 통치를 뜻한다. 그리스도가 모든 통치와 권세와 능력을 멸하실 때에 통치를 하나님 아버지께 돌려드릴 것이다(흐로스헤이더).[9] 하나님께서는 그분에게 통치권을 주셨다. 그렇게 함으로서 본인의 왕권으로부터 거리를 둔 것이 아니라, 중보자에게 하나님의 세상을 창조주에게 돌려줄 수 있도록 위임장을 주셨다. 이렇게 그리스도는 자기의 목표를 이룬 직후에 나라를 아버지께 넘겨준다. 왜냐하면 그분이 아니라, 하나님께서 이 모든 것의 최종 목표이기 때문이다. 또한 성경은 그리스도와도 우상숭배적인 장난을 치지 않는다. 그분에게 오는 모든 것을 그분은 **아버지께** 바친다. 왜냐하면 하나님은 자기 영광을 피조물이나 인간 '종'dienaar에게 주지 않고, 심지어 이 '종'Dienaar 그리스도에게도 주지 않기 때문이다.

만약 이렇다면, 성경은 어떻게 '**어린 양**의 혼인식'에 대해 이야기할 수 있을까? 어린 양의 혼인식이라는 것은 **그리스도와** 교회가 하나되는 잔치가 아닌가? 이것은 그리스도가 나라를 **아버지께** 드리고 스스로 물러서서 하나님을 모든 것의 최종 목표로 하게 하는 위의 언급한 생각과 모순되지 않는가? 교회는 **하나님의** 신부라 불리지 않는가? '너를 지으신 이가 네 남편이시라.' '내가 공의로 네게 장가 들며'.[10] 여호와는 반복적으로 신랑으로 불린다. 그리고 교회 자체는 새 인류이다. 그래서 교회는 하나님의 새로운 피조물로서 결국 근본적인 말씀에 복종하는데, 왜냐하면 이는 만물이 주에게서 나오고 주로 말미암고 주에게로 돌아가기 때문이다.[11] 교회는 그분의 영광을 위해 있다. 광채가 나는

---

9. 고전 15:28; 흐로스헤이더, *Eerste brief van Paulus aan Korinthe*, KNT, 520과 비교해보아라.
10. 사 54:5; 62:5; 호 2:18-19.
11. 롬 11:36.

모든 것은 하나님을 위해 아름다워져야 하는데, 그리스도가 직접 그것을 하나님께 바친다. 그렇다면 신부는 그리스도를 위해 어떻게 꾸밀 수 있을까? 어떻게 어린 양의 신부로 불려질 수 있을까? 어린 양의 혼인식이 하늘의 복의 한 순간일 수 있을까? 여호와 하나님의 혼인식과는 또 다른 혼인식이 있을까? 그것이 우상 숭배이지는 않을까? 그렇다면 하나님께서 자기 영광을 피조물에게 주는 것인가? 그렇다면 하나님이 아니라 하나님의 종이[12] 그의 '친구'(요 3:29)로서가 아니라 신랑으로서 신부를 자기 것으로 만들지 않는가? 아니면 그리스도가 '신랑의 **친구**'의 역할로 만족할 수 없을까? 왜냐하면 그런 '친구'에게는 신랑을 위해 봉사하는 것 자체가 영광이기 때문이다.

그렇다. 만약 그리스도가 신랑의 친구로서의 역할을 하면(요한복음 3장) 신부는 **하나님을** 위해 있다라는 아주 명백한 결론에 이른다. 그러나 그리스도를 친구가 아닌 신랑으로 만든 모든 비유는 우리에게 수수께끼다.

이것은 새로운 수수께끼는 아니다. 이미 오래 전부터 개혁주의 신학의 관심을 끌었다. 이것은 사실 그리스도의 왕권에 관한 유명한 논쟁과 똑같은 질문이다. 개혁주의 신자들 안에서는 여러 의견으로 갈렸다. 어떤 이들은 그리스도의 왕권이 목적에 부합하고 일시적이라고 본 반면, 다른 이들은 통치의 방법에 있어서 변화가 오지만 그의 왕권은 그럼에도 불구하고 영원하다고 판단했다.[13]

이것은 흥미진진한 수수께끼다. 왜냐하면 이것은 결국 우리의 믿음의 근본을 건드리기 때문이다. 이것에 문제 제기를 하는 것도 중요하다. 왜냐하면 그것이, 영원한 삶 가운데 있는 우리에게, 안식에 이르런 역사의 의미가 무엇인

---

12. 역주) 종은 그리스도를 가리킨다.
13. Bavinck, *Gereformeerde dogmatiek,* dl. 3, 480.

지 다시 생각하도록 하기 때문이다.

이전 장에서 우리는 지식의 **방법**이 변하고 계시의 **수단**도 달라지지만 오류로부터 해방된 지식의 **내용**은 그대로 유지될 것이라고 강조했다. 이는 요한계시록과 성경의 다른 종말론적 예언들의 모든 예언의 권능을 부인하지 않는 한 유지되어야 한다. 우리의 믿음의 확신에 의하면 우리는 이 생각을 성경의 '어린 양의 혼인식'에 대한 구절들에서 확인할 수 있다. 다른 곳에서 어린 양은 '일어서서 죽임을 당한 것처럼' 보인다.[14] 그리고 여기서 온 역사가 먼저 낮아지시고 (도살당함) 지금 높여지신 (일어섬) 그리스도 안에서 하늘의 주목을 받고 있다는 것이 나타난다. 왜냐하면 역사의 과정 전체가 그리스도의 낮아짐과 높아짐의 전과 후를 통해 지배되었기 때문이다. 만약 역사 안에 나타난 하나님의 사역에 대한 모든 통찰력이 불가능하거나 증명될 수 없다고 생각하는 그들의 주장이 옳다면, 요한계시록에 나와있는 어린 양에 대한 이야기는 무슨 의미가 있겠는가? 어떻게 하늘이 도살당하고 서 있는 어린 양에 대해 진심으로 찬양할 수 있겠는가? 왜 하나님의 아들이 도살당해야만 하는 어린 양처럼 나타나야 했는가? 오직 역사와 죄와 은혜, 죄책과 회개, 죽음과 삶의 드라마를 그것의 완전한 율법 안에서 알고 분간하고 들여다 볼 수 있는 자만이 그 질문에 대해 대답할 수 있다. 그리고 오직 그만이 그 대답을 노래로 만들 수 있다. 만약 당신이 천상의 현재적 구원에서 역사의 과정에 관한 이 통찰력이 없다고 생각한다면, 하늘의 노래에 대해 성경이 들려주는 소리가 분명하지 않게 된다. '우리를 그의 피로 사신 어린 양에게 예배와 찬양과 영광이 영원 무궁토록 있을 지어다.'[15] 그도 그럴 것이 사셨다는 것이 무엇인가? 왜 (그의 피로) 사신

---

14. 계 5:6.
15. 계 5:9-13.

것이 필요했었나? 왜 산 대가가 그의 피여야만 했나? 만약에 하늘에서 이 질문들에 대한 대답이 계속 없다면, 하늘의 노래는 텅 빈 소리일 것이다. 그러니 이는 그분의 거룩함을 침해하는 것이다.

그래서 특히 하늘에서 역사의 의미와 진전에 대한 통찰력이 예리하고 분명하다는 것을 받아들일 때, 수수께끼는 아주 흥미진진해진다. 왜냐하면 한편으로 역사가 퇴장하시는 중보자 그리스도로 끝나는데, 이 역사의 마지막 행동인 퇴장은 구원받은 자들의 엄밀한 관심을 끌고, 한 순간도 놓칠 수 없다. 그런데 그렇다면 어떻게 어린 양의 혼인식에 대한 이야기가 있을 수 있다는 말인가? 어린 양이 한 '사람'의 보좌를 차지할 수 있을까? 그리스도가 아니라 주 하나님 자신이 그 '사람'이다. 누군가 이렇게 물을지도 모르겠다. 그러면 혹시 여기에 구원받은 자들이 가지고 있는 통찰력, 즉 역사의 진행과 의미, 목표와 완성 telos에 대한 통찰력이 그들이 신랑이신 어린 양과 함께 혼인식에 영원히 참석함으로 '역설적으로' 깨어지지는 않을까?

그것이 바로 이 문제의 핵심이다.

§3. 수수께끼를 해결하기 위한 근본사상

'어린 양의 혼인식의 성찬'이라는 용어는 더 이상 크게 어렵지 않다. 해결책이 명백하다.

먼저 요한계시록이 거의 연속적으로 비유를 사용한다는 것을 생각해 보라. 비유는 늘 특별한 방법을 통해 설명하는 것이 필요하다. 한편으로 각각 하나의 구체적인 비유에는 오로지 한 가지 요점이 있다. 그래서 비유에서는 다양한 요점을 늘리는 것을 주의해야 한다. 다른 한편으로는 환상의 비유는 항상 다음의 특징이 있다. 즉 한 비유가 명백해지기 위해서는 다른 비유가 필요한데, 이는 이로써 비유가 가리키는 실체를 다시 다른 요점으로 명료하고 투명하게 만들기 위해서이다. 성경은 우리가 어떤 비유에서 어떤 하나의 특징을 편협적으로 분리시키는 위험에 대해 우리를 경계시키고 있다. 이런 이유로 성경은 우리에게 다른 것을 준다. 첫 번째 비유를 보완하는 두 번째 비유다. 이 두 번째 비유는 첫 번째 비유를 교정하는 것이 아니라 거기서 따로 떨어져 나온 망상을 교정한다. 우리는 이미 §2에서 언급된 '일어서시고' '도살 당하신' 어린 양에 대한 환상에서 본 것처럼 비유 자체가 사려 깊은 논리적 '영광'을 찾지 않고 현실에서는 결코 동시에 일어날 수 없는 특정한 특징들을 사려분별 없이 하나의 똑같은 비유에 집어넣고 엮어 넣는다는 것을 배우게 된다. 그리고 이 사실 자체가 이미 우리가 '어린 양의 혼인식'의 비유를 편협적으로 만들어서 그리스도가 신랑이신 것과 하나님이 신랑이신 것을 딜레마로 만드는 것을 금지한다.

'어린 양의 혼인식의 성찬'에 대한 장, 즉 요한계시록 19장을 신중하게 읽는 모든 이들은 이제 올바른 방향으로 가는 두 번째 단계를 밟는다. 왜냐하면 17절에는 두 번째 '성찬'에 관한 이야기가 있는데, 9절과 17절 둘 다 '성찬'에 관해 이야기하고 있다. 둘 다 같은 헬라어 단어를 사용하고 있다. 그럼에도 불구하고 첫째 '성찬'과 둘째 '성찬' 사이에는 큰 차이가 있다. 첫째 성찬은 은혜를 통한 교제의 행위이고, 둘째는 심판의 집행이다. 하지만 지금 우리에게 이것은 별 상관이 없다. 우리에게 지금 상관 있는 일은 다음과 같다. 두 번째 성찬은 하늘의 모든 새들이 (21절을 비교해 보아라) 맛있게 식사하는 피투성이의 식사이다. 독수리들과 대머리 수리들 등등. 아마 이사야서 66:24를 생각나게끔 하는 '하나의 감동적인 거대한 사람과 동물의 시체'에 대한 묘사가 주어진 것 같다(Greijdanus).¹⁶ 이 사람들과 동물들은 하나님의 주권이라는 권위에 대항해 쓰라린 투쟁에 패배했다. 그리고 그 묘사에는 새들이 그들의 살을 맛있게 식사한다. 그러니까 그 묘사에서 이 새들이 성찬을 먹는 것이다. 그럼에도 불구하고 그 성찬은 **하나님의** 성찬이라고 불린다. 어떤 사본에는 '성대한 하나님의 성찬'이라고 써있다. 그래서 여기서 이 성찬은 오로지 새만이 손님으로 초대되었다는 상징을 가지고 있지만, 전체적으로 이 경우는 심판을 그의 손에 쥐고 있고 스스로 실행하시는 **하나님을** 즉시 상기시킨다(겔 39:17-21을 비교해보라).

여기서 우리는 우리의 시선이 **도구**에서 **섬기시는 하나님**으로 즉시 올라가게 되는 것을, 그리고 식탁에 앉은 손님들로부터 그 식탁을 **차린 그분에게로** 향하는 것을 보게 된다. 어린 양의 혼인식의 다른 성찬도 마찬가지다. 여기서도 잔치에 참여한 무리가 그 무리를 형성하신 하나님으로부터 잠시도 분리되지 않고, 식탁도 그것을 모든 만물의 처음과 마지막의 근본으로 세우신 그분으로부터 한 순간도 분리되지 않는다. 그래서 **어린 양**이 교제의 식탁에 첫 손님으로 여겨진다면 어린 양은 머리와 처음 뿐만 아니라 교회의 대표자로 보아야 할 것이다. 이렇게 어린 양 자신은 하나님을 가리킨다. 그리스도는 ('어린 양'이라는 이름에서 알 수 있듯이) 하나님께 계속 복종하고, 형벌을 받기에 마땅하지 않음에도 스스로를 하나님께 제물로 바쳤다.

이것과 관련하여 이 성찬이 과연 그리스도가 제정하시고 우리 모두에게 알려진 성례를 기억하는 것을 의도한 것인지 질문이 떠오를 수 있다. 몇 절 후에 '**성찬**盛饌'이라는 단어가 성찬의 **성례**와 아무런 관련 없이 사용된 사실은 우리가 조심해야 할 것을 경고한다. 이런 비슷한 경고를 우리는 부유한 왕이 손

---

16. Greijdanus, *Openbaring des Heeren aan Johannes*, KNT, 397.

님들을 그의 잔치에 초대하는 마태복음 22:3-14에서도 받는다. 그들은 거기에 '청함을 받았다'. 우리는 '청함을 받다'라는 같은 단어를 요한계시록 19:9에서도 읽는다. 큰 잔치는 보통 저녁에 열린다. 그래서 '성찬'이라는 단어가 예를 들어 '저녁식사'라는 단어처럼 우리가 아는 성례를 곧장 연상시켜서는 안 된다.

그러나 그럼에도 불구하고 우리가 요한계시록 19:9에 나오는 성찬을 우리가 우리 예배에서 아는 성찬과 감히 계속 연결시킨다면 그것은 다음과 같은 다른 이유에서일 것이다. 즉 그리스도가 우리의 죄를 위해 죽으신 **어린 양**으로 가리키고 있기 때문이다. 이런 이유로 하늘 교제의 잔치는 그리스도의 속죄의 죽음과, 속죄제와 직접적으로 연결이 된다. 하나님의 어린 양이 하나님 **보좌** 앞에 도살당해 '서 있는 것'처럼, 자녀들의 식탁에 있는 어린 양은 도살당해 '앉아 있는 것'처럼 그려진다. 그 '앉는다'는 말은 **교회**와의 **교제** 안에서 축하하는 그분의 승리를 뜻한다. '서 있다'는 말 역시 같은 승리를 가리킨다. 이 승리는 오로지 하나님을 섬길 온전한 준비가 되어야 축하할 수 있다. 그래서 이 잔치는 우리에게 그리스도의 죽음에 대한 기억을 영원토록 기념케 하는 '성찬의 성례'를 분명히 상기시켜주는데, 이것을 그리스도와 그의 삶의 구체적인 열매로부터 보아야 한다.

이것은 우리로 하여금 또 다른 생각을 하게끔 한다. 옛 성찬은 특히 **기념과 기억을 하기 위해** 제정되었다. 그런데 모든 세기에 걸쳐 영원히 지속되는 것이 하나 있는데, 그것은 그리스도가 공예배의 순서에서 **'기념하도록 제정하신 것'**이다. 이것은 하나님의 계시 역사 안에서 지나가고 바뀌는 그 모든 것 중에도, 심지어 위에 있는 더 좋은 성찬식탁을 위해 아래에 있는 성찬식탁이 자리를 만들고 온 세상이 다 불타서 없어질 마지막 시대에도 지속된다.[17]

---

17. 고전적인 성찬식서를 비교해 보라: 'De Here Christus heeft het avondmaal verordineerd en

하나님의 이름을 기억하는 것은 이미 구약에서 예배의 장소를 선택하고 그것을 준비할 때 나오는 전형적인 문구이다.[18] 이제 우리가 이미 본 것처럼 새 예루살렘에서는 '하나님의 거처가 사람들에게' 온다. 그 결과 그 곳에서는 모든 것이 기억된다. 이 기억은 단편적인 궁핍과 분열이 없는 순수하고 완전한 것이다. 다시 말해 구원역사의 그 어떠한 단 하나의 **사실도** 그것이 전체 계시 역사와 관계 없이는 절대 기억되지 않는다는 것이다. 그래서 어린 양을 기념하는 것은 곧 유대 지파의 사자를요한계시록 5:5 기념하는 것이고, 골고다를 기념하는 것은 동시에 역사의 처음과 마지막을 기념하는 것이며, 보내심을 받은 자를 기념하는 것은 동시에 보내신 자를 기념하는 것이다. 하늘에서는 **어린 양의** 혼인식의 성찬이 곧 자동적으로 **하나님의** 혼인식의 성찬이다.

이 모든 것이 타당한 것은 '어린 양의 혼인식의 성찬'에서 '혼인식'이 **영원하기** 때문이다. 그래서 이 '혼인식'은 결코 혼인식에 이어지는 결혼의 교제로 들어 가는 입문행위가 아니다. 이 비유에서는 혼인식의 묘사는 결혼과 결혼생활에 대한 묘사로 꽉 차있다. '영원한 구원'은 '혼인식으로 묘사된다. 마태복음 22:1 이하; 25:1-13'(흐레이다뉘스).[19] 그러면 어떻게 이 혼인식에서 어린 양이 자기의 교회와 함께 하나님께 등을 돌릴 수 있겠는가? 아니다. **모든** 신랑이 그의 신부와 함께, '그 자체로 끝나는 것'Selbstzweck이 없는, 온전한 세상에서 하나님께로 향한다. **이것이 그리스도의** 혼인잔치의 본질적인 것이기도 하다. 참고로 그분은 교회의 영광스러운 머리로서 교회와 함께 새로운 인류인 하나님의 신부의 일부이기도 하다. 첫 번째 아담이 이 신부에 속했고, 두 번째 아담도 마찬가지다. 신부의 몸에서 그분은 머리이시다. 그리고 신부의 기억에서 그

---

ingesteld tot zijn gedachtenis'.
18. 신 12:5, 11; 16:6을 비교해 보라.
19. Greijdanus, *Openbaring des Heeren aan Johannes*, KNT.

분은 자기 자신의 살과 피로 혼인식탁을 차리셨고 그것에 대한 권리를 획득한 분이시다. 따라서 혼인식은 당연히 그의 이름을 따서 불린다. 하지만 원리적으로 그분은 스스로 자신이 머리이신 새 인류의 교제권에 두 번째 아담으로 들어왔다. 그분도 마찬가지로 여호와가 남편이신 신부에 속해 있다. 왜냐하면 말씀이 육신이 되었고, 지금도 유지되기 때문이다.

그래서 우리는 이 '성찬'을 여기서 성례와 분리시키면 안되지만, 그것으로부터 정확히 구분해야 한다. 기념하는 것은 하늘에서는 동시에 고백하고, 말하고, 자랑하고, 찬양하는 것이다. 그것은 더 이상 '표'와 '인'印을 찾는 것이 아니라, 확인받는 것이고 하나님의 참되심을 보증받고 보증하는 것이다. 그것은 영원히 보는 것이고, 모두의 하나님이시고 주이신 그분께 올라가는 것이며, 하늘과 땅의 하나님께 함께 올라가는 것이다.

그리고 지옥의 하나님께 올라가는 것이다.

왜냐하면 이것에 관해서, 루돌프 오토는 부당하게도 성찬의 기원을 젊은이들의 의식을 위한 내부식사 혹은 하부라chaburah, 친구의 종교적 잔치, 그러니까 내막을 잘 알고 있는 친구들, 동반자들, 동료들의 폐쇄적인 회의로 보았다. 여러 의례 규정을 지킴과 동시에 하부라의 일원은 이런 잔치에 모였다. 이 견해에 따르면 성찬은 결국 비밀스럽고 내부지향적인 '신비'이다. 그곳에 참여하는 자들은 내면적이며 교제권에서 스스로를 차단하는 '내부지향적인 자들'의 모임을 형성했다. 오토는 누가복음 22:18에 나오는 성찬이 외경 에녹서가 유대 종말론의 기본 모티브에 속한 이후로 '메시아적 만찬'과 닮았다고 말한다.[20]

이 본문은 나중에 다시 다루겠다.

그러나 우리는 이미 이러한 비밀스러운 잔치에 대한 모든 관념觀念을 거부

---

20. Otto, *Reich Gottes und Menschensohn*, 223-244.

한다. 왜냐하면 진정한 메시아적인 것은 오히려 모든 비밀스러운 예배를 파괴시키는 것이기 때문이다. 메시아는 자기끼리의 작은 모임이나 작은 교회에 오시지 않고 내부지향적인 자들의 모임에도 오시지 않는다. 그분은 **인류에게** 오신다. 그래서 그분은 창문 블라인드가 설치되어 있는 홀에서 자기 잔치에 초대된 자들과 인사하지 않을 것이다. 아니다. 그분은 자기 식탁에서 (새로운, 진짜 인간다움으로 돌아온) **인류와** 연결하신다. 그리고 그분은 전 피조물이 이 큰 교제의 잔치에 부름을 받은 이상 그들을 기쁨에 참여시키신다. 요한계시록 19:9에서 **성찬**이라는 단어는 요한계시록 19:17과 마찬가지로 비밀스럽지 않다. 하나님의 첫번째 성찬은 공적이며, 두번째도 마찬가지다.

그래서 만약 그리스도가 '새로운 인류'를 자신의 식탁에 함께 부르시면, 그리스도는 그 인류와 함께 온 세상이 보는 앞에서 나아간다. '문들은' 나중에 '닫힐 것이다'. 그러나 그것은 오직 **나중에** 그 누구도 들어올 수 없다는 의미다. 왜냐하면 모든 이가 각자 투명한 유리 집에 살고 있지 않는가 – **열린** 문의 비유가 또한 적합한 것은 바로 이 때문이다.[21] 모든 만물들이 하나님 앞에서 열려 있고 드러났다. 그래서 **어린 양의** 혼인식의 성찬은 또한 위대하신 **하나님의** 성찬이다. 하나님은 두 가지의 성찬을 가지신다. 심판의 성찬과 사랑과 은혜의 성찬이다. 첫 번째 성찬인 심판의 성찬에서도, 그리스도가 심판의 집행자다.[22] 그럼에도 불구하고 성찬은 심판의 도구 (대머리 수리와 독수리)의 이름을 따서 불리지 않는다. 그리스도의 이름을 따서 불리지도 않고, **하나님의** 이름을 따서 불린다. '위대하신 하나님의 성찬'으로 불린다. 다른 성찬인 혼인식의 성찬에서도 마찬가지다.

---

21. 계 3:8, 20; 4:1; 21:25을 비교해보라.
22. 계 19:17-18.

§4. 성대(盛大)한 성찬과 '역사의 중간'

그러므로 어린 양의 혼인식의 성대한 성찬은 구원받은 자들이 분리되지 않고 나눌 수 없는 관심을 가지고 즐겁게 함께 사는 것이며, 또 모든 하나님의 가족들이 그리스도와 함께 하나님 눈 앞에서 함께 사는 것이다. 우리가 이렇게 볼 때에, 성경에 의하면 하늘은 **역사**의 어떤 순간으로부터도 비껴가지 않는다는 확신을 바로 가진다. 왜냐하면 이 성찬도 하나님과 어린 양의 식사이기 때문이다. 이것은 의도적으로 그리스도에 대한 어떤 사상이나 유사한 것이 아니라, 그리스도의 성찬으로 불린다. 그분은 '승화되지' 않으며 그분의 높으신 이름은 그리스도의 신격화로 가는 그렇게 낡은 다리가 되지 않는다. 하나님은 자기의 영광을 다시 한번 피조물에게 주실까? 사람들은 그리스도를 그곳에서 역사로부터 해방된 초월적이고 무색적이고 연대기가 없는 영광스러운 상태로 '보지' 않는다. 아니다, 그분의 영광은 거기서도 언제나 그분의 낮아지심의 결과로 여겨진다. 바울은 빌립보서 2장에서 그리스도가 높여진 것이 그분이 견딘 낮아지심 때문이라고 말한다. 이렇게 함으로써 성경 스스로 그리스도의 죽기 전 이 땅에서의 삶을 먼저 부활 이후의 땅에서, 그리고 이후에, 하늘에서의 삶과 깊은 연결을 맺는다. 우리는 여기서 p.80에서 인용한 키르케고르의 단어를 기억한다. 그에 의하면 그리스도의 낮아지심과 높아지심은 역사, 즉 '1800년'과 아무런 상관이 없다. 그러나 우리는 바울이 이와는 완전히 다르게 생각한다는 것을 본다. 그리스도의 낮아지심과 높아지심은 둘 다 시간 안에 들어오며 - 그런데 두 번째 시간, 예를 들어 '신학적인' 시간은 없다 - 또 같은 공간 안으로 들어온다. 그리고 지금 그분이 우리를 떠났다 하더라도 우리가 이미 본 것 처럼 간격은 사실 없어졌다.

자, 역사에 대한 이 성경적인 평가는 나중에 '성대한 성찬'이 영원히 증언할 것이다. 역사에 대해 '영광스러운 것들을 말하지' 않는 자는, 하늘과 하나님에 대해 죄를 짓는다.[23] 왜냐하면 하늘은 역사의 큰 가치를 영원히 인정하기 때문이다. 즉 하늘은 '혼인식의 성찬'을 어린 양의 이름을 따서 쓰게 하였다. 어린 양은 '도살당한' 채로 '서 있다'. 즉, 하늘의 영원한 정통신앙 안에서 모든 완전한 율법을 항상 온전하게 들여다 볼 때에는 그리스도의 높아지심(서 있는 것)이 그의 낮아지심(도살당함)으로부터 결코 분리될 수 없다. 그리고 사람이 그곳에서 **말하는 것은** 사람이 그곳에서 **보는 것**에 대한 대답이 된다. 왜냐하면 우리의 구원을 위해 자신의 피로(낮아지심) 사신 어린 양께 영원히 찬양과 영광이 돌려지기 때문이다(높아지심). 보고 말하는 것은 영원히, 하나님 사역의 충만함 같이, 일어난 것에 대해 올바르게 다루어진다. 누가복음 2장의 천사의 노래는, '인간적인 원인'이 결코 있을 수 없는, 위에서 기독론적으로 영향을 미치고 거행된다. 그리스도는 낮아지시고 높아지신 분으로서 무엇보다 시간의 진행 속에 오신다. 나중에도 그분은 이렇게 똑같은 연속성 안에서 하늘의 현재완료로 오신다.

이렇게 성찬은 우리가 위에서 (p.110) 언급한 '역사의 중간'die Mitte der Geschichte과 아주 가까운 관계에 있다.

우리는 이미 폴 틸리히가 이 표현을 도입한 이유가 그것에서 역사를 설명하고 기독론적으로 해석하기 위함이라는 것을 들었다. 하지만 위에 설명한 틸리히의 '그리스도'는 성경의 그리스도와는 다른 분이라는 것이 밝혀졌다.[24] 틸리히의 교리에 의하면 그리스도는 역사에 '의미를 주는' 원리가 가시화되는 '장소'일 뿐이다. 하지만 이것은 실재하지 않는 기독론이고 사실 기독론의 왜

---

23. 시 87:3; 눅 15:21을 비교해보라.
24. 제 2장 §5.

곡이다. 그리스도는 '원리'를 가시화시키는 자가 아니라, 하나님의 아들이고 사람의 아들이다. 그리스도 안에서도 역사의 의미는 아직 가시화되지 않았다. 왜냐하면 우리는 역사의 '의미'를 단지 믿을 수 있기 때문이다. 이곳 아래에서는 믿음 없이, 또 말씀 없이는 아무것도 '보지' 못한다. 그리고 역사는 그리스도를 통해 하나님께로 '환원되지' 않는다. 왜냐하면 하나님은 주권자이시고 지옥에서도 그렇기 때문이다. 그러기 때문에 세상은 결코 그분의 손 아래에서 무의미하게 걸어차이지 않았다. 광기 있는 것은 '그분'의 '의미들'에서 온 것이지만, '그 의미'에서 온 것은 아니다. 하지만 분명한 것은 역사의 의미가 계시되고 유지되는 것은, 바로 그리스도 안에서, 그리고 그리스도를 통해서이다. 저주의 심판과 영원한 혼인식에 들여보내는 것에 있어서도 말이다.

그래서 이제 우리가 틸리히를 이어서 성대한 성찬에서 역사의 의미가 드러난다고 말한다면, 이는 틸리히가 의도한 것과는 전혀 다른 의미를 가지고 있다. 왜냐하면 믿음이 결국 보는 것이 되었기 때문이다. 즉 믿음 안에서 이미 감사하게 받은 것을 보는 것이다. 바로 그런 의미이다. 왜냐하면 그 다른 '성찬'에서, 종말론적인 심판의 식사에서 (위를 참고하라) 드디어 '역사의 의미'가 명백해지기 때문이다. 하지만 그곳에서는 무엇보다 불신앙으로 유기된 것을 '보는 것'이 있다. 결국 '보는 것'은 어디서나 기독론적이다. 지옥과 하늘에서도 기독론적이다. 하지만 지옥은 그분을 기념하려 하지 않고, 오히려 그 기념을 훼손하며 거부한다. 오직 하늘의 혼인식 손님들의 공동체만이 그분을 기념한다.

그래서 그리스도의 죽음과 부활의 역사적인 사실만 하늘에서 영원히 기억되는 것이 아니라, 우리가 본 것처럼 그분을 통해 정해진 역사 전체를 하나님의 절대적인 주권 아래에서 볼 수 있다. 그리스도를 '역사의 형이상학적 근원'이나 (심지어 하늘의) 역사를 기술하는 입장의 방법론적 설명원리로 보지 않고, 특별히 **어린 양**으로 봄으로써 '하늘의 무리'는 이 시대에 일어난 모든 일들을 **하나님께로** 환원한다. 다른 말로 표현하자면 하늘은 기독론적으로 christologisch 뿐만 아니라 하나님중심적으로도theocentrisch '본다'.

이런 이유로 단테의 묘사는 필연적으로 원칙적으로 청산되는데, 그는 자기의 서사시에서 이른바 레테라는 **망각의** 강江에 대한 신화적인 생각을 드러냈다. 고대 신화에서 이것은 죽은 자들이 자신들의 모든 과거를 잊기 위해 마셔야 하는 지하 세계의 강이었다. 레테는 역사와 이별하게끔 했다. 단테도 하늘 낙원으로 올라가는 자신의 이야기에서 이 고전적인 묘사를 사용했다. 요컨대 시인이 하늘의 대기권을 통해 태양으로 향해 올라갈 때에 그는 무엇보다 레테 강에서 정지한다. 왜냐하면 그는 죄의 힘과 죄를 상기시키는 짓누르는 기억을 자신에게서 떼어놓아야 하기 때문이다. 이것과 관련하여 우리는 '죄'라는 단어를 너무 좁게, 특히 개혁주의적인 의미로, 생각하지 말아야 한다. 왜냐하면 '죄'는 여기서 거의 '유한有限의', '상대적인', '역사적인' 이라는 뜻과 거의 동일하기 때문이다. 시인은 – 이것은 자신의 하늘의 대화에서 계속 나오는데 – 시간과 공간의 차원과 함께 땅을 잊어야 한다. 그는 '상대적인' 모든 것을 자기 생각에서 지워야 한다. 왜냐하면 영혼이 더 높이 오를수록 정반대로 개념의 세상과 개념적 생각이 있는 이 땅이 더 우습고 형편없어 보이기 때문이다. 단테가 레테를 건넜을 때에서야 다른 물가에서 '승리하는 교회'의 놀라운 행진이 자신을 마중 나올 수 있다. 그곳에는 승리의 마차가 그리스도의 영광을 위해 달린다. 그리스도는 이십사 '장로들'과 네 '생물들'과 날개가 달린 '동물들'과 함께, 네 개의 세상적이고 세 개의 영적인 (신학적인) 덕의 상징인 여성의 형상들에 둘러싸여 있다. 단테가 한번 더 레테에서 목욕을 하고 나서야 스스

로 축제의 행진에 들어갈 수 있다.[25]

이와 같은 모든 신화적인 시에서 우리는 제 1장에서 이야기한 신 플라톤주의적 사고의 영향을 바로 알아차릴 수 있다. 모든 역사적 삶은 하늘이 문을 여는 바로 그곳에서 그 가치를 잃어버린다. 그곳에서는 역사적인 것이 한 번에 상대적으로 보이게 된다. 인간은 초대립성Übergegensätzlichkeit 안에서 해방된 의식을 가지게 된다. 이 땅에서 판결의 책들에 가득했던 각각의 찬양하거나 부인하는 말들은 그 날카로움과 논리적인 능력을 잃는다.

역사를 향한 이러한 거절Absage과 이러한 방향을 가리키는 각 경향에 대해 성경은 말씀의 아름다운 소리, 즉 오직 어린 양의 혼인식의 성찬만을 통해 이미 반대하고 있다. 그곳에 (어린 양의 혼인식의 성찬) 부르심을 받은 자는 레테에서 목욕을 하지 않는다. 그들은 역사의 중간die Mitte der Geschichte을 염두해 두고 그곳에서부터 역사의 시작과 마지막을 살펴본다.

단테의 강은 한편으로 레테라고 불린다. 이는 땅으로 향하고 있는 물가인데 레테, 망각이다. 다른 물가는 유노에Eunoe이다. 이것은 '만족'이라는 뜻이다. 하지만 성경은 우리를 죽음의 요단강으로 건너가게 하거나 '나눌 수 없는 순간'을 지나가게 한다. 그리고 그곳에는 오로지 하나의 소리만 지배하는데, 유도키아Eudokia, 즉 하나님의 영원한 **기쁜 뜻**이다. 성경에서는 두 물가가 가진 다양한 이름을 가진 강이 없다. 심지어 죽음의 강도 없다. 그 강은 두 물가에서 **통행의**-강, 영생을 향한 통행의 강으로 불린다. 왜냐하면 도살당한 어린 양은 분노와 만족을 연합하기 때문이다. 그리고 이렇게 **두 가지**를 기념하도록 제정되는데 첫 번째 성찬은 공적이고 두 번째도 마찬가지다. 그러나 이 두 식

---

25. 이 신은 단테의 *La divina comedia*에서 하늘을 밟기 바로 직전, 제 2권의 마지막인 연옥(*purgatorio*)에서 일어난다.

사는 '유리 집' 안에 차려져 있다. 이렇게 하여 성경을 믿는 이에게는 초대립성의 꿈이 산산조각 난다.

§5. 성대盛大한 성찬과 성취된 식탁공동체

'어린 양의 혼인식'의 '성대한 성찬'이자 성대한 식사가 그 이름을 신약의 성례인 '성찬'에서 그 이름을 **직접적으로** 빌리지 않았다는 것이 우리에게 분명해졌다. 성례는 정한 시간에 표와 인으로 돌아오지만, 성대한 성찬은 '영'과 '진리' 안에서 온전한 생명에 대한 지속적인 잔치이다.[26] 이것이 성례의 첫 번째 '성찬'과 두 번째 '성찬'의 근본적인 차이를 만든다. 이 부분은 나중에 다시 언급하겠다.

우리가 이 '성대한 성찬'을 성찬의 성례에서 믿고 소망하고 하나님으로부터 받는 것의 성취成就라고 부를 수 있는 한, 이것이 초기 기독교인들이 받은 '사랑의 식사'에서 똑같이 적용되었음을 생각할 필요가 있다. 이러한 사랑의 식사들은 초기 기독교 교회의 특정한 교제 행위였다. 우리는 그것을 성찬으로부터 계속 예리하게 구분해야 하지만 분리하지는 말아야 한다. 그리고 초기 기독교 교회에서 사랑의 식사가 성찬으로 넘어갔던 것처럼 이렇게 마지막 성찬이 다시 영원한 사랑의 식사로 넘어갈 것이다. 어린 양을 통한 하나님과의 교제와 서로와의 교제가 이제 함께 영원히-지속되는-환희 속에서 하나의 끊임없는 식사로 연합한다.

따라서 공동체의 식탁은 이제 하나님의 부르심을 받은 모든 이들에게 **함**

---

26. 요 4:24.

께 있을 것이다. 사랑의 식사나 기독교 교회의 성찬도 결코 '입장 금지'라는 간판을 치울 수는 없었다. 왜냐하면 그것들이 원래의 의도와 의미가 오직 '내부 지향적인 자들'을 위한 '신비예배'와는 조금 다르다 하더라도, 여전히 하나님이 '아시는 자들'을 동시에 모이게 할 수 없기 때문이다. 유아세례교인은 입교인들로부터 따로 떨어져 있고, 참회자들은 온전한 권리를 가진 회원들로부터, 병든 자들은 건강한 자들로부터, 가까운 이들은 '멀리' 있는 자들로부터 따로 떨어져 있었다. 그러나 **성대한** 성찬에는 언약공동체 **전체가** 그 식탁에 앉는 것을 보게 될 것이다. 새 예루살렘에서는 모든 문이 항상 열려 있다.[27] 그 어디에도 '입장 금지'라는 말이 써 있지 않다. '제자들'은 더 이상 없고, '미숙한 이들'도 없을 것이며, 참회자들은 알려지지 않을 것이고, 더 이상 온전한-권리를-가진-회원권에 대한 의심이 없을 것이다. 모든 이들이 성숙하며, 모두가 스스로를 알고 그 지식은 온전하다. 그 누구의 지성知性도 혼동되지 않으며 더 이상 자라는 중에 있지 않을 것이다. 시간 속에서 광기와 바보스러운 것이나 영혼의 질병 때문에 성례를 즐기는 것과 말씀을 듣는 것으로부터 배제된 하나님의 수천 자녀들이 그리스도의 몸의 성숙한 회원으로서, 그리고 '양들의 큰 목자'를 통해 나음을 입은 완전한 식사 참여자로서 죽음과 무덤의 경계 건너편에서 깨어난다.[28] 그리고 또한 아이들을 찾지만 이는 헛된 일이 된다. 거기에는 아이들이 없다. 왜냐하면 '아이'는 오직 무언가가 형성중이고 변화중인 세상에서만 생각할 수 있기 때문이다. 이곳 우리 세계에서는 우리가 아직 결혼하고, 죽으며, 혹은 '극히 작은 순간'에도 변하며, 또 아직 출산과 성장과 발달이 있다. 그러나 하늘에서는 더 이상 결혼을 하지 않기 때문에 '어른들'과 '어린

---

27. 계 21:25.
28. 요 10:10, 14; 히 13:20; 벧전 2:25.

이들'의 구분이 연결되어 있는 결혼이 결코 그리스도 (하나님)와 교회간의 위대한 결혼의 불완전한 반영反映이 될 수 없다. 하늘에서는 형성중인 삶의 가능성, 성장중인 삶이 없다. 네피오스nepios, 미성숙한 자, 인판스infans, 신생아 같은 용어들은 존재하지 않는다. 두 단어들은 문자 그대로 아직 스스로 말을 할 수 없는 사람을 뜻하며 아직 온전하다고 여기지 않고, 아직 미성숙한 자를 뜻한다. 하늘은 이러한 사람들을 알지 못한다. 바보들과 미치광이들은 그리스도의 교회의 성숙한 회원들로 깨어난다. 하나님께서 창세 이전에 이미 자기 자녀들로 받아들인 '미숙한 어린 시절의' 자녀들도 마찬가지다. 모든 것이 만개滿開하였다. 인간은 더 이상 '봉오리가 꺾이고 아침이 오기도 전에 시들어 버린 꽃' 때문에 울지 않는다클루스, Kloos. 그것은 이미 우리가 이전 장의 §3에서 하늘에 관한 모든 말에서 '다시 본다'라는 개념을 없애야 했던 이유 중 하나이기도 하다. 우리는 우리의 아이들을 더이상 아이들로 '알아보는' 것이 아니라 단순하게 '알게 될 것'이며 그들과 함께 어린 양의 혼인식에서 성찬을 기념할 것이다.

이렇게 됨으로써 말씀예배와 성례예배의 구분 자체가 없어졌다. 이 구분은 아래 (이 땅)의 교회조직에 있는 여러 기본 요인 중 하나였다. 왜냐하면 그곳에는 모든 이가 말씀예배에 참석할 수 있었지만 성례예배는 오직 의도적으로 허락된 이들만 참석할 수 있었기 때문이다.

하지만 이런 질서는 나중에 더 이상 존재하지 않는다.

왜냐하면 그때는 말씀의 예배와 성례의 예배가 없어질 것이기 때문이다.

나중에 성례는 더 이상 필요하지 않을 것이다. 성례는 '거룩하고 보이는 표와 인으로써 우리가 그것을 사용할 때에 복음의 약속을 더 잘 이해하고 인치기 위해서 하나님께서 제정하신 것이다. 즉, 하나님께서 십자가에서 이루신 그리스도의 유일한 희생으로 말미암아 죄의 용서와 영생을 우리에게 은혜로 주신다 라는 것이다'.²⁹ 그래서 그것들은 우리의 믿음이 말씀에다 표標와 인印을 필요로 한다는 생각에 근거한다. 다른 말로 하면 그것들은 믿음이 약하다라는 가정假定과 **성취된** 것의 미래를 가정假定으로 출발한다. 그러나 하늘에서는 아무 것도 약하지 않고, 어느 것도 더 강해질 수 없으며 그 어떤 것도 미래가 되지 않는다. 모든 것이 최대의 힘을 발휘한다. 표標는 더 이상 필요하지 않다. 통찰력이 깨끗하기 때문이다. 인印도 더 이상 아무에게 필요하지 않다. 하나님의 맹세는 성취되었고 우리는 이제 '얼굴과 얼굴을 대하여' 본다.

그리고 '말씀사역'에 대해 말하자면, 그것 또한 그곳에서 없어진다. 그때가 되면 하나님은 더 이상 옛 지식의 경로를 통해, 더 이상 말씀 계시의 통로를 통해 알 수 있는 분이 아니다. 그리고 나중에는 새로운 성, 새로운 땅과 새로운 나라도 이런 방법을 통해 더 이상 볼 수 없게 된다. 성경은 오늘날 이 세상에서 믿음을 굳세게 하고 믿음을 일으키기 위해 있다. 하지만 우리가 이미 말했듯이, 굳세게 하는 것은 더 이상 필요하지 않다. 일으키는 것도 그렇다. 네덜란드 신앙고백서벨직 신앙고백서가 처음에 말하는 두 종류의 '글자들', 즉 말씀의 글자와 '자연'의³⁰ 글자는, 나중에 하나가 된다. 하나님의 이름은 모든 곳에서 읽을 수 있고, 모든 것이 그분의 이름을 말하고, 하나의 표현을 다른 표현 없이 듣는 무리는 결코 없을 것이다.

그래서 성경과 성례가 없어지고 나면 지금 아직도 교회에서 성숙한 자를 미성숙한 자로부터 격리하는 마지막 장벽이 무너진다. 말씀과 성례의 구분은 더 이상 아무런 의미가 없다.

이는 하나님의 아주 크고 강력한 승리다. 이 땅에서 교회는 수세기 동안 말

---

29. 하이델베르그 요리문답, 답 66.
30. 네덜란드 신앙고백서 (벨직 신앙고백서) 2항.

씀과 성례, 이 둘의 관계에 대해 논쟁했다. 오늘까지도 그 씨름은 계속된다.

사실 그 논쟁은 끝날 징조가 보인다. 왜냐하면 논쟁하는 두 측에서 이 논쟁이 의미가 있었는지, 내놓은 딜레마가 정말 본질적인 것이었는지, 혹은 이 문제가 과연 적절했는지에 대한 질문을 하기 때문이다. 사실 그렇게 놀랄만한 일은 아니다. 옛날에 '말씀'과 '표'標나 '상징' 의 단어 사이에 예리한 구분이 있었더라면, 우리 시대에는 그 구분을 **없애려고 하는 경향이** 있다. 왜냐하면 우리는 최근 들어서 그 단어 자체를 적어도 사람들과 관련해서는 상징 이상으로 보지 않으려고 한다. 단어가 진리를 위한 의사소통의 수단으로서, 그리고 순수한 지식의 내용을 위한 표현방법으로서 객관적으로 신뢰할 수 있고 충분하다는 것은 더욱 더 부인된다. 한 사람은 단어에서 **표의문자**表意文字 사이에 있는 무언가를 본다. 그것은 한편으로 우리의 종교적 감정을 표현하기에는 완전하지 않은 것이자, 다른 한편으로는 '계시내용'이라 칭稱하기에는 완전하지 않은 **신화**이다. 다른 한 사람은 단어를 상징 이상으로 보지 않는다. 세 번째 사람은 모든 형이상학적인 개념을 오직 시프르chiffre, 즉, 암호문서로만 본다. 단어의 신빙성은 아무런 보증도 되지 못하고, 언어를 상징이나 표상 이상으로 보지 않는다. 그리고 물론 단어가 단지 상징이고, 실재하는 것의 전파가 아닌 기껏 더 이상 말할 수 없는 세계를[31] 가리키는 것이라면, 원칙적으로 말씀과 성례의 구분은 **이미**, 특히 지금 없어졌다. 나중에 올 수 있는 것은 오직 하나님만 아신다.

개혁주의 신학과 철학은 이러한 모든 생각들에 대항해 계속 **단어**의 의미를 추켜들었다. 그들은 단어의 지위를 낮추는 것을 거부한다. 왜냐하면 그들은 창조를 재창조 위에, 첫 출생을 중생重生 위에, 첫 번째 아담을 두 번째 아담 위

---

31. 역주) 이 세계가 아닌 나중에 올 세계를 말한다.

에, 그리고 첫 번째 땅을 새 땅 위에 '놓은' 동일한 하나님께서 마찬가지로 자기 피조물인 인간의 언어를, 이미 주시려고 계획했던, 계시 위에 '놓았기' 때문인데, 칼빈에 의하면 그 계시는 헛되지 않고 거짓되지 않으며 비어 있지 않고 우화 같을 수 없다.[32] 그래서 계시의 언어와 계시의 말씀이 우리 인간의 언어로는 항상 죄에 대한 심판이지만, 언어 자체에 대한 심판은 아니다. 그러므로 단어는 상징 이상이다. 그렇지 않으면 성찬은 말씀의 표가 아니라 표의 표일 것이고, 말씀 위의 인印이 아니라 인印의 인印일 것이며, 말씀의 상징이 아니라 상징의 상징일 것이고, 하나님의 값비싼 맹세에 대한 보너스가 아니라 맹세에 대한 심한 조롱일 것이다. 개혁주의 신학은 아니다 라고 말한다. 하나님은 계시를 통해 우리를 우리의 단어로부터 **구원했고**, 이러한 이유로 우리가 생각하기에, 교회가 계속 논쟁을 하는 이상 말씀과 성례는 합당한 이유로 계속 **구분되어 있어야** 한다고 말한다.

그러나 이 모든 것이 지금의 교회에 적용된다 하더라도, 여기 위에 서술된 교회의 승리하는 삶에서는 이 교의학적인 구분이 그 현실성을 잃었다. 교의학적인 것과 함축적인 것들은 연결된다. 모든 표標는 동시에 언어이다. 왜냐하면 예전에 언어말와 표標의 '영역들'을 분리하던 경계가 지워졌기 때문이다. 이제 우리는 '성 안에서 내가 성전을 보지 못하였으니'[33]라는 이 말의 종말론적 무게감을 보아야 한다. 그때에는 구약 뿐만 아니라 신약에 나오는 성전의 상징도 사라진다. 즉, 제단 뿐만 아니라 교회 '안의' 독립된 별도의 장소인 강단도 없어진다. 누구나 말씀의 종이자 예배자이며, 고백자이자 참회자이고, 용서를 전달하는 자이다. 그래서 모두가 사랑의 식사의 재료들을 전달한다. 나중된 모

---

32. Schilder, *Zur Begriffsgeschichte des Paradoxon*, 415-435, 463-467을 비교해보라.
33. 계 21:22.

든 자들은 먼저 된 자들이 될 것이다. 그러나 맨 앞에는 가장 먼저 영원한 기쁨의 하나님께 이 모든 것을 드리는 어린 양이 있을 것이다.

사실, 우리는 이 새로운 식탁공동체에 대해 아직 절반도 말하지 않았다. 새로운 성찬은 제일 성대한 성찬이다. 제일 나중의 성찬이란 말인가? 아니다. 그것은 충만한 것이고, 제일 먼저 된 것이며 최대의 것이고 영원한 것이다. 그것이 다양성-생각 속에 포함되어 있는 진리의 요소들을 성취함과 동시에 그 안에 부정확하고 영적이지 않으며 순수하지 않은 것을 완전히 없앤다.[34]

하지만 성대한 성찬은 부정적인 의미에서 교제 행위의 모든 장애물을 무너뜨릴 뿐만 아니라, 긍정적인 의미에서도 교제의 온전함 ('다형성') 이 충분히 적용되도록 할 것이다.

그것에 대해서 이야기 하고자 한다.

§6. 성대盛大한 성찬과 교회의 '다형성'多形性

성찬, 혼인식에서는 하나님의 공동체를 형성하는 힘이 모든 장애물을 관통하는 것을 우리는 보았다. 어린 양이 식탁과 기쁨을 이끄는 바로 그곳에 그분 안에서 공동체가 보증되고 특정되었다.

자, 어린 양은 그리스도시고 그리스도는 인자人子이시다. 그분은 특정한 형태의 사람을 나타내시는 것이 아니라, 참 인간적인 모든 것을 자신 안에서 연합하신다.

---

34. 이것과 관련하여 우리가 쓴 'Pluriformiteit der kerk en epigonisme', *De Reformatie*, 14 (1993-1934) [2월 2일 – 3월 30일, 1934년]와 15 (1934-1935) [11월 16일 1934년 – 4월 26일 1935년]을 보라.

그래서 그 어린 양은 그곳 영원한 혼인식에서 다양성verscheidenheid 안의 **하나 됨**eenheid과 '다형성'pluriformiteit 안의 '단일성'uniformiteit을 보증할 것이다.[35]

자, 각자의 삶, 각 사람과 각 세대가 '특별하고' '고유하다'. 어린 양이 성대한 성찬에서 다양성 안에서 하나 됨을 보증할 때 그 누구도 '본인' 자신의, '자기의' 특별한, '자기의' 특유의 인생사가 의미가 없어지거나 그것에 대한 기억이 뒷배경으로 밀리지 않을 것이다. 오히려 정 반대이다. 각자의 삶이 달랐고 각자가 특별한 일생을 가졌기 때문에 **어린 양의** 성찬에서는 그 특별한 것이 언급되어질 수 있고 표현되어질 수 있다. 그리스도는 그의 제자들에게 '내 아버지의 집에는 거할 곳이 많이 있느니라' 라고 말한다.[36] 이 말은 한 공동체 집에 아주 많은 '별도의 방들'이 있다는 뜻이다. 즉, 하나 됨 안에 큰 다양성이 있다. 그리고 하나 됨은 다양성이 이제 결국 완전한 표현과 연결을 찾았다는 것에서 보증이 된다. 우리는 하나 됨이 있음에도 **불구하고** 다양성이 있다고 말하지 않는다. 이것은 비논리적이다. 하나 됨은 각각의 특별함이 그 **정당성을 부여 받는 것에** 놓여 있다. 다양성이 적용되지 못하는 곳에서 하나 됨은 없어지고 삶은 짓밟힌다. 하지만 이것이 평화의 관계에서 그 특별한 점이 잘 나타나면, 하나 됨은 견고하고 지속적이게 된다. 클루스는 시를 '가장 개인적인 감정의 가장 개인적인 표현이다'[37]라고 말했다. 이 말은 '표현'이라는 개념에는 – 그것의 시도와는 조금 다른 – 공동체의 요소가 이미 나타나 있기 때문에 이

---

35. '단일성'과 '다양성'에 대해서 우리는 사실 오직 이것이 관용어의 정확한 시험에서 아주 반박할 여지가 있는 용어들을 필요로 한다는 조건으로 말한다. 이 장의 첫 번째 각주를 비교해 보라. 지옥에서의 '다양성'이나 각양각색에 대해서는 Schilder, *Wat is de hel?*, 106-124를 비교해 보라.
36. 요 14:2.
37. 윌렘 클루스 (Willem Kloos)는 이 표현을 그의 같은 80년대의 사람인 헤르만 호르터 (Herman Gorter, 1864-1927)의 *Verzen* (1890)을 평가하는 데 썼다; 이때부터 이것은 80년대의 일반적인 예술적 견해를 위한 표어가 되었다.

미 부정확하다. 그 개념은 공동체 요소 없인 불가능하다. 나아가 시에 대한 이러한 설명도 적절하지 않다. 왜냐하면 시는 '개인'을 그의 '개성'과 함께 '개인주의적으로' 공동체와 아주 즐겁게 경계를 짓기 때문이다. 특별함의 우스꽝스런 점은 특별'화' 하는 것에 있다. 이 점에서 성경은 다른 것들을 기대하고 약속한다. 다양성은 성경이 아는 모든 하나 됨 안에 그 적절한 표현을 찾을 수 있지만, 결코 개인주의적으로 이해를 하거나 잘못 설명하면 안 된다. 개인주의는 성찬을 하지 않는다. 그러나 성찬이 열리는 그곳에서 하나 됨은 다양성을 통해 표현 되어지고 다양성의 인정은 하나 됨의 본질적 사역과 특색을 의미한다.

그래서 성경은 모든 역사에 있는 다양성이 하늘에서는 완성된 표현으로 나타난다고 위로하며 용기를 불어 일으키며 설교한다. 비록 이것이 예를 들어 구약의 신자들을 왼쪽에 그리고 신약의 신자들을 오른쪽에 놓는 단테의 사고방식에 따라 일어나지 않아도, 성경에는 단테가 의도한 고유한 표현이 있다. 특히 요한계시록에는 이 생각을 추론할 수 있는 다양한 단서들이 있다.

예를 들어 요한계시록 14:3에 써있는 것에 주의할 필요가 있다. 거기에는 하늘에서, 즉, '두려움과 억압과 전투의 바다 건너편에'서 14만 4천 명이 부르는 '새 노래'에 대해 이야기하고 있다. 그리고 그 14만 4천 명 외에 그 누구도 이 찬양을 배울 수 없다고 써져있다. 이것이 무엇을 의미하는지는 그들이 사실 누구인지를 보면 명백하다. 사람들은 때때로 그들이 모든 구원받은 자들, 선택 받은 자들의 전 공동체, 그리고 아무도 셀 수 없는 큰 무리를 의미한다고 생각했다. 그 자체는 불가능한 것이 아니다. 왜냐하면 14만 4천이라는 숫자는 상징적이고 아무것도 부족하지 않는 큰 가득함을 가리키기 때문이다 (144=12x12. 1000은 10x10x10의 생산물이다. 12는 신적인 것(3)과 세상적인 것(4)의 협정을 의미하고, 10이나 1000은 완전함을 의미한다). 그럼에도 불구하고 이 경우에 그 14만 4천 명의 노래하는 자들은 단지 선택 받은 자들의 **일부**이다. 그들은 또한 인침을 받았다(계 7:3). 그리고 이 인침은 선택 받은 자들 안에서 그들이 가지고 있는 특별한 위치를 가리킨다. 그들이 아직 땅에 있을 때에 특별한 고난을 견뎌야 했기 때문에 그들은 인침을 받았다. 그들은 별도의 인침으로 보존되었다. 특별히 나타난 고난으로부터가 아니라, 파괴와 때가 되기 전에 멸망하는 것으로부터 보존되었다.[38] 사실 그들은 가장 많이 고난 받는 자들이다. 그들은 피의 증인일 뿐만 아니라 일반적으로 주님의 일을 위해 아주 무거운 고난의 길을 걸어가는 고난 받는 이들이다. 14만 4천의 생명과 14만 4천의 욥과 같은 자들이다. 요한계시록 7장에 나오는 인침의 원형을 우리는 욥의 사건에서 본다. 그 또한 특별한 고난에 노출되었고 사탄의 덫에 걸리게 되었다. 사탄은 그를 오로지 파괴하지만 않으면 됐다. 욥은 '때가 되기 전에' 죽을 수 없었다. 그래서 그는 같은 의미에서 '인침을 받았다'. 욥이 자기의 고난을 견뎠을 때 갑절의 영광을 받았던 것처럼,[39] 이 14만 4천 명 또한 특별한 영광을 받았다. 왜냐하면 그들은 이 인침에서 '아무도 셀 수 없는 큰 무리들'로부터 구별되어졌기 때문이다. 그들은 이제 영광에서도 다른 이들로부터 구별되어졌다. '특별한 영광이 죽음 후에 영원 안에서' 그들을 기다리고 있다. 그들은 '특별한 영광의 자리'를 얻는다.[40] 그래서 그들은 14:4에서도 '처음 익은 열매'라고 불린다.

이 특별한 영광은 어린 양의 혼인식의 공동체 식탁에 앉은 자들의 풍부한 다양성의 증거이지만, 그럼에도 그 영광은 그들이 부르는 노래가 그 누구도

---

38. Greijdanus, *Openbaring des Heeren aan Johannes*, KNT, 170, 166.
39. 욥 42:12-17
40. Greijdanus, *Openbaring des Heeren aan Johannes*, KNT, 166, 289.

배울 수 없다고 다시 한번 강조된다.[41] 여기서 하나님이 '그들과 함께 가신' '특별한 길'이 (단순한 사람들의 언어로 말하자면) 마땅한 인정을 받는다. 그들의 고난의 길을 특정 짓는 특이함은 그 응답을 그들의 천상의 구원이라는 '특이함'에서 찾을 수 있다는 점이다.

물론, 누구도 '그들의' 노래를 배울 수 없다고 해서, 그들의 인생행로의 특별함이 다른 이들의 인생으로부터 경계를 짓는다거나, 특별한 영광을 개인적으로 받아서 '교회 안의 작은 교회', 즉 하늘 공동체의 열린 들판 안의 사적인 '신비주의 모임'으로 자리 잡는다고 당연히 말할 수 없다. 이런 것이 의도한 바가 아니라는 것은 이미 **그들이 노래하는** 몇 개의 사실, 그리고 그들이 자신의 '감정'을 '표현'하는 것에서 알 수 있다(p.332-333 비교). 그들은 공동체라는 들판 전역에서 노래를 하고, 셀 수 없이 큰 무리를 지어서 그 무리를 향해 노래한다. 그래서 그들 또한 예수 그리스도의 **읽을 수 있는** '편지들'이자 **들을 수 있는** '노래들'로 머문다.

하지만 그렇다고 해서 고유성이 유지되지 않는 것은 아니다. 천사들은 그들의 노래를 배우지도 못했다. 다른 구원받은 자들 또한 그랬다.[42] 우리는 여기서 유명한 말을 생각한다, 펙투스 에스트 쿼드 디제르툼 파시트pectus est quod disertum facit, '누군가를 능변하게 (그리고 노래를 잘 부르게) 만드는 것은 마음이다'.[43] 혹은 사람이 '시인의 나라에' 가 보아야 그 시인을 이해할 수 있다[44]라는 그 날개 달린 말을 기억한다. 이 말을 신비적으로나 미학적으로 남용하는 것에 대해 경계한다면 그 누구든 그것을 안전하게 제안할 수 있다. 그 노래는 **가르쳐졌고, 계시**

---

41. 계 14:3
42. Greijdanus, *Openbaring des Heeren aan Johannes*, KNT, 190.
43. 이 표현은 Marcus Fabius Quintilianus (35-100)에서 왔다, *Institutio oratoria* X, 7, 15.
44. 독일 시인 요한 볼프강 본 괴테 (Johann Wolfgang von Goethe)의 시행에 의하면, 'Wer den Dichter will verstehen, Muss ins Dichters Lande gehen'.

되었으며, 또한 그 노래는 말씀의 **선포이다**. 그것은 여기서 신비주의와 유미주의唯美主義의 모든 형태를 거절하는 것이다.

두 번째 예는 요한계시록 21:14의 전언傳言에서 찾을 수 있다. 어린 양의 열두 사도의 열 두 이름이 새 예루살렘 성곽의 기초석에 쓰여져 있다. '이것은 열두 성문 사이에 있는 제일 밑의 성곽 부분이다. 이것은 어느정도 땅 위에 올라와 있어서 위에 쓰여진 이름들이 눈에 보일 것으로 생각된다.'[45] 즉, 그 열 두 이름은 그 성에 들어 가거나 나가는 모든 이들이 (물론 모든 것이 상징적이다) 그것을 읽을 수 있도록 눈에 띄는 자리에 놓여졌다. 이렇게 열 두 사도는 특별한 영광의 자리를 받았다. 다른 이들이 아닌 오직 그들의 이름만 공동체의 충분한 관심을 받게 된다.

계시록이나 다른 성경책에서 다른 예를 인용하는 것은 너무 나가는 일일 것이다. 우리에게는 우리의 주요 사상에 대한 예시와 증거 제시로서 하늘에서의 성찬이야말로 참 성찬이라는 이 말로 충분하다. 왜냐하면 그곳에는 큰 목자의 각 양들이 본인들만 가지고 있는 그 고유함을 특별하게 인정받아 양떼의 하나 됨 안에 받아들여지는 것을 느끼기 때문이다. 비록 잔을 드는 모든 이들이 내 잔이 넘치나이다라고 말하지만 '생명의 물'로 채워진 잔들은 여러가지다. 아버지의 집에는 많은 방들이 있다. 그러나 그것들은 함께 하나의 집을 형성한다. 한 집은 다른 집을 절대 차단하지 않는다. 벽은 폐쇄되지 않고 도시 지역 안에 있는 문은 항상 열려 있다.

하지만 교회의 '다형성'에 대한 하늘의 인식은 결코 인간의 기준에 의하거나, 혹은 우리같이 어리석은 사람들이 오늘날 서로에게 가진, 그리고 우리가 진실이라고 설명하고 싶은 조숙하고 미숙한 전망에 의해서 이루어지지 않을 것

---

45. Greijdanus, *Openbaring des Heeren aan Johannes*, KNT, 166, 425.

이다. 그렇다, 각자의 영광에 대한 자격은 자신의 **하나님과, 구원의 길과,** 하나님을 **섬김이** 자신에게 어떤 의미를 지녔는지의 질문에 대한 솔직한 답변에 달려 있다. 그래서 하늘에서는 예를 들어 모든 남자들이, 비록 그가 자신의 결혼 생활의 역사를 지금 진정한 의미에서 본다 할지라도, 마리아를 그 당시 자신의 아내보다 더 매력적이고 더 아름답게 생각하는 것은 '당연할' 것이다. 그리고 모든 여자들은 예를 들어 베드로를 그때의 자신의 남편보다 더 강력하다고 생각할 것이다. 첫 번째 아담은 자기 죄를 통해 잃은 가장의 권위를 나중에 두 번째 아담의 혼인식에서 다시 받는다. 하지만 그가 지금 다시 건강해졌기 때문에 그는 그리스도에게 굴복하고, 우리 또한 마찬가지다. 우리 모두는 다시 우리의 자리, **우리의** 자리로 돌아온다. 족장들은 더 이상 반역자들이나 경쟁자들을 찾아볼 수 없다. 각자 자기의 자리에서 보이고 자기의 자리에 머무를 수 있다. 가장 보편적이면서도 구체적인 존재ens concretissimum universalissimum이다.

이렇게 성대한 성찬은 모든 면에서 성대하다. 하나 됨 안에서 성대한데, 왜냐하면 다양성 안에서 성대하기 때문이다. 그렇다, 모든 것을 요약하자면 성대한 성찬은 '있는 자는 받아 넉넉하게 되되'라는 진리의 가장 순수한 표현이다. 하늘은 더 이상의 증거가 **필요하지** 않다. 그래서 그리스도는 **그곳에서** 자신이 교회의 머리이심을 증거한다. 이렇게 하늘 또한 역사의 전언傳言이 **필요하지** 않다. 그래서 그곳에서는 모든 것이 역사를 순수한 방법으로 이야기한다. 그곳에서 역사는 마침내, 마침내 참으로 적합하게 분류될 것이다.

§7. 성대盛大한 성찬과 '새 포도주'

하늘에서는 모든 것이 새롭다. 포도주 또한 마찬가지다. '보라, 내가 만물을 새롭게 하노라' 라고 하나님께서 말씀하신다(계 21:5). 따라서 성찬, '사랑의 식사'도 새롭고 '재료들'도 새롭다.

우리가 여기서 이 재료들을 우리가 알고 있는 떡과 포도주로 생각하면 안 된다는 것은 굳이 특별히 언급할 필요가 없을 것이다. 오로지 '배와 음식이 사라진다'는 사실만이 여기서 모든 것을 증명한다. 마태복음 8:11에 땅 끝에서 온 많은 이들이 앉고 누워서 넘치고 부요한 공동체를 즐기는 잔치에 대해 그리스도가 이야기할 때의 뜻은 완전히 다른 뜻이다. 여기서 잔치는 '온전한 복의 상징'으로 쓰여졌다. 이사야서 25:6; 마태복음 22:1-14; 26:29; 요한계시록 19:9을 비교해보라.[46] 인용된 곳에서 그리스도가 '하나님 나라'에 대해 이야기 할 때, 그분은 광범위한 '새 인류'에게 하나님의 통치가 인정되는 영원한 복락의 상태를 나타낸다.

이제 구세주는 똑같은 의미로 마태복음 26:29에서도 말한다. 거기서 그분은 (성찬 제도 이후이다) 자신의 아버지 나라에 대해 같은 의미에서 말한다. 그리스도는 하나님의 통치가 모두에게 인정받고 그 누구도 더이상 반대하지 않을 때 바로 그곳에 나중에 '종말의 영광'(흐로스헤이더)이 올 것을 말한다. 그리고 그분은 자신이 하늘의 복을 나누어 주시면서 새 포도주를 마실 것이라고 말한다(누가복음 21:18을 비교해 보라).

'새 포도주'는 무엇을 의미하는가? 그리스도가 성찬을 제정하신 후에 자기 제자들에게 '이제부터' 자기 아버지의 나라에서 **새것으로** 자기 손님들과 함께 마시는 날까지 '결코' '포도나무의 이 열매를 마시지 않을 것이다'라고 설명한 것은 무엇을 의미하는가?

---

46. Grosheide, *Evangelie naar Mattheus*, KNT, 103. J. Behm, *deipnon*, in G. Kittel (Hrsg.), *Theologisches Worterbuch zum Neuen Testament*, Bd. 3 (Stuttgart 1935)는 사 34:6; 렘 46:10; 습 1:7을 언급한다.

이미 지나가면서 지적했지만, 우리가 하늘에서도 '포도주', 진짜 포도주를 마실 것인지에 대한 이 떠오르는 질문에 대해 너무 많은 주목을 하는 것은 필요하지 않을 것이다. '자연'과 '역사'의 관계에 대해(p.146-152), 그리고 우리의 '거처'를 '보는 것'에 대해 (p.294-299), 그리고 그것과 연결이 되어 있는 '아는 것' 혹은 '알아 보는 것', '보는 것' 혹은 '다시 보는 것'에 대한 (6장) 질문들에 대해 우리가 언급했기 때문에, 이 질문은 우리 생각에는 불필요하다. 왜냐하면 '새로운', 종말론적인 포도주를 마시는 것에 대한 그리스도의 말을 들을 때 우리가 더 이상 '우리의' 포도주를 생각하지 않는 것이 이제 군말 없이 명백할 것이기 때문이다. 우리는 그곳에서의 사물의 질서를 상상할 때마다 '우리의' 포도주를 생각해서는 안되며 '우리가' 마시는 것을 생각해서는 안 된다. 지금 우리의 포도주와 우리가 지금 마시는 것은 이 세상에 속한다. 태양과 어떤 특정한 관계에 있고, 일정한 거리에서 어떤 기후학적이고 기상적인 관계에 있는 이 땅에 말이다. 만약 이 모든 것이 사라진다면, 혹은 오히려 이 모든 것에서 급진적인 변화가 일어난다면, 그 누가 그때도 이 지식을 가지고 포도주, 우리가 알고 있는 진짜 포도주에 대해 상상할까?

자, 이제 누군가는 포도주가 비록 '새롭다'고 일컬어지지만 그럼에도 항상 '포도주'로 남아 있다고 이의를 제기할지도 모른다. 그러나 우리는 이렇게 묻는다. 그렇다면 '새로운 하늘들'과 '새 땅'은 무엇을 의미하는가? 혹은 '신'약은 무엇을 의미하는가? '새로운'이라는 형용사를 가진 이 모든 경우에서 이 '새로운 것'이 급진적인 변화를 말한다는 것은 여기서 말할 것도 없다. 그리고 '하늘들', '땅', '언약' (혹은 'testament') 같은 명사들이 동일하게 유지된다는 것은 '새로운 것'이 옛 것**으로부터** (이미 논의된 '파국'에 대한 생각을 조건으로, p.93-97, 126-131, 206-221) 하나님의 가장 합법적인 개혁의 길을 통해서 발전했다는 깊은 뜻이 담겨 있다. 우리는 새로운 하늘들과 새 땅을 기대한다.

하지만 옛 것은 우리가 이미 보았듯이 먼저 '지나갔다'. 우리가 만약 '옛' 포도주를 새로운 (마지막, 영원한) 상태 안에서 지나간 것으로 생각하면 너무 지나친 것인가? 우리는 새로운 언약testament을 받는다. 하지만 그러기 위해서 옛 것은 먼저 '오래되고' '낡아져야' 하고, '사라져야' 한다. 만약 이 땅에서 있게 될 마지막 성찬에서의 '옛 포도주'가 '오래되고' '낡아지고' '사라지고 있다'고 말할 수 있다고 생각한다면 이는 지나친 말일까? 우리는 그렇게 생각하지 않는다.

그래서 우리는 이 '새' 포도주가 진짜-**포도주**-인지 아닌지에 대한 모든 추측들을 그냥 내려놓고자 한다. 새-포도주를-마시는 것, 즉, 새롭고 제일 새로운 시대에서 큰 공동체 식사를 하는 것, 바로 이는 그리스도의 선지자적 관점에서 볼 때 '옛' 포도주, '옛-포도주를-마시는 것'의 율법적 완성이다. 그리고 그리스도는 이 새 포도주를 마시는 것, (공동체) 잔에서 새롭게 마시는 것을 그의 새 언약testament의 완성으로 본다. 그분은 자기 제자들과 함께 성찬 상에서 연합할 때 그 새 언약testament을 알리신다. 그리고 신약의 흘러내리는 포도주로 묘사된 피 흘림이 그리스도의 마지막 제사장적 기도에서 그 마지막 열매를 맺을 때, 이 보혈의-포도주로 새 언약testament을 열어 그분은 더욱더-새로운 하늘에 도달하고 그곳으로 자신을 내뻗는다. 죽음에서 부활하시고 얼마 지나지 않아 그분은 서둘러 자신의 다음 잔치로 향하신다. 그분은 마리아 막달라에게 이렇게 말한다. 나는 **아직** 하늘로 승천하지 **않았다**(결혼식 당일 이른 아침에 신랑이 다음과 같이 말하는 것과 같은 열망이다. '**아직** 오후가 **아니다**, **아직** 결혼할 시간이 **아니다**'). 그분은 자신의 새 언약 제정에서도 조금 후에 더 새로운 것이 오는데, 지금의 새 술은 나중에 더 새로운 것으로 대체될 것이라고 말한다. 그리고 나서 그분은 온전하게 찬양을 부를 수 있을 것이다.

우리는 떠오르는 여러 질문들을 접어두려 한다. 우리는 그리스도가 이 새 포도주를 마실 것이라는 예고를 에녹서(62:14)라는 잘 알려진 종말론적 문서에서 '발췌했다'는 다른 견해를 광범위하게 다루지 않을 것이다. 우리는 단지 이 에녹서와 그리스도의 말씀의 일치를 증명하는 것보다 차라리 주장하는 것이 더 쉽다는 것을 말하려고 한다. 그러나 우리는 설명하면서 떠올랐던 여러 질문들과 함께 이것 또한 접어두겠다.

단지 우리는 최근에 관심을 모으고 있는 한 의견에 대해서만 잠시 숙고하려 한다. 우리는 다시 루돌프 오토를 언급한다. 이 학자에 의하면 (우리에게 잘 알려진) 첫 성찬이 어떤 한 특정 유형의 식사였다라는 것이 이미 언급되었다. 그는 리츠만Lietzmann(가이거Geiger와 비교해 보아라)[47] 과 같이 그 예가 **부활**만 찬이 아니었고, 성찬이 '헤베르 cheber, 동료'나 '하부라chaburah, 친구'의 '종교적인 식사'의 유형에 속한다고 생각한다(p.318 비교). '하부라'는 어느 정도 긴밀한 친구들의 모임인데, 이들은 직장이나 '벗'에 근거하여 모인다.

이러한 모임에 젊은이들이 '가입하게' 되면, 그들은 이 의식을 '벗'이나 친구들의chaberim, fellows 모임의 식사로 기념했다. 이러한 만찬에서는 아주 오래된 관습에 따라 여러 가지 의식에 주의를 기울였다. 예를 들어 특정한 공식을 통해서 '떡의 축복'과 '잔의 축복'을 했다. 이 두 번째, 이른바 포도주-**바르카** wijn barakah에서는, 포도주를 엄숙하게 '포도나무의 열매'로 설명해야 했다.

이러한 오래된 관습과 특히 떡과 포도주 축복의 우선 순위와 관련하여, 오토는 유명한 바리새인 지도자이자 교사인 샴마이Sjammai와 힐렐Hillel 두 사람 사이에 잘 알려진 의견 차이를 언급한다. 힐렐은 떡의 축복을, 샴마이는 잔의

---

47. H. Lietzmann, *Messe und Herrenmahl. Eine Studie zur Geschichte der Liturgie* (Bonn 1926)을 비교해 보라. Otto, *Reich Gottes und Menschensohn*, 224, 235는 Lietzmann (224) 외에 A. Geiger, *Urschrift und Ubersetzung der Bibel* (1857), 121을 언급한다.

축복을 의식에서 선행先行했다. 오토는[48] 누가복음 22:17에 의하면 그리스도가 잔축복을 무엇보다 중히 여겼다고 생각했기 때문에 그리스도가 잔의 자리에 대한 이 의식의 논쟁에서 샴마이와 동일한 입장을 취했다고 생각했다. 이것으로부터 그는 그리스도가 이 이른바 종말론적인 축복의 잔을 나누어주는 것이 '당시 그의 시대'에 통용되는 풍습이었다고 결론을 짓는다. 왜냐하면 그리스도가 옛 포도주-베라카oude wijn-berakah의 용어들을 쓰고, 포도나무 열매히브리어: 페리 하게펜/peri haggefen[49]로서의 포도주를 엄숙하게 묘사하는 관례를 따르기 때문이라고 오토는 말한다. 그리스도가 하나님 나라에서 '포도나무 열매'에서 '새롭게' 마실 날을 기대한다는 확언은 오토에 의하면 예수님의 종말론과 동일한 선상에 있다고 말한다. 그는 예수님의 종말론이 에녹서라는 묵시서에 의해 규정됐다고 생각하는데, 에녹서에 의하면 의인은 언젠가 인자와의 교제 안에서 메시야적 식사를 할 수 있을 것이라고 한다.

혹시 어떤 사람이 이 모든 것이 왜 여기서 언급되는지 물을 것이다. 왜냐하면 그것이 이 문맥에서 우리의 구체적인 목적에 그다지 중요하지 않은 것 같기 때문이다. 이곳에서 당연히 떠오르는 여러 신학적 논의들은 이 책의 범위를 벗어난다. 기껏해야 사람들은 오토가 하부라친구-식사의 의식과 관련하여 예수님께서 샴마이에 연결되었다고 너무 이른 '결론을 낸다'고 말할 수 있을 것이다. 적어도 오토의 논증이 충분하지 못하다고 말이다. 그러나 사람들은 이 외에 이 모든 것이 우리의 연구에 중요하지 않다고 생각하고 지나치고 싶어할 것이다.

---

48. Otto, Reich *Gottes und Menschensohn,* 240, 599.
49. 헬라어: gennema(열매, 출산). Kittel, *Theologisches Worterbuch zum NT*와 거기에 언급된 문헌들을 참고하라 (Dalman, *Jezus-Jeschua: die drei Sprachen Jesu: Jesus in der Synagoge, auf dem Berge, beim Passahmahl, am Kreuz* (Leipzig 1922)).

그러나 너무 서두르지 말자.

여기서 다루고 있는 것이 중요하다는 것은 오토의 말을 들으면 밝혀질 것이다. 그는 방금 언급한대로 성찬을 비정상적이고 즉흥적인 새로운 **발명** Erfindung으로 (그리스도가 문자 그대로 아무 것도 '발명'하지 않았고, 오로지 율법을 성취했기 때문에 우리는 이것을 인정한다) 간주하면 되지 않다고 얘기하며, 성찬은 그-순간의-묘안도 아니었으며 (하나님의 완벽한 직분자이신 그리스도가 결코 즉흥적으로 묘안을 생각해내거나 생각하면 안되기 때문에 그렇다), 그것은 원리적으로 새로운 '설립'이나 '제정'이 아니었다고 주장한다.

이 마지막 문구는, 그리스도가 모든 새로운 것을 옛 것으로부터 합법적으로 발전시키는 한 옳다.

그러나 그리스도가 성찬의 제도에서 무언가 원칙적으로 '새로운 것', 즉 오직 자신만이 할 수 있는 어떤 것, 그리고 오직 자신의 몸의 희생에 전적으로 의존하는 것을 계시하고 명령하신 것을 부인한다면 그것은 옳지 않다. 나아가 만약 오토가 (지금 다루고 있는) 그리스도의 잔의 말씀이 피나 언약제정과는 관련이 없고, 그 반대로 공동체 안의 고별사告別辭나 미래에 있을 하나 됨에 대한 예언이며, 후의 성찬이 기념이라는 의식과 미래에 대한 기대라는 결론을 내린다면,[50] 우리는 이 부분에서 오토에 강하게 반대해야 할 것이다. 왜냐하면 그리스도는 '포도나무 열매'에 관해서는 '성찬 제정 **후에**' 말씀하셨고, 이것은 그리스도가 '~때까지 **성찬의 포도주를** 마시지 않는다는 것'을 의미하기 때문이다(흐로스헤이더). 이전에는 포도주가 **언약의 피와** 직접적인 연관이 이미 있었다. '제자들은 포도주를 마실 때 그 정결케 하는 피와 함께 교제권 안으로

---

50. Otto, *Reich Gottes und Menschensohn,* 241, 244.

들어온다'.[51]

복음이 우리에게 이렇게 보도록 요구하기도 하지만, 아무튼 이것들을 한번 이렇게 보는 이들은 이미 언급했듯이 그리스도가 우리나 자신을 힐렐-샴마이의 딜레마에 갇혀 있는 몇 가지 문제에 연루시켰다는 주장에 대해 오토와는 전혀 다르게 생각할 것이다. 우리는 오토가 구주께서 샴마이를 따랐다고 확신하는 것을 들었다. 자기 주장에 힘을 싣기 위해 그는 그리스도가 우리가 잘 알고 있는 이혼 문제에 대한 질문을 받았을 때 대답한 것을 상기한다(마 19:3-12). 힐렐이 이끄는 바리새인들의 좌파는 샴마이가 이끄는 우파보다 이혼을 더 쉽게 만들려고 했다. 샴마이는 이혼이 허용되는 경우의 수를 아주 제한하기를 원했다. 오토에 의하면 그리스도는 이 문제에 대해 샴마이의 편을 들었다. 이점은 '포도주축복', 잔의 축복과 관련한 논쟁에서도 또한 그랬을 것이라는 생각에 이르게 했다.

하지만 우리는 오토가 혼동하였다고 생각한다. 바리새인들이 그리스도에게 이혼에 관한 엄격한 질문을 할 때, 그리스도에게 직면하도록 한 딜레마, 그러나 그들이 직접 해결할 수 없는 영적이지 않은 문제들 위에 있는 딜레마를 그리스도가 받아들이지 **않는** 것은 틀림없이 그리스도의 영광이다. 그들은 자기 편에서 그분이 샴마이나 힐렐을 선택하기를 바랐다. 하지만 그분은 그들에 의해 포획되지 않는다. 그분은 그들 '두 파' 사이에서 선택하지 않고 그들의 그 어떤 파에도 들어 가지 않는다. 왜냐하면 그분은 샴마이와 힐렐 양측을 초월하기 때문이다. 그분은 그들이 자기 당파적인 의견에서 본래의 것들로, 본래의 율법과 처음부터 있었던 것들로 돌아가기를 촉구했다(마 19:4). 따라서 우리는 그리스도가 이른바 종말론적 축복의 잔과 함께 샴마이를 '따랐을 것'이

---

51. Grosheide, *Evangelie naar Mattheus*, KNT, 316-317.

라는 너무 빈약한 주장을 더욱더 거부한다. 그리스도는 **계시하시고 다스리신다**. 물론 그리스도가 성례 의식을 제정하실 때 이미 알려진 관습에 부분적으로 따른 것도 사실이다. 혹 다른 성례에서는 (유월절, 할례) 다르게 하셨을까? 그러나 모든 것은 그분이 말하는 **말씀에** 이르고, 그 뒤에 표가 따른다. 이 말씀은 '새' 포도주를 마시는 그 예언을 통해 '외적인 표'의 경계를 정하고, 하늘과 새로운 하늘의 축배에서 성취된다. 다가올 새로운 것에 대한 그의 예언은 술보다는 축배에 관한 것이다.

중요하지 않은 문제인가?

물론 중요하다.

왜냐하면 이제 오토의 문제제시에 도움을 입어서 이 새로운 하늘의 축배에 대한 우리의 생각을 선명하게 할 수 있기 때문이다. 오토가 원하는 것처럼 그리스도가 친히 제정하신 성찬이 이미 현존하는 유대 의식에 의존했다면, 새로운 포도주에 대한 그리스도의 말씀은 자기의 피나 언약 제정과 아무런 관계가 없다. 그리고 그것은 단지 작별인사이며 미래의 새 공동체에 대한 예언일 뿐이며, 이 공동체는 '예수님'과 교제하는 공동체이다. 그러나 우리 견해에는 그것은 '그리스도'와 교제하는 새 공동체에 대한 예언이다. 그것은 그분의 사역을 영원한 감사와 함께 '새롭게' 즐거워하고 '새롭게' 받아들이는 것을 뜻한다. 그리고 그것은 동시에 하나님 자신과 교제하는 풍성함이다. 이 때 '새 것'은 중보자로서 이미 논의된 자기 마지막 사역의 완성에서 다음을 수용하는 것인데, 즉 교회를 만물의 왕이자 아버지이신 하나님께로 데려다 주는 역할이다. 이 때 '새 것'은 그분의 전반적인 승리로 결혼식 손님들이 기독론-신론적으로 직접적이며 '새로운' 하나 됨으로 '보는' 것이다. 오토에 의하면 지금 땅의 성찬에서 마시는 것은 뒤를 돌아보는 것과 미래를 내다보는 것의 예식이다. 그러나 그것은 그리스도가 하신 포도주 말씀을 통해 하나님의 사역, 하나님의 모든 사역을 온전하게 통찰하는 예언이다.

그러므로 우리의 확실한 주장에 의하면 성찬의 잔과 그곳에서 나누는 포도주가 피와 언약제정과 아무런 연관이 없다고 말하는 것은 옳지 않다. 이렇게 제안함으로써 오토는 그리스도의 유명한 말씀의 의미를 제멋대로 축소시킨다. 그리고 마시는 것의 '새로움'에 대한 개념도 마음대로 축소시킨다. 그리스도는 단순히 공동체의 훈련을 반복하는 것을 약속하신 것이 아니라, 모든 공동체 용어의 변화를 약속하신다. 공동체 훈련의 반복이 중요한 것이 아니다. 그 공동체 훈련은 이미 '너희와 함께 마실 것이다'에 나타나 있을 것이다. 공동체의 용어가 변할 것이다. 마시는 것 자체는 나중에 새로운 것이 될 것이다. 왜냐하면 이는 지금은 비록 피와 흘리신 피의 표標지만, 미래의 성찬에서는 흘리신 피를 통해 생긴 공동체의 완전함이라는 선물이고, 맛을 보는 것이며 문서이기 때문이다. 신자들이 땅에서 마시는 포도주는 기념하는 표標이고, 그 포도주는 우리와 그리스도 사이에 간격이 있다는 것을 가정하고 있다(p.239). 우리는 **그분이 올 때까지** 그것을 마셔야 한다. 그러나 나중에는 더 이상 우리와 간격을 두지 않은 그리스도가 새 포도주를 부을 것이다. 그분은 우리의 유익을 위해 자신의 '시간의 한 순간'을 가졌다(p.237, p.240). 오늘날의 포도주는 매번 견고함이 필요한 믿음의 일이다. 새 포도주는 '얼굴을 마주본 채' 주어지고 마셔진다. 어린 양 자신이 '새' 식탁의 주인이고 의장이다. 그분은 자신의 '새' 포도주를 제공하고, 식탁에서는 피가 흘려진 것 뿐 아니라 모든 피흐름이 멈췄음을 영원히 기념한다. 그리스도와 그분에게 속한 사람들의 죽음의 피흐름 뿐 아니라 생명의 피흐름도 멈췄음을 영원히 기념한다.

그 때문에 '새' 포도주는, 오토의 확실한 반대에도 불구하고, '옛' 포도주가 언약제정의 모든 것과 관련이 있음을 증명한다. 왜냐하면 하나님의 첫 번째 **언약**약속은 모든 살아있는 피흐름이 끝나고 (p.127, 206 비교) 모든 '살아있는 영혼'이 평안을 얻는 그 '시간의 한 순간'에 대한 전망을 주기 때문이다. 처음에는 첫 번째 아담이 이 평안으로 이끄는 자였다. 그는 **하부라, 행위**언약공동체werkverbondsgemeenschap의 포도주를 부을 수 있었다.

그러나 그는 더 이상 나아가지 못한다. 나중에 그는 포도주를 땅에 붓고 탁자를 뒤엎는다. 그러나 두 번째 아담은 이제 '생명의 영'이 된다. 그분은 옛 포도주를 은혜의 언약공동체의 잔에 주는데, 이는 자신의 피흐름을 **폭력적으로** 막는 표標이며, 동시에 자기에게 속한 모든 자들의 피흐름을 **비폭력적**이며 축복으로 멈춘 보증이다.

이렇게 이 '새' 포도주는 나중에 하나의 잔치와 같은 마시는 것이 된다. 생명의 강에서 물을 마시는 것과 어린 양의 잔치에서 포도주를 마시는 것은, 다른 모습이지만 결국 같은 것이다.

옛 포도주와 새 포도주.

옛 포도주는 이미 신약에서 피를 흘리지 **않은** 식탁의 마시는 것이었고 그렇기 때문에 구약에 대한 승리였다. 하지만 새 포도주는 피를 극복한 새로운 세상 안에서 피가 흐른 후의 잔치와 같은 마시는 것이고, 신약에 대한 승리다. 옛 포도주는 원리적으로는 완성되었지만, 아직 열매를 맺기 위해 분투하는 구원사역에 속한다. 새 포도주는 완성되고, 견고하며, 완전히 완성된 구원사역에 속한다. 옛 포도주는 믿음으로-기념하는 식사에서 마시지만, 새 포도주는 보는-식사, 얼굴을-마주보고-보는 식사에서 마신다. 옛 포도주는 지금 이 시대에 속한다. 이로써 그리스도의 피를 상징하는데, 그분은 먼저 음부에 갔다가 하늘로 가셨다. 그러므로 그 포도주는 (시간과 공간 안에 있는) 간격의 표標로서 의도한 논지의 표와 온전함 사이에 있다. 그러나 그리스도 또한 마찬가지로 간격을 완전한 연합의 도구로서 사용했고, 그것을 처음에는 영과 말씀을 통해 자기에게 속한 자들과의 교제를 견고하게 하기 위해 사용했기 때문에, 따라서 옛 포도주는 간격이 없는 세계에서 있는 새 포도주로 오기 위한 합법적이고 강력한 수단이었다. 옛 포도주는 아직 믿음으로 중보자를 붙잡는 자들의 손안에 든 잔을 채운다. 그러나 새 포도주는 중보자를 통해 하나님이 전부가 된 자들을 위한 선물이다. 옛 포도주는 원리적으로는 부하지만 그 부함이 나중에 언젠가 완전히 완성되었을 때의 상태와 비교했을때 아직 가난한 자들을 위한 것이다. 그러나 새 포도주는 완전히 풍요롭게 된 자들의 포도주다. 성찬은 여기서 절대적인 것이 되었다.

그래서 이 새 포도주를 그리스도가 열두 사도들과 마시는지 아니면 온 교회와 마시는지는 우리에게 더 이상의 질문거리가 아니다. 물론 그리스도가 성찬을 제정하실 때 오로지 사도들과 함께 있었다는 것은 사실이다. 그래서 사람들은 그분이 그들과 새 포도주를 마실 것이라고 이야기했을 때 오직 그들을 염두해 두고 있었다고 말할 수 있을 것이다. 그러나 이것은 의도한 바가 아니다. 왜냐하면 그리스도는 여기서 사도들을 교회의 건축자들로 보고 말씀하셨기 때문이다. 그분은 수천 명의 사람들에게 기념의 잔을 '전달해' 줄 수 있도록 그것을 사도들의 손에 주신다. 그리고 오직 이 자격으로 잔을 받은 그 곳에는 큰 혼인잔치의 포도주가 '새로울' 것이다. 왜냐하면 그것은 교회의 일부분에게 뿐만 아니라 연합한 온 교회에게 주어지기 때문이다. 그것은 새 포도주로 영원중에 거하시는 하나님 아버지를 기념하도록 한 그분을 통해서 주어진다.

§8. 성대盛大한 성찬과 언약

우리가 믿는 도리이신 대제사장이 '새 포도주'를 첫 교제의 식탁과 마지막 교제의 식탁에 올리면, 그 때 이 사랑의 식사의 성찬은 모든 언약사상의 성취가 된다. 왜냐하면 교제는 언약의 신실함(verbondstrouw)이며 언약의 보존 verbondsbewaring이기 때문이다. 언약이 없으면 진정한 교제가 없다. 모든 교제의 개념은 성경에서 하나님의 언약사상에 의해 결정된다. 그러하기 때문에 성대한 성찬은 교제의 절정이자 영원히 보존되는 언약의 가장 무르익은 열매이다.

많은 이들이 언약에 대해 여러가지 방법으로 말한다. 번번히 여러 단계를 가진 한 언약이 마치 여러개의 언약들인 것처럼 말하거나, 혹은 하나님이 자신에게 속한 자들과의 관계를 위해 만든 교제의 길이 오로지 특정한 기간 동안에만 언약의 길처럼 보인다고 말한다. 그래서 이들은 하나님과 인간의 언약관계가 어느 정도 끝나고 있는 것으로 생각한다. 즉 그들은 언약이 폐기된 상태에서도 하나님과 인간의 관계가 있을 것처럼 행동한다. 일방적인 언약에 대한 관점과 스콜라적인 식별욕망의 영향으로, 특히 '언약신학'[52]foederaaltheologie의 유산 위에서, 모든 관계에서 하나님과 사람의 언약이 필연적인 의미가 있는 보편성, 취소할 수 없음의 특성onherroepelijkheid에 너무 적은 관심을 귀울였다.

그러나 성경은 우리를 이렇게 가르치지 않는다. 오히려 그 반대를 가르친다. 하나님은 아들과 언약을 맺듯이 인간과 언약을 맺는다. 그리고 바로 이 언약 때문에 땅과 비, 태양, 곡식과 포도액, 그리고 자기 자신과 언약을 맺는다. 그리고 그는 최초의 상태에서는 사람들을 서로에 대해 언약 관계에 두신다. 그 최초의 상태에서 언약이라는 단어를 광의의 뜻으로는 모든 관계를 결정하는 것으로 이해해야 한다. 오직 언약 안에서만 진정한 교제가 있다. 그래서 모든 교제의 소통은 하나님의 아들인 인간과 아버지이신 하나님 사이의 언약법

---

52. 영원이나 하나님의 작정 (raad)에 그 토대를 두지 않고 언약과 하나님과 인간 사이의 언약의 연속에 기초를 둔 신학이다. 하인리히 불링거 (Heinrich Bullinger, 1504-1575)와 카스파르 올레비아누스 (Kaspar Olevianus, 1536-1587)에 의해 시작되고 요한 콕케유스 (Johannes Coccejus, 1603-1669) 때부터 더 발전되고 열매를 맺게 된다.

verbondsstatuut으로 거슬러 올라가 연결된다. 왜냐하면 이 교제 안에서 하나 됨과 유대紐帶가 우주 안에 있는 모든 피조물이 조화롭게 굳게 세워지고 보호되기도 하기 때문이다. 따라서, 손상된 세상에서도 모든 것이 그 언약법에 의해 결정되어진다. 즉 죄에 대한 평가와 형벌이라는 규정이다. 모든 형벌은 언약의 보복verbondswraak이다. 왜냐하면 모든 죄는 언약의 단절bondsbreuk이기 때문이다. 언약이 없이는 지옥도 생각할 수 없는 일이다.[53]

우리의 의견으로는 오로지 이 관점에서, 즉 언약의 본래 뜻이 하나님과 피조물 사이의 모든 관계의 기본법이라는 전제를 할 때에 종종 제기되는 다음의 질문에 몰두할 수 있다. 즉 **재난** 앞에 어떻게 **구원이** 있을 수 있으며, **지옥을** 의식적으로 대면하면서도 **하늘이** 어떻게 '하늘다울' 수 있는지 말이다. 사람이 할 수 있는 질문은 다음과 같은 형식으로 받아들일 수 있다. 만약 성대한 성찬이 완전히 잘 세워진 공동체라면, 혼인식 손님과 대大 출교의 관계는 어떻게 되는 것인가? 그 손님은 어떻게 그것을 보고 알 수 있는가? 또 어떤 결함도 알지 못하고 하늘을 조각내지 않는 '세계의 모습' 안에서 중단없는 기쁨으로 어떻게 그것을 실행할 수 있는가? 하늘의 국회가 어떻게 스스로 일부 의원들이 사임을 한 국회를 만들지 않으면서 '고통의 연기煙氣'가 '영원 속에 올라가는 것'을 볼 수 있을까? 성경에 따르면 하늘과 지옥은 모두 다 영원하다. 거기엔 지속되는 대립에 관한 생각이 아주 적나라하게 펼쳐져있다. 만약 두번째 아담의 잔치 손님들이 첫번째 아담의 혈연을 볼 수 없다면 인류는 도대체 어디에 있단 말인가?

물론 우리의 의도는 여기서 영원한 어둠이라는 주제를 상세히 다루는 것이 아니다. 왜냐하면 그것은 따로 논해야 하기 때문이다. 우리는 여기서 더 이상

---

53. 스킬더의 *Wat is de hel?*, 186-188, 193-197과 비교하라.

그것에 대해 이야기하지 않겠지만, 성경에 따라서 어둠 제일 바깥 쪽의 지역이 영원히 존재한다는 것을 전제한다.

자, 모든 시대의 기독교 사상은 여기 위에 던진 질문에 몰두했었다. 특히 인본주의적-인류중심적 논증법은 큰 해를 끼쳤다. 이 논증법은 인간의 이성理性으로부터 오는 자신감으로 대립이 영원히 존재할 것이라는 것을 스스로 효율적인 방법으로 시도하거나, 자율적 생각의 힘으로 대립의 궁극적 회복이라는 위로의 미래 모습에 이르도록 시도하였다. 그들은 죄로 인해 인류의 몸에 스며든 균열이 영원히 가시적可視的으로 존재하는 것을 믿는 것을 '고통스러워'했다. 그들은 어둠의 가장 바깥 지역이 존재하고 존속存續하는 것을 인지하고 명백히 아는 것과 동시에, 구원과 성대한 성찬과 혼인식이 있을 수 있다는 생각을 '조야한' 생각이라 판단했다. 지옥의 '연기煙氣'는 하늘의 '향'을 중화시킬 것이다. 그리고 이 땅에서 견고하고 간결하고 또 그래야만 했던 공동체 관계가 저 곳에서는 영원히 깨질 거라는 것을 그들이 깨달았을 때, 이성-내재內在주의가 스스로 창조한 갈등은 더욱더 쓰라렸다. 혹은 깨진 관계의 회복을, 그들이 시간 안에서 성취할 능력이 없이 소망했을 지라도, 그곳에서 얻을 수 없다는 것과 그것이 바람직스럽지 않을 것이라는 것을 깨달았을 때도 쓰라렸다. 예를 들어 이 땅에서 가족관계로 서로에게 헌신하고 헌신할 수 밖에 없는 혈연관계에 있는 자들이 그곳 성대한 성찬에서, 성찬 참여자들의 구원이 영원히 깨지지 않는 상태에서, 더 이상 함께 하지 않은 상상을 할 수 있겠는가? 심지어 죽음과 무덤 건너편에서 부서진 인간 상호간에 연결의 회복이 그것을 희망함에도 불구하고 영원한 불가능처럼 보여지는 것이 사실일까? 이 불가능을 인지한 자들이 실망감이라는 감정을 느끼지 않고서도? 아아, 너무 지나쳤다. 이것은 어쨌든 인간중심적이고 이기주의적인 사고에 미래에 대한 추측을 세운 것과는 절대적으로 달랐다.

그리고 이것이 완전히 달랐기 때문에 그들은 탈출구를 찾았다. 성경이 이것에 관해 분명히 가르치는 것과 성경을 노골적으로 배척하는 것을 직접적으로 부정하는 탈출구가 많은 이들에게는 부담스러운 것이었다. 그래서 그들은 그들의 소심한 생각을 위해 다른 피난처들을 찾는다. 즉 어떤 이는 결국 모든 비참한 존재들이 최후를 맞아서 이른바 추방당한 이들이 나중에 파괴될 것이라고 믿는다. 또 다른 이는 괴로운 생각을 하다가 만물의 회복apokatastasis pantoon을 통해 안식을 얻는다.[54] 이것은 후에 결국 '만물이 다시 돌아온다'는 교리이며, 오랫동안 단련시키고 결국 죄에 대한 불필요한 '형벌'을 받은 자들이 결국 다시 하나님과 화목하여 그의 영원한 사랑의 팔에 안긴다는 교리이다.

이제 그들이 어떤 어긋난 길로 가서 이러한 교리까지 오게 되었는지 찾아보는 것은 유용할 것이다. 왜냐하면 여기에는 너무나도 자주 기독교적인 것과 비기독교적인 철학의 길들이 서로 교차하기 때문이다. 오리게네스의 만물 회복설은 그것의 아주 자명한 예이다.

그러나 우리는 그 교리에 관해 침묵하겠다. 이 주제가 개별적으로 다루어야할 주제일 뿐만 아니라, 특히 그들이 열린-지옥에서의-구원의 '어려움'을 결국 모르기 때문이다. 할 코흐Hal Koch는 오리게네스가 관심을 가지는 한 그 중에서도 이 문제를 보았는데 섭리pronoia와 양육paideusis의 문제였다. 로고스는 여기서 '인류'의 (p.117-119 레싱에 관한 것과 비교) 단순히 큰 **양육자**에 지나지 않는다. '형벌'은 오로지 **교육학적인** 연단이고 그래서 일시적인 것이다. 양육은 더 높은 곳으로, 더 높은 수준으로 이끄는 것을 가리킨다.[55] 그래서 하나

---

54. 교부 오리게네스(185-253/4)의 사상을 참조. 모든 피조물들이 결국 하나님께로 돌아온다. *apokatatastasis*라는 개념은 행 3:21 '만물을 회복하실 때까지는'에서 나왔다.
55. Koch, *Pronoia und Paideusis. Studien über Origenes und sein Verhältnis zum Platonismus* (Berlin, Leipzig 1932).

님의 언약은 이 점에서 원칙적으로 언약의 **보복**은 아니다. 언약의 **보복**이라고 불리는 것은 **언약의** 보복이 결국 언약의 **축복**과 마찬가지로 카타르시스, 즉 죽은 행위들의 정화이기 때문이다.

이 이론에서는 여기 위에서 다뤄진 논점이 없어졌지만, 그렇지 않으면 아까 말한 두 개의 이론 중 첫 번째 이론, 즉 잃어버린 자들의 파멸에 관한 이론에 있을 것이다. 그것은 사고思考가 자기 길에서 찾은 어려움에 대한 진정한 승리라고 불릴 수 없다. 왜냐하면 논점을 이기주의적-인간학적으로 접근하는 자야말로 식탁이 오로지 파멸된 생명들의 막대한 무덤 위에 세워질 수 있는 성찬의 잔치, 그리고 온전한 구원의 성찬의 잔치를 믿는 것을 어려워해야 할 것이기 때문이다. 왜냐하면 이 관점에서도 모든 아담의 자녀들이 그 식탁에 참석하지 않기 때문이다. 더군다나, 그들의 파멸의 **사실**은 영원히 **기념**될 것이다. 그렇다면 도대체 다른 이들의 신앙과 어떤 차이를 가져오는가? 그 다른 이들은 두 번째 죽음에서 영원히 깨어 있는 자들을 중단 없이 봄과 동시에 방해받지 않는 사랑의 만찬이 가능하다고 생각하는 자들이다.[56] 만약 누군가 '자기에게 속한 사람들'이 모두 다 구원에 참여하지 않는다는 것을 보았는데 그가 어떻게 '복'이 있을까 라는 중요한 질문을 한다면, 이는 그들이 '파멸'되었다는 것을 알면서도 그들 스스로 원한 죄의 삯이라는 연금을 통해 자기들의 권리능력을 영원히 유지할 수 있다는 것과 아무런 차이가 없지 않는가?

인간이 자신의 능력에 기초하여 자기만족적인 사고의 답답한 얼개로부터 해방되는 것은 바로 이러한 사고로부터 전적으로 **회심**하는 것임이 확실하다. 이 회심이란, 인간이 이성-내재주의rede-immanentisme를 포기하고, 대신 계시된 **말씀**에 의해서만 인도 받는 것이며, 이 문제('사람이 수많은 비참함을 보고

---

56. Schilder, *Wat is de hel?*, 89-98과 비교하라.

나 알면서도 행복의 감정들에 대한 현대 심리학의 관점에서 어떻게 행복하다고 느낄 수 있는가?")를 지나치게 심리학적으로 접근하는 것을 버리고, 그 대신 성경의 **계시**를 꽉 붙잡는 것이다. 성경의 계시는 '**하나님의** 형상으로' 인해 '**배부른**' 사람들 외에 혼례의 다른 하객들을 말하고 있지 않다.

  이 첫 회심, 그러기에 가장 힘든 회심은 우리가 언약 사상의 위대함을 재인식하고, 언약의 실재가 **보편적이기에**universeel 모든 우주가 하나님과의 관계 안에 있다고 이해할 때 우리 안에 일어난다. 만일 **계약**과는 영원히 구별되는 **언약**이 언약의 파기에 관한 언약의 **보복**을 언약의 두 '당사자들' 간의 본질적인 조항으로 **처음부터** 명시하였다면, 언약은 지옥에서 좌초되지 않고, **오히려 그곳에서도 유지**된다. 이는 단순하면서도 놀라운 것이다. 언약의 **보복**이 언약의 **파기**의 대가로 주어지는 것이 아니라고 생각하는 것은 언약과 동떨어진 것이고, 하나님 그분 과도 무관함을 분명히 강조해야 한다.

  당연히 여기에는 하나님의 주권, 선택, 그리고 유기와 같은 심오한 문제들이 놓여 있다. 그러나 하늘에서는 모든 오메가가 알파로 소급溯及되고 역으로 모든 알파는 오메가를 향해 뻗어 있다. 또한 언약의 **복**과 언약의 **보복**이라는 영속적인 이중성이 오메가의 이중성이며 머지않아 영원한 **직관**直觀, aanschouwing의 대상이 된다. 그리고 이 이중성은 가능성의 형태로 이지만 이미 낙원에서 하나님께서 하신 **말씀**에 의해 예언적이고 위협적으로 확정된 이중성과 동일한 것이다. "너, **살아있는 자여**, 이를 먹는 날에는 반드시 **죽으리라**"(창 2:17). 여기에서 (하나님과 천사들의) **생명**과 (우리의) **죽음**의 이중성은 하나님의 거룩함과 하늘의 지복zaligheid에 부합하는 것으로 하나님에 의해 아담에게 선포되었다. 이 알파의 이중성은 아담의 **믿음**의 내용이어야 했고, 믿

음으로 받아 들여야 하는 것이었다.[57]

우리가 방금 시도한 '과도한 심리주의화ver-psychologieren'도 정작 낙원과 낙원에서 믿음과 순종을 보여야 했던 인간의 '탈심리주의화wégpsychologieren'로 귀결된다. 비참을 보는 것에서도 복 되고 스스로를 복 되다고 '느끼는' 것이 불가능하거나 부적절한 것이라면, 하나님께서 낙원에서 저 특정한 동인에 의해 하나님을 섬기도록 강권하고 자극하신 것도 **동일하게** 부적절한 것이 된다. 하지만 하나님은 저 동인으로 인해 **즉시** 언약의 **복**과 언약의 **보복**을 하나의 언약 **행위**를 통해 말씀으로 결합시키지 않으셨는가? 첫 인간의 열망, 즉 완성에 당도할 수 있게 되는 '시간의 한 순간'을 향한 열망은 내모시고, 명령하시고, 다스리시는 하나님의 말씀에 의해 **일으켜졌다**. 아직은 볼 수 없는 것이었음에도 하나님의 영 안에 계획되어 있던 지옥과 하늘은 이 말씀의 권위로 말미암아 두려움과 떨림으로 받아들여져야 했다. 그러기에 지옥의 죽음의 고통을 '보고 있는' 하늘의 혼례 하객의 '심리psyche'를 구성할 수 없는 자는, 하나님께서 지옥에 대해 넌지시 알려줌으로써 자극하시고 의를 향해 독려하셨다는 식으로 첫 아담의 '심리'를 구성할 수 없다. 심리를 구성하고자 하는 노력을 멈추어야 한다. 오히려 그 영혼을 **믿을** 수 있을 뿐이다.

왜냐하면 믿음이 말씀을 받아들이기 때문이다. 그리고 하나님의 말씀은 하나님이 인간과 맺으셨던 언약이 인간으로 하여금 **양날** 검의 날카로움을 **처음부터** 알아차리게 하셨다고 가르친다. 저 언약은 두 당사자를 가지고 있기에 존속의 측면에서 **쌍무적**dipleurisch이고, 이로써 **무엇보다** 인간의 **책임**을 확정하고 이를 기뻐하며 잊혀지지 않기를 원한다. 그러나 언약은 하나님의 **일방적인 결정**을 통해 생겨나기에 **기원**의 측면에서 **편무적**monopleurisch이다. 그러기

---

57. Schilder, *Wat is de hel?*[3], 141-154과 비교하라.

에 사안의 가장 심오한 기초는 모든 것들을 앞서는 **하나님의 주권적인 만족**에만 놓여 있다.

이것은 모든 심리주의적 이해를 거절한다.

그러기에 심리주의적 이해가 **말씀**과 **예언**의 길을 구성하는 즉시 이것은 항상 끝내 우스꽝스러운 것이 되고 당혹스럽게 된다. 예를 들어 보자. 어떤 사람은 '심리학적으로' 사고하여 '누군가 자신의 형제는 영원히 참여할 수 없는 연회장에서 가무를 즐길 수 있으리라고 나는 상상조차 할 수 없다'고 말할 수 있다. 그러나 또 다른 사람은 동일하게 '심리학적으로' 사고하여 '하늘을 상상할 때, 바울이 로마서 9-11장에서 말한 훌륭한 송지화음를 모든 확성기를 동원하여 노래하지 않는 하늘을 상상할 수 있는가?'라고 질문할 수 있다. 바울은 로마서를 작성할 당시 바리새인들, 즉 자신의 '형제들' 중 많은 이들과 친족들이 자신으로부터 더욱 멀리 떠나 가는 것을 보았고, 또한 머지않아 하나님에 의해 멀리 내몰려질 것을 알고 있었다. 이는 이스라엘이 자신들의 메시야를 십자가에 못 박았던 그 중대한 '시간의 한 순간'에서부터 멀어질 수록 더욱 그러하다. 이 같은 상황이 하나님의 의로우심과 어떻게 조화될 수 있는지를 바울은 로마서 9-11에서 질문한다. 무엇보다 우선적으로 하나님의 주권에 대한 계시의 말씀에 의해 지배 받는 바울은 이 고민스러운 질문을 "깊도다 하나님의 지혜와 지식의 풍성함이여"[58]라며 찬송으로 끝맺는다. 자! 이제 심리학화 하려는 자가 바울의 심리도 무한하게 연장시키도록 하자. 왜냐하면 한때 육신을 따른 형제들인 바리새인들을 위해 자신이 끊어지기를 원했던 바울이지만 저들이 영원히 자신과 멀리 떨어져 있음을 알게 되는 저 다른 '시간의 한 순간'이 매일 가까이 다가오고 있기 때문이다. 그러나 영원히 바울은 "깊도다 하나

---

58. 롬 11:33.

님의 지혜와 지식의 풍성함이여"라며 찬송할 것이다. 또한 영원히 그는 "누가 하나님의 뜻에 대항하겠는가?"라고 질문하며 더 이상 자신이 끊어지기를 원치 않을 것이다. 또한 모세도 "주께서 기록하신 책에서 내 이름을 지워 버려 주옵소서"[59]라고 더 이상 요청하지 않을 것이다. 이름을 기록하시는 것은 하나님의 주권이다. 오히려 이들은 하늘을 생각하면서 지옥의 모티브를 제거할 수 없기에 찬송하기를 배운다. 혹 이들이 지옥을 배제하고 하늘을 생각한다면, 이들은 예수 그리스도께서 지옥으로 내려가셨고 지옥의 고통을 겪으셨고, '거기에' 계셨고, 거기에서 하나님과의 언약의 대화를 나누셨고, 하나님의 언약의 보복을 거룩하고 의로운 것으로 존중하셨다는 믿음을 더 이상 영원히 고백할 수 없고 칭송할 수 없을 것이다. **그리스도**께서 죽으셨을 때, 그분은 하늘과 지옥을 **동시에** 보셨다. **그때** 그리스도께서는 다음과 같이 말씀하셨다: "아버지여, 내 영혼을 당신의 손에 맡깁니다". 이것은 예수께서 하신 **통과**의 말씀(door tochtswoord, 영원한 삶을 향한 통과의 말씀)이다.[60] 그러므로 즉위식의 하객들도 십자가에서 달리셨고 왕으로 즉위하시는 자신들의 주님과 함께 지옥과 하늘을 **동시에** 볼 수 있다. 또한 자신들도 "아버지, 우리는 우리의 영혼을 당신의 손에 위탁합니다. 우리는 앞으로 나아갑니다. 우리는 영원히 살 것입니다"라며 그들의 **통과**의 노래를 영원히 부를 것이다.

모든 인간이 처음부터 하나님과의 **언약** 안에 있었음을 결코 잊지 말자. 그리고 이것이 **모든** 인간의 행동을 근본적으로 규정한다는 것도 잊지 말자. 또한 이 모든 것의 최종적인 근거는 창조하시는 하나님의 만족임을 잊지 말자.

---

59. 출 32:32; 롬 9:3; 11:33.
60. 통과의 노래(*Doortochts*lied): 이에 관해 나의 책, *Christus in den uitgang van Zijn lijden* (Kampen 1930), 447-464을 참고하라. 역자 주 - 이 책은 스킬더가 적은 3부작 *Christus in Zijn Lijden*의 마지막 책이다.

하나님은 **편무적**인 결정을 통해 인간이 하나님과의 **쌍무적**인 언약 관계에 들어오기를 원하셨고 또 그렇게 창조하셨다. 이 언약 관계 안에 인간의 **책임**이 전제되었고, 이 책임을 위해 인간은 모든 피조물로**부터** 선택되었다. 인간이 비인격적인 피조물보다 뛰어나게 되는 이 책임**에로의** 선택은 언약의 파기자에 대한 처벌에서도 유효하다.

그러므로 우리는 하늘에 대해 틀리게 말하지 않기 위해 입을 손으로 가리고 침묵한다. 믿음과 감정 사이에는 근본적인 차이가 있다. 그러기에 우리는 이 단락에서 제기한 '논제'에 자기중심적으로, 인간중심적으로, 심리학화하여 '접근해서는' 안되며, 오히려 하나님의 선포된 말씀을 신학적으로, 기독론적으로, 영적으로 받아들여야 한다. 이때 무엇이 사랑인가를 우리 자신의 권위에 기초하여 결정하고자 하는 욕망이 사라진다. 그리고 이때, 하나님께서는 한 아이를 '그분의' 소유로 여기지 않으시는 것으로 보임에도 불구하고, 하늘에서 누군가가 그 아이를 '자신의 소유'로 여길 수 있다는 식의 추측을 우리는 감히 하지 않게 된다. 이로써 심지어 하늘에서도 말씀과 성령에 의한 유대관계보다 혈연을 더 귀하게 여기는 생각을 멈추게 된다. 따라서 우리는 복과 저주를 함께 선고하는 판결에 대한 '아멘'이 영원하지 않다면 결코 '아멘'이 아니라는 것을 (구성하지 않고) 믿어야 함을 배운다. 그리고 이때 인간론 또한 영적 이어야 함을, 즉 믿음의 학문 이어야 함을 깨닫는다. 하나님께서 인간을 하나님께 대항하고 하나님과의 **첫** 교제의 테두리를 벗어 날 수 있는 자유 안에 **두셨다**는 것이 인간의 인간됨에 속했을 때, 이 교제의 테두리는 **최종적으로** 오직 하나님의 결정에 의해 세워졌던 것이다. 그러기에 천사들의 합창단이 흐트러진 회합이 아니듯이 하늘의 '새로운 인류'는 파행된 의회가 아니다. 만일 '새로운 인류'가 첫 교제의 테두리 밖으로 나온 자들과 연합한다면, 이는 발언자와 반론자 간에 협의할 어떤 의지도 없는 파행된 의회가 될 것이며, 의회도 아니며 그 어떤 교제도 아닐 것이다.

그러므로 **하나님께서** 그분의 소유로 여기시는 자들만이 그분의 소유를 '그들의 소유'로 인식한다. 왜냐하면 독립적인 모든 명사들, 그리고 모든 소유 및 인칭 대명사들은 하나님의 영원한 만족을 위해 오직 하나님에 의해 규정되고 불리워지고 발화된다. **불이 섞인** 유리 바닷가에서 노래하는 자들의 주제는 **언약**이다.[61] 왜냐하면 하늘에서나 지옥에서 어디에나 언약의 원어(原語)가 사용되기 때문이며, 따라서 모두가 눈을 열어 **모든** 방향을 둘러보며 앉아 있는 성대한 성찬에서 율법과 복음의 일치가 영원히 인정될 것이기 때문이다.

§9. 성대한 성찬과 '행위언약'

언약을 **행위**언약, **자연**언약, 그리고 **은혜**언약의 '세 종류'로 구분할 때 많은 논증이 논리적으로 항상 일관되거나 깔끔하지 않다는 것을 이미 이전 단락에서 살폈다. 그렇다고 우리는 이 같은 논의들을 폐기하려는 것은 아니다. 그러나 이 책의 범위 안에서 이에 대한 설명을 제공하기가 힘들기에, 우리는 앞으로도 이와 같은 논의에 대해서는 침묵하려 한다. 그러기에 우리가 아래에서 어린양 혼인 잔치의 새롭고 성대한 성찬이 **행위**언약(최초의 시작)의 완성이고, **은혜**언약(두번째 시작)의 성취이며, **자연**언약(보존과 추진)의 안식을 의미하는 것임을 논할 때, 우리는 편의상 이미 형성되어 고착되고 알려진 용어를 사용할 것이다.

이 세 종류의 개념들이 성경의 마지막 장의 두번째 구절에 실제로 나란히

---

61. 계 15:2.

등장한다.

세 종류의 언약 중 첫번째 것부터 살펴보자.

앞서 언급했듯이, 요한계시록 22:2에는 우선 **행위언약**의 완성을 다루고 있다.

환상을 보고 있는 자는 새로운 **도성** 예루살렘을 보고, 이 **도성**에는 **동산**이 있음을 보여 준다.

도성과 동산.

도성은, 갈라디아서 4:26과 비교할 때, '주님의 공동체'이며, 이것은 이사야 26:1과 40:9, 그리고 시편 48편에서 볼 수 있듯이 구약성경에서 반복되는 묘사를 따른 것이다.[62] 그러나 이 공동체는 **오직** 거기에만 존재한다. 그러기에 이것은 '새로운' 인류와 동일시된다. 여기에서 이 공동체는 하나님, 그리스도, 사도들, 믿음의 조상들, 천사들 등과 같은 '하늘의 위계질서hemelsche hierarchie', 곧 통치기관을 가지고 있는 **조직된** 공동체이다. 이 도성 안에 있는 '넓은 길'이라는 이미지도 새로운 인류인 이 공동체가 **조직되어** 있음을 보여 준다. 저 넓은 길은 성이 왕래가 쉽고 막힘이 없으며 모든 이들에게 열려 있음을 의미한다. "길이 하나임은 길이 하나라는 사실 보다 더 많은 것을 의미한다. 다시 말해 그것은 거룩한 예루살렘의 길에서 발견되는 모든 것과 관련 있다."[63] 그러기에 이것은 중앙의 길을 중심으로 오른쪽과 왼쪽으로 나누어진 도성이 잘 건설되고 조화롭게 형성되었음을 의미할 수 있다. 실제로 성의 중심이며 동시에 성의 통일성의 원천이 위치해 있는 한 장소가 도성의 도면에 등장한다. 이 지배적인 장소는 다름 아니라 생명수 강이다.

이 강으로 인해 우리는 **동산**의 이미지를 떠올리게 된다. 실로 도성에 대한

---

62. Greijdanus, *Openbaring des Heeren aan Johannes*, KNT, 411.
63. 앞의 책, 427.

묘사에서 이 강이 지배한다는 것은 요한계시록 22:2로부터 알 수 있다. **강 좌우에** 생명나무가 있고 도시가 구획된다.

우리가 가지고 있는 의회역성경Statenvertaling은 생명나무를 단수로 번역하고 있다. 그러나 강의 **좌우에** 나무들이 서 있기에 우리는 이 그리스어 단어를 생명의 숲으로 번역해야 한다. 생명의 숲이 있다. 또한 생명의 **강**이 있다. 이 두 가지 이미지를 통해 우리는 **동산**을 떠올리게 된다. 동산은 물과 나무들로 이루어지기 때문이다.

성경이 이 구절에서 **동산**의 이미지를 그려내도록 의도하고 있다는 것은 에덴동산을 떠올리면 분명하다. 성경의 첫 부분인 창세기 2장이 요한계시록 22장, 곧 성경의 마지막을 지배하고 있다. 창세기 2장에서도 우리는 나무들과 강을 발견한다.[64] 강은 사방으로 뻗어 있고, 강의 물줄기는 도처로 넓게 퍼져 있다. 넓게 퍼진 물줄기는 시편 46편이 동산에 있던 '시냇물' 곧 강의 **지류**에 대해 이야기할 때 다시 등장한다. 그러므로 옛 동산도 생명을 보존하는 온갖 나무들의 숲을 알고 있었다. 비록 동산의 주인에 의해 특별하게 지목된 생명의 나무와 달리 갖은 종류의 나무들은 직분자인 인간의 지식과 의지를 위한 **특정한** 임무를 지니고 있지 않았으나, 모든 숲은 광의로 **생명의** 숲이었다.

그러므로 성경의 마지막 장에 등장하는 강과 나무들에 대한 예언은 옛 동산으로 되돌아 간다. 보라, 옛 것이 새 것에 다시 등장한다. 그러나 옛 것은 새 것에서 매우 부유해졌고, 또한 완성되었다. 그러기에 우리는 행위언약의 **성취**를 거론하였다.

행위언약이라는 용어가 하나님과 인간 사이의 최초의 관계를 나타낸다는 것을 기억하는 자들은 우리가 계속해서 **행위언약**을 이야기 하는 것에 놀라지

---

64. 창 2:8-14.

않을 것이다. 하나님을 섬기는 것은 오직 언약의 틀 안에서 가능하다는 아주 단순한 이유에서 저 관계는 **언약**이었다. 그리고 이 언약은 나중에 **행위언약**이라 불린다. 이 명칭은 **나중에**, 즉 **은혜언약**과의 대비를 통해 얻어진 것이다. 당연히 행위언약은 후에 공포된 은혜언약을 배경으로 깊이와 중요성을 더욱 가진다. 그러나 이 행위언약은 이미 지난 간 단계가 아니라, 오히려 고유하고, 처음이며, 근원적인 것으로 근본적인 형식에서 결코 무효화 되거나 폐기되지 않는 언약으로 인식되어야 함은 분명하다. 그런데 당사자들이 주고 받음을 통해 상호 연결되는 모든 언약의 특성을 따라, 하나님은 이 행위언약 안에서 약속된 복을 순종하는 행위와 결부시키셨다. 인간은 이 순종의 행위를 위해 부르심을 입었고 이것 안에 이미 인간의 복 자체인 그의 자유가 결정적으로 놓여 있었다. '벌어들인다'는 동사의 문자적 의미를 강조할 때, 인간이 하나님에게서 행위의 **대가로** 무엇인가를 **벌어들이는** 것이 아니었다. 노동의 대가로 무엇인가를 벌어들인다는 것은 창조주 앞에 서 있는 피조물에게 해당되지 않는다. 일할 수 있는 힘과 일하고자 하는 욕망과 능력을 가지고 있는 인간이 그 전체로 하나님의 피조물이며 작품이라고 할 때, 그는 하나님께서 그저 지급해 주신 것과 견주어 동등하게 가치 있다고 할 만한 그 어떤 작품도 만들어 낼 수 없다. 그럼에도 만약 누군가 행위언약을 이같이 구상한다면, 그는 우리가 이미 자주 언급했던 관용구, 즉 언약의 존속의 측면에서는 **쌍무적**이지만 (언약은 두 당사자를 가지고 있다), 그것의 기원의 측면에서는 **편무적**임을 (언약은 일방적이고, 주권적이고, 전적으로 자유롭고, 어떤 것에 의존하지 않는 결정을 통해 만들어지고 가능해 진다. 이 결정은 선도先導해야 하는 한 당사자의 결정이며, 이 분은 언약의 당사자가 **되시기를** 원하신다면[65] 주권적이고 자유로운

---

65. 그러기에 **언약**은 항상 역사, 그리고 창조의 결정을 전제한다. 역사를 격하시키는 자(1장)는 **언약**

결정에 의해 자기자신을 먼저 언약의 당사자로 **만드셔야** 하는 하나님이시다) 잊어 버리는 것이다. 그러므로 행위언약은 하나님과 인간 사이의 관계이며, 이 관계에서 하나님은 창조주와 입법자로서[66] 한번 정하신 자유롭고 일방적인 결의에 기초하여 '하나님께서 우리를 향해 일하심'과 '우리가 하나님을 향해 일함'을 연결시키신다. 그러기에 인간의 행위는 복이 인간의 소유가 될 수 있는 **이유**가 아니라, 통로였다.

자, 저 옛 낙원에 **동산**이 있었다. 또한 남자와 여자, **인간들**이 존재했다.[67] 이 '행위언약'은 그것의 규약들이 선포될 때 이미 저 남자와 여자를 위한 풍성한 약속을 지니고 있었다. 인간이 언약에 대한 순종을 보인다면, 동산은 인간을 위해 그것의 아름다운 장관을 더욱 꽃피울 것이었다. 그 **동산**은 충만함의 낙원으로 자라갈 것이었다. 그러나 이것만은 아니다. 하나님의 창조와 섭리의 말씀 안에서 그리고 이 말씀을 통해 생명에로 불려진 모든 것들을 포함한 충만함의 공동체로 태초의 한 쌍의 **인간**도 자라갈 것이었다. 순결한 것들이 순전한 상태로 존재하는 모든 공동체는 가부장적으로 통치되는 생명이 자연스럽게 펼쳐지는 가운데 점진적으로 구조화 되기에, 거기에서도 저 한 쌍의 인간은 서서히 **도성**이 형상화되는 가운데 발전해 갔을 것이다. 리더들이 있고 따르는 자들이 있을 것이며, 통치자가 있고 신하가 있을 것이다. 거기에는 폭력과 폭정, 몽둥이와 칼은 없을 것이다. **도성**은 평화 안에서 건립되고 번영할 것이었고, 이는 **동산**과 함께 였을 것이다.

그러나 이와 같은 최초의 언약 관계는 죄로 인해 인간 편에서 파기되었다.

의 선포를 배제시킨다. 이로써 초월적인 하나님은 전혀 위로가 되지 못하고, 삶은 비기독교화 되는 것은 이상한 일이 아니다.

66. 그러기에 언약은 또한 법과 주권을 전제하고, 하나님의 비밀과 이를 선포하는 것을 결코 훼손시키지 않는다.

67. 창 2:8-24.

따라서 **동산**은 확장되지 않았고, 곧이어 인간에게 금지된 땅이 되었으며, 낯선 땅이 되었다. 그리고 **도성**도 마찬가지다. 최초에 설계되었던 발전이 저지되었다. 해체가 연합을 대체하였다. 평화로운 가부장적 권위는 강압적인 통치자의 권위에 자리를 내어 줘야 했다. 강압이 존재 할 수 밖에 없게 되었다는 사실은 죄로 인한 타락 이후 모든 '도시건설'에 대한 저주의 가장 뚜렷한 증거이다. 인간의 도시는 안팎의 통일을 이루거나 회복 할 수 없다. 모든 도시는 문자적인 그리고 비유적인 성벽을 세운다. 다시 비유적으로 말하자면, 죄가 지배하는 한, 낮과 밤으로 '성문들'이 열려 있는 도시는 결코 생각할 수 없다.

그러나 보라, 이제 하나님은 자신의 편에서 언약을 유지하심으로써 구원을 가져오셨다. 하나님은 온전하게 순종하는 삶에 대한 명령과 언약 파기에 따른 고통스러운 형벌에 대한 온당한 요구를 곧장 **두 번째** 아담에게 지우셨다. 하나님께서 이 길을 여시고 첫 아담의 자손들을 이 길로 이끄신다. 이 새로운 단계에서 이들은 하나님의 신실하심이 만들어내는 언약을 발견하게 되고, 이들의 눈에 이 언약은 **은혜**언약으로 알려진다. 인간은 장차 결코 자신들이 받을 가치가 없었던 이 은혜, 박탈되었던 이 은혜를 통해서만 하나님과의 교제 안으로 회복될 수 있다. 그럼에도 불구하고 두번째 아담은 어떤 새로운 언약을 '고안하거나 만들어 내지 않았다.' 두번째 아담도 하나님도 그렇게 하지 않으셨다. 그분은 첫번째, 즉 **행위**언약의 요구를 받아들이셨다. 그러기에 인간은 두번째 아담 안에서 그리고 두번째 아담을 통해 저 첫번째 언약, 즉 행위언약의 **원**原관계oerverhouding에 다시 들어 서 있어야만 하나님의 공동체로 복귀할 수 있다.

그리고 지금, '**동산**'과 '**도성**', 그리고 이 둘의 위대한 조화에 대한 종말론적 관점에서 저 완성된 '**행위**'언약의 영광이 우리 앞에 등장한다.

'**동산**'은 완성되었다.

'**도성**'도 완전히 성장하고 발달되었다.

'**동산**'과 관련하여, 그 강은 넓다. 그리고 이 강은 생명수를 흘려 보낸다. 이 강은, 하나님의 보좌로부터 흘러 나와 강물을 마시는 모든 자들을 하나님과의 교제의 풍성한 방편인 그분의 보좌로 연결시킨다 (계 21:7). 또한 그리스도 안에서 그리고 그리스도를 통하여 이 생명수로 인도된다 (계 7:17). 이 강은 사방에서 접근가능하다. 왜냐하면 그 '넓은 길'과 강과 숲은 단일한 평면도 안에 놓여 있기 때문이다. 누구나 이곳으로 올 수 있다. 그러기에 새로운 인간 공동체 전체, '도성' 전체가 강에 접근 가능하다. 그리고 전체 숲은 **생명의** 숲이다. 옛 낙원에서는 단지 한 나무가 특별히 생명나무라 불리었고, 그곳에는 '일반적인'과 '특별한'이 단계적으로 구분되었다. 그러나 처음에는 단 하나의 나무에 특별한 의미로 지정되었던 '생명의 나무'라는 이름을 미래의 동산에서는 모든 나무들이 가진다.

도성과 관련하여, 두 명의 인간은 그때로부터 셀 수 없는 무수한 무리로 성장하였다. 그리고 이들은 다시 평화로운 가부장적 관계를 가진다. 강압이 없는 권위가 존재한다. 사도들의 이름이 도시의 터 위에 새겨져 있다. 하나님께서 부르신 자들 모두가 존재한다. 경쟁자들은 그곳에 없다.

왜냐하면 도성의 백성은 완전하게 하나의 전체를 이루기 때문이다. 도성**과 동산**을 통합시키심으로써 하나님은 다시 모든 것의 끝에서 시작으로 주의를 돌리신다. 도성에 함께 불리워 모아진 것은 인간의 토르소이거나, 한 단편이거나, 한 덩어리가 아니라, 완성된 **인류**이다. 분명 그 인류는 그들을 불렀고 '아셨던' 하나님의 **결정**에 일치한다. **이로써** 시간 **전의** 설계에 따라 완전히 성장한 도성인 이 인류는 역사와 시간의 **처음**에 인류에게 주어졌던 동산의 완성을 갖춘다.

이로써 미래의 저 동산과 도성에서 '행위언약'은 자신의 쉼, 안식, 오메가에 도달한다. 이 오메가는 하나님께서 알파에서 정하신 바의 적법한 성취이며, 은혜에 의해 가능하게 된 성취이다. 우리는 이 주제로 다시 돌아올 것이다.

§10. 성대한 성찬과 은혜언약

두번째로 우리는 성대한 성찬이 **은혜언약**의 성취임을 살펴 보려 한다.

은혜언약은, 이미 살펴본 것처럼, 두번째 언약이 아니다. 왜냐하면 하나님은 중복하지 않으시기 때문이다. 중복은 실로 언약과 양립할 수 없는 것이다. 언약은 '모든 것이거나 아무것도 아닌 것'이거나, 그러기에 또한 '항상 혹은 절대,' 또한 '단번에'이다. "나는 당신을 사랑하네 시간 안에서 **그리고 영원히**."[68] 처음에 '행위언약'으로 등장했던 하나님의 언약이 이와 같은 언약의 법칙에 준함을 보여 주는 가장 훌륭한 증명이 은혜언약이다. 왜냐하면 언약은 처음 단계에서도 **하나님**께서는 단단하고 흔들리지 (p.204 참고) 않았기 때문이다. 언약이 은혜언약으로 지속된다는 것이 이것을 증명한다. 왜냐하면 언약이 우리 편에서 파기되었을 때 하나님은 자신의 편에서 유지하셨기 때문이다. 하나님은 처음에 아직 계시하지 않으셨던 신비를 자신의 마음의 깊은 곳에서부터, 하나님의 작정 raadsbesluit으로부터, 그리고 하나님의 권능을 더욱더 크게 보여 주시는 가운데 드러내셨다. 이는 마치 언약의 역사 안에서 신비들이, 즉 처음에는 감춰져 있던 것들이 시간의 흐름에 따라 밝히 드러나고 알려졌던 것과

---

68. 덴마크 시인 한스 크리스티안 안데르센(Hans Christian Andersen, 1805-1875)의 시 "Min Tankes Tanke"(1833)의 시구이다. 프란츠 폰 홀스타인(Franz von Holstein, 1826-1878)이 이것을 독일어로 번역하였고, 노르웨이 작곡가 에드바르 그리그(Edvard Grieg, 1843-1907)가 1864년에 곡으로 만들었다.

같은 것이다. 사도 바울은 여러 번 이에 대해 말하고 있다.[69] 그러기에 우리는 바르트와 같이 **신비**를 비역사적으로 만드는 자들과 달리 이를 강조한다. 왜냐하면 하나님의 감춰진 모든 것들은 영원에서부터 하나님께는 알려져 있으나, 인간에게는 역사 안에서 **잇따라서** 계시되기 때문이다. 계시가 하나님을 사랑하여 그분의 말씀을 듣는 하나님의 사람에게 주어지는 곳에서 처음에는 감춰진 것이 밝히 드러나고 흔쾌히 주어진다.

행위언약이 일방적으로 파기되고 죄를 지은 '당사자'가 무기력하고 낙담하여 유죄선고, 즉 **언약의 보복**을 기다리고 있을 때, 그 때까지 낙원에서도 여전히 감춰져 있던 **신비**를 하나님은 계시하였다. 하나님은 그분의 일방적인 능력과 계획이 항상 쌍무적으로 떠맡아 지는 공동작업의 장을[70] 초월하고 능가함을 보이시고, 하나님께서 직접 언약의 연속성을 보증하심을 깨닫게 하셨다. 언약에서 조건적으로 제시된 형벌의 고통으로 인해 더욱 무거워진 사랑과 순종의 행위를 하나님은 **자신의 사랑하는 아들에게로** 돌리실 것이었다. 이로써 처음의 '일꾼,' 첫 아담과 그의 후손은 하나님과 함께 공동으로 일함으로써[71] 평화를 완성하기 위해 더 이상 노력할 필요가 없다. 왜냐하면 지금부터 첫 아담과 하나님을 이와 같은 분으로 받아들이는 모든 첫 아담의 후손들은 **두 번째 아담**을 단지 **믿어야** 하기 때문이다. 이렇게 언약은 시혜施惠의 국면에 이르렀다. 이와 같은 처분을 통해 언약은 이제 '**은혜**언약'이 되었다.

이 은혜언약이 새로운 무엇이 아니라 첫번째 언약을 회복하고 지키는 것이었던 것처럼, 언약에 참여하는 자들의 범위도 여전히 **보편적**이었다. 이미 언

---

69. 엡 1:9; 3:3-4, 9; 6:19; 골 1:26-27; 2:2; 4:3; 딤전 3:16.
70. 공동작업이기에 은혜언약의 최고의 **선행**은 '하나님의 동역자'가 되는 것이다. '하나님의 동역자'가 되는 것을 부정하는 것(변증법적 신학)은 언약사상을 훼손시키는 것이다.
71. 앞의 각주.

약이 처음으로 체결되었을 때 이것은 의도되었던 바이다. 처음부터 언약은 특정한 한 계층, 한 민족, 한 상황, 한 인종, 한 무리와 맺어진 것이 아니라, **인류**와 맺어졌다. 인류 곧, 첫 아담의 나무이다. 이 나무는 하나님에 의해 미리 아신 바 되었고 영원부터 하나님께 '보여진' 바 되었다. 그 방식은 하나님께서 후에 하나님의 종 바울로 하여금 로마서 9-11장에서 아브라함의 '나무'를 숙고하게 하실 때 그 다른 나무를 '보도록' 하신 방식과 동일하다.[72]

바울은 나무가 생존하기 위해 죽은 가지를 전지해야 한다고 말한다. 이로써 아브라함의 **믿음**을 가지고 있는 자들만이 아브라함의 자손으로 여겨진다. 오직 이들만이 아브라함의 나무에 붙어 **살아있는** 가지이다. 이는 유비적으로 아담의 나무에도 적용된다. 행위언약 아래에 있는 이 아담의 나무도 머지않아 은혜언약을 **통해** 붙잡혀지고 그리고 은혜언약 **안에** 포함되는 것으로 하나님에 의해 **미리** 아신 바 되고 영원부터 '보여'졌다. 그러기에 두번째 아담을 영접하고, 그분 안에서 첫 인간의 본래 역할을 재차 완수하는 자들만이, 다시 말해 어떤 때, 어느 경우에나 **하나님의 말씀에 아멘이라고** 응답하는 자들만이,[73] 아담의 나무에 언약의 자손으로 속한다.

그러기에 인류와 생명 자체가 보편적이듯이 이 은혜언약의 무리도 보편적인 것이라면,[74] 어떤 특정한 민족이나 인종도 이 범위로부터 결정적으로 배제

---

72. 실로 대담한 시도라고 말하지 않는다 하더라도 여기서 우리는 p.215-220에서 다룬 것과 동일한 유사성을 과감하게 언급하고 있다. 예정에 대한 믿음이 이와 같은 '대담한 시도들'을 정당화한다.
73. 오직 이러한 방식으로만 하나님의 예정과 예지를 전반적으로 함께 고려하는 가운데 우리는 이 장의 §8에서 이미 잠깐 언급했듯이, 천상의 '도성'이 **파행된 의회**'이거나 하나의 파편이거나 임의적으로 뭉쳐있는 집단이 아님을 주장할 수 있다.
74. 보편주의적인 것이 아니라 보편적이다. 보편주의적인 것은 말씀하시는 하나님께 아멘이라고 화답하는 언약의 원(原)기능에서 떨어져 나갔음에도 불구하고 아담의 모든 후손들, 다시 말해 아담의 피를 가진 모든 후손들이 아담에게 속한 것으로 합산하는 것이다. 인류의 총합 안에서 아담의 총수를 계수할 수 있다는 것이 '주의'의 오류이거나 희화적 묘사이거나 틀린 논법은 아니다. 왜냐하면 합의 전체를 계수하는 것, 다시 말해 '한정된 수(numerus clausus)'를 고수하는 것은 모

되지 않는다. 만일 한 민족만이 언약의 무리에 속한다면, 이는 언약의 목표가 원론적으로 아직 달성된 것이 아니다. 그러기에 은혜언약은 '행진 중'이다. 다시 말해 그것의 성취를 향한 **도상**에 있으나 아직 그 성취를 획득하지 못했다. 한 민족(이스라엘)을 따로 떼어낸 것은 구약성경 안에서 있었던 사건이지만, 이는 결코 배타적인 것이 아니다. 오히려 이 한 민족은 임시적인 상태였고, **이방인들도**, 즉 '바다로부터 멀리 떨어져 거주하는' 다른 민족들도 언약에 속하게 되는 저 충만함에 도달해야 했다. 그러므로 이러한 보편성은 비정상적인 것이 아니라, 정상적인 것이다. 만약 따로 떼어낸 민족인 이스라엘의 특권이 이와 같은 원칙에 맞지 않다면, 그것이 비정상적인 것이 된다.

그러기에 요한계시록 22:2가 생명의 숲의 나뭇잎이 이방인을 치유하기 위한 것임을 가르치고 있는데, 이는 멋지고 아름다우며, 또한 성취의 징표이다. 나뭇잎은 생명의 숲의 궁극이다. 이방인들은 아담의 나무의 궁극이다. 실로 이 구절은 은혜언약이 원리적으로 이방인을 포함하고, 그것의 성취를 위해 사랑의 만찬에 이방인들이 참여하는 것이 **필요함**을 보여 준다. 이것은 (지금 이미 존재하는) 은혜언약의 **성취**이다. 새로운 것이 생겨나는 것이 아니라, 옛 것이 성취된다. "이 치유는 **이미 지금 이루어 지고 있다**." "잎사귀로 이방인을 치유하는 생명의 숲은… 회개와 성화를 통해 이방인을 **이미 오랜 기간** 치유하고

든 언약에 유효하며, 은혜언약에서도 역시 그러하다. 그러나 '주의'의 심각한 문제는 아담의 다른 것이 아니라 피와 영혼을 가진 자들을 아담에게 속한 것으로 계산하는 것이다. 아담은 피와 영혼 이상이기 때문이다. 그는 말씀을 따라서 그리고 성령에 의한 **직분자**이며, 하나님께 아멘을 말하는 자이다. 이로써 언약이 보편적이라는 것은 한번 주어진 하나님의 예정에 따라 모든 성별과 언어와 민족과 국가로부터 첫 아담의 모든 영적인 자손들이 그리스도를 통하여 영적으로 **만들어지고** 하나님의 왕국에 적합하게 되는 것이다. 보편주의가 원하는 것과 달리, 피의 연대가 성령에 의한 연대를 **규정하지** 않는다. 그러나 성령에 의한 연대는 피의 연대를 **인정**한다. 이것이 보편적인 것이다. **동산**에서도 역시 '피와 땅' 이상의 것이 있었다.

있다(계 22:1-3)."[75] 이 성경구절이 말하고 있는 복은 보편적이며 이미 역사 안에 등장하였다. 이 복의 보편성은 이미 아브라함 이전부터 있었고, 아브라함으로부터 그리스도의 오순절까지 결코 훼손되지 않았고, 마지막 날까지 충만하게 부유해 질 것이다. 끝내 이제 새 예루살렘에서 그 충만함이 영광스럽게 빛난다.

이렇게 성경의 마지막 장의 두번째 구절은 첫번째 아담이 행위언약의 끈을 놓쳤지만, 두번째 아담이 이 끈을 은혜언약 안에서 다시 손에 쥐셨다는 것을 증명한다. 그리고 이 구절은, 현재 '위에'[76] 있지만 간격diastase이 사라지면 '위에' 존재하는 것도 아니며 그렇다고 '아래에' 존재하는 것도 아니게 될 저 예루살렘은 은혜언약의 충만함과 통일성을 영원한 안식 안에서 이미 향유하고 있음을 보여 준다. 이 예루살렘은 현재 수직적으로 (하늘과 땅) 뿐만 아니라 수평적으로 (저 멀리 떨어져 있음) '가까이에'와 '멀리' 사이의 대립을 알고 있지만 머지않아 이 결핍을 극복할 것이다.

이러한 은혜언약의 복의 충만함 안에서 하늘의 위계질서는 펼쳐진다. 이 위계질서는 행위언약의 요소들과 은혜언약의 그것들을 모두 보여줄 것이다. 아담은 그곳에서 두번째 아담의 아버지요, 우리 모두의 조상으로서 자리를 차지할 것이다. 이는 피와 영혼의 관점에서 그러하다. 그러나 그는 두번째 아담께 자신의 왕관을 넘겨 드릴 것이다. 이는 영적인 측면에서 그러하다. 행위언약에서 무력했던 아담은 자신을 은혜언약 안으로 이끄셨던 강력한 영웅에게 복종한다. 레위는 여전히 제사장직분을 가지고 섬길 것이다. 하지만, 비록 멜기세덱은 레위가 태어나게 될 때에 사라지고 자신의 제단을 빼앗겼던 것으로 보였

---

75. Greijdanus, *Openbaring des Heeren aan Johannes*, KNT, 432.
76. '예루살렘'이 지금 '위에' 있다는 것에 대해 나는 *Ons aller Moeder anno Domini* 1935 (Kampen, 1935)에서 논하였다.

지만, 레위를 누르고 레위와 그의 후손들의 왕관을 은혜로 넘겨 받을 것이다. 그리고 그는 권위를 가지고 가부장적인 질서 안에서 "오라, 우리 함께 예수 그리스도에게로 가자, 그리고 그를 통해 하나님께로 가자"라며 꾸짖을 것이다.[77] 그리고 불의한 맘몬Mammon으로 친구를 사귄 자들도[78] 임종 때에 모든 것을 잃고 자바섬과 숨바섬의 친구들 혹은 기니의 친구들로부터[79] 영원한 장막에서 임시로 환영을 받은 후에, 그리고 이 영원한 **장막**이 든든한 **기초**를 가진 영원한 **집**이 된 후에, 그들은 동일한 친구들로부터 만대에 이르도록 환영을 받을 것이다.

그리고 이루 말할 수 없는 평화가 이루어질 것이다. 또한 도성 전체를 아우르는 파노라마 안에서 하늘의 위계질서는 시간과 장소 안에 있었던 모든 경륜을 보여줄 것이다. 하나님이 이 도성의 예술가이시며 건축가이시다. 그리고 '강'에 다가가는 자들 모두 어떤 대가 없이 물을 자유롭게 마실 수 있다. 왜냐하면 그가 수정 같이 맑은 '강'에 **올 수 있기** 전에 요한계시록 4:6의 수정 같은 유리 '바다'에서 씻겨졌기 때문이다. 이 바다는 동일하게 '바다'로 불렸던 옛 성전 앞마당의 물동이(왕상 7:23)를 연상시킨다.[80] 그들은 모두 제사장과 같이 씻음을 받았고, 먼 곳에서 온 이방인들도 그러하였다. **은혜**언약!

---

77. 히 7:1-28 참고.
78. 눅 16:9.
79. 여기에서 스킬더는 네덜란드선교연맹(Nederlandsch Zending Genootschap, 1848년부터)과 네덜란드개혁주의선교연합(Nederlandse Gereformeerde Zendingsvereniging, 1862년부터)이 인도네시아 자바섬에서 사역함으로써 생겨난 개종자들과, J. J. van Alphen, W. Pos, C. De Bruyn(1881년부터)와 D. K. Wielenga(1904년부터)가 숨바섬에서 사역함으로써 생겨난 개종자들, 그리고 위트레흐트선교연합(Utrechtse Zendingsvereniging, 1859년부터)이 뉴기니에서 사역하여 생겨난 개종자들을 가리키고 있다.
80. Greijdanus, *Openbaring des Heeren aan Johannes*, KNT, 124.

§11. 성대한 성찬과 '자연언약'

지금까지 우리는 행위 및 은혜언약에 대해 살펴보았다.

이제는 '**자연**언약'을 다루고자 한다.

이 명칭 자체가 지금 우리의 논의의 대상은 아니지만, 우리는 이 명칭이 쉽사리 오해될 수 있음을 짧게 언급하려 한다. 사람들은 이 언약과 관련하여 홍수 이후 하나님께서 노아에게 주신 약속을 생각한다. 즉 홍수 이후로 다시는 물로 세상을 심판하지 않으시겠다는 약속이다. 또한 봄, 여름, 가을 그리고 겨울이 규칙적이고 순차적으로 나타나도록 하시겠다는 하나님의 확약 toezeggin도 포함된다.

이와 같이 특정한 확약의 성격을 고려할 때, '행위언약' 및 '은혜언약'과 비교하여 '언약'이라는 단어가 여기에서는 다소 너무 강한 악센트를 얻게 된다. 이것은 소위 '자연언약'이 동물들과도 관련되어져 있다는 사실이 고려될 때,[81] 그리고 하나님께서 땅, 나무, 비 등과 '언약'을 맺으셨다는 사실이 고려될 때, 더욱 쉽게 파악될 수 있다. 그렇다고 이 언약이 언약론의 새로운 단락을 제공하거나 혹은 또 다른 '언약'[82]으로 구분될 필요가 있다고 생각되지 않는다. 또한 '자연언약'이라는 용어에서 '자연'이라는 단어는 다소 불분명하다. 왜냐하면 하나님께서 약속하신 봄, 여름, 가을, 그리고 겨울의 **규칙적인** 변화는 대체로 '자연'이라고 불리는 그 무엇보다 실제로 더욱 직접적으로 **역사**와 관련 있기 때문이다. 처음에는 저것, 그 이후 그리고 그러기에 이것.

---

81. G. Ch. Aalders, *Het boek Genesis. Korte Verklaring der Heilige Schrift*, dl. 1 (Kampen 1933), 235.
82. Aalders, *Genesis*, dl. 1, KV, 210, 235는 비록 성경이 창세기 6:18에서 언약이라는 단어를 최초로 사용하고 있지만, 이 구절에 나타나 있는 노아와 '맺은' 언약은 창세기 9장이 말하고 있는 것과는 다른 것임을 지적하고 있다.

여전히 이의제기가 충분치 않다면, 다음의 질문도 정당하다. '그렇게나 자주 강조되는 사계절의 규칙적인 연속이 "자연언약"의 핵심인가?' 이 질문과 관련하여, 창세기 9장, 특히 8-17절을 보자. 거기에는 많은 이들이 강조하는 하나님의 말씀, 곧 "땅이 있을 동안에는 심음과 거둠과 추위와 더위와 여름과 겨울과 낮과 밤이 쉬지 아니하리라"라는 말씀이 **빠져 있다**. 이 구절은 창세기 9장에 나오지 **않으며, 오히려** 창세기 8:22절에 기록되어져 있다.

그럼에도 불구하고 우리가 사계절의 규칙적인 연속을 '자연언약'과 관련시키고, 이것을 이 언약의 약속의 내용으로 여길 타당한 이유가 있다. 다시 말해, 하나님께서 노아에게 창세기 9:8-17에서 약속하신 바는 실질적으로 창세기 8:22절의 **확장**이다. G. Ch. 알더스 교수도 창세기 8:21절의 하나님의 독백, 즉 짧게 요약된 하나님의 결정(이 결정 아래에 22절은 놓여 있다)은 9:8-17에서 **밝히 드러난**다고 주석하고 있다.[83]

하지만 우리는 이 구절이 마치 우리가 앞서 언급했듯이 직접적으로 봄, 여름, 가을, 그리고 겨울에 대해 말하고 있는 것은 아니라는 점을 주의해야 한다. 알더스 교수도 다음과 같이 언급한다. "주석가들은 다양한 노력을 기울여 '심음과 거둠과 추위와 더위와 여름과 겨울'을 일년의 특정한 시기를 표현한 단어들로 배치하려 한다." 그러나 그는 덧붙이기를, "이런 시도에 대한 주요한 반박은 '낮과 밤'도 다른 요소들과 함께 한 호흡 안에 이야기 되고 있다는 점이다. 만약 이 구절이 한 해의 특정한 시기들을 체계적으로 구분하고 있는 것으로 이해한다면, 이는 지나친 탐구이다. 오히려 이 구절은 자연에서 일어나는 정상적인 변화들이 중단되지 않고 규칙적으로 지속됨을 보여 주는 다양한

---

83. Aalders, *Genesis*, dl. 1, KV, 225.

예들을 단순히 나열하고 있는 것이다."[84]

우리는 이런 주석적 결과에 동의한다. 이 주석은 우리의 의도를 위해 아무튼 충분하다. 왜냐하면 우리는 이 단락의 초반부에 '자연에서 일어나는 정상적인 교체'를 온당하게 다루었기 때문이다.

'정상적인' 것.

그리고 **'교체'**.

약속된 변화는 **정상적인** 것이다. 이로써 역사의 규칙적인 진행이 규정된다. 흐르는 강물은 결코 반복되지 않는다. 그리고 파국이 도래할 것이며 이는 동시에 역사의 **끝**이다.

그러나 그럼에도 **교체**이다. 봄, 여름, 그리고 **위로 올라감**과 가을, 겨울, 그리고 **가라앉음**. 봄, 여름, 그리고 성장과 가을, 겨울, 그리고 퇴행. 더욱 풍성해지는 빛, 약해지는 빛.

자, 이 같은 '자연언약' 자체는 은혜언약의 한 국면에 속하게 되었다. 후자는 보편적인 것이었고 참으로 살아있는 모든 자들의 회합인 인류를 추구하였다. 그리고 하나님은 자연언약 안에서 모든 것을 이 회합의 노동에 종속 시키셨다. '자연' 전체는 성장하면서 하나님께서 설계하신 새 예루살렘의 건설에 관련된다. 하나님께서 그분의 교회의 바닥을 놓으시기 위해 자연은 하나님의 작업장이 된다. 하나님은 금으로 된 길, 진주로 된 성문을 두시고, 해와 달이 필요가 없고 '낮 이나 밤'을 더 이상 알지 못하는 도성을 만드신다.

하나님은 그와 같은 도시를 찾으시는가? 그러나 하나님은 하늘의 도시를 찾으시는데, 이곳은 그 '교체'가 억제되고 통제되어 '낮과 밤' 뿐 아니라 (앞서 언급한 알더스와 비교하라), 봄, 여름, 가을, 그리고 겨울도 사라지게 될 것

---

84. Aalders, *Genesis*, dl. 1, KV. 227.

이다. 이곳에서 영원한 '봄'과 영원한 '낮'이 중단되지 않고 안식을 누릴 때, 시간을 규정하는 교체 자체는 극복된다. 홍수 전에 이 '교체'는 격심하고, 어지럽히며, 폭발적이고, 파멸적인 것이었고, 언약의 극심한 저주, 곧 홍수가 등장하는 것을 위해 사용되었다. 홍수 이후 이 '교체'는 그리스도와 그분께서 약속하신 언약의 복을 위한 일자리가 제공될 수 있도록 통제된다. 그리고 끝내 이 교체는 마지막 날의 파국 후에 파괴되지 않는 동산에 거하는 새 예루살렘을 위해 전적으로 극복된다.

이렇게 자연언약 안에서 자연적 생명의 지속은 직접적으로 **하늘에 대한** 문제가 되었다. 왜냐하면 우리가 이미 논한 것처럼, 파국이라는 개념 자체가 하늘에 대한 질문과 직접적으로 관련되기 때문이다(p.206 이후를 참고).

그러기에 요한계시록 22:2를 읽을 때에 왜 이 자연언약이 관련되는지가 마지막으로 생각해 볼 주제로 분명하게 드러난다. 하늘이 안식에 이르게 된다면, 심판의 불에 의한 파국으로 인해 **자연언약**도 자신의 목표에 도달하게 될 것이며 안식의 평화에 도달하게 될 것이다. 왜냐하면 우리가 요한계시록 22장에서 읽을 수 있듯이, 봄, 여름, 가을, 그리고 겨울은 언젠가 멈출 것이기 때문이다. 이 이름들은 그 의미를 상실할 것이다. 결코 중단되지 않고 영원히 지속되는 성만찬을 위해 필요한 것들을 제공하는 생명의 숲은 **매월** 끊임없이 열매들을 제공한다. 생명의 숲은 12번 열매를 맺을 것이다: 곧 일년 내내 인간은 추수할 것이다. 그리고 언제나 '해'가 떠 있을 것이지만 이것은 '그' 해는 더 이상 아니다. 언제나 빛이 있을 것이며 밤은 겨울과 같이 낯선 것이 될 것이다. 자연언약이 휴식에 이르렀다.[85]

그럼에도 이 언약은 '땅이 있을 동안에는'(창 8:22), 즉 '땅이 존재하는 동

---

85. 계 21:23 참조.

안'(알더르스)을 위해 의도 되었다. 그 동안 하나님은 이 언약 안에서 어떤 권세도 완전히 승리하지 못하고, 결코 낮, 밤, 씨를 뿌림, 봄, 여름, 추수, 가을, 그리고 겨울 중 어떤 한 원리라도 극단적으로 앞서나가 지배하지 못하고 균형을 이루도록 이 땅을 보존하신다.

자, 이 **순환**에 묶인 땅과 굴레에 놓인 시간의 무력함과 달리 이제 새 예루살렘의 영광이 나타나 있다. 그곳에서는 위로 향하는 길과 아래로 향하는 길 간의 차이, 성장과 시듦의 차이, 약속과 잠정적인 성취의 차이, 봄의 '아직 아니'와 겨울의 '더 이상 아니'의 차이가 모두 사라진다.

물론 우리는 요한계시록 22:2의 확약을 가장 넓은 의미로 이해할 수 있다. 생명의 숲이 '매월' 열매를 맺을 때, 성경은 모든 생명이 그 규칙성에 의해 덕을 입는다는 것을 말하고자 한다. 약속과 성취가 동일하다. 영원한 현재에서 이 둘은 서로 결합되어 있다. 그러기에 '약속'과 '성취'라는 **낱말들이** 그 의미를 상실한다. 더 이상 성장하는 것은 없고, 번영하는 것도 없으며 되어지거나 변화되는 것도 사라진다. 그 누구도 투쟁을 모든 것의 아버지라 칭할 수 없다(헤라클리투스).[86] 그것이 모든 것을 자극 하지도 않는다.

그러므로 새로워진 땅에는 **새로운 약속들을** 위한 자리는 없다. 성취가 실재가 되는 그 순간에 **약속**은 가능하지 않다. 그러나 약속이 끝났다는 것은 부유함이 사라졌다는 것이 아니라 오히려 가득 찬 부유함이 이루어졌다는 것이다. 부유하게 만드는 것이 끝난 것이 아니라, 교제를 원하시는 하나님의 뜻을 위하여 **자연언약**의 모든 것이 부유하게 되었다는 확증이다.

이렇게 완성된 자연언약의 영광은 하늘의 삶을 지탱하는 기둥들 중 하나가

---

86. 그리스 철학자 헤라클리투스(기원전 450년 경 사망)의 단편 14번(기원전 500년 경)은 "투쟁은 모든 것들의 아버지이며, 또한 모든 것들의 왕이다" 라고 말한다.

된다. 우리는 '자연언약'에 대해 말하는 바들을 들었다. '자연'은 무엇인가? **이것**에는 창조된 모든 것, 그리고 하나님의 정의의 태양을 향해 열려 있는 모든 것이 해당한다.

자연언약.

자! 각각의 언약은 살아있는 관계성을 가진다. 언약은 줄곧 하나의 경륜에서 다른 경륜에로 이어진다. 그러나 이 자연언약이 언젠가 휴식에 도달한다면, 이 언약이 '추구'한 바에 대한 상급은 새로운 경륜의 가능성이 **종결되었음**을 의미한다. 오래지 않아 이 언약의 그 다음 국면은 존재하지 않을 것이다. 왜냐하면 이 언약은 모든 것에서 휴식을 취할 것이기 때문이다. 모든 움직임이 휴식에 들어간다, 할렐루야!

§12. 성대한 성찬과 '평화언약'

하나님**으로부터** 있는 모든 것들은 하나님**께로** 돌아간다. 모든 언약들도, 또한 모든 언약에 대한 숙고도.

지금까지 살펴 보았듯이, 인간과 맺으신 하나님의 언약은 그것의 **기원**이 **편무적**인 결정일 때, 그것의 **미래**에서도 언약은 **편무적**이다. 언약이 일방적으로 하나님**으로부터 나와** 하나님에 **의해 지속**된다면, 언약은 반드시 하나님**께로 향해** 돌아가야 한다. '편무적'이라는 개념이 언약 교리의 태초론protologie에 본질적인 요소라면, 언약의 종말론에 있어서도 그러해야 한다. 모든 언약의 합의는 종국에 **하나님이 하나님과 맺으신** 언약의 선물로, 또한 마지막이자 최초의 유언으로 밝혀져야 한다. 이 유언으로 하나님께서는 세상의 기초를 놓으시기 전에 이미 하나님께서 하나님 자신과 언약을 맺으셨다.

그러므로 이 네번째 단락이 앞선 세 단락에 가장 마지막으로 덧붙여지지 않는다면 성대한 성찬과 언약에 대한 우리의 논의는 끝나지 않는다.

우리는 행위언약, 은혜언약, 그리고 자연언약을 다루었다. 이 모든 세 언약에 두 당사자들이 관여한다. 즉 하나님과 피조물, 인간, 동물, 그리고 천사. 천사들을 언급하는 것은 예전禮典의 영으로서 천사들이 교회를 도왔고,[87] 이 같은 봉사를 통해 천사들은 스스로 기뻐하고 하나님으로 말미암아 하나님과 화해하였기 때문이다(골1:20). 또한 천사들도 머지않아 천국의 문이 영원히 열릴 때에 쉼을 얻을 것이다.

여하튼 이 세 가지의 쌍무적인 언약은 이제 하나님이 **하나님 자신과** 맺으신 편무적인 언약으로 환원 되어야 한다.

개혁주의 신학은 이를 이미 오래전부터 숙고했고 지향했다. 개혁주의 신학만이 모든 것과 함께 하나님께로 올라가는 것이 무엇을 의미하는지를 알았기 때문이다. 그리고 개혁주의 신학에는 이를 위한 전형적인 용어로서 '평화협정 vrederaad, pactum salutis'이 있다(지금 여기에서 이 용어의 정확성을 논의하지는 않겠다).[88] 이 용어는 하나님께서 내재적으로 맺으신 언약을 가리키는 것으로 개혁주의 신학은 이를 성경으로부터 도출할 수 있었다(어떤 경우는 덜 성공적이기도 했다). 개혁주의 신학은 이 '팍툼 살루티스pactum salustis'라는 용어를 사용하여 하나님께서 하나님과 맺으신 평화언약vredeverbond, 즉 시간 전 영원에서부터 성부, 성자, 그리고 성령 하나님 간에 세워진 언약을 지칭하였다. 창조 세계를 보존하시기 위해, 삼위일체 하나님의 신부를 준비시키시기 위해,

---

87. 역주) 히 8:1-2를 참고.
88. 역주) 스킬더는 '구원협정' 이라고 직역할 수 있는 용어인 *pactum salutis*를 화란어 vrederaad와 vredeverbond로 번역하고 있다. 역자는 이 두 네덜란드 단어들을 각각 '평화협정'과 '평화언약'으로 번역하였고, 스킬더가 라틴어 *pactum salutis*를 사용한 대목에서는 라틴어를 음역하여 옮겼다.

위대한 결구結句를 위해, 존재하는 모든 것들이 하나님께 다시 되돌아 올 수 있도록 삼위일체 하나님의 각 위격들이 일하시기 위해, 각 위격들은 서로를 향한 영원한 애정 안에서 스스로를 서로에게 묶으셨다.

사람들이 '은혜,' '호의,' '은총,' '평화,' 그리고 '구원'과 같은 용어들을 좁은 의미에서 (**죄로부터 구원받은** 세상을 고려할 때) 사용할 수 있고, 또한 보다 넓은 의미에서 (죄는 더 이상 없고 기쁨으로 하나님께 수용된 세상을 고려할 때) 사용할 수 있다면, 동일하게 평화언약을 **죄와 분리하여서도** 하나의 실재로 인식할 수 있다. 창조 계획 안에 들어 있는 모든 피조물을 세상이 타락하지 않는다 하더라도 하나님과의 언약 관계 안에 보존하시기 위해, **성부**는 성부 자신을 성자와 성령에게, **성자**는 성자 자신을 성부와 성령에게, **성령**은 성령 자신을 성부와 성자에게 주신다. 삼위 하나님의 삶에서 하나님은 자기자신 안에 움직이셨고 자신으로부터 나오시고 자신에게로 돌아가신다. 삼위일체이심은 하나님이 지극한 자유와 자기인식 안에서 자신에게서, 자신으로부터, 자신에게로 움직이심을 의미한다. 그러므로 하나님의 모든 명령은 근본적으로 삼위 하나님 간의 평화의 언약 vrêe-verbond이며, 연합의 협의 unie-raadslag이고, 이 안에서 삼위 하나님의 각 위격은 서로를 추구하시고 동시에 나누어 지지 않는 한 분 하나님을 추구하신다. **창조** 명령 또한 근본적으로 이같이 하나님께서 하나님과 맺으신 언약의 명령이다. 창조 세계를 유지하고 다스리시는 것도 동일하다. 왜냐하면 섭리를 행하시는 것에서도 삼위 하나님은 각각의 '임무'가 있으시기 때문이다. 그러므로 '팍툼 살루티스'는 단지 죄 만을 위한 것은 아니다. 창조 세계를 다스리고 보존하시고자 하시는 계획 안에 죄도 자리를 차지하게 될 때, '팍툼 살루티스'는 **좁은 의미에서** 삼위께서 구원을 이루시기 위하여 상호 연합 하시게 한다. 이로써 평화협정 vrederaad은 **보다 좁은 의미**에서, 우리의 측면에서 볼 때, 성부와 성자와 성령 하나님 간의 연합에 의한 결의이다.

이 결의를 통해 한 위격이 자유 안에서 다른 위격에게 '가라'고 말하시면, 그분은 가시고, '오라'고 말하시면, 오시며, '저것을 하라'고 말하시면, 그것을 하신다.

삼위 하나님 간의 언약의 관계로서의 평화협정 교리를 통해 개혁주의 신학은 이 신학의 심오한 요소에 이른다. 개혁주의 신학은 하나님이 우주를 향해, 천사를 향해, 인간을 향해 계신다는 것을 말하기 위한 가장 심오한 근거를 이 교리를 통해 제공한다.

이것만이 아니다. 개혁주의 신학은 이 교리를 통해 언약의 최고의 보증이며 구현인 하늘의 설계도면을 보여 준다.

이것은 두 가지 이유에서이다.

우선 (쌍방적인) 행위, 은혜, 자연언약을 다루면서 우리가 주목하였던 **양방성의 요소**는 '팍툼 살루티스'와 분리하여 생각할 수 없기 때문이다.

두 번째 이유는 '평화의 협정' 교의로 인해 언약의 **양방성의 교리가 마지막 말**을 하게 되는 것이 저지되기 때문이다. 다시 말해, 언약의 양방성이 하나님께서 그분의 주권적인 결정에 근거하여 인간과 맺으신 모든 언약 안에서 우리가 깨닫게 된 언약의 일방성과 동등한 것이 되는 것이 저지되기 때문이다.

우리가 이미 언급하였듯이, **양**방성의 요소는 옆으로 밀쳐져서는 안 된다. 어떻게 그럴 수 있겠는가? '팍툼 살루티스' 자체에서 우주는 하나님 자신에 의해 **수용되어진 것이며, 수용되어야 하는** 것으로 이미 나타나 있지 않은가? 역사 전체는 역사 안에서 일어나는 모든 것과 함께 '평화의 협정' 안에 영원히 머무르기 위해 이미 이 협정 안에서 하나님의 관심의 대상이었다.

그런데 또 다른 측면에서, 우리가 앞서 이야기 했듯이, '팍툼 살루티스'의 교리에서 하나님과 우리의 **양**방성이 항상 **일**방성에 **종속**된다. 왜냐하면 **하나님과 인간 "양방"**이 서로 평화를 누리게 되는 언약의 환희는 **결코 마지막 행**

위가 아니며 항상 마지막 보다 하나 앞선 것이다. 언약의 **마지막**, 궁극의 환희는 처음의 환희와 마찬가지로 성부와 성자와 성령 하나님이 그분들의 **형상**인 인간으로 말미암아 만족하시기 전에 서로의 **실재**實在로 인하여 만족하며 서로를 바라보는 것이다. 이것이 삼위 하나님께서 인간으로 말미암아 만족 하시는 것 보다 **앞서고**, 또한 이를 **뒤따른다**. 이 같은 '팍툼 살루티스'의 교리를 통해 삼위일체론이 더욱 깊이 탐구될 수 있다는 점에서, 이 교리는 큰 영향력을 가지고 있다. 이 교리는 하늘의 영원한 노래이다.

자, 새 예루살렘에서 성대한 성찬이 베풀어 질 때, 영원 전부터 간명 했듯이, 이 '팍툼 살루티스'는 하나님께서 행하신 일의 결과로 인해 상급을 받고 유지될 것이다. 하나님의 영광이 펼쳐지고 삼위 하나님께서 서로로부터, 서로에 관해, 그리고 서로에게 충만한 기쁨을 가지고 존재하시기 위하여, 평화의 협정이 역사를 시작 시키고 모든 피조물들을 존재하도록 불러 내셨다. 그리고 이제 역사는 그것의 휴식으로 들어섰고, 성부와 성자와 성령 하나님은 각 위격이 영원 전부터 서로에게 약속하신 신의를 충실하게 이행하셨기에 영원히 서로를 기뻐하시며 서로를 돌이켜 살피신다.

지복zaligheid이라는 개념에 대한 우리의 분석은 더 나아갈 수 없다. 이 개념을 다음과 같이 말할 수도 있다. 지복은 더 이상 부끄러움을 느끼지 않고, 미천함과 이해의 무능으로 퇴보될 수도 없다.

그러나 성경이 분명히 우리의 주의를 사유의 마지막이면서 동시에 최초의 정점**에로** 이끌어 간다는 **것**은 분명하다.

왜냐하면, 성대한 성찬에 참석한 자들은 누구인가? 이들은 **성령**께서 그리스도의 신부가 되도록 준비시키신 자들이다. 성령께서는 지참금과 함께 이들을 채비 시키셨다. 그분은 아름답고 영광스럽고 순전하게 인간다운 모든 것을 이들 안에 두시고 드러내시기 위해 이들의 존재를 '부화시키셨다.' 이들이 그리스도로 말미암아 성령께 위탁된 후에 성령께서는 이들을 다시 태어나게 하셨고, 하늘의 지참금으로 채비 시키셨고, 이들을 자신 안에서 씻기셨다. 이제 성령께서는 이들을 마지막으로 인도하시고, 넘겨 주시고, 되돌려 주신다. 이것이 성령께서 행하시는 **결구**(結句)이다. 결구는 받을 **권한**이 있는 자에게 주는 것이다. 성자께서 자신의 것들에 대한 권한, **언약**의 권한을 가지고 계신다. 그러므로 성령은 성령께 '**주어졌던**' 자들을 모두 성자에게 되돌려 주신다. 이 결구에 대해 성령은 영원히 '**아멘**'이라 말씀하신다.

재차 질문하자. 누가 성대한 성찬에 참석하는가? 이들은 준비되었고 이끌려 왔고 선택된 **성자**의 사람들이다. 성자 하나님은 이들을 성부 하나님으로부터 넘겨 받으셨고, 기원으로 되돌려 인도해 가실 것을 성부께 약속하셨다. 성자 하나님은 이들을 자신의 피로 쟁취하셨다. 그분은 그들을 자신을 위해서, 그러나 더욱 성부 하나님을 위하여 쟁취하였다. 그리고 성자께서 이들을 위해 하얀 옷을 사셨는데, 이 옷은 성령께서 그분의 뜻을 따라 짜서 이들에게 입히신 것이고, 성부께서도 기뻐하시는 옷이다. 그 전에 성자 하나님께서 이들 모두를 자신의 값비싼 피로 씻기셨다. 이와 같이 성자 하나님께서 이들을 아시고, 이들과 함께 고난을 당하셨다. 성자는 이들 안에서 영광스럽게 되셨고, 이들을 즐거워하셨다. 이들을 사랑스러워 하시며 푸른 풀 밭에서 먹이셨다. 성자께서 다스리실 수 있고 다스리시도록 위임 받으셨을 동안 세상이 끝날 때까지 끊임없이 자신의 홀을 그들 위에 두셨다. 그리고 보라, 성자 하나님께서는, 주님의 왕국이 완성되도록, 자신의 차례에 이들을 성부 하나님께 넘겨드린다. 성자 하나님께서도 그분의 결구의 행위에 대해 영원히 '**아멘**'이라고 말씀하신다.

이제 세 번째로 묻자: 누가 저 성대한 성만찬에 참석하는가? 이들은 **성부 하나님**께서 아시는 자들이다. 성부께서 이들을 지으셨고, 성자 안에서 이들을 아시며, 성자 하나님과 성령 하나님께 이들을 위탁하셨다. 이렇게 이들은 성부께서 **자신의 것**으로 인정하시는 자들이다. 성부 하나님은 이들을 성부만의 피조물로 여기신 것이 아니며, 성자와 성령께서는 이들을 통해 오직 조건적으로만, 특히 임박한 죄와 관련하여서만 영광을 받으시는 것이 아니다. 평화언약은 이와 같은 환상을 가진 난폭한 운전자들이 부딪힐 벽이다. 이미 첫 아담의 창조에서 성부 하나님께서는 두번째 아담을 '보셨고,' 모든 것을 두번째 아담에게 이끄셨다. 하나님께서는 첫 창조의 바탕을 놓으실 때, 이미 곧 놓여질 재창조의 토대를 염두 하셨다. 그리고 보라, 곧 성부 하나님께서는 성령과 성자의 손으로부터 큰 기쁨을 가지고 미리 아신 자들을 받아들이실 것이다. 이들은 성령과 성자께서 행하신 수고의 대상이다. 그리고 성부께서 성령과 성자께, 그리고 자신에게 '아멘'이라고 말씀하실 것이다. 마치 성령과 성자의 모든 수고가 이들 안에 있고 또한 이들이 이 모든 수고를 지니고 오는 것처럼 성부 하나님께서는 이들을 받아들이실 것이다. 성부 하나님은 그들 중 한 사람만을 바라보시거나 인사를 건네실 수 없으며, 한 사람만을 위해 식탁의 자리를 지정하시지 않으시고, 자신의 **사람들**과 대화를 나누시는 그 순간 **성령**과 **성자**와 함께 교제하신다. 그리고 성부 하나님께서는 꽃이 이곳을 꾸미도록 꽃을 만드셨던 것을 스스로 자랑하신다. 또한 성부 하나님께서는 열왕을 세우시고, 이들로 하여금 영광과 존귀를 하나님의 도성으로 모아, 그들의 모든 보화를 통행세로서 받치도록 하신 것을 스스로 자랑하신다. 하나님의 도성 곧 새 예루살렘은 열왕의 영광과 존귀를 취하기에, 하나님의 **자녀들**은 그 통행세로부터 자유롭다.

이렇게 하나님께서는 곡식, 포도주, 천사, 그리고 인간을 이들과 맺으신 하나님의 언약을 따라 심문 하실 때, **자기자신을** 심문하신다. 식탁은 준비되었다. 궁전의 기쁨은 하나님으로 하여금 자신의 사랑에 취하게 만든다. 왜냐하면

"무릇 가진 자는 받아 넉넉하게 될" 것이기 때문이다.[89] 이것은 **성령께서** 성자를 '가진 자'로 보시며 하신 말씀이다. 성령은 성자에게 그분의 모든 것을 드렸다. 또한 이 말씀은 **성자께서** 성부를 '가진 자'로 보시며 하신 것이다. 성자께서는 성부께 그분의 모든 것을 드렸다. 성부께서도 그렇게 말씀하셨다. 이는 성부께서 성령과 성자를 연합의 신의를 '가진 자'이며, 이로써 영원히 움직이시고, 동등하게 사랑 안에서 성부에게 연합된 분들로 보셨을 때이다. 모든 것이 이제 하나님의 평화로 돌아간다. **쌍**방적인 언약de dia- thèkè은 **일**방적인 언약de sun- thèkè,[90] 즉 하나님이 하나님과 맺으신 평화언약 안에서 지양되지 않고 오히려 풍성해 지고, 분명히 설명되고, 이 지극한 영광 안에서 강하게 빛난다.

이 점에 주의를 기울이는 것이 바람직하다. 왜냐하면 여기까지 도달한 우리는 본서의 마지막 장을 위한 제목을 찾을 수 있기 때문이다. 마지막 장에서, 하나님께서 **우리의** 안식일 안으로 오신 것이 아니라, 오히려 성경이 가르치듯이 우리가 **하나님의** 안식일 안으로 들어 올려졌다는 사실에 순종의 가장 단순한 행위이기도 한 지혜의 모든 것이 놓여 있음을 우리는 알게 될 것이다.

하나님과 우리가 맺은 **양**방적인 언약 안에 실로 **인간**의, 그리고 **인간**을 위한 안식이 있다. 그 안에서 하나님은 인간과 함께 하시고, 인간의 안식에 동참하시며, 인간과 교통하신다. 그러나 언약이 머지않아 최후의 국면ultima ratio에서 **일**방적인 언약이라는 것이 드러날 때, 그때 모든 것들의 최후의 근거가 발

---

89. 역주) 마 13:12 참고. 스킬더는 의회역성경(Statenvertaling)을 사용하고 있다.
90. 역주) 평화언약을 다루기 전 스킬더는 하나님과 인간 사이의 언약의 기원이 하나님의 주권에 있다는 것을 강조하기 위해 언약의 일방성을 강조하였다. 삼위일체 하나님 간의 평화언약을 다룬 후, 그는 인간과 맺으신 언약의 기원이 성부와 성자와 성령 간의 평화언약에 있음을 강조한다. 이를 위해 언약의 '일방성'을 말하면서 그 '일방성'에 '삼위'간의 협의가 내포되도록 '함께'를 의미하는 그리스어 전체사 'συν'을 포함한 단어인 συνθήκη를 사용하고 있다. 스킬더는 διαθήκη를 사용하여 하나님과 인간 사이의 양방성을 가리키고, συνθήκη의 συν(함께)을 강조하여 '삼위'간의 협의를 가리킨다.

견된다. 결국 **하나님의** 안식일이 **우리의** 안식일을 위한 **지침**이다. "나의 모든 기쁨과 사랑이 그곳을 향해 있습니다."[91]

성찬은 이 생각(**하나님께서 우리의** 안식으로 내려오시는 것이 **아니라, 우리가 하나님의** 안식으로 들어감)을 지금까지 교정의 수단으로 필요로 했다. 성찬은 아래로부터 성찬에 참여하는 자들이 오직 하나님께서 우리의 안식 안으로 들어 오신다는 것만을 열망하여 자신들의 경건을 자발적이거나 자기중심적인 것으로 생각하지 않도록 막아야 했다. 왜냐하면 **우리의** 안식은 결코 마지막 목표가 아니기 때문이다. 만약 하나님께서 우리의 안식 안으로 들어오셔야만 했다면, 그래서 **이 안에서 안식의 마지막 조항**이 마련되었다면, **그렇다면** 창조 세계의 안식은 막다른 골목에 다다랐을 것이다. 왜냐하면 인간은 결코 마지막 목표가 아니며, 창조 세계의 안식도 인간의 휴식이 아니기 때문이다.

그러나, 하나님을 찬양하자. '**성대한 성찬**'에서 하나님과 함께 연회를 즐기는 모든 자들은 이 같은 우둔함과 유혹으로부터 자유롭다. 거기에서 인간이 누리는 안식의 평화는 율법 선포를 통해 교정 받을 필요가 더 이상 없다. 율법 선포라 함은 모든 것을 자신의 뜻대로 창조하시고 언제나 **자신의** 안식을 향해 굳게 서 계신 하나님께서 다른 아무것도 하지 않으시기 때문에 인간이 **하나님의** 안식으로 올라가야 한다는 것을 명시적으로 말하는 것이다. 왜냐하면 이 율법은 인간의 내면에 지금도 그리고 영원히 새겨져 있기 때문이다. 이 법은 복음의 평화와 함께 **인간의 마음에 새겨져 있기에**, 더 이상 강제적인 **교정** 수단이 아니라 하나님으로 인해 배부른 삶을 위한 지극히 자연스러운 **지침**이다. 자 보라, 모든 '**양면성**'은 '**일면성**'으로 올라간다. 들으라, 인간의 모든 안식일

---

91. 역주) 스킬더는 당시 사용되던 시편찬송가 119장 18절의 세번째 소절을 인용하고 있다.

은 **하나님의** 안식을 부른다. 가득 채워지고 상급을 받은 행위언약, 은혜언약, 그리고 자연언약은 성대한 성찬에서 쉬지 않고 한 목소리로 영원토록 하나님께서 **하나님과 맺으신** 언약을 선포한다. 팍툼 살루티스.

이로써 마지막 장의 제목이 우리에게 자명하다.

제8장
성취된 안식의 평화

§1. 종말론적 보증의 표인 안식일의 성취

지난 장에서 우리는 안식에 대한 사유에 다다랐다. 마지막으로 이것을 다루고자 한다.

우리는 안식을 본 장의 첫 단락의 제목에서 '종말론적 보증의 표'라고 불렀다. 이 표현은 설명을 요청한다.

안식일이 **종말론적**이라는 것은 논쟁이 필요치 않을 만큼 분명하다. 왜냐하면 안식일은 처음부터 줄곧 하나님의 백성을 위해 **남아있는** 휴식을 **향해** 가리키고 있기 때문이다. "남아있다"라는 표현(히 4:9)은 신약성경의 것으로서 신약성경에서 조차도 안식일이 **다가올** 일들을 **향해** 가리키고 있음을 가장 훌륭하게 보여 준다. 신약성경에서 안식일의 주인께서 새로운 근거에서 안식일에 대한 종말론적 예언을 행하시고 구약성경과 다른 방식으로 표현하셨다고 하더라도, 새 언약 아래에서도 여전히 안식일은 분투하고 고난을 겪으며 투쟁하는 이 창조 세계를 넘어 있는 종말론적 표이다.

옛 언약에서 안식일은 휴식을 가져오시기 위해 **오셔야만 할** 분을 가리켰다. 그러기에 쉼은 노동을 **뒤따랐다**. 안식일은 **일곱번째** 날이었고, **마무리하는** 날이었다. 일주일의 **마지막** 날에 일꾼들은 쓰러질 정도로 피곤하여 **휴식이 필요하기 때문에** 쉼을 얻는다. 거기에서 휴식은 노동 후에 온다. 휴식은 고통을 누그러뜨리고 죽음을 막기 위해 주어진다.

신약성경에서는 이제 중대한 변화가 일어났다. 이 변화는 원칙적으로 휴식을 가져 **오셨고**, 죽은 자 중에서 다시 **살아나셨고**, 이후로 다스리시며, 영원히 **살아계신** 중보자로부터 주어진다. 그러기에 **새** 언약 아래에서 안식일은 일주일의 **첫 번째** 날이다. 이것은 원리적인 변화이다. **옛** 언약의 경륜에서는 일꾼이 휴식을 향해 나아갔고, 피곤했으며 지쳐 안식일을 자신에게로 '끌어 당겼다.' 그러나 **첫째** 날을 안식일로 삼는 경륜 아래에서 일꾼은 헐떡이도록 숨이 차 휴식을 향해 달려가지 않으며, 휴식에서 시작하고, 휴식이 일꾼의 노동을 규정한다. 이제 더이상 휴식을 찾으며 죽음을 물리치기 위해 고군분투하는 가난한 일꾼이 아니라 부유하고 건장하고 기름을 바른 자들이 하나님께서 배설하신 연회의 하객으로서 보은報恩의 일을 임무로 받아들인다.

그러나 신약성경에서도 안식일은 결코 완성에 이르지 않았다. 감사를 표현하고자 하는 의지는 위태롭게 되고, 노동은 여전히 무겁고, 투쟁은 끝나지 않았다. 이로써 안식일은 **종말론적** 표로 남아 있었다.

안식일은 이제 새 예루살렘에서 **완성**된다. 투쟁은 끝난다. 눈물은 마른다. 일과 휴식 사이의 휴지부休止符는 영원히 불가능하게 된다. 감춰 놓은 만나를 먹는 자는 죽음을 피하기 위해서가 아니라 생명을 축하하기 위해서 먹으며, 가난을 극복하려 하지 않고 자신들의 부유를 즐긴다. 하나님과 자신들을 위한 잔치의 표시로서 가장 순전한 노동이 그들에게 멈춤 없이 영원히 주어져 있다.

더욱이 종말론적 표인 안식일은 하나님의 신실하신 언약 안에서 특히 종말론적 **보증**의 표이다. 보증은 확신과 견고함을 제공하고, '표'를 '**인**'으로 만든다.[1] 보증의 영역 안에서 **희망**은 결코 기만할 수 없고, 흔들리지 않는 **믿음**과 대립할 수 없다.

자, **보증**의 표인 안식일은 그 완성을 하늘의 안식일에서 찾는다.

이것은 무엇보다 안식일 제정의 **기독론적** 요소를 살펴보면 나타난다. 믿는 자는 그리스도께서 죽은 자들 가운데 다시 살아나신 것에서 이미 보증을 얻었다.[2] 왜냐하면 인간이신 그리스도는 부활의 주로서 영광스러운 휴식을 위한 우리의 보증이셨고 지금도 보증이시다. 이 영광스러운 휴식은 하나님에 의해 잔치에 초대 받기로 정해진 자들의 몫이 될 것이다.

하지만 보증의 표시로서 기독론적으로 제정된 안식일도 신약성경에서 그것의 완성을 바라보고 있다. 왜냐하면 영광을 받으시고 휴식에 이르신 그리스도는 승천하신 후에 다시 오실 때까지 그가 입으신 육체로 인해 **간격 안에** 계시기 때문이다. 생명의 왕께서 자신의 모든 소유들을 위해 승리자로 **보여 지시는** 것은 여전히 미래의 일이다. 그분 **자신의** 휴식을 위해서도 여전히 투쟁이 남아 있다. 주께서는 매일 기도로 싸우시고 여전히 마지막 일격을 가해야 하신다. 그러기에 안식일을 지키는 교회는 신약성경 아래에서도 보증이 유효함을 그것의 표와 함께 **믿음**으로 받아들여야 하고, '직관'할 수 없다.

자, 마지막 날에 직관 **자체**가 이루어진다. 그때 안식일은 보증의 표시로서 **임무를 완수한다.** 표의 '**완성**'은 항상 표가 표로 더 이상 존재하지 않게 되는 **것이다.** 표로서 지시되었던 **사실**이 나타났는가?

표인 안식일은 실로 하늘에서 사라진다. 왜냐하면 부활 이후 자신의 아름다운 육체 안에 영원한 휴식을 위한 보증을 **가지셨으나** 아직 **공적으로 보여**

---
1. 하이델베르크 요리문답, 제25주를 참조.
2. 하이델베르크 요리문답, 제17주.

주시지 않으셨던 그리스도께서 이제 저 마지막 날 후에 **볼 수 있게** 나타나시기 때문이다. 그리고 그리스도께서는 자신의 소유와 이것에 대한 자신의 통치를 하나님께 넘겨 드리기 위해 자신의 소유를 모두 하나님께로 데려 가신다(고전 15). 그리고 이 마지막 행위는 그리스도 그분 자신의 휴식에서 투쟁이 없어지는 것이며, 그리스도를 통해 혹은 그리스도와 함께 역사 안에서 겪게 되었던 모든 투쟁이 끝나는 것을 의미한다. 현재 시간 안에서 안식일의 일이라는 것이 본래 일꾼이 자신의 일을 통해 하나님께로 항상 올라가는 것이기 때문에, 그리스도께서 왕국을 하나님 아버지께 넘겨 드리는 것은 **시간 안에서 최고**最高**로, 그러기에**[3] 마지막으로 안식일의 의무를 성취하는 것이다. **위로** 올라감은 이제 영원히 지나갔고, 하나님께로 **향해** 이끄는 것도 그러하다. 하나님과 하나님의 작품들은 하나의 동일한 휴식의 평면 위에 서 있다. 간격은 없다adiastasie.

그리고 시간 안에 있던 보증의 표인 안식일이 간격이 없는 영원한 휴식에 의해 성취될 때, 이 성취는 동시에 **보증**의 표인 지상의 안식일을 성취한 것이 된다.

안식일이 **보증**의 표라는 우리의 주장의 가장 근본적인 근거는 앞선 장의 마지막 단락에서 논의되었다. 거기에서 우리는 '우리의' 안식일, 시간 안에서의 안식일은 심지어 시간 안에서도 **하나님의** 안식일과 분리될 수 없음을 논하였다. 동시에 '우리의' 안식일이 하나님의 안식일과 마치 같거나 동일한 가치를 가지고 있는 것으로 병렬될 수 없고, 오히려 종속된다는 것도 논하였다. 왜냐하면 끝내 휴식에 대한 **하나님의** 의지가 우리의 그것을 규정하고, 하나님의 열망이 우리의 안식일이 만족스러울 수 있는 근거로 드러났기 때문이다.

---

3. 올라감에서 **가장 최고의** 행위는 저절로 **가장 마지막의** 행위이다.

자, 바로 이런 하나님의 명료하고 깊으신 뜻 안에서 지상의 안식일은 **보증의 힘**을 가지고 있는 **보증**의 표로서 명백해 질 수 있다. 만약 인간의 안식일이 잠시라도 하나님의 휴식과 분리하여 생각될 수 있다면, **이때** 이 안식일은 고작 인간적 **희망**의 표시가 될 뿐이다. 그리고 그러한 '희망'은 '**믿음**'의 힘과 비견될 수 없다. 인간의 안식일은 피곤에 지친 순례자의 희망에 불과한데, 이 희망은 빈약한 것이고 **기회를** 찾고 그것들을 이리저리 재어볼 뿐이다. **하나님께서 불어 넣어 주시는** 영감이 아니라 **인간으로부터 나오는** 열망을 표현하는 안식일은 결코 **보증**이 되지 못한다. 왜냐하면 그러한 안식일은 단지 인간 안에 있는 그 무엇의 연장에 불과하기 때문이다.

그러나 이제 인간의 모든 안식일이 하나님의 그것으로부터 설명된다면, 인간의 안식일은 지상에서 **보증**의 표이다. 하나님께서는 쉬기를 원치 않으시는가? 당연히 원하신다. 산들이 먼저 쓰러질지언정, 하나님께서는 하나님의 작품들에 대하여 영원히 스스로 만족하시고자 하는 뜻을 포기하지 않으신다. 그리고 하나님 그분께서 하나님의 안식일의 보증이시기 때문에, 인간의 안식일이 보증의 **표**일 때, 이 인간의 안식일은 끊임없이 향유 되는 영원한 휴식, 완료된 현재perfectum praesens의 휴식을 위한 **보증**의 표임이 자명하다(p.255 참고).

끊임 없는 휴식이 주어지자마자, 이 보증의 표는 **보증의** 표로도 살아질 것이다. 약속되었던 모든 것들이 성취되었고, 불신앙과 의심이 일으키는 조금의 동요도 없이 **휴식**이 방해 받지 않는 곳에서 보증되어야 할 것이 무엇이 더 남아 있겠는가? 간격 안에서의 말씀의 봉사는 멈추었고, 영원한 말씀의 봉사가 존재한다. 하나님의 서약은 다 지켜졌고, 더 이상 하나님 홀로 맹세하지 않으시며, 거기에서 모두가 가장 고상한 서약의 분위기를 누린다. 모든 것이 맹세한다. 성례는 성취되었고 자신의 목적지에 도달했기에, 표와 인이요 보증의 표인 성례는 사라진다. 이와 같이 **영원한** 안식일은 완성되고 **이로써 표**와 **인**

인 시간의 안식일은 사라진다.

§2. '안식일'에 의해 정복되는 '카타파우세katapause'[4]

영원한 안식일이 성취되고 이로써 (임시적인) 보증의 표인 안식일이 사라진다면, '중단pauze'의 안식일은 중단이 없는 안식일에 의해 극복된다.

중단의 안식일은 열등한 것이고 표와 인이며 시간의 경륜에 속한 것이다.

중단이 없는 안식일은 더 나은 것이고, 가리켜지고 봉인된 것이며 영원의 경륜에 속한 것이다.

성경 자체가 이미 이와 같은 구별을 하고 있다. 성경은 현재의 안식일과 장차 올 안식일의 차이를 **실질적으로** 구별할 뿐만 아니라 **단어의 선택**을 통해서도 그렇게 한다.

안식일과 그것의 발전과 관련하여 유명한 히브리서 4장이 이것을 보여 준다. 구약의 여호수아가 안식일에 관하여 의미했던 바와 신약의 여호수아(예수님)께서 안식일을 위해 행하셨던 바 사이에 분명한 차이가 존재한다. 그러나 이 차이는 대립이 아니라, 열등한 것과 더 나은 것의 차이이며, 안식일의 표와 안식일의 보증이 전진하는 도상에서의 처음의 것과 이어오는 것 사이의 차이이다. 즉 옛 언약 아래에서 첫 여호수아는 '카타-파우시스kata-pausis'을 가져왔고, 신약의 더 나은 여호수아(예수님)께서는 **안식을** 제공하셨다. 첫째도 좋

---

[4]. 역주) 스킬더의 의도를 보다 정확하게 전달하기 위해, 이 단락은 스킬더가 동의어로 사용한 그리스어 단어, "katapausis"와 "anapausis"를 "휴식"으로 번역하였다. 네덜란드어 "pauze"는 이 두 그리스어의 동의어로 사용될 때에는 "휴식"으로 번역하였고, 이 네덜란드어 단어가 두 그리스어를 구성하고 있는 단어인 "pausis"의 역어 일 때에는 "중단"으로 번역하였다.

은 것이었으나, 두번째가 더욱 났다. 왜냐하면 '카파-파우시스'(혹은 '아나-파우시스ana-pausis')라는 단어로 표현된 휴식은, 이 표현 안에 포함된 **'중단'**이라는 단어에서 알 수 있듯이, 무엇보다 일꾼이 노력과 수고를 멈추고 '중단함'으로써 누릴 수 있는 것이다. 다시 말해, 이러한 표현이 의도하고 가리키는 '휴식'은 **부정적** 측면이며, 피곤에 지쳐있고 늘 반복하는 인간의 관점에서 그려진 것이다. 인간은 힘들다고 생각하고, 휴식을 얻고 호흡을 가다듬고 안도하지만, **다시** 투쟁으로 돌아가야 할 것이다. 휴식 없이 일할 수 없다. 그러나 인간의 휴식에도 중단이 있다. 모든 것이 간헐적이고 또 반복되며 순환하고, 왔다 갔다 한다. 그러나 이같이 부정적인 측면에서 보여진 휴식 위에 이제 '사바티스모스sabbatismos'가 있다. 이것은 동일한 휴식이지만 (왜냐하면 하나님의 선물, 휴식이라는 선물은 항상 긍정적인 선물이기 때문이다) **이** 표현은 휴식의 긍정적인 측면을 보여 준다. 다시 말해 **하나님**이 쉬신다. 하나님께서 완성된 일을 **통해**, 완성된 일에 **관해**, 그리고 완성된 일 **안에서** 쉬신다. 하나님은 반복되는 중단의 하나님이 아니시다. 하나님께서 우리의 삶에 관여하여 멈춤을 주시고, 피곤한 자에게 휴식이 주는 멈춤과 위안을 제공하시는 것은 맞다. 또한 하나님은 우리의 휴식을 축복하시면서 우리를 늘 **생각하신다**. 하나님은 (평화의 협정 안에서) 우리의 중단을 반복하며 흘러가는 삶에 깊은 관심을 가지고 계시기에 우리가 중단할 때 함께 하시는 것도 맞다. 그러나 부동의 하나님, 항상 동일 하시어 중단이 없는 하나님 그분은 이것을 뛰어 넘어 계신다. 그러기에 우리는 '카타-파우시스' 혹은 '아나-파우시스'에서 안도하고 숨을 가다듬지만, 이것은 항상 이것 자체를 넘어서 긍정적인 '사바티스모스' 를 가리킨다. 왜냐하면 모든 것의 종국은 숨을 가다듬어야 하는 인간이 아니라, 항상 고르게 숨을 쉬는 새 예루살렘의 시민이다. 이 시민은 스스로 '안도의 숨을' 쉬지 않고 성부 하나님의 중단 없는 휴식에 참여한다.

카타-파우시스. 아나-파우시스.

이것 위에: 사바티스모스.

'카타-파우시스' 라는 용어도 **'점차'** 더 넓은 의미를 가지게 된다. "가나안을 **향해** 이끌린 이스라엘 앞에 이 용어는 우선 가나안 땅과 관련 있었다. 그런데 가나안 **안에** 거주하는 이스라엘에게, 그리고 시편 95편에서[5] 훈계를 받고 있는 이스라엘에게 이 용어는 하나님의 율법을 따라 사는 삶과 이로 인해 얻게 되는 원수들로부터 휴식과 관련되었다. 이 때의 이 용어는 이스라엘이 광야에 있었을 때 보다 더 분명하게 죄로부터의 휴식, 영원한 휴식, 하나님의 휴식에 참여하는 것에 대해서 말해주었다."[6] 그러나 여기에도 부정적 측면은 분명하다. **원수들로부터** 휴식은 **친구들**, 곧 동일한 언약공동체의 시민들 **사이에서의 휴식**, 그리고 **그들과 함께** 하는 휴식과는 다른 측면이다. **죄로부터** 휴식은 **의로움**, 곧 **맞아들여짐** 안의 휴식, 그리고 **이것을 통한** 휴식과는 다른 측면의 것으로 '여겨진다.' '악한 것**으로부터** 자유'는 부정적이지만 **'선한 것을 향한** 자유'는 긍정적이듯이 **'부터 휴식'**은 **'안에서의 휴식**' 혹은 **'향한 휴식**'과 다르다.

그러므로 첫 여호수아는 '카타-파우시스'에로만 인도하였다는 것을 인정해야 한다. 그리고 더 나은 두번째 여호수아가 '사바티스모스'를 가져오셨다는 것을 인정해야 한다. "여호수아 아래에서 이스라엘이 얻은 것은 **카타-파우시스라고 부릴 수 있었지만, 그것은 사바티모스는 아니었다. 사바티모스는 여전히 남아 있다.**"[7] 우리가 앞서 언급하였듯이, 하나님이 주시는 휴식의 선물은 **항상** 긍정적이고, 따라서 여호수아의 '카타-파우시스' 안에도 '사바티스모스'

---

5. 시 95:11.
6. Grosheide, *Brief aan de Hebreeën en aan Jakobus*, KNT, 128.
7. Grosheide, *Brief aan de Hebreeën aan Jakobus*, KNT, 134, 135.

가 주는 긍정적인 은혜가 이미 내재해 있음을 우리가 언급하였다.[8] 하지만 이 긍정적인 은혜는 모형인 여호수아의 원형을 실현하시고 근본적으로 밝히 드러내신 예수 그리스도**에게만** 의존한다. 우리는 이것을 반드시 주목해야 하는데, 그렇지 않으면 문제를 엉망으로 만들 수 있기 때문이다. 우리는 '그림자'와 '몸,' '형상'과 '실재,' 율법과 복음, 구약성경과 신약성경을 **대립**시키지 않듯이, '카타-파우시스'와 '사바티스모스'를 **대립**되는 것으로 이해해서는 안 된다. **만약** 이 둘을 대립시킨다면, 하나님께서는 하나님 그분의 휴식을 가리키는 것으로 '카타-파우시스'라는 단어를 직접 사용하시지 않으셨을 것이다. 그렇지만 성경은 하나님께서 자신의 일로부터 어떻게 쉬시는지를 보여 주기 위해 이 단어를 사용했다(히 4:4, 10). 이와 같은 경우, 하나님의 휴식은 역사 안에서의 하나님의 사역의 관점에서 보여지고 있지만,[9] 하나님께서 자신의 사역의 결과 **안에서** 스스로 만족하시며 누리는 휴식은 다시금 긍정적이며, **이것이** 그분의 '사바티스모스'이다. 또한 **만일** 방금 언급한 대립이 성립한다면, 그리스도는 믿는 자들에게 '아나파우시스'를 약속하실 수도 없었다. 그러나 그리스도께서 그렇게 하셨다.[10]

---

8. 율법 안에 이미 복음이 있고, 구약성경 안에 이미 신약성경이 있으며, 그림자 안에 이미 실체, 즉 몸이 있다.
9. 행 7:49과 비교하라. 히 3:11(4:3 비교)은 이와 같은 논의와 관련이 없다. 왜냐하면 여기에서 "나의 **카타파우시스**(katapausis)"라는 표현이 의미하는 바는 하나님께서 ("내가") 인간에게 (투쟁과 수고로**부터**의 휴식으로서) **주시거나 약속하시는** 것이다(Grosheide, 121).
10. 마 11:28-29의 알려진 구절은 다음과 같이 말한다: "[유대교 안에서 인간 '자신의 힘'과 '자신의 의'로 인해] 수고하고 무거운 짐 진 자들아 다 내게로 오라 내가 너희에게 [복음으로] '아나-파우시스'를 줄 것이다." Kittel (Hrsg.), *Theologisches Wörterbuch zum Neuen Testament*, Bd. 1, 353과 비교하라. 또한 마 26:45, 막 6:31, 눅 12:19, 고전 16:18, 고후 7:13, 몬 1:7, 벧전 4:14과 비교하라(Kittel, 352: LXX의 사 11:2은 일시적으로 하나님의 영에 의해 충만해 지는 것과 달리 하나님의 영의 영구적인 임재를 말하고 있다; 벧전 4:14가 말하는 성령의 임재는 오심의 마지막을 가리키고 있고 이로써 특정한 목적과 시간을 위해 일하심을 가리키고 있다. 또한 S. Greijdanus, *Brieven van den apostelen Petrus en Johannes, en den brief van Judas*, KNT, 171은 사 11:2

자, 우리가 이전 단락에서 보았듯이, '보증의 표'인 안식일이 '성취'(완전하게 목표에 도달함)되면 이 안식일은 보증의 표로서 사라진다. 동일하게 '카타-파우시스'로서 안식일은 성취되어 사라지고 **사바티스모스**로서 안식일을 위해 자리를 내준다. 이와 같은 '성취'와 '자리를 내어 주는 일'은 마지막 날에 일어난다. 그때 하나님은 '카타-파우에인'이라는 행동, 즉 '카타-파우시스'를 주시는 행위를 절정으로 이끄시고, 이것이 분투하고 승리하는 **전체** 교회 위에[11] 그리고 그 안에서 '시간의 한 순간'에 동시적으로 편만하다도록 만드실 것이다. 하나님은 분투한 교회에게 눈물로부터의 아나파우시스를 베푸시고 모든 눈물을 닦아 주실 것이다(계 7:17, 21:4, 사 25:8과 비교). 이는 이미 일찍이 (특히 재림 전에 죽은 자들이 하나하나 아래 여기 전쟁터를 떠날 때) 그들의 '수고'에 대하여 하나님께서 행하셨던 바이기도 하다(계 14:13). 그러나 이 부정적인 것(눈물로부터의 아나파우시스)은 이제 실로 그 긍정적인 것을 위해 자리를 양보한다. 종려나무가지들과 흰 색의 옷이 등장하고 금으로 된 거리와 노랫소리가 있다. 이 모든 것들이 눈물을 대신한다. 이 긍정적인 것이 '사바티스모스'이다. 그리고 '수고'와 관련하여 부정적인 '아나파우시스'는 이미 죽음 이후 즉시[12] '사바티스모스'와 이것의 긍정적인 선물들을 위해 방해되는 모든 것을 치웠다. 하나님께서 그분의 **휴식** 안에서 그분의 일을 긍정적으로 기뻐하고 계신 것처럼, 그들은 자신들이 **행한 것**을 기뻐하였다. 여하튼 그들의 것은 그분의

과 요 1:32-33을 언급하고 있다).
11. p.308 각주 6을 보라.
12. 계 14:13의 "지금 이후로"가 "죽음 이후 즉시"라는 표현을 증명하는 것은 아니다. 왜냐하면 "지금 이후로"라는 문구는 "**아마도** 죽음과 관련되어 있는 것으로 보이기" 때문이다. 그럼에도 "지금 이후로"는 그들이 행한 일이 뒤 따른다는 것을 보여 주는 표현이기는 하다. "그들의 행한 일이 그들을 뒤따른다." "그들이 행한 일들이 죽음의 건너편에서 그들을 동행한다"(Greijdanus, *Openbaring des Heeren aan Johannes*, KNT, 301-2).

것이었다. 그러나 보라, 전능하신 하나님은 전체 교회를 위해 이제 저 마지막 날에 '아나파우시스'를 **성취하신다**. 그리고 '승리하는' 교회를 위해서도.[13] 교회의 강력한 투쟁의 무기인 보복을 간청하는 기도도 하나님께서는 쉬게 하신다. 기도하는 자들은 이제 보복을 보고 있고, 혼인 잔치의 성대한 성찬이 새들의 저 다른 식탁을 **보고 있다**(p.315-316 참고). 그리고 '중단' 없이 제단 아래에서 보복을 간청했고, 자신들과 형제들이 함께 '사바티스모스'에 들어가기 위해서 그 형제들이 그들과 함께 '아나파우시스'에 들어올 때까지 여전히 잠시 동안 그들의 '아나파우스시'를 감내해야 한다는 이야기를 들은 자들의 영혼을 위해서도 '아나파우시스'는 '사바티스모스' 에 의해 침투 당한다(계 6:9-11, 히 11:40). 여하튼 성대한 '사바티스모스'가 도래하기 전까지 '아나파우시스' 안에서 견딜 것을 격려하는 것은 이미 전자가 후자보다 탁월한 것임을 말하고 있다.

아나파우시스를 표하며 향유하는 것으로서의 안식일에서 **사바티스모스**의 표이며 인으로서의 안식일로, 그리고 곧 영원한 '사바티스모스' 그 자체로 나아가는 이 과정을 주목하라.

이것은 한편으로 저 위에 있는 하나님의 안식일에 대한 이야기들을, 그리고 다른 한편으로는 저 안식일에서 누릴 기쁨을 향한 우리의 고대함을 더욱 돋보이게 한다.

첫번째 것에 관하여: 모든 **역사**의 굽이침과 흐름 때문에 이 땅에서 안식일은 막간(즉, 중단!)을 두고 등장해야 했음은 분명하다. 그러나 동시에 이와 같이 간헐적인 안식일은 휴식에 대한 하나님의 계획에서 '울티마 라치오'_{최후의 국면, ultima ratio}가 될 수 **없었음도** 이제 분명하다. 영원하고 간헐적이지 않으며

---

13. p.308 각주 6을 보라.

중단이 없는 휴식이 하나님의 마지막 목표이다. '아나파우시스' **없이**('휴식 없이') 인간은 하나님의 휴식에 참여하여 트리스하기온trishagion, 세 번의 거룩을 외쳐야 한다(계 4:8). 더 이상 중단하지 않음은 헌법과 같기에 하늘에서 그러하고(계 7:8), 지옥에서도 동일하다(계 14:11). **하나님의** 안식일이 우리의 안식일을 규정하는 것으로 마침내 드러났다. 보라, **하나님의** 안식일은 영원하다. 하나님은, 우리가 위에서 논의 하였듯이, 이미 '팍툼 살루티스' 안에서, 평화의 협정 안에서(p.378 참고) 항상 세상과 그것의 움직임, 세상의 역사를 훤히 알고 계셨다. 그리고 움직이고 역사적으로 진행되는 세상을 위해 **심지어 이 세상이 죄에 빠지지 않았다 하더라도**, 하나님은 안식일을 더 높고 **곧** 영원할 휴식의 **간헐적인** 표로서 원하셨고 긍정적으로 사랑하셨다(왜냐하면 과정 가운데 간헐성은 역사를 위한 하나님의 계획에 속하기 때문이다). 그러나 하나님은 안식일을 **결국** 땅의 모든 안식일들 위에 있는 **영원한** 안식일로서 사랑하셨다. 주께서는 아래에 있는 예루살렘의 안식일들 위에 있는 안식일들, 즉 위에 있는 예루살렘의 안식일들을 사랑하신다.

따라서 하나님께서는 베풀어 주신 구원을 통해서도 역사 안에서 진보를 이루셨다. 하나님은 능력에서 능력으로, 옛 언약에서 새 언약으로, 하강하신 그리스도에게서 승귀 하신 그리스도로 전진하셨다. 하나님께서는 아래에 있는 예루살렘의 간헐적인 안식일에도 진보를 이루셨다. 오랜 기간의 진보 속에 이어지는 각각의 안식일은 영원한 안식일을 위해 지나간 안식들보다 더욱 강한 보증의 표가 되었다.

그러나 만일 이 보증의 표가 하늘에서 언젠가 성취된다면 인간의 휴식도 하나님의 그것과 같이 영원하다. 간헐성은 사라진다. 시간을 알리는 종소리가 더 이상 휴식을 방해하지 않는다. 불쑥 생겨나는 일이 휴식을 더 이상 방해하지 않는다. **일을 하는 것과 쉬는 것이 완전히 동일하게 되었다는 것**만이 남아 있다. 이스라엘의 안식일은 항상 반복되면서 다가오는 메시아의 잔치를 선취하였다. 신약성경의 안식일도 여전히 이와 같았다. 왜냐하면 이 잔치가 왕이신 메시아의 통치 아래에서 아직 완전하지 않았으며 분투가 끝난 것이 아니었기 때문이다. **먼저** 이스라엘의 시대의 '안식일들,' '절기들,' 매년 열리는 특정한 축제들, 또한 희년 등의 긴 목록을 통해, **그 후** 기독교의 절기를 통해 안식일의 기쁨이 예변법적으로 한 주간만이 아니라 한 해, 혹은 몇 해를 지배하면서도 곧장 그것들을 **나누었다**. 다시 말해 일꾼들은 휴식 후에 다시 피곤했고, 가난하게 된 자들은 희년의 복 이후에 다시 궁핍 했으며, 자유롭게 된 자들은 다시 예속되었다. 하지만 하늘에서는 이 모든 것이 완성되었기 **때문에** 지나간 것이 된다. 그곳에서 종은 섬기는 것으로 주인이며, 구하는 자는 구하는 것으로 부유하고, 모든 것은 영원한 희년 안에 속한다.

끝으로 앞서 다루었던 것으로 되돌아 가 보자. 그 자체로는 부정적이고 예변법적인 것이 부으시고 **채우시는** 은혜에 의해 꿀꺽 삼켜지고, '카타파우시스'에서 '사바티스모스'를 찬양한다는 것은 하늘의 모습, 특히 하늘의 여러 층들에 대한 단테의 생각에 대한 급진적 비판을 의미한다.

단테는 하늘을 **아홉개의** 층으로 나눈다. 그 중 **가장 아래의 세 층**, 즉 달월천, 수성수성천, 그리고 금성금성천은 **연약한 자들**이 거하는 공간으로 인식된다. 단테는 달에 훌륭한 재능을 가졌던 자들을 거주 시키는데, 이들은 내적인 무력함이나 외부로부터의 방해에 의해 이 능력들을 효과적으로 실현하지 못했던 자들이다. 그리고 수성에는 하나님을 두려워 하며 살았던 자들을 위치시키고 있다. 그런데 이들은 달에 거주하는 자들과 동일하게 단지 '불에 의한 것처럼' 구원받은 자들이다. 왜냐하면 지상에서 살 때에 이들은 **명예욕**에 과도하게 사로 잡혀 있었기 때문이다. 그리고 금성에 관하여 말하자면, 이 이름도 수성과 달과 같이 상징적이다. 창백한 빛을 비추는 달에 창백하고 생기 없는 영혼들이 산다. 능력과 명예를 연상시키는 이름인 수성에는 명예욕에 사로 잡혔던 자들이 있다. 동일하게 금성에는 성적인 욕망에 과도하게 사로잡혔던 자들이 거주하고 있다.

이렇게 단테는 방금 언급한 하늘의 층들에 **땅**의 그림자가 드리우게 한다. 이 하늘의 층들은 정확하게 이 그림자 안에 놓여 있고, 그림자의 끝은 금성과 겹친다. 사람들은 단테가 말하고자 한 바를 이해한다. 여전히 **여파**가 존재하는데, 이것은 빛과 싸우고 빛을 약화시키는 여파이며, 하늘의 삶 안에 있으나 땅의 여파이고 감각적인 것이다. 이 세 구역들은 분명 하늘에 속하지만 **거기에** 땅의 여파가 여전히 존재한다. 땅은 '극복되지' 않았고, 땅의 성취를 집약적으로 흡수한 것에로 '성취'를 거쳐 옮겨지지도 않았다.

하지만 우리는 여기에서 이 모든 것을 더 깊이 연구하지는 않을 것이다. 만약 더 깊이 연구한다면, 우리는 단테가 어느 정도로 상징을 사용하는지를 살펴보아야 한다. 또한 단테가 땅의 것을 감각적인 것이며 그 안에 있는 것은 덜 가치 있는 것으로 여기고 하늘의 것을 천상의 것이기에 더 순전하고 고상하다고 여기면서 이것을 땅의 것과 대비시킬 때, 이를 우리는 거절해야 할 것이다. 또한 우리는 이와 같은 구상의 배후에 자연과 은혜에 대한 불순하고 신플라톤주의적인 대조와 세계상과 신학과 천상의 구분에 대해 전반적으로 침묵하도록 하는 아주 불충분한 심리학이 놓여 있음을 지적해야 할 것이다.[14]

그러나 이 모든 것을 남겨 두도록 하자. 단지 우리는 단테가 땅과 (실제적이거나 추정된) **죄의 여파**가 하늘에서도 존재함을 실질적으로 보이고자 하기에, 단테가 사용한 상징을 다루었다.

이와 같은 단테의 구상에 대해 성경은 다음과 같이 우리를 무장시킨다. "하

---

14. 『신곡』(La divina comedia)의 여덟 번째 노래(수성천에 대한 것)의 결론을 읽어 보라.

나님은 모든 눈물을 씻겨 주실 것이다."[15] 우리가 이미 언급하였듯이, 이것이 죄에 대한 기억(더 정확하게 말하자면, 죄를 알고 인식함)이 거기에는 존재하지 않는다는 것을 의미하는 것은 결코 아니다. 유일한 근거인 성경을 믿는 자로서 우리는 죄인식을 배제한 채 지복에 대해 생각하지 않는다. 오히려 우리는 이와 대조적으로 하늘에서도 죄를 인식하는 것과 죄의 역사적인 과정을 통해 죄를 **조망하는 것**overzien과, 하나님의 온전히 강력한 은혜를 변함없이, 충만하게, 그리고 올곧게 '바라보는 것'이 '중단 없이' 늘 함께 한다고 주장한다.

그렇지만, 실제로 **죄**를 주목하는 것이 **죄의 결과는 아니다**. 전자는 후자의 어떤 여파가 아니며, 오히려 반작용이다. 죄를 주목하는 것은 **은혜로 인하여** 혹은 그렇지 않다면, 지옥에서처럼, 심판의 **최종적인** 유죄 선고로 인해 일깨워지는 것이다. 그러기에 하늘에서 이것은 결코 '회상her-innering'이 아니다. 우리가 앞서(p.269-275, 294-295 참고) '**다시 봄**weerzien' 혹은 '**다시** 인식함 herkenning'이라는 개념을 허용하지 않았다면, 지금도 우리는 '**회상**'이라는 용어를 엄격하게 이해할 때 이 용어를 사용할 수 없다. 우리는 죄를 '여전히' '**회상**'할 것이 아니라, 오히려 안식일의 은혜와 통찰을 통해 얻게 된 깊은 지식을 통해 죄를 이전에 전혀 본 적이 없는 것처럼 볼 것이다. 그러기에 죄의 어떤 '여파'도 하늘의 지복에 조금의 상해를 입히지 못할 것이다.

왜냐하면 인간의 '카타파우시스'는 인간의 '사바티스모스' 에 의해 극복되기 때문이다.

그리고 **인간의** '사바티스모스'는 인간의 도량에 맞게 **하나님의** '사바티스모스'에 참여하는 것이다.

그렇다. 이 마지막의 것이 가장 먼저이며 가장 심오한 근거이다. **하나님의**

---

15. 계 7:17; 21:4.

면전에서 눈물에 젖은 눈은 결국에는 **하나님의** 면전에서 바람직하지 않는 장애물이다. 여전히 기쁨으로 온전히 **배부르지** 못하면서 안식일을 누리는 자도 역시 그러하다. 이 모든 것은 하늘에서 있을 수 없다. 왜냐하면 하나님은 영원 전부터 미리 아신 바 된 '새로운 인류'가 영광스럽게 하나님 그분 앞으로 나아올 것을 평화언약 안에서 그분 자신께 스스로 보증하셨다. 그러기에 하나님께서는 새로운 인류로 여기시는 모든 자들이 어떠한 방해도 없이 지복을 누리기를 원하신다.

이것은 '영들의 **아버지**'와 관련된 것이다.

그리고 온전히 의롭게 된 자들의 영들 **자신들에게도**, 이렇게 볼 때에만, '카타파우시스'라는 개념과 '사바티스모스'라는 개념의 경계를 충분히 구분하는 것이 가능하다.

우리는 이미 이 두 개념 사이에 어떤 대립도 존재 하지 않는다는 것을 언급하였다. 또한 하늘에도 근심로부터의, 슬픔으로부터의, 죄로부터의, 그리고 후회로부터의 휴식, 곧 '카타파우시스'가 존재한다.

그러나 이 '카타파우시스'는 더 이상 지상의 근심이 주는 여파가 아니다. 뿐만 아니라 그러한 근심에 대한 반작용이거나 반사 작용도 아니다. 이것은 '사바티스모스'의 **열매이다**. 하나님이 '많은 좋은 것으로' 자신의 사람들을 채워 주셨기 **때문에**, 그리고 그렇게 하심을 **통하여**, 하나님의 사람들은 이전의 '공허함'을 안다. 하나님께서는 선하신 뜻의 효과들을 영원한 계획 안에서 정하셨던 만큼 궁극적으로 '충분하게' 하나님의 사람들에게 채워 주셨기 **때문에**, 그리고 그렇게 하심을 **통하여**, 이들은 자신들이 죄 때문에 그리고 죄 안에서 얼마나 박탈당했고, 얼마나 하나님과 그분의 은혜로운 뜻에 완고 했는지를 안다. 이러한 **앎** 자체도 또한 하나님의 은혜로운 뜻이 그들에게 미치는 영향 중 하나이다.

여기에 앞서 언급한 단테의 생각에 대한 우리의 반대가 있다. 만약 단테가 옳고, '**회상**,' '**다시 봄**,' 그리고 '**다시 인식함**'과 같은 단어들이 제 위치를 차지하고 있다면, '카타파우시스'에 여전히 부정적인 어떤 것들이 존재하는 것이고, 결핍된 무엇인가가 존재하는 것이다. 또한 이것은 당연히 '사바티스모스'에 대한 평가절하로 이어질 것이다. 이렇게 될 때 평화의 공백이 있게 된다. 이것은 단테에게서 볼 수 있듯이 땅의 그림자가 하늘의 빛의 강력함을 약화시키고 그 빛이 넓게 퍼지는 것을 방해하는 것과 동일하다. 그러나 우리가 **이제** 충분히 알고 있는 것은, 성경은 '사바티스모스'를 긍정적이고 승리하며, 결국 **성취하는** 은혜의 선물로, 다시 말해 '파국적인'(p.126-130 참고) '시간의 한 순간'(p.92 이후, p.129-130, p.206 이후 참고) **후의** 한 **기적**으로 분명히 보여 준다는 것이다. 죄는 더 이상 기억에 '남아있지' 않지만, 전혀 다르게, 더 풍성하게, 더 완전하게 다시 우리의 생각에 '등장한다.' 이 때 하늘의 휴식은 이전의 죄와 후회를 **안다**는 것에서 '카타파우시스'의 성격을 수용한다. 그러나 이것은 이제 '사바티스모스'의 **열매**이다. **긍정적인** 것이 **부정적인** 것을 승리하였고, 테제가 안티테제를 가르친다.

왜냐하면 거기에는 중단되지 않는 말씀의 봉사가 승리하기 때문이다. 그리고 거기에서 인간은 하나님의 형상이다. 그리고 거기에서 모든 이들이 낮과 밤으로 중단 없이, 거침없이, 하나님을 **찬송하는** 것의 실재와 의미를 발견한다.

'거침없이' 라는 단어가 신약성경의 마지막 역사책의 마지막 단어이다.[16]

---

16. 행 28:31.

§3. 문화역사적 평화를 위한 보증의 표인 안식일의 성취

앞서 우리가 우리의 마지막 주장으로 '우리의' 안식일이 아니라 '하나님의' 안식일을 반복하여 강조한 것은 의도한 바였다. 마치 인간이 인간 스스로를 '자기 목적' 인양 목표로 설정한다면, 인간은 우습고 가증스러운 우상이 되듯이, 우리의 안식일을 **하나님의** 안식일로부터 분리시켜 그 자체로 목표로 삼고 이를 논거의 적절한 **출발점**으로 여긴다면 이는 하나님의 위엄을 절도하는 역겨운 환상이다.

우리는 **이와 같은** 관점에서 "'일반은혜gemeene gratie'와 그것의 '열매'가 하늘과 영원한 '하늘의 삶'을 위해 의미가 있는가? 아니면 그렇지 않은가?"라는 질문이 논의되어야 한다고 생각한다.

왜냐하면 이 질문도 **안식일**의 질문으로 환원 되어야 하기 때문이다. 그리고 무엇보다 위에서 이미 답변 한 근본적인 질문으로 전환되어야 하기 때문이다. 즉, 안식일의 최초와 최후의 제정은 우리의 향유, 우리의 복됨, 우리의 휴식에 관한 것인가, 아니면 하나님의 지복과 하나님의 휴식에 대한 것인가?

이 질문의 **앞 부분**이 긍정된다면, 안식일은 우선 우리의 **가능성**에 관한 질문이 되어버린다. 모든 강조점은 이 가능성에 놓인다. '여전히' 그토록 피곤하고 곤욕스러운 세상에 누릴 것들이 '여전히' 많이 있다는 말인가? 다시 말해, 이 경우 안식일은 일차적으로 '카타파우시스'이며 이것에 골몰한다.

그러나 **뒷 부분**이 긍정될 때, 안식일은 우리의 **봉사**에 대한, 우리가 **해야하는 바**에 대한, 하나님을 위한 우리의 (**직분적인**) 일에 대한 문제이다. 하나님은 자신의 **모든** 일 안에서 '쉬기를' 원하시고, 우리가 그분의 동역자로서 피조된 작품으로부터 그 안에 함유된 모든 것들이 나타나도록 불러 낼 것을 하나님은 언약 안에서 우리에게 **요청하신다**. 이것이 문화를 향한 직분적 소명이며, 이제

하나님의 사바티스모스를 직접적으로 봉사해야 한다. 왜냐하면 하나님은 창조의 풍성함이 펼쳐진 가운데 쉬시며 자신의 안식일을 누리시기 때문이다.

여기에 소위 '**일반은혜**'라는 문제가 즉각 관련된다는 것을 누구나 알고 있다. 우리는 '일반은혜'론이 특히 A. 카이퍼 박사Dr. A. Kuyper가 발전시킨 것과 같은 형태로 널리 알려져 있다는 것을 전제하고서 이 책에서는 이 개념의 정의에 대해 상세히 논의하지는 않겠다.

그럼에도 인간의 문화와 하나님의 안식일 사이의 **관련성**, 그리고 이로써 한편으로 '일반은혜'라고 부르는 것과 다른 한편 하늘 사이의 **관련성**은 근원적인 의미를 지니고 있기에 정당하게 문제제기 되어야 한다.

첫 번째 사안과 관련하여, 세상은 우선적으로 **저주**의 대상으로 여겨져야 한다. 이렇게 될 때, 역으로 우리는 위로의 선포를 통해 '**카타파우시스**'로서 안식일을 듣게 된다. 그러나 '카타파우시스'라는 개념이 **지배한다면**, 이 위로는 아주 빈약해 보였다(§2 참고). '카타파우시스'로서 안식일의 모티브(저주받은 세계 안에서의 청량제, 원기를 돋움, 상쾌, 저주의 완화)를 광의의 일반은혜론 안에서 더욱 발전시킬 수 있다. 하지만 이와 같은 기본적인 논리에서는 일반은혜론은 항상 '**작은**' 공동체를 위한 진정제로 남는다. 또한 방금 제기된 관련성의 질문에 대한 이와 같은 '해결'은 원한, 부정주의, 그리고 세상을 원칙적으로 부인함을 청산하지 못한다.

그런데 관련성에 대하여 위에서 언급한 **두번째** 문제의 경우 얼마나 다른 양상으로 나타나는가? 이 경우에 우리는 세계와 그것의 풍성함을 우선적으로 저주 아래 있는 것으로 여기지 않는다. 오히려 이것들은 하나님께서 하나님 자신을 찬송하는 도구로 여겨진다. 이때 세계의 발전과 계발문화은 하나님의 안식일을 위한 대림절의 수고이며, 그 발전의 완성은 저 안식일 자체이다. 우리는 이렇게 원한의 좁은 골짜기에서 빠져나와 우주로 들어선다. 이 우주는

'향락을 추구하는 자'(일반은혜론을 오용하는 자)의 (숨막히는) 공간이 아니다. 오히려 이 우주는 직분자의 (열려 있고 넓은 우주적) 공간이며, 이들은 문화를 불러내는 시간 전체를 '파라스큐에paraskeuè, 안식일 전날, 준비일'로, 다시 말해 **하나님의** 안식일을 준비하는 것으로 여긴다. 이로써 직분자는 자신의 아버지께서 이제 곧 안식일에 순회하실 때 걷기를 원하시는 길을 깔끔하게 정리하는 것을 자신의 문화사명으로 여긴다.

하늘 – 그리고 일반은혜.

A. 카이퍼 박사는 자신의 책 『**일반은혜론**De gemene gratie』에서 **민족들과 왕들의 명예와 영광이 가져 들어온** 일반은혜의 "이익"이 하늘에서(계 21:24, 26) "지속된다"고 감히 주장할 때, 많은 이들의 이목을 끌지 않았는가?

우리도 이 책에서 이 문제를 지나칠 수 없다.

아래에 몇 가지를 지적함으로 우리가 말하고자 하는 바를 설명하고자 한다.

a. 우리들 중 많은 이들은 문화와 문화비평을 종말론적 관점에서도 접근하고, 직접적으로 더군다나 종종 배타적으로 일반은혜론의 관점에서 접근한다. 그러나 우리는 **일반은혜에 대한 이해가 아니라**, 특히 하이델베르크 요리문답 12주에 잘 나타나 있는, **직분에 대한 개혁주의적 이해**를 논거의 출발점으로 삼는 것이 더 바람직하다고 여긴다. 예를 들어 우리는 **사회적** 문제들을 다룰 때에 우리의 이론적 출발점을 한 인간이 현재 **타인과 견주어** 가지는 '권리'에서 찾지 않고, 오히려 **하나님께서** 창조주로서 **모든** 인간과 견주어 가지시는 공통적이고 특별한 권리에서 찾는다.[17] 이와 같이 우리는 **문화**에 대한 문제도 동일하게 논의하기를 원한다. 인간에 대해 하나님께서 가지시는 **근본적 권리** oer-recht는 직분론과 맞닿아 있다.

---

17. K. Schilder, *De Openbaring van Johannes en het sociale leven* (Delft 19252), 32-44.

b. 그러나 많은 이들의 이론이 완강하게 다른 측면으로 전개된다. 그들의 개념에 따르면 문화라는 것은 독립된 것이고, 오직 '일반은혜'의 주제이다. 이들의 주장에 따르면, 하나님께서는 우리에게 '여전히nog' 많은 선한 것들을 허락하셨고, 문화를 완전히 부패하도록 '여전히' 내버려 두지 않으셨고, 죄와 저주를 '여전히' 통제하시며, 사탄을 '여전히' 묶어 두셨다. **그러기에** 우리는 '여전히' 많은 선한 것들을 누릴 수 있다. 우리는 '여전히' 예술과 학문을 가지고 있다. 그리고 곧 하늘 조차도 이 문화의 건축물을 '여전히' 수용할 것이다. 은혜의 기적이다!

c. 그러나 일반은혜론의 이와 같은 긍정적 적용에 대한 반론들이 생겨난다. 예를 들면 실천적 측면에서 그러할 수 있는데, 이에 대해 여기에서 다루지 않을 것이다.

우리는 조금 다른 측면을 고려하려 한다.

우리는 이 '여전히'라는 관점 자체를 반대한다. 내가 '우리는 여전히 많은 선한 것들을 가지고 있다'라고 말할 때, 나는 나의 문제 제기를 죄, 저주, 그리고 죽음에 대한 교리와 관련하여, 다시 말해 역사의 **연속** 안에서 등장한 것들과 관련시키게 된다.

그러나 이것은 적합하지 않다.

모든 연속은 **시작**으로부터 설명되어야 한다. 그런 후 추세가 **마지막**에 어디로 향하고 있는지를 본다. '**은혜**언약'를 언약론의 출발점으로 삼았을 때, 논의의 진행이 기울어졌다. 그대신 '**행위**언약'에서 시작했을 때, 논의는 올바른 방향으로 진행되었다. 그렇다면 '일반은혜'의 문제에 있어서 왜 다른 방식으로 접근해야 하겠는가? 무엇이 타락 이후 우리에게 '여전히' 남겨져 있는가? 당연히 중요한 질문이다. 그러나 이 질문은 문제의 일면만 가리킨다. 왜냐하면 이 질문은 우리가 무엇을 '가지고 있었고' 혹은 '더 이상 가지고 있지 않는' 것이 무엇인지에 대한 연구로 이어지기 때문이다. 우리의 '가짐' 혹은 '잃음'은 '**행위 언약**'에서의 우리의 **행위**와 관련 있다. 우리의 '할 수 있음'은 근원적으로 '해야 함' 자체에 놓여 있다. 그러기에 우리는 여기에서 다시 직분론에 직면한다.

그리고 이제 귀를 매우 기울이자.

자아중심적인 문제제기는 우리가 많은 선한 것들을 **여전히** 가지고 있다고 이야기 하고, 게으른 종에게 벌이 '기대하는 것 보다 나았다'고 말한다. **인간은 오직 타락한 후에 이와 같이 이야기 한다.**

하나님 중심적인 논의는 우리는 '아직' 우리의 아름다운 임무를 요구 받은 대로 달성하지 못했다고 말한다. 아직 끝내지 못함이 순종하는 **아들**을 자극한다. **타락 이전에도 인간은 이와 같이 말한다.**

그리스도께서도 바리새인이었으나 종이었던 자들의 '**여전히**nog'에 반하여 하나님께 돌아온 아들들의 '**아직 아니**nog niet'를 말씀하셨다. 왜? 그리스도께서는 매번 바리새인들과 달리 **처음에** 있었던 것에 대해 말씀하셨고, **그들을 그것에 연결시키셨다**. 그러기에 주께서는 말씀하실 때에 **타락 이전**으로 되돌아 가신다 (p.344-345 참고). 이렇게 하심으로 바리새인들을 물리치신다. 그들에게서 넘쳐 흐르는 '여전히'는 자신의 산에 올라 하늘의 왕국을 가르치신 그리스도의 '**아직 아니**'에 의해 제압당하여 산산조각 났다. 그리스도께서는 **아직 아니**의 사람들이 복되다고 가르치셨다. 그들은 배고프다, 충분히 먹은 것이 아직 아니다. 저들은 목마르다, 충분히 마신 것이 아직 아니다. 저들은 슬퍼한다, 목표에 도달한 것이 아직 아니다. 저들은 가난하다, 큰 몫을 얻은 것이 아직 아니다. 저들은 온유하다, 자기만족하는 시민이 아직 아니다. 그래서 저들은 지구상의 왕국을, 저 거대한 땅을 소유한 것이 아직 아니다. 그리스도는 산상수훈에서 유대인들의 '여전히'에 집중된 결의론nog-casuistiek을 물리치셨다. 서기관들은 무엇이 '**여전히**' 가능한지를 정확하게 알고 있었다. 그러기에 가

정사의 불행은 '여전히' 어떤 '간음'도 아닐 수 있으며, 서약은 '여전히' 율법을 따른 것일 수 있었다. 그러나 그리스도께서는 이 모든 '여전히'의 모사꾼들을 절대적인 것의 중압감 아래에 두셨다. 다른 여자를 향한 **욕망**을 그리스도께서는 이미 간음이라고 하셨다. 그때에 일찍이 모여 있던 자들 모두가 단번에 없어졌고, 모두는 단번에 깨달았다. "내가 아직 거기에 미치지 못하는구나."

d. 이것은 문화비평과 문화 안에서 살아가는 우리의 삶을 위해 무엇을 의미하는가? 지대한 의미를 지닌다. 문화에 대한 질문은 **처음부터** 종말론적인 것으로 보이기에, 하늘도 확실히 '일반은혜'로부터 여전히 이익을 흡수할 수 있음을 우리가 놀라지 않고 끝내 **발견함**에도 불구하고, 우리는 사태를 정확하게 반대방향으로 돌린다. 즉, 만약 문화가 하나님의 영원한 안식일을 위해 일하지 **않는다면**, 이를 우리는 놀라지 않을 수 없다. 문제는 즉각 다음과 같다. '나는 문화사명에 관해 무엇을 생각하였으며, 나는 하나님의 종으로서 그것을 임무로서 어느 정도 받아들였는가?' 살찐 문화전리품의 정강이 뼈까지도 손아귀에 넣을 줄 아는 '기독교적' 미식가 대신, 기독교적 **직분자**가 이제 나타난다. 이 직분자는 **종말론적인 궤도**를 새로운 예루살렘을 향하여 끌고, '**일반은혜**'를 이것과 대치되는 개념인 '**일반저주**'를 고려하지 않고 언급하지 않는 자이다. 이 둘 안에서 그는 곡식과 겨가 동시에 추수를 향해 무르익을 수 있도록 **온전한** 복과 **온전한** 저주가 **지체**되고 있음을 인식한다.

e. 문화의 문제를 '일반**은혜**'의 질문에 국한시킨다면, 우리는 **반작용**reactie에 머무는 것이다. "우리는 저주를 받았으나, 그러나 하나님은 우리에게 '**여전히' 좋은 것을 남겨 두셨다.** 우리는 낙원으로부터 나머지 것들을 '여전히' 가지고 있다. 나머지 것들이라 함은 본성의 아름답고 작은 조각이다. 베토벤의 교향곡, 연극, 영화."

그러나 이와 같은 관점은 중요한 하나를 쉽게 잊게 한다. 그것은 옛 낙원에서 명령과 약속은 모두 날짜가 정해져 있었다는 것이다. **임무 배정**은, 그리고 그것의 내용은 규칙적이면서도 고정적으로 낙원의 오고 가는 모든 날들에 속해 있던 것이 아니었다. 오히려 이것은 낙원에 있던 인간을 낙원의 **미래**로, 우리가 자주 논하였던, '시간의 한 순간'으로 떠밀고 있었다. 이것은 임무를 위한 **재료**, 즉 동산과 비웃고 꾀는 세상 전체에 관해서도 동일하다. 이 재료를 임무 **배정**과 별도로 그 자체로 고려한다는 것은 그릇된 것이다.

이와 같은 **날짜를 정함**은 지금도 유효하다. '**아직 아니**'는 여전하다. 날짜를 정함, 바로 이것, 무엇보다 이것이, 그리스도에 의해 구원되었다. 하나님께서는 '지금 바로' 지옥을 열어야 되도록 강요 받지 않으시기 위해서 타락 이후에 시계를 멈추 세워지 않으셨고, 이로써 인간은 지금 '여전히' 지상에 있다고 말할 수 있게 되었다. 이 '여전히'가 인간적 관점에서 신인동형동성적 표현이라고 하더라도, **신학적으로** 말하기 위해 다음과 같이 말하는 것이 더 옳다. 하나님은 자신의 '아직 아니'를 계속해서 쓰고 계셨고, 시계는 멈추지 **않았고**, 시계 바늘은 '시간의 한 순간'을 찾고 있었는데, 그것은 태초로부터 동일하게 **남아 있었다**.

그러므로 오늘날의 우리에게 주어진 모든 '허가'와 '명령'에도 **날짜가 기입되어져 있다**. 아담과 여자와 마찬가지로 우리는 우주적 넓이의 안식일에 이를 때까지 오늘날 존재하는 세상의 가능한 도구들을 가지고 일해야 한다. 이때 '해도 좋음'은 그 자체로 아무것도 아니며, 경탄하도록 우리에게 '남아 있는 것'에 만족할 수 있는 이유도 아니다. 왜냐하면 타락 전과 마찬가지로 '향유'는 사물과 관련된 것이 아니라 **사물을 가지고 선한 일을 함**과 관련되어 있기 때문이다. 왜냐하면 '선물'과 '임무'는 하나이기 때문이다. 그러기에 '은혜'라는 단어는, 관련된 오해를 충분히 고려한다면, 본 문제와 관련하여 아주 제한되고 일방적이다. 잃어 버린 낙원과 되찾아진 낙원, 그리고 이 둘 사이를 연결하는 길까지 모두 '호의'의 문제가 아니다. 오히려 의무, 명령, 계명의 문제이다. 그리고 많은 사람들이 문화의 문제를 오직 '해도 좋거나 그렇지 않거나'의 문제로 단순하게 다룰 때, 이들은 이와 관련하여서도 다음과 같은 하이델베르크 요리문답의 몹시 괴로운 질문을 생각해 볼 수 있다. **그렇다면 하나님은 하나님께서 인간이 할 수 없는 것을 인간에게 율법 안에서 요구하셨다면, 하나님은 옳지 못한 일을 하신 것은 아닙니까?** "아닙니다." 답은 "아닙니다"이다. 여기에서 문화 문제의 '**끔찍함**'이 나타난다. 문화를 경영하는 것이 '주님의 짐'이다. 요리문답의 저 질문은 깊은 흐느낌이 된다.

 f. 이와 함께 우리는 마지막 지점에 도착하였다. 일반적으로 '**일반**'은혜를 말할 때 사람들은 세상과 우리 사이에 '공통적인' 것에 주목한다(A. 카이퍼 박사). 이렇게 될 때 우리가 **모든 사람들과 함께** 소유하고 있는 것이 일반은혜라 불린다. 우리는 이 책에서 이러한 이해를 호기심을 가지고 탐구하지 않겠다. 어떤 사람은 보다 습관적으로, 어떤 사람은 덜 습관적으로 일반은혜의 **영역**을 이야기 하기 시작한다는 것을 기억하는 것으로 충분하다. 이때 '그' 문화의 '영역'은 교회와 세상의 전투전선 사이의 중립적인 장이 된다. 이 중립적인 장에서 우리는 종종 하던 것을 중단하고, '휴식을 취하고' 우리의 '공통의' '카타파우시스'를 누린다. 동시에 이때 이 공간은 중립적인 일들을 위한 교회와 세상의 일터가 된다.

 그러나 이것은 잘못이다. **그 자체가** 공동의 휴양을 위한 하나의 순수한 **선물**이며, 공통의 놀이 '구역'이 될 수 있는 공동의 '영역'은 존재하지 않는다. 은혜의 영역, 불순물이 전혀 섞이지 않은 순수한 **영역**은 우선 하늘이다. 다만 **하늘이** 자신의 휴식으로 들어갔을 때, 불순종하는 자들의 '영역' **또한** 존재한다. 이것이 지옥이다. 그러나 이것은 실질적으로 '영역'이 아니며, '**고른 땅**'이 아니다. 그리고 이 둘 사이에는 어떤 것도 '공통적'이지 않다. 오늘날 교회는 '여전히' '세상'을 마지막 날까지 하나의 일터로 가지고 있지만, 믿는 자들에게 시작된 '은혜'와 믿지 않는 자들에게 시작된 '심판' 덕분에 사람들이 **하나의 '공통의' 문화**를 가지고 있는 것은 **더 이상** 아니다. 문화가 (일반)'은혜'의 '선물'이라고 특별히 불리는 것을 멈추고 다시 **봉사**의 문제가 되는 순간, **하나의 '공통의 은총에 의한 문화'**라는 동화는 사라진다. 이때 우리는 더 이상 '공통의' 문화를 꿈꾸지 않고, 두 가지 사태를 보게 된다. 하나는 문화 안에서 순종함이고 다른 하나는 문화의 역사 안에서 하나님께 대항하여 죄를 범함이다.[18]

g. 앞서 인용한 요한계시록 21:24, 26에 대한 S. 흐레이다뉘스Greijdanus 교수의 주석은 A. 카이퍼 박사가 **일반은혜론**De gemene gratie에서 행한 것과 다르고, 지금까지 우리가 발전시켜 온 생각과 같다.

카이퍼 박사의 해석에 따르면 요한계시록의 말씀은 카이퍼 자신이 '일반은혜'론을 구성하는 방식과 충분히 납득할 수 있을 정도로 일치한다.

그는 "일반은혜"는 하나님의 **"관대하심"**으로부터 **"태어난다"**고 말한다(**일반은혜론** 1, 6쪽). "이 관대하심으로 전능하신 분의 신적인 인내가 죄를 **잠시** 참으신다." 이에 반하여 우리는 이 '참으심'이 성경적인 생각이지만(여기에서 성경은 부분적으로 인간의 관점에 서 있다), 이러한 생각이 편협한 것임을 이미 밝혔다. 왜냐하면 하나님은 자신의 덕들 중 하나로부터가 아니라, **모든** 덕으로부터 모든 것들이 '태어나도록' 하시기 때문이다. 또한 하나님께서 죄와 죄인들을 '참으심'은 미리 아신 인류('새로운' 인류)를 성숙시키시려는 하나님의 의도이고, 우선적으로 **명제적** 목표를 가지고 있기 때문이다(이는 농부가 뿌려놓은 곡식들이 무르익기를 원하지 않는다면 경작지의 쭉정이를 '참지' 않는 것과 같

---

18. Dr. D. H. Th. Vollenhoven, *Het Calvinisme en de Reformatie van de Wijsbegeerte* (Amsterdam, 1933), 46.

다). 또한 카이퍼 박사(**일반은혜론** 1, 7쪽)는 '일반은혜'론의 "역사적으로 확고한 출발점"을 "홍수 이후 하나님께서 노아와 맺으신 언약 체결"에서 찾는다. 그런데 이 시점은 우리에게 아주 늦은[19] 것으로 보인다. 왜냐하면 (언약에 머무를 것을) 인간이 지각하고 숙고했던 시작점은 타락 이후 하나님께서 회개할 수 있는 **가능성** 뿐만 아니라 회개로 고무시키시고 따라서 낙원에서 주어진 문화-명령이 유지될 수 있도록 죽음의 위협과 그 위협이 실행 되는 것 사이에 역사를 끼워 넣으신 때이기 때문이다. 우리는 여기에서 무엇보다 우리가 '자연언약'을 '은혜언약'의 국면으로 언급했던 바를 기억하고, 이 '은혜언약'은 또한 '행위언약'의 연속이라는 것을 기억한다. 비록 칼빈주의가 가지고 있는 문화의 의미가 시들어졌을 때 카이퍼 박사의 주장이 이것을 격려했지만, 그의 주장은 더욱 넓게,[20] 더욱 우주적으로, 더욱 구속력 있도록,[21] 더욱 깊이 연구될 수 있었다.

---

19. 카이퍼 박사가 자신의 책의 다른 부분에서(**일반은혜론**, 453쪽) 타락 후 '일반은혜'가 이미 **낙원**에서 '양자 사이에 들어서' 있는 것으로 쓰고 있다는 것을 우리가 간과하는 것은 아니다. 그러나 a) 이 점에 있어 그의 이론은 명료하지 않고, b) 또한 그의 이론은 일반은혜 없이는 '**사실상 존재할 수 없는**' '인간의 삶의 발전'에 대한 구상에서 자유롭지 않고 (우리는 이 경우 **모든** 성장의 가능성도 인정하지 않는다) c) 카이퍼 박사가 노아 이전의 것들에 대해 쓰고 있는 지리학적 묘사(12쪽)는 비현실적이며, 그는 이 시기에 대해 너무 어둡게 채색하고 있다. 이는 **우리의** 관점에서 과하다.
20. 그의 관점에서 일반은혜 덕분에 "교회는 지상에서 발을 붙일 만한 피난처를 얻는다"(카이퍼, **일반은혜론**, 457쪽). 그런데 다른 출발점을 선택한다면, 하나님께서 교회의 완전히 평평한 바다으로서 세상이 회복되도록 하시는 한 '세상'이 존재의 기회를 여전히 누린다. 이와 같은 생각도 카이퍼 박사에 의해 수용되었다(462쪽). 하지만 이 점에서도 단일한 근본 사상에 기초한 확고한 구상이 결여되어 있다.
21. 카이퍼 박사(**일반은혜론**, 454-5 쪽)는 다음과 같이 주장한다. "만일 이 임시적인 삶에서 이루어지는 발전 중 그 어떤 것도 영원 안으로 넘어가지 않는다"면, "더 나은 본향을 찾는 사람은" 아마도 "이 임시적인 것"에 대한 "어떤 열정"도 "경험할 수 없다." 여기에 문화비평에 대한 신학적이고 우주론적인 논의가 다시 한번 제기된다. **직분론**은 다른 방식으로 동기를 부여한다. 모든 것은 쇠퇴하지만, 과정 안에서 (**당연히 과정**으로써) 동역하라는 명령은 의지를 불러 일으킨다. 이는 무엇이 '시간의 한 순간'에 있을 결승선에서 경계를 '넘어' 가고 무엇이 그렇지 않을 것인가에 대한 질문과 **상관 없다**.

이와 같은 방식으로 이 신학자는 '일반은혜'의 **'영역'**에 대한 주장을 구체화하고, 심지어 **'그'** 일반은혜는 **'열매'**를 가진다는 생각과, 이 열매는 그 자체로 그리고 '그' 일반은혜에 의해 가정된 '열매'가 농익을 때도 그 **기저에** '강력한 배아'를 가지고 있다는 생각에 다다른다.[22] 그리고 전 인류의 삶이 민족들의 역사 안에서 지향해 왔고 앞으로도 지향해 갈 '지속적인 **공동의 발전'**을[23] 카이퍼 박사는 **전적으로 일반은혜의 이익**이라고 설명한다. 이 발전은 마지막 날에 일반은혜의 전체 작품들 중 일정규모를 확고하게 차지하며, 오랜 세월을 거친 문화 발전의 결과이다. 이 발전을 카이퍼 박사는 "전체 역사의 흐름 안에서의" **"민족들의" "명예와 영광"**이라 칭하는데, 이 민족들에게 믿음과 불신앙의 구분이 없다.[24]

그리고 비록 이 마지막 의견이 여전히 개혁주의 진영에서 문화에 대한 강연들을 마무리 할 때에 사용되고, 소위 카이퍼 박사의 일반은혜에 대한 서사시에 씌워진 왕관과 같은 것이지만, S. 흐레이다뉴스 교수의 주석은 이를 비판하고 있다는 것은 눈에 띄는 점이다.

흐레이다뉴스 교수는 지상의 왕들이 그들의 명예와 영광을 거룩한 예루살렘에 가지고 들어간다는 것을 말하고 있는 구절을 주석하면서, **"이것은 지금, 이 시간에 이루어지고 있다"**라고 해석한다.[25] 이것은 요한계시록 21:26에 대한 주석인데, 이 구절은 완료되지 않은 **현재**시제를 사용하고 있다(그들은 **가지고 가고 있다**). 또한 완료되지 않은 **미래**시제를 사용하고 있는 요한계시록 21:26(그들은 **가지고 갈 것이다**)도 흐레이다뉴스 교수에 의하면 24절과 다르

---

22. Kuyper, *Gemeene gratie*, dl. 1, 461.
23. Kuyper, *Gemeene gratie*, dl. 1, 460.
24. Kuyper, *Gemeene gratie*, dl. 1, 460-461.
25. Greijdanus, *Openbaring des Heeren aan Johannes*, 429.

지 않다. 이 구절은 "**사람들이** 만국의 영광과 존귀를 가지고 그리로 **들어 가겠고**"라고 번역된다. 이를 흐레이다뉘스 교수는 "만국으로부터 믿게 되는 자들을 의미한다. 이들 중에 존경을 받고, 다양한 탁월성을 가지고 있고, 권력을 가지고 **주님의 교회를 위해 봉사하는** 자들도 포함되어 있다."라고 주석한다. 그러기에, 흐레이다뉘스 교수에 따르면, 이것은 "영원 안에" "반영" 되지만, 이것은 시간 안에 일어난 것이다.[26] "영원에서 분명하게 보여지게 될" 것이지만, 그 사태 자체는 시간 안에서 일어난다. "이 땅의 경륜에서 하나님은 왕들과, 권력자들과, 권세자들을 하나님 자신에게로 돌이키시고, 모든 영역에서 중요한 자들을 자신에게 돌이키시고, 큰 영향력을 행사하는 많은 자들, 높은 지위를 가진 자들을 하나님 자신의 **교회**의 동역자로 사용하시고, 하나님 자신의 영광스런 왕국의 **미래**를 위해 사용하신다."[27]

의식하지 않고 지나치기에 차이가 사소하지 않다. 카이퍼 박사는, 요한계시록 21:24와 26을 다루는 부분에서 다음과 같이 가능한 범위에서 명확하게 설명하고 있다: "여기에… **앞서 지나 간** 시기를 다루고 있는 것이 아니라, 심판이 끝낸 후에 새로운 땅 위와 새로운 하늘 아래에서 **지속적이고 새로운 상태**로서 드러날 모습과 같은 마지막 결과 그 자체를 다루고 있다."[28] 그러나 흐레이다뉘스 박사는 이 본문이 "하늘과 땅이 새롭게 된 후에 일어날 일에 대해서만 묘사하고 있는 것이 아니라, 이미 시간의 경륜 안에서 일어나고 있는 것도 묘사하고 있다"고 지적한다. "이 땅의 경륜이 거룩한 예루살렘의 묘사에 여전히 전제된다."[29]

---

26. Greijdanus, *Openbaring des Heeren aan Johannes*, 430.
27. Greijdanus, *Openbaring des Heeren aan Johannes*, 429.
28. Kuyper, *Gemeene gratie*, dl. 1, 459.
29. Greijdanus, *Openbaring des Heeren aan Johannes*, 429.

h. 우리는 이와 같은 주석적 근거에 따라 흐레이다뉘스 교수의 의견을 수용한다. 이로써, 카이퍼 박사가 '대단히 생각해 볼만하다'고 생각했듯이, 우리는 "이 세상이 지나가는 동안, '일반은혜'의 모든 수확물은 다 벗겨지고 제거된다"는 것을 인정하고, 뿐만 아니라 "그럼에도 새로운 땅이 다시 번영할 때에 일반은혜의 **배아**가 무성하게 발아할 것이며, 이전 발전의 열매로써 더욱 더 잘 증식 할 것이다"라는 그의 생각을 포기해야 한다는 것도 인정한다.

여기에서 우리는 배아의 **발아**와 관련된 유비와 마주친다. 이 유비는 반복해서 사용되었다.[30] 그러나 이것은 설득력이 없다. 성경에 숙련된 자는 카이퍼 박사가 고린도전서 15장을 통해 **배아**의 유비에 고무되어 있다는 것을 분명하게 알 수 있다. 바울은 거기에서 육체는 썩어질 것으로 **씨 뿌려졌지만**(장사됨), 썩어지지 않을 것으로 일으킴(부활)을 받는다라고 말한다. 여기에 **씨를 뿌림**과 **추수**라는 비유가 (아무튼 세 번째 비유가 **될 수 있다면**) 배아가 발아하는 것을 연상시키는 것으로 보인다.

그렇지만, 우선 우리의 주의를 끄는 것은, F. W. 흐로스헤이더Grosheide교수가 고린도전서 15장 주석에서 바울이 사용하고 있는 무덤에 묻힘과 부활, 그리고 씨를 뿌림과 추수의 비유에 대해 신중하게 접근하기를 요구하고 있다는 점이다. 다음과 같은 그의 지적은 눈 여겨 볼 가치가 있다. 흐로스헤이더 교수는 죽기 위해 뿌려진다고 기록된(고전 15:36) 배아 안에 "죽음은 이론적

---

30. (육체의) "보이지 않는 **배아**는 지속적으로 존재한다"… 날들의 날에 "다시 성장으로" 돌아선다 (**일반은혜론**, 457쪽). "**동일한** 방식으로 창조로 인하여 인간적 본성 혹은 인간적 본질에 속한 모든 요인들, 모든 힘들, 모든 요소들이 두번째로… 싹이 튼다"(**일반은혜론**, 457쪽). "**전적으로** 동일한 방식으로 우리는 다음과 같이 기술해야 한다: 현재 일반은혜의 열매가 무르익고 있는 모든 형태들은 언젠가 살아질 것이지만, 모든 것의 근간이 되는 강력한 **배아**는 가지고 들어 갈 것이며, 하나님은 그때에 *새로운 형태*를 부여하실 것이다"(461쪽).

으로 가 아니라 실제적으로 존재한다"라고 주석하고 있다.[31] 또한 그는 바울이 "식물학자와 같이" 글을 쓰는 것이 "아니"라는 것도 잘 지적하였다.[32] 이러한 지적을 고려하지 않는다고 하더라도, 냉철한 진실이 존재한다. "유비와 예시의 경우들에서 종종 그러하듯이, 이 **은유는 정확하지 않다**."[33] 이것은 **의도된 바도** 아니다. "씨를 뿌리는 것과 씨가 자라는 것이 이 비유의 요점이다."[34] 그러기에 흐로스헤이더 교수에 따르면, "우리가" 죽음 혹은 자연적 육체(고전 15:42)를 "영적인 육체"의 "생물학적 의미에서의 배아"라 "여긴다면 우리는 너무 멀리 나아간 것이다."[35] 우리는 부활이라고 칭해지는 육체의 변화를 "우리가 자연에서 볼 수 있게 일어나는 그것"에 대해 "기껏해야" "유비"라 부를 수 있다.[36] 그러나 사람들은 "이러한 것들로부터 보다 더 **보고**, 상상하고, 표현하고자 하며, 꼼꼼한 분석을 통해 불합리한 것에 도달한다." 다시 말해 "장사지냄이 씨를 뿌림이다"라는 **요지**에 도달한다. "이 두 표현들"(썩을 것으로 심고, 썩지 아니할 것으로 다시 살아난다)은 "**방식**modus quo에 대한 것이 아니라 사태에 관한 것이다."[37] 카이퍼 박사가(p.416 각주 30을 보라) **방식**만을 강조하며 유비를 가져올 때, 카이퍼는 흐로스헤이더가 논증의 중요한 지점에서 자신과 반대되는 의견을 가지고 있음을 발견하게 된다.

그리고 더군다나, 인간의 **육체**에 대해서 카이퍼 박사와 흐로스헤이더 박사가 완전히 중첩되는 의견을 가질 수 있다고 하더라도, **육체**의 운명과 **문화가**

---

31. Grosheide, *Eerste brief van Paulus aan Korinthe*, KNT, 533.
32. Grosheide, *Eerste brief van Paulus aan Korinthe*, KNT, 533, 537.
33. Grosheide, *Eerste brief van Paulus aan Korinthe*, KNT, 536.
34. Grosheide, *Eerste brief van Paulus aan Korinthe*, KNT, 536.
35. Grosheide, *Eerste brief van Paulus aan Korinthe*, KNT, 536-7.
36. Grosheide, *Eerste brief van Paulus aan Korinthe*, KNT, 537.
37. Grosheide, *Eerste brief van Paulus aan Korinthe*, KNT, 537-8.

만들어내는 생산물의 운명 사이에 아주 큰 간격이 있다는 것을 이들 중 누가 파악하고 있지 못하는가? 카이퍼의 주장은 '메타바시스 에이스 알로 게노스 metabasis eis allo genos,' 즉 어떤 사태에서 완전히 다른 사태로 아주 대담하게 이행하고 있음을 우리는 발견한다.

i. 지금까지 비판한 것으로부터 분명해 지는 것은 A. 카이퍼 박사의 구상은 그 전체를 파악해 볼 때, 주석학자들과 우리를 완전히 설득시키지 못한다는 것이다. **'사람들이 만국의 (왕들의) 영광과 존귀를 가지고 들어 가는 것'**은 하늘의 예루살렘의 새로운 상태의 서막이 아니다. 또한 아직 오지않은 하늘의 예루살렘이 보여줄 분주함의 종막도 **또한 아니다**. 오히려 하나님의 예루살렘이 시간 안에서 오고 있는, 등장하고 있는 **과정** 자체를 묘사하고 있는 것이다. 왜냐하면 하나님의 나라와 교회의 예루살렘은 매일 오고 있기 때문이다. 새 예루살렘에 미치는 영향이 무엇인지에 대해 흐레이다뉴스는 "반영"이라는 조심스러운 단어를 사용하였다.

j. 물론 이로써 '일반은혜'라는 방대한 주제를 다 다룬 것은 아니다. 오해를 피하기 위해, 카이퍼 박사의 주장은 다양한 측면에서 열려 있기 때문에 그와 그의 동시대의 동료들 사이에 이 주제에 대한 심대한 차이는 없다는 것을 우리는 지적한다. '(창조된) 세상에 대해, 그리고 문화에 대한 우리의 부르심에 대해 "예"라고 대답 할 것인가 혹은 아닌가'라는 양자택일의 질문과 관련하여, 하나님의 진리와 의로우심의 예리한 칼날을 "**세속으로부터 돌아선**welt-abgewandt"이라는 단어로서 느끼게 하는 '경건함'에 대한 모든 병든 사상과의 투쟁에서 카이퍼 박사가 자신의 기치 뒤로 우리를 건져냈다는 것을 독자들은 이미 알고 있다. 여하튼 우리가 이 책에서 이미 (그리고 **이 마지막 장** 전반부에서) 상술한 견해들을 통해, 카이퍼 박사는 자신이 일반은혜를 다루면서 바라던 바를 얻었다. 즉 가까스로 다루어지기 시작한 이 주제에 대해 단 하나의

문제점에 대해서라도 보다 상세하게 논의하고자 하는 노력이다. 일반은혜의 다양한 쟁점들과 관련하여 보다 진전되고 상세한 연구가 필요할 것이라 생각된다. 그러나 이 책의 범위 안에서는, '**은혜**'라는 개념이 우리의 문제제기에 있어 지배적인 역할을 하였다. 이 개념으로부터 문화 그리고 문화의 가치, 목표, 경계, 그리고 경계에 대한 논증을 정립하는 것이 아니라, 하나님께서 행하신 **직분자 임명**과 권한 부여라는 계시된 실재로부터, 그리고 그 직분자들에게 하나님께서 전권을 수여 하셨다는 것으로부터 논증을 정립해야 한다는 것이 특별히 중요한 점이다. 관련된 여타의 질문들을 오직 우리에게 입증된 '**은혜**'의 관점에서만 다루는 논변은 아주 빈약한 것으로 보인다. 또한, 하나님께서 그분 자신을 영광스럽게 하기를 원하시는 뜻으로부터 일관되게 모든 것을 도출해 내지 못하는 오류를 범하고 있는 것으로 보인다.

따라서 지금까지 논의한 카이퍼 박사의 의견과 우리의 의견 사이의 차이는 사실 내용보다 단어의 선택과 무엇보다 방법론에 있다는 것을 이해할 수 있을 것이다.

k. 이러한 차이는 여기에서 언급할 만한 충분한 의미가 있다. 우리는 질문의 요지를 외면할 수도 없고, 또한 그것을 원치도 않았다. 지금까지의 논의들을 다룬 후 우리가 확실하게 말할 수 있는 것은, 카이퍼의 구상 중에 우리에게 비실재적인 환상으로 여겨지는 것들을 **피하면서도** 그의 논변 중 훌륭한 것들을 유지할 뿐만 아니라 그것들을 우리가 이해하는 방식으로 더욱 깊이 숙고할 수 있게 되었다는 점이다.

이와 관련하여 좀더 살펴 보자.

l. 이 책이 지금까지 제시한 논증을 따라왔다면, 카이퍼의 구상 중 현대의 개혁주의 진영의 **주석들**이 지지하지 않는 주장들을 어렵지 않게 **피할** 수 있을 것이다. 즉 카이퍼가 명예와 영광을 새로운 예루살렘 '안으로 가지고 들어옴

indragen'에 대해 의미심장하게 말한 대목이다.[38] 명예와 영광을 '안으로 가지고 들어옴'은 주석적 측면에서 뿐만 아니라 다른 근거에서도 유지될 수 없는 것으로 보인다.

요한계시록의 저 유명한 구절이 보호하고 있는 것으로 보여지는 인간의 힘의 과시(안으로 가지고 들어옴)는 능력자의 힘의 과시에 의해 이미 부서졌다. "보라 내가 만물을 새롭게 하노라"(계 21.5). **누가** "가지고 들어" 올 것인가? 하나님이신가? 그런데 하나님은 매번 특별하게 불리워 지시고, 인칭대명사 "그들"이나 혹은 "사람들"을 지칭하는 단어와 함께 언급되시지 않는다. 그러니 다시 한번 묻자? **누가** 가지고 들어오는 자들인가? 천사들인가? 이들은 요한계시록에서 매번 명시적으로 언급되고 있고, 종종 하나하나 헤아려 진다.[39] 그러기에 "사람들이 만국의 영광과 존귀를 가지고 안으로 들어 가겠고"에서 "사람들"이라는 표현은 단지 인간을 의미한다. 하지만 도대체 어떤 사람들이 이 새롭게 된 예루살렘에 실재적으로 무엇인가를 가지고 들어갈 정도로 강한 팔을 가지고 있는가? **현재** 우리는 이 땅 위에 있는 예루살렘, 즉 교회에 당연히 무엇인가를 가지고 들어갈 수 있다. 그러나 마지막 날은 이 같은 행동의 끝을 의미한다. 오직 하나님의 자녀들은 자신들이 인도**되어 짐**에 의해, 그들이 저 알려진 **'시간의 한 순간'**의 결승선을 넘어 인도 되어 짐에 의해, 그들은 (무엇인가) '가져' 갈 수 있는 '팔'을 다시 지니게 된다. '팔'은 당연히 상징적인 의미를 가진다. 예를 들어 우리는 사고능력을 생각해 볼 수 있다. 우리는 **다시 봄**weer-zien, **다시** 인식함her-kenning, 그리고 **다시 기억함**her-innering의 개념을 지속적으로 거부하였다. 마찬가지로 우리는 과거의 소여, 주어진 것들을 '**다시 손 안에 얻음**'이라는 개

---

38. 역주) 여기에서 스킬더는 계 21:24과 26 중 "가지고 들어오다"라는 표현에 대한 카이퍼의 생각을 특별히 다루고 있다.

39. 계1:20; 3:5; 5:11; 7:1,11; 8:1-9:21; 10:1; 11:15; 12:7,9; 14:15; 15:1-18:24; 20:1; 21:9,12.

념이 주는 거짓된 유혹을 허락하지 않는다. 시간과 영원의 경계에서 그 누구도 유일한 운송 과정에 능동적으로 참여하지 않는다. '사람'은 단지 운반되어진다. 이는 널리 알려진 시간의 **'한 순간'**에서 일어나는 회오리바람과 강풍과 같은 사건이며, 크게 경악스러운 사건이다! 이에 반해 인간이 무엇인가를 가지고 들어간다는 것은 시간의 **연속**에서만 가능하다. 죽음은 우리에게 모든 것이 부재함을 의미한다고 그리스도께서 말씀하신다. 이 때의 그리스어 단어는 천체가 가려지는 것을 의미하는 식蝕, eclips이라는 단어와 아주 유사하다. 인간은 자신이 변화되는 순간에 무엇인가를 운반하지 않는다.

우리는 카이퍼 박사도 이것들을 생각하고 있다는 것을 더 이상 확인할 필요는 없다(위를 보라). 그러나 동시에 카이퍼 박사 자신은 '안으로 가지고 들어감'이라는 개념을 사용함으로써 실제로 각각의 실재를 부정하고 있다. 사람들이 이 개념을 구체화 시키려 시도한다면, 이 단어를 사용하는 것과 관련된 **모든 권한은 카이퍼 박사가 이 단어로써 열망했던 의미**에 있다.

하지만 **'새'** 예루살렘 자체가 경계선을 넘어 와 있는 것으로 이해된다면, 이 안에 무엇이 더욱 가지고 들어와 져야 하는가? 문화가 만든 보화들을 가지고 인간은 저 새 예루살렘 안에서 무엇을 하려는가? 우리의 몸은 급진적으로 달라진다. 그렇다면 저 곳에서 우리가 지금 거주하고 있는 궁전들이 무엇을 할 수 있겠는가? 되어짐은 멈추고, 태아를 품는 자궁도 멈췄다. 그러기에 남자와 여자는 **이런** 존재 이유를 더 이상 가지지 않는다. 그렇다면 거기에서 이 성적인 문화의 왕국은 무슨 소용인가? 땅은 불을 통과하여 사라졌다. 그렇다면 그 이후 **'배아들'**에서 인간은 무엇을 찾고자 하는가? 모든 자연은 변화되었고, 땅도 '위로 올라오고, 번쩍이고, 가라앉는' 정해진 규칙에, 기화와 액화의, 얾과 녹음의, 오고 감의 '법칙'에, 즉 태양계의 가장 외부에 있는 가장 바깥 영역에까지 '세파世波'의 깊이와 힘을 보여주는 '법칙'에 종속되는 것을 멈추었다. 그러나 인간은 여전히 **이** 땅의 현재 모습과 현재의 태양과 태양계에 국한되어 이 안에서만 가능한 문화의 생산물들을 가지고 무엇을 하려 하는가? 불, 불, 그리고 이로써 모든 것이 소진되는 것은 아니지만 그럼에도 완전히 다른 것이 된다. '배아들'을 카이퍼 박사는 이야기 한다. 그러나 하나님께서 미리 정하신 이 '시간의 한 순간'이 보여 주는 극단주의는 '배아'와 그 배아의 '열매'를 분리시키지 않는다. 이것들은 하나의 동일한 **세계**와 세계의 **모습**에 속하고, 동일한 **차원들에** 속하고, 동일한 **연속** 안에 놓여 있다. 만일 '배아'가 이 세상에 근본적으로 관련된 것이라면, 이것은 더이상 현재의 세상 다음에 오는 것의 **배아**가 아니다. **씨를 뿌림**이라는 은유를 사용한다면 그것은 저 새롭게 된 세상에 나란히 들어 간 이 세상과 **우리** 인간이 우리에게 적합한 세상의 장식을 가지고 참으로 함께 있게 될 것이라는 우리의 믿음을 표현하기 위해 더 좋은 방편이 없기 때문이다.[40] 그러므로 누가 동일성을 말하는가? 아리스토텔레스가 듣지 않는다면, 괜찮다.

실로, '**안으로 가지고 들어감'을** 말하는 서정시이든 서사시이든 더 이상 유지될 수 없다.

그러나 우리의 주장을 이 표현의 도움을 받아 마무리 할 수 있는 것처럼 생각하여 이 표현을 고수하고자 할 필요가 더 이상 없다.

왜냐하면 우리는 이 책을 시작하며 하늘의 **역사**에 대해 논의하였을 때, 우리는 누차 죄로 타락하기 전의 세계에서 '시간의 파국적 한 순간'은 기대되고 있었음을 보여 주었기 때문이다. 그리고 이 타락하기 전의 세계로부터 다가오는 '시대'로의 이행을 구상할 때, 점진성 이라는 관념은 **처음부터** 창조의 계획

---

40. Grosheide, *Eerste brief van Paulus aan Korinthe*, KNT, 538, 각주 1과 비교하라. 또한 아래 p.445-447를 보라.

과 일치하지 않기에 우리는 이것을 차단했다. 그러기에 **타락하지 않은** 세계에 대한 구상에서도 우리는 경계선을 넘어 안으로 가지고 들어감, **넘어** 가지고 들어감, 그리고 **통과하여** 운반함과 같은 개념들을 배제시켰다. 또한 **타락한** 세계의 연대기를 작성하는 연구에서도 이와 같은 개념을 사용할 필요가 없었다. 하나님께서 타락하지 않은 세계의 역사 이야기의 마지막 단계에서 이미 배제하신 것이 타락한 세계의 역사책 마지막 쪽에서 취해 질 수 없다. 운반함이라는 개념 자체는 '시간의 한 순간'에 대한 성경의 가르침을 훼손시킨다.

이는 사실상 이미 '태초에' 보여졌다. 날들의 **마지막**의 **저녁**과 (영원한) **아침** 사이의 관계에 대해 너무 성급하게 상상하기 전에, 날들의 **시작**에서 **저녁**과 **아침**의 관계가 어떠 하였는지를 생각해 보자.

아마 누군가는 다음과 같이 말하면서 우리의 논의를 가로챌 수 있다. "당신은 앞서 살펴 보았듯이(p.418을 참고) A. 카이퍼 박사가 빠졌던 그 잘못에 빠져 있다. 다시 말해, 당신은 지금 '메타바시스 에이스 알로 게노스'(어떤 한 사태에서 전혀 다른 사태로 이행)의 잘못을 저지르고 있다. 왜냐하면 당신은 전혀 동일하지 않은 것들을 혼합시키고 있기 때문이다." 그리고 이어서 이렇게 말할 것이다. "왜냐하면 날들의 **마지막**은 어떠한 새로운 **창조**에 대한 생각도 (당신에 의해서도) **배제된 채**, 존재하는 것의 **완성**, **재창조**와 관련이 있기 때문이다." 그러면서 다음과 같이 물을 것이다. "그런데 어떻게 당신은 지금 저 **마지막**과 **처음**을 비교할 수 있는가? **처음**에는 재창조가 아니라 창조가, **옛** 것의 **완성**이 아니라 새로운 것을 **안으로 가지고 들어옴**in-brengen이 있었다. 그러므로 당신의 논의는 그 범위를 넘어간 것이다."

그러나 누군가 이와 같이 말한다면, 이 사람은 잘못 생각하는 것이다.

창세기 1장은 6일동안의 일을 묘사하고 있는데 이는 **존재하는 것**과 관련 있다. 다시 말해 '**첫번째** 창조'(창 1:1)에 이미 **주어졌던** 것이다. '6일'은 **이미**

존재하고 있는 것을 충격적으로schokmatig, 더욱 **발전시킨 것이다**. 그러기에 **충분히 유의미한 비교**이다. 6일은 이미 존재하고 있던 것을 완성**으로 이끎**이었다. 이때의 6일은 내가 지금 글을 쓰거나, 독자들이 읽을 날짜와 동일한 시간이다. 이 6일은 파국적인 것이었지만 나와 독자의 오늘은 그렇지 않다는 것은 비교를 위해 어떤 차이도 만들지 않는다. 그리고 무엇보다 여기에서 지금 우리가 묻고자 하는 질문은 '창조의 새 아침에 매번 **새로운** 것이 무엇이었는가'가 아니다. 오히려 우리는 전혀 다른 질문을 제기하고 있다. '매번 창조의 새 아침의 파국이 선행하는 **저녁**의 결과의 손실이었는가 혹은 결과가 주는 이익이었는가,' 그리고, '매 아침은 "완성"의 방향으로부터 벗어나는 것이었는가 혹은 그 방향으로 이끌려 지는 것이었는가?'

자, 그렇다면 한번 비교해 보자. 우리는 다음과 같이 주장하다. 창세기 1장에서 창조가 이루어진 매일 새로운 **'아침'**이 **다시금 새로운 기적이었고**, 하나님의 무시무시한 능력의 새로운 **집행**이었다. 그리하여 창조의 한 날이 점진적인 단계의 과정을 따라 다른 날들에 연결된 것이 아니었다. 오히려 창조의 한 날과 선행하는 날의 결과 사이의 연결은 갑작스러운 폭발과 같은 것이었다. 마찬가지로 우리가 기다리는 '새로운' 혹은 영원한 아침의 시작도 그러하다. 하나님의 시간 안의 창조와 재창조에서 새로운 아침은 결코 옛 것**으로부터** 새 것 **안으로** 무엇인가를 가지고 들어오지 않고, 오히려 하나님에 의해 **새로운** 무엇을 이미 존재하는 것 **안으로** 가지고 들어온다. 이와 같은 하나님의 창조에서 지난 '저녁'에 존재하는 것은 이어오는 '아침'의 새로운 것에 의해 급진적으로 변화되고, 옆으로 물러나고, 예속된다. 이로써 예를 들어 창세기 1장에 나타나는 한 '저녁'의 명백한 혼돈이 그 다음 날 아침의 새로운 질서를 통해, 혼돈이라는 관점에서 볼 때,[41] 옆으로 밀려났다. 물과 단단한 물체가 서로 뒤섞여 있던 그 특정한 '저녁'의 상황은 그 다음 이어온 '아침'의 창조 행위, 즉 물과 '뭍'을 나누시는 행위로 인해 부서졌다. 요약하자면, 창세기 1장에서 매번 지나간 '저녁'에 창조되어 존재하던 것은 이어오는 '아침'에 새롭게 창조되는 것에게 매번 정복되었고, 예속되었으며, 이로써 자신들의 삶의 법칙을 얻게 된다.

그러니 당연히 '저녁'과 '아침'이 매번 반복되는 가운데, 지나간 '저녁'의 남아 있는 것들로부터 특정한 '배아들'을 이어오는 '아침'안으로 '가지고 들어옴'은 전혀 존재하지 않는다. '배아들'에 대한 생각 자체가 **여기에서** 다소 우스꽝스러운 것이다. 오히려 정반대의 움직임이 놀람과 전율과 함께 생겨나고 성취된다. 하나님은 새로운 것을 옛 것 안으로 가지고 들어 오신다. 그리고 새로운 것을 가지고 들어 오시는 저 아침의 행위는 즉시 지나간 '저녁'의 옛 것의 변형을 의미한다. 그렇다면 **'주님의 날'**의 저 **위대한** 저녁이, 또한 세상이라는 그 거대한 한 주간의 저 **위대한** 저녁이 영원한 아침을 위해 자리를 양보해야 할 때, 왜 사태는 다르게 파악되어야 하는가? 하나님의 새롭게 하시는 행위의 급진성이 더욱 고려되어야 한다. "보라, **내가** 모든 것을 새롭게 하노라."

이 같은 관점에서 우리가 동의할 수 없는 **"남아있는 이익"**(카이퍼 박사)에 대해 그 누구도 슬퍼하지 않기를 바란다. 질서 있는 세계가 든든하게 존재함으로 말미암아 혼돈이 제거될 때, 그것은 **손실**이었던가? 물과 물질이 뒤섞여 있던 것이 "물과 뭍"으로 나뉘어지면서 서로 떼어졌을 때, 그것은 이미 얻어진 '이익'의 손실이었는가? 이 질문은 이미 답을 가지고 있다. 마찬가지로, R. H. 벤슨Benson이 이야기 하듯이, 마지막 날에 이 아름다운 세상의 모든 영광이

---

41. 혼돈(chaos)이라는 용어는 사실 부적절하다. 이것은 불모의 상태가 아니라 아직 질서가 주어지지 않은 상태를 말한다.

사라질 때, 그것은 결코 **어떤 손실도 아닐** 것이다.[42] 정반대로, 이때 이것은 큰 이익 자체일 것이다. 이는 창조기사에서 모든 새로운 아침이 저녁을 이기고 저녁을 능가하여 더욱 하나님으로부터 칭찬을 받는 것과 동일하다. '이기다overwinnen'라는 단어는 본 저작에서 자주 사용 되었듯이, 여기에서도 '넘어 극복하다boven komen,' '능가하다er bovenuit komen'의 의미이다.

하나님께서는 충격schok의 과정을 통해서 자신의 **첫번째** 안식일을 끌어당기신다. 이 과정에 대한 성경의 묘사는 재차 충분히 고려되어야 한다. 우리가 **하나님의** 일에 대해 묘사하며 하나님께서 자신의 **영원한** 안식일을 '충격의 과정'을 통해 '끌어당기시는' 것을 기술할 때, 첫번째 안식일에 대한 성경의 묘사가 우리를 교정하고 방향을 지시해 주어야 한다. 6일 동안 매일 아침에 **개입 하시는** 하나님의 행위 모두는 직접적으로 일곱째 날의 **안식일**을 준비하였다. 또한 만약 매일 새로운 '아침'이 지나간 '저녁'의 자리에 가져오는 급진적인 변화를 우리가 철저하고 파국적인 **손실**이라고 부른다면, 성경은 우리가 틀렸다고 지적한다. 그러기에 성경의 **마지막**에 도달하여서도, 우리는 다음을 **믿는**(!) 용기를 가져야 한다. 즉, '존재하던 모든 것이 급진적이고 파국적으로 장악되고 **무력하게 된다고 하더라도**'가 아니라 바로 이렇게 됨을 통해서 하나님의 '**사바티스모스**'가 우리로 하여금 바로 그 '사바티스모스'에로 들어오게 만들 것이다. 창세기 1장의 물고기와 새들은 지난 저녁의 어떤 것도 다음 날 아침 '안으로 가져오지' 않았다. 그들은 이 아주 공허한 생각을 할 수도 없었다. 그때 하나님께서 **인간**을 창조하셨고, 그리고 그에게 여섯째 날 다음과 같이 말씀하셨다: "사

---

42. 영국의 로마카톨릭교회의 신부였던 Robert Hugh Benson(1871-1914)이 1908년에 출판한 종말론적 소설인 *Lord of the World*가 1921년에 *De God der wereld*라는 제목으로 네덜란드어로 번역되었다. 스킬더는 이 번역본의 마지막 문장인 "이 세상과 세상의 모든 영광이 사라졌을 때"를 생각하고 있다. K. Schilder, *Vrijmetselarij* (Zutphen 1924), 77; *Wat is de hel?*[3], 213을 참고하라.

람아, 너는 그 물고기와 그 새들이 무엇을 경험하게 되었는지 결코 보지 못했다. 즉, 새로운 창조의 아침이 안으로 들어와 시작되는 것과, 모든 귀들을 멍멍하게 만들고 점진성의 모든 가느다란 실들을 단숨에 탁 끊어뜨리는 위대한 힘을 보지 못했다." 동시에 하나님은 인간에게 다음과 같이 말씀하셨다: "너는 내 아들이다. 그리고 나를 믿을 수 있는 지성과 마음을 너에게 준다. 네가 할 수 있는 한에서 일하라. 그리고 지금 이미 피조물을 위해 **밤의 도둑같이 여섯** 번 이미 존재하는 것을 위해 새로운 것을 가지고 왔듯이 언젠가 내가 너의 눈 앞에, 그러나 마지막으로 밤의 도둑같이 올 것이다.[43] 그때 나는 나의 동역자인 너를 통해 부유해지고, 다듬어 지고, 무르익은 6일 동안의 모든 것을 폭발적이고 격렬하게 다시 지나가게 할 것이다. 그때 성취가 이루어질 것이다. **그러나** 동시에 새로운 그리고 영원한 새벽에 모든 것은 변형될 것이다. 이 새벽은 모든 저녁의 일을 강압적으로 장악하고, 점진성의 모든 가느다란 실들을 탁 끊어버릴 것이다. 그리고 너는 너의 저녁으로부터 나와 너의 아침에로 그 어떤 것도 너의 손으로는 가지고 들어 올 수 없을 것임을 나는 너에게 분명히 일러준다. 나의 장막이 너의 것들을 덮어 그늘지게하여 무색하게 만들 것이다(p.245이하 참고). 그러나 그때 **내가** 나의 가구도[44] 가져 올 것이다."

이때 에덴동산의 인간은 옛 것에서부터 새로운 순간으로 무엇인가를 '**가지고 들어옴**'을 생각하지 않았다. 그가 죄를 짓기 전 그는 이를 생각하지 않았다. 왜냐하면 이러한 생각이 그의 마음 안으로 조금도 밀고 들어올 수 없었기 때문이다. 그 때 아담의 마음은 하나님께서 보이신 폭발적인 힘을 너무 쉽게 무

---

43. 살전5:2; 벧후3:10; 계3:3; 16:15.
44. 이 단어는 결코 경솔한 이미지가 아니다. 성경은 'skeuê,' 즉 '항아리들'이라는 용어를 사용하고 있다(역주 - σκεῦος는 주로 복수형[σκεύη]으로 쓰이며, 무엇인가를 담을 수 있는 용기를 의미하고 또한 실내장식품이나 비품들을 의미하기도 한다).

시하는 장난스러운 환상에 면역되어 있었다.

그러므로 이제 우리는 옛 것으로부터 새 것 안으로 무엇인가를 운반하는 인간, '안으로 **가지고 들어오는 인간**'이라는 만들어진 이미지가 사실 환영이며 우리가 **넘어서야 할** 잘못된 생각임을 성경의 안내를 받아 깨닫도록 하자. 첫번째 안식일이 **압도됨**에 의해 시작 되었듯이, 두번째 안식일도 **유사한** 방식으로 도래할 것이다. 하나님의 '덮어 그늘지게 하심overschaduwing, epi-skiasis'은 항상 기적적인 개입을 의미한다. 이것은 말씀이 육신이 되실 때 하나님께서 마리아의 자궁을 장악 하신 것이고, 또한 이미 논하였듯(p.245이하 참고) 하나님이 자신의 거처를 우리에게로 확장 시키신 것을 의미한다. 우리는 이 '에피스키아시스epi-skiasis'라는 개념이 지니는 초월적인 힘의 의미를 유지해야만 한다. 이로써 한편으로 우리는 역사의 모든 생산물의 의미를 중요하게 여기면서도, 동시에 우리의 힘으로 우리의 '항아리들'을 하나님과 우리의 새로워진 저 거대한 거처 안으로 가지고 들어갈 수 있을 것이라는 생각을 거부할 수 있다. 문화의 **잔류물**이 옛 시대의 소여로서 완성을 위해 새로운 시대 안으로 가지고 들어와 진다는 환영을 통해 '덮어 그늘지게 하심'이라는 개념을 우리의 사고에 딱 맞는 기성품으로 만들어서는 결코 안 된다.

m. 개혁주의신학이 우리의 논의를 따라서 카이퍼 박사의 구성 중에 좋은 것들을 간직하면서도 유지할 수 없는 요소들을 피할 수 있는 방법을 찾고자 할 때, 이제 '영원한 안식일'이라는 개념을 긍정적으로 발전시킬 수 있는 길이 열림을 우리는 지적할 필요가 있다. 이 길은 카이퍼 박사의 논고들 중 좋은 것을 지킬 뿐만 아니라 더욱 심화시키는 것이다. 바로 하나님의 주권, 창조주로서의 권리이다.

우리는 바로 앞선 설명에서(위의 단락을 보라) **인간**, 즉 하나님의 **동역자**, 그래서 **일꾼**인 인간이 영원한 왕국 안으로 '들어 올' 것이라는 메시지에 기독교 복음의 근거와 내용을 **국한시키지** 않았다. 왜냐하면 기독교 사유의 테두리 안에서 **일꾼** 뿐만이 아니라, **만들어진 것**도 목적과 의미를 가지고 있고 성취될 것으로 여겨지기 때문이다.

모든 이들과 모든 것들이 맡은 봉사를 다하였다. 그러나 이 봉사는 임시적인 것인데, 이는 창세기 1장에서 지나간 날의 피조물은 이어오는 날의 파국으로 말미암아 단지 임시적인 것으로 확인되었기 때문이다.

그러므로 우리는 만들어진 것의 의미를 부정하지 않는다. **여기에서** 우리는 '동일성'[45]이라는 단어를 지나치게 회피할 필요는 없다. 우리가 인식하고 있는 바는 '새로운' 땅이 사실 옛 땅이며, '새로운' 인간은 지금의 인간과 동일하다는 것이다. 또한 이미 우리가 앞서 이야기하였듯이, 우리는 오늘에 존재하는 모든 것이 처음부터 이미 도래하고 있는 새로운 세상의 존재와 **접하고** 있다는 것을 인식하고 있다. 그리고 이로써 오늘에 존재하는 모든 것이 도래하는 교제의 거처에서 사용될 '가구'를 위한 원료를 제공하고 있으며 제공할 수 있다는 것도 우리는 인식하고 있다.

그러나 우리는 **방식**modus quo을 묘사하려는 모든 노력을 실속 없는 것이라 여긴다. 그리고 우리는 남아 있을 것이라 여겨지는 '구성요소'와 그와 반대로 변화될 것이라고 여겨지는 '형태들'에 대한 어떠한 사색도 거부한다. 이것을 정확하게 아는 자가 있다면, 그는 너무 많은 것을 알고 있는 것이다.

그러나 문화의 노동을 수행해 가는 역사적 과정에 대해서 누군가는 질문할 수 있다. 이 자체도 사라지는가? 우리는 과정은 항상 '지나쳐 멀어지고' 있다고 대답한다. 과정이라는 것은 매일 '지나쳐 멀어지고' 있다. **지금 이미** 문

---

45. "동일성"이라는 단어는 불명료한 단어이다. 그러나 여기에서 이 단어는 p.421-422와 다른 맥락에서 사용된다.

화의 과정은 우리의 손가락을 통해 역시 미끄러져 지나간다. 이렇게 미끄러져 사라지는 것이 점진적으로 그리고 아주 간간히 관찰될 수 있도록 일어나는 것과, 이것이 파국적으로 그리고 우리의 해방을 위해 전혀 관찰될 수 없도록 일어나는 것은 어떤 차이가 있을까? 뿐만 아니라, 믿음에 의해서 그리고 순종에 의해 추진된, 혹은 죄를 억제하시는 하나님의 능력에 의해 교정된 문화의 과정은 **그러한 한** 결코 가치가 없는 것이 아니다. 이것은 '사라짐' 자체 안에 자신의 '가치'가 놓여 있다. 이 과정은 이렇도록 예정되었다. 이 과정은 하나님의 동역자들이 사랑에 의하여 일하는 하나님의 아들로서 자신들의 충만, 자신들의 '성취'를 발견할 수 있도록 만든다. 이는 충분한 것이 아닌가? 더하여 이 과정은 순종치 않는 자들로부터도 그들이 원치 않지만 하나님의 도구들을 만든다. 이들도 하나님의 아들들이 숨셔야 하는 세계를 꾸미고 있고, 자신들뿐만 아니라 하나님의 아들들도 그들의 힘을 시험해 봐야 하는 새로운 재료들을 제공하고 있다. 이것은 긍정적인 '이익'이 아닌가? 하나님의 동역자들이 여전히 만들고 있는 것이거나 견본에 불과한 작품들이 최후의 날의 불에 의해 녹아 변형될 때, 역사 안에서 일꾼들을 일에 적합하도록 만드는 이 긴장은 갑자기 가치 없는 것이 되는가? 우리는 그렇게 생각하지 않는다. 왜냐하면 이와 같은 긴장은 종말론적-교육적 가치를 지니고 있기 때문이다. 일꾼을 일에 적합하도록 만들었고, 그들을 활발히 움직이게 했으며, 그들의 시야를 넓혀 주었다. 다시 말해, 하나님께서 이 긴장을 사용하심으로써, 이 긴장은 하나님께서 죽음의 자녀들을 산 자들로 만드시고 이 새로운 생명을 지키시는 가장 위대한 임무를 완수하시는 것을 위해 기능하였다. 그리고 이로써 하나님께서 영원히 기뻐하실 하나님의 일의 저 위대한 완성 안에 모든 것들이 들어올려진다. 그리고 인류의 총합이 극에 달하고 마지막에 선택된 자가 태어나 중생 한다면, 역사는 이로써 자신의 보수와 권리에 도달한 것이 아닌가? 최후의 선택 받은 자를 그의 마지막 유혹에로 이끌고 그의 마지막 승리로 이끌기 위해, 다시 말해 그를 통해 하나님을 '아크메akmè,' 즉 그분의 재창조사역의 극치로 이끌기 위해 전 세계는 필요했다. 이 세계는 모든 긴장과 집중과 충동으로 가득하고, 궁극적으로 적그리스도의 강철 같은 눈이나 혹은 그리스도의 말씀의 양날의 검에 주의하며 만들어져 가고 있는 세계이다. 땅 위 교회의 마지막 순례 행위는 임시성의 하늘 안에 있는 교회의 마지막 기도와 함께 하나님께서 행하시는 기적의 절정이다. 이것을 모든 피조물은 문화 안에서도 가능한 한 얻기 위해 신음하고 있다. 왜냐하면 진정한 '가치'는 달력의 마지막 날짜라 하더라도 그 정해진 날짜에 '완전히 준비된' **문화의 작품들**werkstukken에 있는 것이 아니기 때문이다. 오히려 그 '가치'는 문화의 긴장 안에, 문화의 추세 안에, 마지막 날에 그리스도와 적그리스도의 전투장이 될 때까지 서서히 확장되는 문화의 토양의 '요동침' 안에 놓여 있기 때문이다.

3장(p.141과 p.150 이후를 참조하라)에서 이미 거부한 인문학적이고 비성경적인 '가치론'을 개혁주의신학에 도입하려 하지 말자. **작품**이 비록 (환상에 불과한) **'배아'**에 지나지 않지만 어쨌든 잘 유지되어 보존되어야 한다는 생각을 힘껏 주장하고자 한다면 우리는 그와 같은 위험에 처하고 만다. 작품은 작업의 **결과물**로서 가치를 단지 시간 안에서, 그리고 시간을 위해서 가지면서도, **시간 안에서** 하나님의 영원으로부터 그리고 영원을 위해 가치를 가진다. 왜냐하면 작품이 넓은 맥락에서 하나님의 최상의 예술작품, 즉 마지막에 선택되어 그리스도의 영의 힘 안에서 온 세상을 승리하는 자를 위한 하나님의 열망에 포함되기 때문이다. 단순하게 말하여, 요한계시록에서 해와 달과 별들이 "타격을 입어" 꽃들과 같이 땅에 떨어질 때,[46] 우리는 여기 아래에서 우리가 만든

---

46. 계 6:12-13; 8:12; 12:4.

것들의 '배아들'을 가지고 무엇을 원하겠는가? 그때 **말씀**Logos은 더 이상 매일 하나님 앞에서 행하지 않으시는가? 하나님은 하나님께서 재창조의 사역이라 부르시는 하나님 자신의 일에 스스로 만족하고 즐거워하시지 않으시는가?

실로 하나님의 '사바티스모스'는 숭고하고 놀라운 **힘**에 의해 나타난다. 이렇게 이제 이 사바티스모스의 도래가 단번에 휴식에 이를 것이다. 우리는 온 세상의 영광이 교회를 위한 것이라고 자만할 수 있을까? 좋다. 이렇게 이야기 하도록 하자. 우리는 위에서 사실 이렇게도 이야기 했었다. 그러나 이것은 **이같은** 자랑이 우리의 **마지막** 말이 아니라, **마지막 보다 하나 앞선 것**이 될 때이다. 왜냐하면 말루쿠제도, 켈리포니아, 그리고 대양의 심해에서 자연이 전시하는 영광은 교회의 첫 호흡이 이 곳들을 스쳐갈 수 있기 전에 이미 존재하였기 때문이다. 그리고 모든 문화들은 지나쳐 가고, 교회도 지나간다.

그러나 '세상의 기초를 두시기 전부터, 영원 전부터 그러했던 것처럼, **하나님의** 안식일에 세계의 드넓은 파노라마와 그것의 충만함은 **하나님의** 열망과 관심의 대상이었다'라는 것이 우리의 마지막 말이어야 한다. **우리가** 날들의 마지막에나 혹 지금 이미 **우리의** 안식일의 파노라마를 조망할 수 있고 눈으로 측량할 수 있기 전에, 하나님께서는 이미 이루어졌다. 그리고 하나님께서 창조하시기 **이전에** 조망하셨던 바로 그 파노라마의 단 1cm^{2}미터의 공간이라도 머지않아 남김없이 마지막에 자신의 면전 앞에 **실재로서** 있게 하실 때, 우리는 역사가 멀리 지나갔다는 바로 그 사실로 인해 역사를 명예롭게 여기지 않겠는가? 이 지나 감은 하나님께서 결정한 **미리**-보심으로vóór-gezicht**부터** 실재 안에서 **후에**-보심ná-gezicht**에로** 이르시는 그 **길**이 아닌가? 우리는 하나님의 전체 **판**오라마pan-orama의 실재를 여기에서 결코 조망할 수 없다. 단지 우리는 그것의 **디오라마**diorama, 透視化, 투시화에 더욱 감사하자. 이는 **우리의** 안식일이 **하나님의** 안식일에 의해 믿음으로 규정될 때 즉시 열린다.

'일반gemeene' 은혜? 좋다, 그러나 왜 우리는 단어에 집착해야 할까? 오히려 '일반' **의무**라고 말하는 것이 더 적절하다. 이 단어가 모든 것이 하나님의 영광을 어떻게 환호**해야 하는지**를 우리에게 보여 준다.

n. **우주**는 하나님의 시야가 열망하며 바라보는 대상이기 때문에, 그리고 하나님의 파노라마는 우리의 땅보다, 태양들보다, 달들보다, 그리고 별들보다, 그리고 은하수의 가장 먼 끝보다(§4) 더 넓게 펼쳐져 있기 때문에, 우리는 안식일을 단지 **문화**역사적 평화의 표만이 아니라, 문화**역사적** 평화의 표시로도 사랑해야 할 필요가 있다. 우리가 그것을 오직 **문화**역사적인 것으로 여긴다면, 단지 우리의 시야에 땅 만을 두는 것이다. 우리가 만일 그것을 문화**역사적**인 것으로 여긴다면, 안식일은 곧 전 우주에 미치게 된다(§4). 왜냐하면 전 우주는 땅의 역사와 함께 지나 갈 것이기 때문이다. 그 때 우리는 영원한 안식일이 밝아 오는 것을 볼 것인데, 이것은 우리의 길, 우리의 문화의 길이 봉사를 다 마친 후 해체되는 것에도 '불구하고'가 아니라 바로 이 **안에서** 그리고 이를 **통하여** 이루어질 것이다. 왜냐하면 **모든** 역사는 그때 곧장 안식일을 위한 준비가 될 것이기 때문이다. 그러기에 우리 것도 **다름 아닌** 역사로서 그러하다.

우리의 믿음은 그곳에서도 자연이 다시 번성하는 것을 '본다.' 그렇다고 우리, 곧 마지막 날들의 교회가 자연의 변화로부터 일견에 관찰하는 것에 대해 말하고 있는 것은 아니다. 그곳의 자연은 번성할 것이다. 그 자연은 어쨌든 결코 역사로부터 분리되지 않는다. '번성한다'라는 단어는 이미 너무 자주 사용되었다. 어떤 되어 짐도 없고, 어떤 성장도 없고, 어떤 형태로든 열매를 수정受精하는 것도 없고, 어떤 여름도, 가을도 겨울도 알지 못하는 새로운 세상에서 **'번성한다'**는 것은 무엇인가? 영원한 질서 안에서 리듬이 있을 것이다. 그러나 중단도 카타파우시스도 극복된 그곳에서 '리듬'은 무엇으로 **있는가**? 애석하게도 우리는 더 이상 알지 못한다. 단지 우리는 있음이 **되어 짐**도 찬송할 것을 안다. 왜냐하면 우주 안에서 우주의 역사적 경과 자체도 하나님의 작품이기 때문이다.

이렇게 오늘의 모든 것은 그때 하나님을 찬양할 것이다. 그러나 오늘에는 모든 것이 '파라스큐에paraskeuè,' 즉 (영원한) 안식일이 **준비됨**을 찬송한다 (p.405-406 참조). 이는 마땅한 찬송이다. 왜냐하면 여섯째 날이 없다면 결코 일곱째 날은 오지 않으며, 다섯째 날이 없다면 여섯째 날이 오지 않고, 넷째 날이 없다면 다섯째 날도 오지 않기 때문이다.

그러나 멈춰질 전체 우주를 넘어 영원한 안식일의 평화가 곧 솟아오를 것이다.

그리고 나면 그것은 성취된 안식일의 찬송이다. 이 찬송은 가장 마땅한 것이다.

그리고 보증은 우리의 것에 대해서가 아니라 하나님의 작품에 대해 주어지는 것이다. 하나님은 역사도 **만드셨다**. 우리가 만든 것이 아니다. 이것이 모든 문제를 통제한다. 역사도 하나님께서 만드신 것이다. 자신의 기쁨을 위해 하나님은 하나님의 사람들을 역사에 관여 시키신다. 하나님은 하나님의 사람들을 그들의 역사와 함께 미리 아셨다. 하나님께서 우리 안에서, 우리에게, 그리고 우리를 통해 보존되기를 원하셨던 모든 것은 보존된다. 나머지는 지나간다. **이것이** 이 나머지 것들이 행하는 전적으로 유용한 **봉사**이다. 내가 '나의' 은총이 아니라, 하나님 자신의 안식일을 향한 하나님의 열망에 주의할 때, 안식일을 오늘도 성취되고 있는 우주적 평화를 위한 보증의 표로서 **믿을 수 있다**. 그리고 나는 저 위대한 공동체 안에서 '모든 것이 당신의 것입니다, 모든 것은 우리의 것이기도 합니다, 그러나 우리는 그리스도의 것이며, 그리스도는 하나님의 것입니다'라고 말할 수 있다.

§4. 성취될 우주적 평화를 위한 보증의 표인 안식일

지금까지 우리는 안식일이 **문화역사적** 평화를 위한 보증의 표임을 살펴보았다. 재림 전에 가지고 있던 자신들의 좋은 금과 문화의 산물들을 그 교회로 가지고 들어오는 왕들과 민족들을 통해, 성경은 문화투쟁이 어리석음을 예찬하는 것이 아니라는 약속의 성취를 보고 있다. 다시 말해 우리는 모든 어리석은 그림자에도 불구하고 지그재그로 움직이는 문화의 움직임이 끝내 하늘의 왕국을 위한 봉사의 올바른 방향으로 옮겨져야 한다는 약속의 성취를 보고 있는 것이다. 저 문화역사가 무의미해지는 것이 교회와 안식일의 주인에 의해 저지되고, 오히려 저 역사는 주인과 그분의 사람들을 **섬긴다**. 그분께 하늘과 땅의 모든 권한이 주어졌다. 문화는 땅의 문제이다. **땅** 위에서 하나님은 사람들에게 말씀하셨다: 동산을 경작하라, 번성하라, 땅을 정복하라.[47]

하나님은 단지 땅 **위에서** 만이 아니라, 전적으로 땅**에 관하여** 이를 말씀하셨다.

인간의 공상적인 관심이 확장되고, 인간의 정신이 다른 행성들이나 천체와의 실제적이고 평화로우면서도 통제된 접촉이 가능하다는 매력적인 생각과 다른 행성들 **위에 영향을 끼칠 수 있다는** 가능성에 의해 자극되지만, 하나의 사실은 분명하다. 지금까지 지구인이 다른 행성에 어떤 **영향**도 끼치지 못한 것으로 보인다는 것이다. 그런데 우리는 이미 지금 '저 마지막 날들 안에' 있다. 성경에 따르면, "시대들의 저 끝들"이 "우리에게 당돌 해" 있다.[48] 우리는 이미 세계역사의 종막(終幕)에 도달해 있다. 우리는 오순절 이후 거기에 있다. 우리는 이미 '천년왕국' 안에 살고 있다.[49] 그리고 이 종막이 그것의 '정점'숙성에 이

---

47. 창 1:28; 2:16-17.
48. 역주) 스킬더는 고전10:11의 의회역성경(Statenvertaling)을 인용하고 있다.
49. Greijdanus, *Openbaring des Heeren aan Johannes*, KNT, 403, 407.

르게 될 때, 모든 것은 신속히 급히 빠른 템포로 끝을 향해 내몰릴 것이다.

그러기에 성경은 지구인의 문화가 다른 천체에 영향을 미치는 어떤 유토피아적인 이미지를 조금도 지지하지 않는다. 성경의 **시작**에 명령이 있다. **땅**을 경작하라는 명령이며 더 이상은 이야기하지 않는다. 그리고 성경의 **마지막에** 계시록은 땅 위에 다른 천체의 파국적인 작용을 이야기 한다. 그러나 이 반대는 아니다. 그러기에 우리는 문화역사를 땅의 역사인 것으로 이해할 것이며, 이 경계를 넘어설 수 없다.

그러기에 (문화역사적 평화와 그것의 성취에 대한) 앞선 단락에서의 기술은 **땅**에 대한 것이었고, **지구**인의 역사에 머물렀다. **땅**은 두 아담들과 언약들의 무대이며, 무엇보다 **일**터였다. 그러기에 우리는 땅의 역사와 그것의 드라마의 넓이와 충만함을 가장 중요한 것으로 생각해야 했다. 우리는 안식일을 **문화역사적** 평화를 위한 보증의 표로 말하였다. 왜냐하면 하나님께서 아담을 하나님의 안식일로 초청하셨을 때, 아담은 '세상' 안에서, '세상'으로부터, 그리고 '세상'과 함께 평화와 쉼을 '**세상**'이라는 경작지 위에서 소유할 보증을 받았다. 평화와 쉼을 소유하고 유지함. 우리는 "**세상의 경작지**"라는 표현을 사용할 때,[50] 이 '세상'이라는 단어로 **땅**과 **그것의** 충만을 가리키는 것으로 이해한다. 이것이 앞선 단락의 중요한 주제였다.

그렇지만 사람들은 이 '**세상**'이라는 단어를 **더 넓은 의미로도** 사용하여 **삼라만상**을 생각할 수 있다. 저 멀리 구석진 곳까지 포괄하는 **우주**를 생각할 수 있다. 그리고 이 우주를 하나님이 아닌 모든 것의 총합으로 이해할 수 있다. 이렇게 할 때, 이 단어는 **다른** 천체들의 다양성과 총체성을 의미하게 된다.

지금 우리는 가장 마지막의 날 이후에 '다른 천체들'의 가능성이나 실재성

---

50. 마태복음 13:38을 참조하라.(2009년판 주).

에 대해 그 어떤 것도 주장하려 하지 않는다. 왜냐하면 우리는 그것에 대해 아무것도 아는 바가 없기 때문이다. 우리가 성경을 다 읽고 나면, 성경은 태양이 어두워지고, 달이 피같이 되며, 별들이 하늘의 수학적인 규칙성에서 떨어지고, 처음에는 삼분의 일이, 그리고 나서 다른 부분들이 그렇게 된다는 소식으로 우리를 이끈다.[51] 이 모든 것은 환상이다. 그러기에 우리는 우주의 특정한 전기를 읽고 있는 것이 아니다. 우리는 동시에 다시 손으로 입을 가려야 한다. 우리는 단지 언젠가 이 땅이 '휴식에로' 이끌려 질 것이라는 예언과 함께, 여전히 **삼라만상**에 대한 위대한 말씀이 주어질 것이라고 것을 알 뿐이다. 땅과 태양 간의 관계가 지금과는 전혀 달라 진다면, 우리의 태양계에 대한 그 어떤 논의도 즉시로 지나간다. 그리고 사실상 즉시로 모든 태양계에 대한 어떤 논의도 지나간다. 하나의 톱니바퀴가 멈추어 선다면, 그 하나를 포함하고 있는 전체 톱니바퀴는 어떻게 되겠는가?

그러므로 우리는 이 모든 것이 '머지않아' 존재할 것인지, 혹은 존재하지 않을 것인지에 대해 아무것도 모른다.

단지 우리가 아는 바는 우주가 지구보다 더 크다는 것이다. 또한 우리가 아는 바는 창세기 1장의 하나님께서 우리에게 말씀하신 바는 하나님께서 어떻게 태초에 다른 천체들과 우리가 살고 있는 이 땅 사이의 관계를 평화 안에 그리고 평화를 향해 두셨는지에 관한 것이다.[52] 왜냐하면 약속의 이미지에 투영된 에덴동산은 파괴될 수 없는 것이었기 때문이며, 다른 천체로부터도 동산을 위협하고 평화를 훼손하는 어떤 행위도 없을 것이었다. 그러기에 날들의 마지막에도 전체 우주에 미치도록 평화를 훼손하는 것은 광범위한 우주적 평화, 삼

---

51. 욜 2:31, 행 2:20, 계 6:12-13; 8:12; 12:4.
52. 창 1:14-19을 참조하라.

라만상의 평화 안으로 삼켜질 것이다. 그때 "해를 입히지 말 것"을 주께서 말씀하신다.[53] "암소"와 "암곰"이 평화롭게 함께 지낼 수 있다면,[54] 이 평화는 큰곰자리와 작은곰자리에도 존재해야 한다. 한 '장소에서' 뿐만 아니라, '장소와 장소 사이에'도 평화는 존재해야 한다. **"해를 입히지 말 것"**은 태초의 하나님의 명령이었고 이는 마지막에도 동일하다.

문화역사적 평화가 성취될 것을 보증하는 표로서 첫 아담에게 주어진 안식일이 성취되자마자, 그리고 이로써 문화**역사**가 멈추어 설 때, 범**우주적** 평화도 동시에 드러난다. 태양, 달, 그리고 별들이 요셉에게 감옥과 궁전을, 그리스도에게는 무덤과 부활의 동산을 마련해 주었던 그 장소에 허리를 숙인다. 꿈 해몽가 요셉이 자신이 옳다는 것을 '**확인 받는다.**'[55] 그리고 요한계시록 12장의 여자의 후손으로서 자신의 모든 일에서 해, 달, 그리고 별들과 관련된 그분께서는 자신이 옳음을 '**취하신다.**' 사실 이로써 요셉은 '확인 받을' 수 있었다. 평화는 우주적으로 새로운 땅의 존재 안으로 밀고 들어온다.[56] 왜냐하면 그분께서 태양들, 달들 그리고 별들을 두루 다니시기 때문이다. 흰 말은 '시리우스'와 '시데리우스' 그리고 은하수의 끝들을 위한 표로 주어져 있다. 승리를 거두는 **기쁜 소식**의 '흰 말'(계 6:2)은 황도십이궁을 두루 돈다.[57] 왜냐하면 흰 말을 탄 기사는 그리스도시며, 그분은 모든 피조물 중 처음 나신 자이고 하나님의 창

---

53. 역주) 스킬더는 이 표현으로 계 2:11의 의회역성경(Statenvertalingen)을 염두 해 두고 있는 것으로 보인다.
54. 사 11:7을 참조하라.
55. 창 37:9; 42:6; 43:26-28; 44:14; 50:18을 참조하라.
56. (파국적인) '안으로 밀고 들어옴(in-breken)'이지, (파국적이지만 반립적인) '통과하여 지나감(door-breken)' 혹은 '가로질러 뚫고 지나감(er-door-heen-breken)'은 아니다. p.100-101과 p.129-130을 참고하라.
57. '기쁜 소식'(복음)에 대해서 Greijdanus, *Openbaring des Heeren aan Johannes*, KNT, 148을 보라.

조의 시작이시기 때문이다.

임시적인 안식일은 처음부터 이 영원한 우주적 평화의 보증의 표였다. 땅과 온 우주 간의 관계가 평화롭게 정착되고 난 **후에**, 이 임시적인 안식일은 이 땅에 주어졌고 아주 좋은 것이었다. 이미 성경이 안식일에 대해 특별하게 말하는 바는 안식일의 특징이 **우주적** 평화의 표라는 것이다. 성경은 안식일이 보증하는 영역의 **넓이**를 분명하게 정하고 있다. 이 장의 세번째 단락(§3)에서 논하였듯, 이미 존재했던 강화講和를 문화발전과정에서 추구하는 것과 관련된 **문화역사적** 기초가 신명기 5장에 기록된 안식일 계명에서 드러난다. 그러나 이것만이 아니다. 이 장의 네번째 단락(§4)에서 논하였듯, 지금 이 단락에서 논의하고 있는 주제와 관련하여 출애굽기 20장에는 안식일 규정에 대한 하나님의 동기로서 **우주적** 평화를 추구함이 실재적인 것으로 드러나 있고, 미래를 위하여 하나님 그분 안에서 보증 되어져 있다.

신명기 5장에는 **문화-역사적** 요소가 있다. 이스라엘은 안식일을 지킬 수 있고 지켜야 하는데, 이는 이스라엘이 전에는 애굽의 종으로 있었으나 이로부터 강한 손에 의해 해방되었음을 기억해야 하기 때문이다. 이 해방은 은혜언약을 위한 직접적인 문화-승리이다. '왕'인 바로와 애굽의 '백성'의 '명예와 영광'은 하나님의 공동체 안으로 '가지고 들어와 졌다'(§3). 왜냐하면 애굽은 자신의 보물을 이스라엘에게 양도했기 때문이다. 애굽은 그것들을 마지못해 이스라엘에게 내어주었다(출 3:21, 22; 11:2, 3; 12:35, 36).[58] 이로써 애굽 백성들은 그들의 '영광', 그들의 문화의 열매를 교회를 봉사하기 위해 내어준 것이다. 애굽의 문화는, 그곳의 문화임에도 불구하고, 메시아의 민족, 휴식의 땅, 평화의 도

---

58. W. H. Gispen, *Het boek Exodus, Korte Verklaring der Heilige Schrift* (Kampen, 1932), 55, 115, 131-2.

시, 하늘을 향해 나아 가도록 부추겨졌다. 그리고 안식일에 매번 이스라엘은 신명기 5장를 따라서 출애굽을 기억하며 이 문화역사적인 평화의 발걸음을 확인하고 더욱 그것의 인도를 받는다.

그런데 신명기 5장과 나란히 출애굽기 20장도 있다. **나란히** 이지 **반대되는** 것은 아니다. 출애굽기 20장에도 계명의 표제는 애굽으로부터 인도되어 나온 것을 회상하였다. 그러기에 이 표제는 신명기 5장에서 계명의 표제와 관련하여 언급된 것과 네번째 계명과 관련하여 앞서 논의한 바에 대한 확증한다. 다시 말해 '문화역사적' 평화를 확증한다. 그런데 차이가 있다. 출애굽기 20장에는 처음부터 하나님에 의해 세워졌고 지금까지 하나님의 백성을 위해 유지되고 있는 **우주적** 평화가 안식일 계명이 주는 위로에 포함된다. "이는 엿새 동안 나 여호와가 **하늘과 땅**과 바다와 그 가운데 모든 것을 만들고 일곱째 날에 쉬었음이라 **그러므로** 나 여호와가 안식일을 복되게 하여 그 날을 거룩하게 하였느니라."[59] 여기에 **"하늘과 땅"**이 언급된다. 이것은 창세기 1장과 동일한 관점이다. 창세기 1장의 하늘들(창조에서 **땅이 아닌** 것들)의 탄생에서 하늘들은 하나님께서 언약의 기적들을 행하실 땅과 관련되어 있고, 땅을 향해 가리키고 있다. 그런데 창조 기사를 시작하는 창세기 1장의 표현들이 출애굽기 20장에도 나타날 때, 후자에서는 하나님은 야훼, 곧 언약의 하나님으로 자신의 백성들 앞에 나타나신다. 이는 하나님께서 '천문학적' 지혜나 그와 유사한 어떤 것을 알려 주시기 위해서가 **아니라**, 값비싼 맹세를 하시기 **위해서이다**. 하나님께서 어떻게 서약하시고 확증 하시는지를 들어보라. 하나님께서 말씀하시기를, 그분 곧 주께서 자신의 언약의 자녀와 그분의 안식일을 누리시기 원하시기 전에, 전체 우주, 전체 삼라만상은 언약의 무대이며 일터인 땅을 향해 **있었**

---

59. 역주) 출 20:11.

고 그분의 면전에서 평화의 연대에 포함되어 **있었다**. 그러므로 이 **우주적** 평화는 태초에 야훼께서 선택하신 인류와 함께 누리는 언약의 기쁨에 포함되어 있었고, 하나님께서 인간과 누리시는 안식일을 위한 조건이 되었다. 이제 이스라엘은 들어야 한다. 안식일 자체는 바로 **우주적** 평화를 위한 보증의 표이다. 우주적 평화는 첫 안식일, 즉 인간과 함께하시는 하나님의 **거룩한 시간을** 위한 공리公理였다. 그러기에 우주적 평화는 땅을 **위하여야** 하고, 머지않아 (간극이 사라질 때) 하늘, 곧 인간과 함께하시는 하나님의 **거룩한 장소를 위해야 한다**. 이렇게 우주의 강화講和는 '인간과 함께 하시는 하나님의 거처'(제6장)인 하늘의 휴식을 위해 요구되어지는 것이다.

이 모든 것은 그리스도께서 이 **우주적** 평화를 위해서도 자신을 주셨다는 것을 우리에게 말해 준다. 그분께서 아담의 짐을 짊어지심으로써 이 우주적 갈망도 성취하셨다.

그렇다, 이 우주적 평화도 **'법정적'**이라고 부를 수 있다. 주일 아침 설교에서 **죄인을 의롭게 하심**이 하나님의 법정적인 행위로서 선포되는 것을 통해 '불쌍한 **영혼**'이 위로를 받을 때 법정적인 평화체결이라는 개념이 드러난다. 그러나 이 뿐만이 아니다. 모든 천체들이 타오르고, 식어지고, 방황하고, 벗어나고, 충돌하고 함께 성장하는 것이 언젠가 제압되어 하나님이 만드신 우주의 저 마지막 구석에까지 보편적인 '자연언약'이 미치게 될 때에도 그러하다.

우리는 '법정적'이라는 단어를 사용하였다. 이 단어가 현재의 논의에서 무엇을 의미하는지에 대해 많은 분량을 할애하여 설명할 필요는 없다. 교의학은 '윤리적으로' 의롭게 하심과 '법정적인' 그것을 구분한다. 전자를 통해 죄인이 '의롭게 됨'은 윤리적 행위이며 도덕적으로 새롭게 되는 행위이고, 이로써 인간이 아무리 본성에서 악하다 하더라도 내면적으로 깨끗해 지고, 법과 계명에 따라 살아간다고 이해되었다. 반면 '법정적인' 의롭게 하심을 통해서 죄인의 도덕적 새로워짐이 아니라 하나님의 **판결**의 행위가 이해되었다. '포럼'forum 은 법원이고 **법정**이다. 법정에서 소송이 이루어지는 것을 법정적이라고 부른 다. 판사가 어떤 사람을 무죄 혹은 유죄로 선고한다면, 이것은 **법**의 행위이며, **도덕적**으로 새롭게 하는 것과 전혀 다른 것이다. 이것은 사람 '안에서' 이루어 지는 것이 아니라 사람에 '대하여' 이루어지는 것이다.

인간은 여기 땅 위에서 판결을 내리는데, 이 판결은 실제로 '저주' 하고, 이 것을 **유지**시키기도 한다. 인간은 불경건한 자들을 의롭다고 할 수도 있고, 의 로운 자를 벌할 수도 있다.

그러나 하나님께서는 이것이 불가능하다. 하나님께서 그리스도 안에서 선 택하심을 근거로 누군가를 의로운 자로 '**보신다**'면, 이 사람은 그리스도 안에 서 역시 **그러하다**. 하나님께서 이 근거 위에 법정적으로 무죄를 선고하신다 면, 이것은 이 사람을 위해 실로 충분**하다**. 그리고 이것이 충분하기에, 하나님 은 주권적으로 이미 행하고 계신 법정적 행위를 이행하시면서 그 부여된 법적 지위에 걸맞는 모든 것을 그에게 **주신다**. 인간은 법정적으로 의롭게 되어 결 혼식에 초대되었고, 이로써 하나님은 그에게 예복을 주신다. 하나님의 법정적 행위의 주권은 그러기에 인간이 이미 예복을 **입고 있다**는 사실에 기초하여 부 르심을 받은 것이 아니라는 것에 있다. 왜냐하면 인간은 예복을 가지고 있지 **않았기** 때문이다. 오히려 인간이 법정적 선고에 기초하여 예복을 **받았다**는 사 실에서 하나님의 법정적 행위의 주권은 나타난다. 요약하자면, 법정적인 평화 행위는 이 행위와 관련된 인간의 도덕적이거나 혹은 여타의 특성에서 어떠한 **접촉점**도 가지고 있지 않다. 그것은 그리스도의 사역에 기초하며 하나님의 만 족으로 인해 이루어진다.

이제 '법정적 평화'의 판결이 내려지는 것은 성경이 그리스도에게 '주어진 자들'이라고 말하는 **인간**에게만 국한 된 것이 아니다. 그리스도에게는 그분의 사람들 뿐만 아니라 **더 많은 것이** '주어졌다.' 처음에 만족과 평화의 협의 안에서, 그 후 그리스도께서 승천하셨을 때, 피조물이라고 불리워지는 모든 것들은 그리스도에게 주어졌다.[60] 그리스도는 이 모든 것들 위에[61] '먼저 나신 자'이시며, 그것들의 '시작'이시며(골 1:15,18) '정점'(엡 1:10 참조)이시다.[62]

바울의 편지들(에베소서와 골로새서)에서 가져온 이 마지막 단어들은 그리스도의 우주론적인 의미와 구원론적인 의미가 **서로 분리될 수 없다**는 것을 보여 준다. 에베소서 1:10에서 바울은 그리스도를 '모든 것들'의 '정점', '정수'kephalaion라고 말하고 있다. 모든 것이 그리스도 안에서 '하나가 되게 하시는 것'이 하나님의 기쁨이다.[63] 그리고 특별히 평화언약(p.378)의 법정적인 소송을 따라 '법적으로' 죄가 되시고, 또한 자신의 모든 것들을 위한 의가 되신 승천하신 그리스도 안에서 그렇게 하시는 것이 하나님의 기뻐하시는 뜻이다. 7장의 결론처럼 (미리 아신) 새로운 인류인 그분의 사람들은 (미리 아신) 새로운 우주로부터 결코 분리되어 생각할 수 없기에, 이제 8장의 마지막에서 '모든 (우주적인) 것들'의 조화, 상호 관계, 체계(골 1:17)도[64] 법정적으로 규정되고 세워지고 '보여지며' 확정되고 고수 된다는 믿음의 진술이 따라온다. 그리스도 '안에서' '하나님은 우주를 다스리신다… 모든 것은 그분 안에 하나이다… 그분 안에서 모든 것은 "케팔라이온"kephalaion 즉 중심을 가지고 있다.'[65] '하나

---

60. 마 28:18 참조.
61. Van Leeuwen, *Paulus' zendbrieven aan Efeze, Colosse, Filémon en Thessalonika*, KNT, 163: 그리스도는 모든 피조물 위에 먼저 나신(162 쪽: 제일 앞에 있는) 분이시다.
62. Van Leeuwen, *Paulus' zendbrieven aan Efeze, Colosse, Filémon en Thessalonika*, KNT, 32, 165.
63. Van Leeuwen, *Paulus' zendbrieven aan Efeze, Colosse, Filémon en Thessalonika*, KNT, 32.
64. Van Leeuwen, *Paulus' zendbrieven aan Efeze, Colosse, Filémon en Thessalonika*, KNT, 165.
65. Van Leeuwen, *Paulus' zendbrieven aan Efeze, Colosse, Filémon en Thessalonika*, KNT, 32.

님과의 관계를 위해 **어떤 우주적 권세들도** 그리스도 밖에서 **자신들의 가치와 의미를** 가지고 있지 않다.'[66] 이와 같은 성경의 교훈이 주는 결론으로서 구체적인 것을 언급한다면, 지구가 우주에서 중심의 역할을 할 것인지에 대한 질문은 이제 지리학적인 질문이 아니라, 신학적이고 기독론적 질문이 된다. 이미 논의 하였듯이 이 지구가 미래에 인간과 함께 하시는 하나님의 거처가 된다는 것은 지구의 양量과 질質, 태양계의 주변부가 아니라 중심 가까이 위치하고 있다는 사실에 의해 규정되는 것이 아니라, 오직 하나님의 법정적인 소송과 판결에 의해서 그러하다(이 점에 대해 다시 다룰 것이다). '피조물이 있는 그대로 이렇게 존재하고 있는 것은 … 그분께서 피조물과 가지시는 관계와 관련 있다.' 다시 말해 성자께서 피조물과 가지시는 관계와 관련 있다. '피조물은 그분 안에서 체계로서, 질서정연하게 존재한다.'[67] '이것은 일종의 우주적 사변이 아니라, 믿음의 삶을 위해 의미 있는 진술'이다. 골로새서 1:18이 말하듯이, '성자께서 창조와 우주를 위해 가지고 계신 의미와 새 창조 전체를 위한 그분의 의미 사이에는 관계가 있다.'[68]

결코 우주적 사변이 아니다. 이것은, (하나님의) '사랑의 아들'이라는 이름이 '그리스도와 **성부**의 관계와 관련하여 그리스도의 유일무이한 의미'를[69] 드러내 보여 준다고 하더라도(골 1:13, 14), 이 이름이 삼위일체 하나님에 대한 사변의 소재가 아닌 것과 같다. 왜냐하면 '**죄인**과 하나님 사이의 관계를 위한 그리스도

---

66. Van Leeuwen, *Paulus' zendbrieven aan Efeze, Colosse, Filémon en Thessalonika*, KNT, 33.

67. Van Leeuwen, *Paulus' zendbrieven aan Efeze, Colosse, Filémon en Thessalonika*, KNT, 165.

68. Van Leeuwen, *Paulus' zendbrieven aan Efeze, Colosse, Filémon en Thessalonika*, KNT, 166; 160, 167 비교.

69. Van Leeuwen, *Paulus' zendbrieven aan Efeze, Colosse, Filémon en Thessalonika*, KNT, 159.

의 의미는 모든 것을 포괄하고 있기' 때문이다.[70] 우리는 7장 마지막에서 평화언약과 관련하여 은혜언약을 다루었는데, 이제 8장을 마무리 하면서 우리는 사랑을 삼위일체 하나님 안에만 고립시킬 필요가 없다. '사랑의 아들'은 바울에 의해 '역사 안에서의 그분의 계시 밖에서 그리고 그 계시로부터 분리되어' 설교되지 않았고, 이는 골로새서 1장에서도 그러하다.[71] 그리스도의 우주적이고 구원론적인 의미는 바울에 의해 "직접적으로" 상호 "긴밀하게 묶여있다."[72]

그러기에 바울 자신이 골로새서 1:20에서 우주적 평화(그것이 도래하고 있고 도래할 것임에 대해)를 **법정적**인 것으로 설교하였다. 그리스도를 통해서 하나님은 전 우주의 모든 것을 (평화의) "본래적인 관계로" "되돌려 놓으시고," "회복시키신다."[73] 이 법정적인 선고에, 그리고 회복된 우주적 평화관계를 명확하게 확립하는 것에 **"하늘에 있는"** 것들 **"조차도"** 포함된다. **그러나 영리한 자는 곧 "조차도"라는 단어를 제거한다.** 이것들도, 바로 이것들도, 올바른 관계로 되돌아 온다('아포카탈라세인apokatallassein,' 골 1:20). **"여기에 화해의 사상이 그 평범한 의미로서 배제되는 것이 아니라 포함되어져 있다."**[74] 화해이므로 **법정적**인 것이다. 왜냐하면 "모든 창조"는 오늘날 "죄의 저주 아래"

---

70. Van Leeuwen, *Paulus' zendbrieven aan Efeze, Colosse, Filémon en Thessalonika*, KNT, 160.
71. Van Leeuwen, *Paulus' zendbrieven aan Efeze, Colosse, Filémon en Thessalonika*, KNT, 161.
72. Van Leeuwen, *Paulus' zendbrieven aan Efeze, Colosse, Filémon en Thessalonika*, KNT, 166; 171과 비교하라. 그러나, '소테리아'(sotèria, 구원)가 우주를 위한 것이므로 이로써 구원론적 의미는 우주론적이고, 이렇지 않을 때에는 '소테리아'가 있을 수 없다는 것은 옳지 않다. 446-448과 비교하라.
73. Van Leeuwen, *Paulus' zendbrieven aan Efeze, Colosse, Filémon en Thessalonika*, KNT, 169.
74. Van Leeuwen, *Paulus' zendbrieven aan Efeze, Colosse, Filémon en Thessalonika*, KNT, 169.

"신음하고 있기" 때문이다.[75] 그리고 이것이 모든 우주적 관계들이 법정적으로 규정된다는 가장 명확한, 분명한 믿음의 인식이다. "그러므로 **우주에 있는, 하늘에 있는, 그리고 땅 위에 있는 그 어떤 것도** 하나님과의 순전한 관계를 위하여 **자립적인 어떠한 가치도** 가지고 있지 않다."[76] 왜냐하면 **십자가의 표가** 별들 사이 가운데 서 있기 때문이다. 인자가 십자가에서 **'고양되심'**은 지극히 '높았다.'[77] 십자가의 피에 의해 (법정적으로) 하나님께서 만드시는 평화는 (그러기에 또한 법정적인) 우주적 평화의 회복에 "포함된다."[78]

이로써 왜 우리가 이 단락에서 법정적 평화를 이 책과 본 장의 마지막 주제로 다루는지가 답을 찾는다. 문화-역사적 **땅의** 평화라는 주제 **이전**이 아니라, **이후에** 우리는 이 주제를 위치시켰다.

만약 우리가 이 법정적 평화라는 주제를 이전에 위치시켰다면, **전**全 우주의 평화는 법정적 칭의에서 배제되었을 테고, 땅에서 이루어지는 인간의 역사적 삶에 한하여 법정적 칭의가 적용되었을 것이다. 혹 만일 우리가 이와 같은 실수를 피할 수 있었다고 하더라도, 우리는 또 다른 실수를 범하였을 것이다. 우리는 우주적 평화를 전적으로 **인간에게** 베풀어진 법정적 칭의의 **결과**로서 특징지었을 것이다. 이렇게 했다면 우리는 다음과 같은 허망한 생각을 가졌을 것이다. 즉 흰 옷을 입은 자들, 곧 칭의를 받은 하나님의 **사람들에게** 하나님께서 아름답고 **그들에게 귀속되는** '장식'을 주시기 위해서, 하나님께서 명백하

---

75. Van Leeuwen, *Paulus' zendbrieven aan Efeze, Colosse, Filémon en Thessalonika*, KNT, 170.
76. Van Leeuwen, *Paulus' zendbrieven aan Efeze, Colosse, Filémon en Thessalonika*, KNT, 171.
77. 스킬더가 적은 그리스도의 고난에 대한 삼부작 중에 두번째 책인 고통을 통과하시는 그리스도 (*Christus in den doorgang van zijn Lijden*, Kampen 1930)의 285 쪽 이하를 보라.
78. Van Leeuwen, *Paulus' zendbrieven aan Efeze, Colosse, Filémon en Thessalonika*, KNT, 171.

고 특별한 의지를 실행하심으로써 세상을 정화 시키시고 금으로 된 길을 **우리들의** 발 아래에 놓으시고 보석들로 **우리의** 새 도성인 새로운 예루살렘의 영광을 드러내는 상징으로 삼으실 것이고, 이로써 인간을 위해 **인간의** 평화를 우주로 확장 시키실 것이라고 우리는 생각했을 것이다.[79]

그러나 그렇지 않다.

만약 그러하다면, 인간은 이 법정적으로 주어진 의의 신분에 힘 입어 다시 스스로를 우주 안에서 우상으로 만들었을 것이다. 우상, 즉 인간 외의 우주가 두려워해야 하는 존재로 말이다. 이렇게 되었을 때 인간은 우주의 평화로 부유해져서, 이 평화를 인간에게 허락해 주신 하나님을 향해 다시금 더욱 올라가려 했을 것이다. 이로써 하나님의 권위와 견주어 자기 자신을 모든 피조물들 위에 존경받도록 만드는 부왕이 되었을 것이다.

그러나 하나님께서는 이와 같은 부왕이 없다. 모든 피조물을 거느리고 하나님께로 올라가는 것은 기대할 바가 전혀 아니다. 이것은 하늘의 관심이 아니기에 땅의 관심에서도 배제 되어야만 한다. **전체 피조물과 함께** 인간은 하나님께 '화해'되었다. 인간이 피조물이 아니라면 도대체 무엇이란 말인가? 우리는 지금처럼 아주 하찮은 존재가 아니었는가? 인간은 아무리 작은 우상이라도 될 수 없다. 인간은 모든 피조물의 '탄식'과 기도가 향하는 **수신처**일 수 없다. 인간이 인간 '아래에' 있는 피조물의 탄식을 하나님께 전달하기 위해 수천 번 준비된다 하더라도, 인간은 결코 수신처가 될 수 없다. **또한 그 어떤 임시적인 수신처도** 아니다. 하나님은 이러한 영광을 피조물에게 주시지 않는다. 그리스도의 구원론적 의미는 **직접적으로** 우주적이다. 인간은 **결코** 우주로부터 분리되어 생각되지 않고, 하나님은 **태초부터** 전全 우주와 관련하여 인간을 바라

---

79. 계 21:11-21 비교.

보시고 인간을 그 관계 안에 두셨다. 그러기에 인간은 이 관계성 안에 **머물러 있다**. 그러므로 인간 '만'이 아니라 전체 우주가 가장 먼 가장자리에 이르기까지 어떤 방식으로든 죄의 저주에 참여했고, 그러기에 우주het universum는 예수 그리스도를 통해 시작된 평화안에 동일하게 참여할 것이다. 슐라이어마허의 우주는 하나님의 **법정적** 선고에서 부서진다.[80]

그러므로 곧 있을 우주적 평화상태는 진화도 아니며, 가장 마지막 날일 수 있는 특정한 달력의 날짜에 존재하고 있는 그 무엇에 의한 **'자연적'** 결과도 아니다. 또한 **이미 존재하고 있는** 조화가 그 자체로 하나님을 위해 마땅한 것이지만, 이러한 조화가 지속되는 것이 곧 있을 우주적 평화상태가 아니다. 그 자체로 하나님을 위해 규정되어 있는 것이라고 하더라도, 이러한 것들의 어떤 지속이 아니다. 아니다. 단지 신자는 우주적 평화가 법정적인 안식일의 평화임을 환호하면서, 하나님께서 하나님의 주권적인 기쁨을 따라 하나의 법적인 소송 철차를 통해 모든 피조물의 조화를 하나님이 원하시는 대로 규정하신다는 것을 고백해야 한다.

우리는 앞서 제시한 예를 언급할 수 있다(p.443-445). '하나님의 거처가 인간 가까이 **어디에** 존재할 것인가'라는 질문과 '모든 것들의 "중심"이 그러기에 **어디에** 있을 것인가'라는 질문은 **지리학적인** 관점에서 대답 될 수 없고, 질과 양의 관점에서나 어떤 다른 관점에서도 대답 될 수 없으며, 오직 하나님의 법정적인 행위의 관점에서 간결하게 대답 될 수 있다.[81]

이미 우리는 우리의 땅이 영광의 왕국 안에서 큰 의미를 가질 것을 언급하였다. '하나님의 거처는 인간에게 다가온다.' 그것으로 하늘을 찾기 위해 **땅으**

---

80. 6장 각주 20을 보라.
81. 앞서(p.184 이후와 p.399-400) 지고천에 대한 사변적인 생각을 거부하였던 것이 **여기에서** 가장 심오한 근거를 얻게 된다.

로부터 시작해야 하는 단테의 생각은 이미 거부되었다. 더 이상 '**왜** 단테가 그렇게 구상하였는가'라는 질문은 우리의 관심의 대상이 아니다. 단테의 세계상이 프톨레마이오스의 그것이었다는 사실을 생각한다면 사람들은 놀랄 수 있다. 프톨레마이오스는 땅이 **지리학적으로도** 우주의 중심이라고 생각했기 때문이다. 원한다면 사람들은 단테에 대해서도 (프톨레마이오스에게 해당하는) 반론을 제기할 수 있다. 그러나 이렇게 비판하는 것은 또한 지리학적 관점을 취하는 것이 된다. 또는 단테에게 땅은 **윤리적**으로 평가되어 가치 **없는** 것으로 평가되었음을 지적함으로써 사람들은 비판할 수도 있다(신플라톤주의적 관점에서는 물체, 거친 것, 물질적인 것, 감각적인 것을 은혜, 비물질적인 것, 신비한 것, 그리고 하늘의 것보다 경시된다). 그러나 이렇게 함으로써 또한 단테 옆에 서는 것이 되며 땅을 **윤리적** 관점에 두게 된다. 법정적 관점에서 파악할 때, 이 모든 문제제기는 그것의 약점과 함께 사라진다. 하나님은 모든 천체들 중에서 땅을 '**선택하시어**' 땅이 언약의 위대한 법정적 관계, 언약파기, 그리고 일방적인 언약유지를 **관망하고** 이 모든 것들이 이루어지는 토양이 되어 법정적 소송을 **도울 수 있도록** 하셨다. 하나님은 예수 그리스도 안에서 모든 것을 결정하는 법정적 소송을 위해 주권적으로 땅을 선택하셨다. 그리고 이렇게 모든 것은 처리되었다. **이로써** 이 특정한 지점에서 앞서 이미 개혁주의 주석가가 성경에서부터 읽어 낸 바가 구체화 된다. 즉 "**그 어떤 것도** 하나님과의 순전한 관계를 위하여 어떠한 가치도 자립적으로 가지고 있지 않다."[82] "권력이라고 불릴 수 있는 그 어떤 것도," 지리학적 권력, 양量의 권력, 질質의 권력, 역사적 권력도, "하나님과 신자 사이에" (이미 알려졌고 법정적으로 규정된

---

82. Van Leeuwen, *Paulus' zendbrieven aan Efeze, Colosse, Filémon en Thessalonika*, KNT, 171.

자신의 거처와 함께) "위치할 수 없다."[83] 모든 범주들이 하나님의 포룸에서 부서지지 않지만, 그러나 그것에 종속된다. 하나님은 주권자이시다! 하나님은 유일하게 율법을 주시는 분이시며, 심판자이시고, 포룸을 주최하시는 분이시다. 하나님은 무엇보다 먼저 자기 자신에게(팍툼 살루티스, 하나님의 안식) 법정적으로 말씀하시고, 이에 **기초하여**, 이를 **향해**, 이 **후에** 인간에게(은혜언약, 우리의 안식일) 법정적으로 말씀하신다. **개혁주의다움은** 심오한 행복이다.

왜냐하면 단테의 (그리고 다른 사상가들의) 신비적 진술은 개혁주의 교의가 이와 같이 직접적으로 하늘에 대하여 부르는 노래에 의해 단번에 부서지기 때문이다. 단테는 하늘을, 낙원을 **윤리적** 관점에서 혹은 **심리학적** 관점에서 나누고 분류하고, 각각에게 장소들을 할당하였다. 연약한 것들은 아래쪽에 위치하였다(달, 수성, 금성, p.399을 참조하라). 강한 것들은 보다 위에 위치하였다(태양, 화성, 목성: 신학자들은 태양에, 순교자들은 화성에, 의의 왕들은 목성에). 논증적인 사고를 가진 신학자들은(태양) 다시 신비주의자들(토성) 아래에 위치한다. 예수께서 여기 이 땅 위에 계실 때 가까이 있던 자들, 마리아와 사도들과 '교회'의 주역들은 다시 그 위에(별들의 하늘) 위치한다. 지고천empyreum에서 인간은 그 견고한 불과 빛의 광채로부터 천사들 보다 더 멀리 위치한다. 그러기에 단테의 하늘은 역사적으로, 혹은 심리학적으로, 혹은 우주론적으로, 혹은 문화적으로 구획되어져 있다. 그러나 이 모든 것은 하나님께서 처음과 마지막의 말씀을 발하시는 법정적 행위에 의해서 깨어진다. 하나님은 인간을 법정적으로 천사보다 높게 위치시키셨다. 이 관계는 '짧은 시간'(p.226-227)동안 인간을 천사들 보다 못하게 만든 그 무엇에 의해서가 아

---

83. Van Leeuwen, *Paulus' zendbrieven aan Efeze, Colosse, Filémon en Thessalonika*, KNT, 171.

니라, 하나님의 법정적 명령에 의해서 규정되고, 이 명령은 집행을 위한 길을 스스로 만든다. **이로써** 인간은 천사보다 하나님께 가깝다. **오직** 이로써. 그리고 다시. 하나님은 인간을 모든 심리적 특성들을 가진 하나의 인간으로 만드셨다. 인간의 통일성은 정신적 활동의 한 측면을 강조함으로 인해 아무렇지도 않게 포기될 수 있는 것이 아니다. 그러기에 하나님은 마지막에 사색가를 손으로 노동하는 자와 칼로 싸우는 자와 **화해시키신다**. 하나님의 하늘은 어떤 특정한 카테고리, 즉 정신의 특정한 유형을 위해 할당되어 독립된 거처들을 한데 모은 집이 아니다. 도성은 하나님의 지혜가 그러하였고 그러하듯이 다채롭다(엡 3:10). 동시에 그것은 아주 조화롭다. 단테의 토성에 거하는 신비주의자는 "태양"을 넘어 더 이상 오르지 못하는 자들, 즉 **개념**의 선생들의 논증적인 사고를 업신여기지만, 성경이 말하고 있는 하늘의 모습에서 이러한 경멸은 급진적으로 치유된다. **평화**가 두드러진다. 모든 별들이 땅을 향해 있듯이, 어느 누가 그곳에서 새로운 땅의 하나님을 향하지 않겠는가? 그분께서 중심이시다. 그러기에 모든 일방성은 끝내 **단일한 일방성** één-zijdigheid 으로서 화해된다. 전체 우주가 공화정체적으로 이루어져 있는 것처럼, 하늘의 위계질서는 공화국과 다른 어떤 것이 아니다. 공화정이다. 왜냐하면 **절대적** 군구제이기 때문이다. 그러므로 안식일은 단번에 모든 것에서 완전히 성취된다. 시간적이고 공간적으로 배분된 보증 안에서 안식일은 성취된다. 주님 Kurios 의 날, 승귀하신 그리스도의 날과 같은 **이름** 자체도 안식일은 더 이상 가지지 않는다. 왜냐하면 이 주님 Kurios 은 자신의 이름을 법정적으로 얻으셨고, 주님으로 하여금 우주를 **하나님의** 보물로 귀하게 여기도록 했던 법적 지위도 법정적인 것이었으며, 보물은 토지관리인이 **관리감독**하기 위해 넘겨 받은 것으로서 여전히 주인이신 하나님께 돌려 드리기 위한 것이기 때문이다. 보라, 그리스도가 계시록의 **시작**에서 일곱 별을 자신의 오른팔 **안**에 가지고 계신다. 이는 문화역사적 평화이다. 그러나 계시록의 **마지막**에 그리스도는 모든 별들을 자신의 손**으로부터** 성부께 화해된 것으로 넘겨 드린다. 우주적 평화이다.

이제 시계가 울리게 하자! 시계가 스스로 멈출 때까지 울리게 하자! 왜냐하면 시계의 울림은 시계의 침묵으로 성취되기 때문이다(p.398-399을 보라). 이것은 안식일의 모든 수고와 모든 요소들에게도 동일하다. 머지 않아 놀라운 빛을 향해 법정적으로 부름을 받을 저 도성에서 더 이상 **필요 없게** 될 태양을 따라 시계가 울리게 하자. 저 도성은 우주의 중심에 평화롭게 위치한다. 모든 피조물을 향해 문들은 열려 있다. 그 도성은 길이와 넓이와 높이가 모두 동일하다. 도성이 정육면체임(계 21:16)은 이 위대한 평화의 상징이다. 그리고 태양이 더 이상 비추지 않는 멈춤의 상태는 휴식을 가리킨다. 단테가 하늘의 광채들, 천사들, 성인들이 하나님을 향한 열망으로 인해 **진동하고 있는 것을** 본다고 말할 때, 그는 여전히 너무 많은 것을 이야기 한 것이다. 휴식과 노동이 동일하게 될 때, 열망과 포만은 하나가 된다. 여기에서 모든 상징들은 만료된다. 여기에서 모든 펜은 임무를 거절한다.

이제 우리는 더 이상 나아갈 수 없다. 우리는 다시 처음으로 돌아간다. 이제 상징이 된 숫자. 만이천 스다디온. 백사십사 엘el.[84] 우리는 구원론적(12사도들, 12족장들) '설명'과 우주론적(3: 하나님, 4: 우주) '설명' 중에서 선택할 것인가? 선택하지 않는다. 모든 것은 **하나**가 될 것이다.

단지 우리에게는 상징이자 예언이기도 한 하나의 행위가 남아 있다. 우리는 모든 왕관을 주님의 발 앞에 던질 것이다. 일곱 개의 '별들'이 그렇게 할 것이며, 모든 별들이 그렇게 할 것이다. 보석들, 곧 우주를 대표하는 것들은 무엇

---

[84] 역주) 스킬더는 의회역성경Statenvertaling 계 21:16-17로부터 '만이천 스다디온'과 '백사십사 엘'을 인용하고 있다.

보다 각인 때문에 빛날 것인데, 왜냐하면 **그분의** 손이 값비싸게 산 자들의 값비싸게 산 이름들의 각인을 새겼기 때문이다.

법정적인 선고는 이제 공포로부터 자유롭다. 아, 그분의 손이 그 각인들을 새기셨을 때 그분은 얼마나 기쁘셨던가! 심판자이신가? 아버지시다! 너무 날카롭게 들리는 감탄 부호를 제거하라. 당신은 하나님의 많은 이름을 부르기 위해 다양한 음높이를 사용하지 않아도 된다. 또한 당신은 이 하늘과 땅의 노래 혹은 저 하늘과 땅의 노래를 위해 짧은 음파音波를 선택하거나 혹은 긴 음파를 선택하거나 하지 않았도 된다. 당신은 하나의 파장으로 아직 완료되지 않고 미래에 이루어질 것을 표현하는 시제로 in de onvoltooid verleden en toekomenden tijd 노래하기 시작해야 하지만, 모든 재시작에서는 완료되었으나 그런데도 현재임을 표현하는 시제로 in den voltooid verleden en nochtans tegenwoordigen tijd 끝없이 노래하기 시작할 것이다:

땅 위에서
텅 빈 유리와 같이
당신의 기쁨은 쉬이 상처 입었네.
그러나 언젠가
혼례의 환희는
결코 그칠 수 없네.[85]

하나님 당신을 찬송하나이다.[86]

---

85. 이 시는 플랑드르 지역의 사제이자 시인이었던 귀도 헤이젤러(Guido Gezelle, 1830-99)가 1888년에 적은 짧은 시 'Amelberga V. de Vlaminck'의 두번째 연(聯)이다.
86. Te Deum laudamus.

색인

성경 색인

구약

창세기

1	199, 424, 425, 426, 429
1-3	11, 76, 200
1:1	197, 202, 297, 424
1:1-19	202
1:2	35
1:11,21,24	273
1:14-19	438
1:20-28	203
1:26	198
1:28	207, 213, 435
2	361
2-3	170, 177
2:7	197, 209
2:8	205
2:8-14	361
2:8-24	363
2:16-17	205, 435
2:17	354
2:20	273
2:21-22	197
3:8	197
3:22	77, 198
6:18	372
8:21,22	373
8:22	372, 375
9:8-17	372, 373
11:5	198
15:2-4	217
16:1	217
16:2,4	217
17:15,16	217
17:17	217
18:13	217
18:14	217
32:30	259
37:9	438
42:6	438
43:26-28	438
44:14	438
50:18	438

출애굽기

3:21,22	440
11:2,3	440
12:35,36	440
20	439, 440
20:11	440

32:32	356	27:4	230
33:11	259	33:6	35
		45	170
민수기		45:8	284, 285, 286
12:8	259, 279	46	361
		48	360
신명기		65:8	298
5	439, 440	82	198
12:5,11	317	87:3	321
16:6	317	90:13	240
33:2	223	91:11,12	236
34:10	259	95:11	394
		97:3	297
사무엘상		104:30	35
2:8	227	106	297
		114:5	298
사무엘하			
14:17	282	**전도서**	
19:27	282	5:1	123
		5:2	57
열왕기상			
7:23	371	**이사야**	
8:27	176, 182	6:2	227
10:8	282	11:2	395, 396
22:19-23	198	11:7	438
		13:6,9	151
역대하		25:6	338
9:7	290	25:8	396
		26:1	360
느헤미야		34:6	338
2-7	96	40:9	360
		42:9	212
욥기		43:16	298
1:6-12	198	50:7-9	287
2:1-7	198	52:8	259
33	235	54:5	310
42:12-17	334	62:5	310
		66	67
시편		66:1	174
8	226	66:24	314
8:2	226		
13:4	240	**예레미야**	
16:8-9	287	46:10	338
22:10-11	287		

에스겔
1:5   227
10:2   227
31:15   241
37:12-13   241
37:26   246
37:27,28   245
39:17-21   315
40-48   170

호세아
2:18-19   310

요엘
1:15   151
2:11   151
2:31   437
3:4   151
3:14   151

아모스
5:18,20   151

오바댜
1:15   151

스바냐
1:7   151, 338

말라기
3:23   151

신약

마태복음
3:12   156
4:6   236
5:18   296
5:48   214
6:10   174

8:11   338
10:29   135
11:28-29   395
13:12   383
13:38   214, 436
13:41,49   173
17:4   245
18:10   173, 290
19:3-12   344
19:4   344
19:6   138
19:28   297
22:1   317
22:1-14   338
22:3-14   316
23:22   174
24:31   173
24:35   295, 296
25:1-13   317
26:29   338
26:45   395
27:46   236. 287
27:51   249
28:18   443

마가복음
4:8   97
6:31   395
13:31   296

누가복음
2:9-15   172
2:13   225
12:19   395
15:21   321
15:22   227
16:9   245, 370
16:23   172
18:30   222
19:26   384, 441
20:35   128
21:18   338
22:17   341
22:18   318
22:43   236

23:43	178	13:10	214
24:13-45	238		

요한복음 / **고린도전서**

1:1-18	125	1-2	58
1:32-33	396	2:9	291, 292
1:51	231	2:10	254
3	235, 311	3:9	208
3:29	311	7	241, 296
3:34	284, 286	10:1	436
4:24	325	12:18-23	67
5:17	254	13	258, 267, 268, 271, 273
5:20	289	13:8	271, 272
6:44	215	13:12	271, 272, 273, 277, 279, 290, 291
10:10,14	326		
14:2	332	15	211, 390, 416
14:2-3	205	15:22,45	77
14:3	172	15:28	310
20:19-29	238	15:36	417
21:1-14	238	15:40,48,49	173
		15:42	417
		15:43	297

사도행전

1:25	172	15:45	209
2:20	437	15:52	130
3:21	297, 352	16:18	395
7:5	223		
7:48-49	174, 192	**고린도후서**	
7:49	395	2:5	280
9:7	63	3:3	382
17:24	192	4:7	210
17:24-30	141	5	280, 281
22:9	63	5:1	175, 192
28:31	403	5:7	259, 277
		7:13	395

로마서

		12	178, 284
4:19	217	12:2	176, 179
5:12-21	77	12:4	176, 290, 291
6:4-6	155		
8:21	297	**갈라디아서**	
8:22-23	161	3:19	223
8:26	240	3:29	218
9-11	356, 367	4:23	217
9:3	356	4:26	360
11:33	67, 356	4:28,29	216
11:36	310	4:29	217

5:16	220

에베소서
1:3	173
1:9	366
1:10	443
2:7	222
3:3-4,9	366
3:10	451
4:10	173
4:15	241
4:22-24	155
6:12	173
6:19	366

빌립보서
2:9	320
2:10	173

골로새서
1	445
1:13,14	445
1:15,18	443
1:17	443
1:18	444
1:20	377, 445, 446
1:26-27	366
2:2	366
3:5-10	155
4:3	366

데살로니가전서
5:2	427

디모데전서
3:16	366

디모데후서
4:18	173

빌레몬서
1:7	395

히브리서
1:2	67
1:7,14	225
1:14	207
2	226
2:2	223
2:7	226
2:8	227
2:14	105
3:11	395
4	392
4:3	395
4:4,10	395
4:9	387
7:1-28	370
8:1-2	377
8:2,5	244
9:1,2,3,6,8,21	244
9:11-12	192
11:1,2,19	244
11:9	245
11:16	168
11:40	397
12:22	168
13:10	244
13:14	168
13:20	326

요한일서
3:2	259

베드로전서
2:25	326
4:14	395

베드로후서
1:12	241
3	298
3:1-12	97
3:10	427
3:10-11	296

요한계시록
1:1	289
1:4-5	153
1:7	241

1:20	420	15:5	244
2:7	178	15:7	228
2:11	438	16:15	427
3:3	427	19:9	314, 316, 319, 338
3:5	420	19:9,17	309
3:8,20	319	19:17	314, 319
3:12,21-22	168	19:17-18	319
4-5	227, 232	19:21	314
4:1	319	20:1	420
4:4	227	21	199, 245, 248
4:6	227, 371	21:1	298
4:8	398	21:3	138, 244, 248, 249
4:9	228	21:4	396, 401
5:5	317	21:5	338, 420
5:6	312	21:7	364
5:9-13	312	21:9,12	420
5:11	420	21:11-21	447
6:1	228	21:14	336
6:2	439	21:16-17	452
6:9-11	397	21:22	244, 249, 330
6:10	147, 157	21:23	64, 375
6:12-13	432, 437	21:24	479
7	334	21:24,26	406, 412, 415
7:1,11	420	21:25	319, 326
7:3	334	21:26	414, 415
7:8	398	22	171, 361, 375
7:15	248	22:1-3	369
7:17	364, 396, 401	22:2	359, 360, 369, 375
8:1-9:21	420	22:4	259
8:12	432, 437		
10:1	420		
11:1,2,19	244		
11:15	420		
12	438		
12:4	432, 437		
12:7,9	420		
12:12	249		
13:6	249		
14:3	333, 335		
14:4	334		
14:11	398		
14:13	396		
14:15	420		
15:1-18:24	420		
15:2	359		

색인

인명 색인

가이거	341
고가르텐	40, 305
고마루스	258, 295-296
구스타프 아울렌	120, 125
그리제바흐	304 -306
노르쩨이	245, 247
니체	98
단테	45, 47-59, 62, 64-65, 67, 69-70, 186, 252, 254, 256-257, 260, 265, 323-324, 333, 399-401, 403, 449-452
둔스 스코투스	283
레싱	118-119, 135, 352
판 레이우번	173, 443
루트하르트	187
리츠만	341
리케르트	148-150
마니	55, 89, 182. 184
마르크	277-279, 284, 286-287
무어	282-286
뮐러	86-87
바르트	7, 11-12, 14-18, 20, 22-23, 25-27, 30-31, 33-34, 38-40, 83-84, 86-87, 98, 100-102, 116, 121, 125, 131, 134, 183, 196, 213, 267, 366
바르트만	183
바빙크	7, 11-12, 15-16, 23, 25, 38, 40, 278, 283, 301
바우마	172
베버	149
벤슨	426
뵈메, 야코프	266
부케	46
브루너	86-87
빈델반트	143, 148
빈디쉬	178
빌더르데이크	130
샴마이	341-342, 344
셸링	87
슈미트	94
슐라이어마허	66, 448
실비우스	297
아리스토텔레스	50, 422
알더르스	373-375
알베르투스 마그누스	49-54, 56
알트하우스	40, 88-95, 97-98, 102, 116, 119, 121, 125, 134, 142-

	144, 147
암브로시우스	295
어거스틴	160, 185, 295
에크하르트	49, 53-55, 266
엘리엇	167
오리게네스	295, 352
오토	259-260, 263-267, 292, 318, 341-346
왈레우스	283, 285, 288-289
쟌	178
질레지우스, 안겔루스	266
짐머만	284
카예타누스	186
카이퍼	7, 11-18, 20-25, 27, 31, 34, 38, 40, 278, 283-284, 405-406, 411-423, 425, 428
칼빈	15-16, 51, 57, 66, 187, 266, 307, 330
코흐	352
쿠사	266
크리소스트무스	295
클로스	61, 327, 332
키르케고르	16, 27, 30, 40, 78-84, 121-122, 125, 131, 134, 196, 303-306, 320
테오도레투스	295
토마스 아퀴나스	49-50, 56, 183, 186, 283-285, 297
틸리히	40, 88, 98-117, 119, 121, 125, 131, 135, 196, 321-322
폰델	259-260, 263-266
폴렌호편	412
프톨레마이오스	449
플라톤	160
하이체마	291
더 허네스테트	160
헤겔	22, 29-30, 38, 40, 73-74, 76-82, 121-122, 134, 303-304
헤라클리투스	376
헤켈	185
판 헬더런	178
흐레이다뉘스	180, 182, 217, 223, 227-228, 244, 248, 296-298, 317, 412, 414-416, 418
호로스헤이더	226, 254, 257, 259-260, 267-268, 271-273, 277, 279, 290, 292, 293, 310, 338, 343, 416-417
히스펀	440
힐렐	341, 344

주제 색인

가치	141-143
가져 들어감	424, 415, 418, 420, 420-421, 427-428, 423, 424-425
가치론	142, 145, 157
간격	197, 199, 200, 202-206, 213, 234, 239, 240, 259
결단	103
결합	79, 205
계시	58-59, 67-69, 84-85, 134, 165, 178-179, 198, 204, 206-207, 222, 222-223, 256, 292, '알트하우스', '비지오 데이 페르 에센티암'를 보라.
계획	213
공동체, 교제	345, '그리스도'를 보라.
과학(학문)	58, 148
관조의 신학	277
교체	373, 374
교회	307, 396, '긴장'을 보라.
규범	158
긴장	106-109, 232, 236
그리스도	106, 111, 125, 173, 174, 215, 235-237, 238, 229, 251, 284, 309, 310, 312, 316, 323, 343, 345, 364, 367, 389, 395, 408, 409, 441, 443
낙원	178
내재성	82, 134
누미노제	260
다형성	331
땅	152, 190, 196-197, 197, 203, 208, 212, 213, 220, 239, 294, 400, 435, 446, 449, '지리학'을 보라.
덕	54, 57, 59
덮어 그늘지게 함	428
도성	168, 250, 360
동산	171, 361, 363
동역자	214, 429
동일성	429
라이덴샤프트	'열정'을 보라.
레테	323
마귀적	104, 106
마샬	222, 231
마지막(가장 바깥의)	71
마지막 날	'시간의 한 순간', '창조의 날들', '충격의 순간', '파국'을 보라.
만물이 다시 돌아옴	352
말씀	329, 153-154, 바르트를 보라.
말씀의 성육신	125

모두 하나됨	54, 55, 60
목적론	145, 158
몸	238
무	264
문화	158, 404, 404, 406, 409, 411, 409, 430, 433, 436
문화의 과정	430, 435
믿음	218, 307, 307
바다	298
바라	201
반성	303
배아	416, 421-422, 431-432
벌어들인다	362
법정적	441-442
변증법, 변증적	107, 155
변증신학	83, 84, 122
변화	209, 421
보다	259
보좌	175, 232, 235
보편주의	368
부활의 몸(육신)	174-175
부활절	236
비유	313-314
비지오 데이 페르 에센티암	251-252, 257
사고	303
사라지다	429-430
사바티스모스	'안식일'을 보라.
사탄	'틸리히'를 보라.
상징	328-329
새로운	339-340, 423
생명나무	360-361
생식	128
섭식	128, 146
성례	'말씀'을 보라.
성막	244
성전	170, 244, 249
(성대한) 성찬	309, 313, 316, 321, 325, 326, 331, 337, 348, 359, 365, 371, 377
세계상	177-188
세상(세계)	76-79, 213, 222, 437, '죄'를 보라.
쉼	'안식일', '현재 완료'를 보라.
스콜라주의	48-49
승천	'그리스도'를 보라.
시간	'바르트', '알트하우스', '영원', '키에르케고르', '틸리히'를 보라.
시간의 한 순간	209, 212, 396, 410

시프르	330
시험하는 계명	107
신비	366-367
신비주의	54-56, 264
신플라톤주의	51
신학	58, 278
실존 철학	302, 303
심리학화	354
심판	'변증', '신학', '틸리히'를 보라.
심판날	93, '시간의 한 점', '충격의 순간', '파국'을 보라.
아담	76, 77, 82, 86, 111, 125
아사	201-202, 206
안식일	384, 387-411
알아보다	269-270, 401, 294-295
앎/지식	54, 57
애굽	235
약속	375
어린 양	313-314, 316-317, '그리스도'를 보라.
어린양의 혼인식	'(성대한) 성찬'을 보라.
언약	348-413, 436, 은혜언약, 자연언약, 평화언약, 행위언약을 보라.
에스카톤	114-117
여호와의 날	151
여호와의 천사	224
역사	125, 130, 134, 174, 309, 320, 321, 322, 372, 412, 428, 432, '그리스도', '리케르트', '바르트', '빈델반트', '알트하우스', '충격', '키에르케고르', '틸리히', '하늘', '헤겔'를 보라.
연결지점	158
열정	303, 304, 306
영	109, 209
영광과 존귀	'가져 들어감'을 보라.
영원한	143, 144, 145, 146, 157
영원	78, 79, 84, 90, 99, 100, 101, 122, 152, 154, 156
영지주의	53, 55
영혼	아담을 보라.
예루살렘	199; '도성', '하늘'을 보라.
우주	435, 437, 444, 445
유출론	51, 57
육신	'영'을 보라.
은혜	123, 234, 412
은혜언약	361-371
음식	128
의롭게 하심	441-442
의의 상태	'알트하우스' 그리고 '충격의 순간'을 보라.

이삭	216
이스라엘	369
이원론	'알트하우스'를 보라.
이적	154, 212
이접	'결합'을 보라.
인간 (사람)	155, 219, 448, '천사'를 보라.
인류	'하늘'을 보라.
인본주의	15, 16, 119, 135
일반은혜	404-419
일신론	'알트하우스'를 보라.
자연언약	372-376
자연신학	123-124
작품	431
전도서	123-124
절대 이념	74-75
조화	166, 451
종말론	70, 93, 113, 131, 142, 196. '키르케고르'를 보라.
죄	95, 96, 400, '간격', '틸리히', '하나님'을 보라.
죽음	203
중간 원인들	53, 57
중보자	231
지고천	59, 182-186, 450
지성실재들	51, 53
지식	54, 258, 271, 273, 284, 293
지식의 길(방법)	54, 59
지옥	357, 411, '계시', '언약'을 보라.
지형	298
직분	406-409
진리	305
진화	207, 225, 230
창조	53, 57, 126, 423. '간격'을 보라.
창조의 한 날	424
창조하다	201
천사	173, 191, 198, 206, 207, 223, 225, 228, 229, 235, 237, 238
천체	441
천체학	176, 177
초대립성	59, 264, 324, 32.
초월성	'하나님'을 보라.
출애굽	440
충격(의 순간)	207, 208, 209, 229, 233, 426
카리스마	268
카타파우시스	'안식일'을 보라.
타락	106, 123, 191, 219. '키르케고르', '헤겔'을 보라.
태초론	'종말론', '틸리히'를 보라.

텔레비전	275
텔레파시	275
통달(하시느니라)	254
파괴되다	352
파국	93, 96, 127, 130, 216, 241. '틸리히', '충격의 순간'을 보라.
파시교	'틸리히'를 보라.
평화	435-441, 445
평화언약	377, 378, 379
평화협정	'평화언약'을 보라.
포도주	337, 338
표의문자	329
프라이센티아 살루티스/구원의 현존	89, 100, 158
피조물	147, 190
하나님	81, 121, 122, 132, 133, 157, 158, 191, 197, 201, 251, 258, 260, 279, 297, 308. '결합', '알트하우스', '역사', '지식', '키르케고르', '헤겔'을 보라.
하나님의 거처	190, 243
하나님의 나라	'틸리히'를 보라.
하나님의 보좌 우편	181
하늘	54, 59-62, 65, 67, 72, 93, 126, 128, 135, 137, 138, 152, 156-161, 165, 168-182, 188-200, 203, 206, 207, 213, 214, 219, 220, 234, 243, 295, 320, 326, 337, 348, 349, 359, 365, 375, 392, 431, 435, 451. '가져 들어감', '그리스도', '단테', '말씀', '바르트', '성대한 성찬', '안식', '일반은혜', '지식', '평화언약', '헤겔'을 보라.
하늘의 영역	178, 186, 252
하늘의 장소	173
하다쉬	212
하부라	318, 341
행위언약	127, 208, 219, 359, 361, 364, 408. '이적'을 보라.
헤겔	73, 76, 7782, 121
현재 완료/완료된 현재	255, 302, 391. '쉼'을 보라.
화해	447